JN100026

# はじめに

本書は，論文式試験合格のためのエッセンスが凝縮した，まさに「究極の1冊」です。これが「できる答案」の実像です。

トップクラスの答案を読み込むことで，論文本試験という高い山の頂上を知ることができます。本試験終了後に数多くの再現答案を精力的に収集した辰已だからこそ手に入れることのできた，貴重な答案の数々です。

1人の答案を一気に読む「横断読み」と，1科目の答案だけをじっくり読み込む「縦断読み」を併用することで，合格するための思考方法と合格答案の書き方が見えてくることでしょう。

**① 論文総合上位合格者の再現答案を「横断的に全科目」掲載しました。**

本書に掲載された答案の再現者は，論文総合順位第13位，第43位という，まさに令和元年論文本試験のトップクラスの合格者です。

上位合格者でも，全科目にわたって高得点を取っているわけではありません。各系統の上位答案だけを読みたいと思われるかもしれませんが，実はそれでは「合格者の論文思考の世界」の全貌をつかむことはできません。優秀な合格者の全答案を通読することで初めて，あなたは，彼らがいかにしっかりした骨格をもっているかを知ることができるでしょう。本書の目指すものは，「合格者の論文思考の世界」を体感していただくことです。

**② 各系統の最上位答案をピックアップして「縦断的に」掲載しました。**

系統別に，最上位答案を掲載しました。特に，必須科目については各2通を掲載しました。選択科目も8科目全ての答案を掲載しました。

**③ 再現者ごとに，各系別の得点，順位及び科目別評価を掲載しました。**

再現答案の得点は2通（ないし3通）あわせての得点であり，1通だけの得点ではない点にご注意ください。また，平成28年から，科目別評価が法務省から通知されることになりました。これにより，従来よりも問題ごとの再現答案の検討が行いやすくなりました。

令和2年2月
辰已法律研究所

## 令和元年司法試験　新論文合格答案再現集

## 目次

## 資　料　編



## 答　案　編

### ●横断読み



### ●縦断読み

#### ・必須科目



#### ・選択科目

# 問題文

■問題文は，法務省のホームページからダウンロードできます。

法務省　http://www.moj.go.jp/

法務省トップページ>資格・採用情報>司法試験>司法試験の実施について
>令和元年>試験問題

## ■ 憲法

〔第１問〕（配点：１００）

近年，いわゆるソーシャル・ネットワーキング・サービス（以下「ＳＮＳ」という。）の普及に伴って，各国において，事実に反する虚偽のニュースが広く伝播することにより，社会に負の影響を及ぼしているのではないかということが問題とされるようになっている。この種のニュースはフェイク・ニュースと呼ばれ，過去に外国の重要な選挙に際して，意図的なフェイク・ニュースの作成・配信が，選挙結果を左右したという研究や報道もなされている。

２０ＸＸ年，我が国においても，甲県の化学工場の爆発事故の際に，「周囲の環境汚染により水源となる湖が汚染されて，近隣の県にも飲料水が供給できなくなる。」という虚偽のニュースがＳＮＳ上で流布され，複数の県において，飲料水を求めてスーパーマーケットその他の店舗に住民が殺到して大きな混乱を招くこととなった。また，乙県の知事選挙の際に，「県は独自の税を条例で定めて県民負担を増やすことを計画している。」という虚偽のニュースがＳＮＳ上で流布され，現職知事である候補者が落選したことから，選挙の公正が害されたのではないかとの議論が生じた。

このような状況に鑑み，我が国でも，Ａ省において，虚偽の表現の流布を規制する「フェイク・ニュース規制法」の立法を検討することとなった。現在，Ａ省においては，①虚偽の表現を流布することを一般的に禁止及び処罰するとともに，②選挙に際して，その公正を害するＳＮＳ上の虚偽の表現について，独立行政委員会がＳＮＳ事業者に削除を命令し，これに従わない者を処罰することなどを内容とする立法措置が検討されている（法律案の関連条文は**【参考資料】**のとおり。以下「法案」として引用する。）。

**【立法措置①について】**

まず，上記①についての立法措置としては，虚偽表現を「虚偽の事実を，真実であるものとして摘示する表現」と定義し，「何人も，公共の利害に関する事実について，虚偽であることを知りながら，虚偽表現を流布してはならない。」として，公共の利害に関する虚偽の表現を流布することを一般的に禁止した上で，罰則で担保することが検討されている（法案第２条第１号，第６条，第２５条）。

なお，虚偽の表現を流布することに関連する現行法の罰則として，例えば刑法には，名誉毀損罪（同法第２３０条），信用毀損及び業務妨害罪（同法第２３３条）の規定があるが，いずれも，特定の人の社会的評価や業務に関するものであり，虚偽の表現を流布することのみについて処罰するものではない。また，公職選挙法には，虚偽事項の公表罪（同法第２３５条），新聞紙・雑誌が選挙の公正を害する罪（同法第２３５条の２第１号，第１４８条第１項ただし書）といった規定があるが，虚偽事項の公表罪は，「当選を得又は得させる目的」や「当選を得させない目的」をもって，「公職の候補者若しくは公職の候補者となろうとする者」に関する虚偽事項を公表することなどを処罰するものであり，新聞紙・雑誌が選挙の公正を害する罪は，新聞紙・雑誌が虚偽の事項を記載するなどして選挙の公正を害した場合に，その編集者・経営者等を処罰するものであって，虚偽の表現を流布することを一般的に禁止及び処罰するものではない。

以上のように，虚偽の表現を流布することに関連する現行法の規制には，一定の限定が付されているところ，①の立法措置は，虚偽の表現の対象について「公共の利害に関する事実」と限定するものの，それ以外には限定を付さずに，虚偽の表現を流布することを端的に処罰しようとするものである。これは，虚偽の表現が流布されることによる社会的混乱を防止するには，現行法の規制では十分ではなく，虚偽の表現を流布することそのものを禁止することが必要との理由によるものである。

**【立法措置②について】**

次に，上記②についての立法措置は，インターネット上の虚偽の表現の中でも，取り分けＳＮＳ上のもの，その中でも選挙に際しての虚偽の表現が問題であり，緊急に対応措置が執られなければ選挙の公正が害されるおそれが大きいことを理由として検討されているものである。これによれば，「虚偽表現であることが明白」であり，かつ「選挙の公正が著しく害されるおそれがあることが明白」な表現を「特定虚偽表現」として定め，選挙運動の期間中及び選挙の当日に限り，日本国内で広く利用されているＳＮＳを提供しているＳＮＳ事業者は，その提供するＳＮＳ上において，特定虚偽表現があることを知ったときは，速やかに当該表現を削除しなければならないとされる（法案第９条第１項。ここでいうＳＮＳ及びＳＮＳ事業者の定義については，法案第２条第２号及び第３号参照。）。なお，選挙に際して，虚偽の事項を記載する等の行為の処罰については，既に指摘したとおり，公職選挙法に規定がある。

さらに，ＳＮＳ事業者が法案第９条第１項に従って特定虚偽表現を自ら削除しない場合，いわゆる独立行政委員会として新たに設置されるフェイク・ニュース規制委員会（法案第１５条，以下「委員会」という。）は，ＳＮＳ事業者に対し，当該表現を削除するように命令することができ，ＳＮＳ事業者がこの命令に違反した場合には，処罰されることとなる（法案第９条第２項，第２６条）。この委員会の命令については，公益上緊急に対応する必要があることが明らかであるとして，行政手続法の定める事前手続は不要であるとされる（法案第２０条）。

なお，一定の場合を除いては，ＳＮＳ事業者が表現を削除した場合に当該表現の発信者に生じた損害については，ＳＮＳ事業者を免責することとされている（法案第１３条）。

Ａ省における法案の検討の過程で，ＳＮＳの利用者を含む一般市民やＳＮＳ事業者から意見を聴取する機会が設けられたところ，様々な意見が述べられ，その中には，憲法上の疑義を指摘するものもあった。

〔設問〕

あなたは，Ａ省から依頼を受けて，法律家として，この立法措置が合憲か違憲かという点について，意見を述べることになった。

その際，Ａ省からは，参考とすべき判例があれば，それを踏まえて論じるように，そして，判例の立場に問題があると考える場合には，そのことについても論じるように求められている。また，当然ながら，この立法措置のどの部分が，いかなる憲法上の権利との関係で問題になり得るのかを明確にする必要があるし，自己の見解と異なる立場に対して反論する必要があると考える場合は，それについても論じる必要がある。

以上のことを前提として，あなた自身の意見を述べなさい。

なお，独立行政委員会制度の合憲性については論じなくてよい。また，本問の法案による規制は，国外に拠点を置くＳＮＳ事業者にも，日本国内の利用者に対してサービスを提供している限り適用され，そのために必要となる法整備は別途適切になされるものとする。

**【参考資料】**

フェイク・ニュース規正法（案）（抜粋）

第１章　総則

（目的）

第１条　この法律は，公共の利害に関する虚偽の表現について必要な規制を行うことによって，虚偽の表現により社会的混乱が生じることを防止するとともに，選挙運動の期間中及び選挙の当日における虚偽の表現について必要な削除義務等を定めることにより，選挙の公正を確保することを目的とする。

（定義）

第２条　この法律において，次の各号に掲げる用語の意義は，それぞれ当該各号に定めるところによる。

一　虚偽表現　虚偽の事実を，真実であるものとして摘示する表現をいう。

二　ソーシャル・ネットワーキング・サービス（以下「ＳＮＳ」という。）　インターネット上の会員制サービスであって，利用者が，任意の情報を，他の利用者と共有し，又は公衆にアクセス可能とすることを目的とするものをいう。

三　ＳＮＳ事業者　ＳＮＳを提供することを業とする者をいう。ただし，当該ＳＮＳの国内における利用登録者が２００万人に満たないものを除く。

四　（略）

（基本理念）

第３条　（略）
（国の責務）
第４条　（略）
（ＳＮＳ事業者の責務）
第５条　（略）

第２章　虚偽表現の規制

（虚偽表現を流布することの禁止）
第６条　何人も，公共の利害に関する事実について，虚偽であることを知りながら，虚偽表現を流布してはならない。
（選挙運動の期間中及び選挙の当日の表現の留意事項）
第７条　（略）
（ＳＮＳ事業者が執るべき措置）
第８条　（略）
（選挙運動の期間中及び選挙の当日の虚偽表現の削除義務及びフェイク・ニュース規制委員会による削除命令）
第９条　ＳＮＳ事業者は，選挙運動の期間中及び選挙の当日に，自らが提供するＳＮＳ上に，次の各号のいずれにも該当する表現（以下「特定虚偽表現」という。）があることを知ったときは，速やかに当該表現を削除しなければならない。
　一　当該表現が虚偽表現であることが明白であること。
　二　当該表現により，選挙の公正が著しく害されるおそれがあることが明白であること。
２　フェイク・ニュース規制委員会は，特定虚偽表現があるにもかかわらず，ＳＮＳ事業者によって前項の措置が執られないときは，当該ＳＮＳ事業者に対し，速やかに当該表現を削除するように命令することができる。
（損害賠償責任の免除）
第１３条　第９条第２項の規定による命令に基づき，ＳＮＳ事業者が，特定虚偽表現を削除した場合において，これにより当該表現の発信者に生じた損害については，ＳＮＳ事業者は賠償の責任を負わない。ＳＮＳ事業者が，特定虚偽表現を削除した場合，又は特定虚偽表現でない表現を特定虚偽表現として削除したことについて故意又は重大な過失がなかった場合も同様とする。

第３章　フェイク・ニュース規制委員会

（設置及び組織）
第１５条　国家行政組織法（昭和２３年法律第１２０号）第３条第２項の規定に基づいて，Ａ大臣の所轄の下に，フェイク・ニュース規制委員会（以下「委員会」という。）を置く。
２　委員会は，５人の委員をもって組織する。
３　委員は，両議院の同意を得て，内閣総理大臣が任命する。
４　委員の任命については，２人以上が同一の政党に属することになってはならない。
５　委員の任期は，３年とする。
６　内閣総理大臣は，委員が心身の故障のために職務の執行ができないと認める場合又は委員に職務上の義務違反その他委員たるに適しない非行があると認める場合には，両議院の同意を得て，その委員を罷免することができる。
（委員会の所掌事務）
第１６条　委員会は，次に掲げる事務をつかさどる。
　一　（略）
　二　（略）
　三　第９条第２項の規定による命令を発すること。
　四　公共の利害に関する虚偽表現の防止のための施策を立案すること。

第４章　雑則

（行政手続法の適用除外）

第２０条　第９条第２項の規定による命令については，行政手続法（平成５年法律第８８号）第３章の規定は適用しない。

第５章　罰則

第２５条　第６条の規定に違反して虚偽表現を流布した者は，３０万円以下の罰金に処する。

第２６条　第９条第２項の規定による命令に違反した者は，６月以下の懲役又は１００万円以下の罰金に処する。

第２７条　法人の代表者又は法人若しくは人の代理人，使用人その他の従業者が，その法人又は人の業務に関し，前条の違反行為をしたときは，行為者を罰するほか，その法人又は人に対しても，同条の罰金刑を科する。

## ■ 行政法

〔第２問〕（配点：１００〔〔設問１〕，〔設問２〕(1)，(2)の配点割合は，３５：３０：３５〕）

Ａは，Ｂ県Ｃ市内に所有する土地（以下「本件土地」という。）に自宅を建て，長年にわたって居住していた。本件土地周辺は，戸建住宅中心の住宅地域であり，住環境は良好であった。本件土地内には，Ｃ市内では珍しいことであるが，様々な水生生物が生息する池が存在しており，この池は，毎年，近隣の小学校の学外での授業に用いられていた。もっとも，本件土地内に，学術上貴重な生物や，絶滅のおそれがある生物が生息しているという事実はない。

Ｃ市は，本件土地周辺での道路整備の必要性を検討してきたが，平成元年に，本件土地周辺に道路を整備した場合の環境への影響の調査（以下「平成元年調査」という。）をしたところ，平成１７年には１日当たりの交通量が約１万台に達すると予測され，自動車の騒音や排気ガス等により，周辺環境への影響が大きいとされた。そのため，Ｃ市は，一旦，本件土地周辺での道路整備の検討を中断していたが，その後，再開した。Ｃ市の再検討によると，①本件土地周辺では道路の整備が遅れており，自動車による幹線道路へのアクセスが不便であって，これを解消するため，「道路ネットワークの形成」が必要であり，②本件土地周辺の狭い道路には，周辺の道路から通過車両が入り込むなどしていることから，通学生徒児童等を始めとした「通行者の安全性の確保」を図る必要があり，③本件土地周辺では道路が未整備であるため災害時の円滑な非難や消防活動等が困難であることから，「地域の防災性の向上」が必要であるとの課題があるとされた。Ｃ市は，これらの課題を解決するため，本件土地を含む区間に道路（以下「本件道路」という。）を新規に整備することとして，平成２２年に本件道路の事業化調査（以下「平成２２年調査」という。）を実施した。平成２２年調査においては，本件道路の交通量は１日当たり約３５００台と予測され，大気汚染，騒音，振動のいずれについても周辺環境への影響が軽微であり，一方で，本件道路の整備による利便性や安全機能・防災機能の向上が期待できることから，本件道路を整備する必要性が高いとの総括的な判断が示された。

Ｃ市は，平成２２年調査の結果を受けて，土地収用法（以下「法」という。）を適用して本件道路を整備することを決定した。Ｃ市は，平成２８年３月１日，法第１８条第１項に基づき，Ｃ市を起業者とし，本件土地を含む土地を起業地とする本件道路の整備事業について，Ｂ県知事に対して事業計画書を添付した事業認定申請書（以下「本件申請書」という。）を提出した。Ｂ県知事は，同年８月１日，Ｃ市に対して事業認定（以下「本件事業認定」という。）を行い，法第２６条第１項に基づいて理由（以下「本件理由」という。）を付し，これを告示した。Ｃ市は，本件道路の用地については，当面土地収用は行わず，所有権者から任意買収を行う方針を表明し，買収交渉を進めたところ，起業地の９割以上の土地を任意買収することができた。

しかし，本件土地については，Ａとの間で任意買収の協議が整う見通しが立たなかったことから，Ｃ市は，方針を変更し，土地収用によって本件土地を取得することとした。Ｃ市は，平成２９年７月１２日，法第３９条第１項に基づいて，本件土地につき，Ｂ県収用委員会に収用裁決の申請を行った。Ｂ県収用委員会は，平成３０年５月１１日，本件土地の所有権をＣ市に取得させる権利取得裁決（以下「本件権利取得裁決」という。）を行った。また，本件土地について，収用を原因とするＣ市への所有権移転登記が行われた。

Ｃ市は，本件権利取得裁決後も，明渡裁決の申立て（法第４７条の２第３項）を行わず，Ａと交渉を続けたが，Ａは本件事業認定が違法であると主張して，本件土地に居住し続けた。Ａは，令和元年５月１４日，Ｃ市が近く明渡裁決を申し立てる可能性があると考え，訴訟で争うことを決意し，弁護士Ｄに相談した。

以下に示された**【法律事務所の会議録】**（Ａの相談を受けて行われた，弁護士Ｄとその法律事務所に所属する弁護士Ｅとの会議の会議録）を踏まえて，弁護士Ｅの立場に立って，設問に答えなさい。

なお，土地収用法の抜粋を**【資料　関係法令】**に掲げてあるので，適宜参照しなさい。

〔設問１〕

Ａが，Ｂ県に対して本件権利取得裁決の取消訴訟（以下「本件取消訴訟」という。）を提起した場合，Ａは，本件取消訴訟において，本件事業認定の違法を主張することができるか。Ｂ県が行う反論を踏まえて，弁護士Ｅの立場から，検討しなさい。ただし，行政事件訴訟法（以下「行訴法」という。）第１４条第１項及び第

２項にいう「正当な理由」が認められ，本件取消訴訟が適法に提起できることを前提としなさい。

〔設問２〕

⑴　Ａは，Ｂ県に対して本件権利取得裁決の無効確認訴訟（行訴法第３条第４項）を適法に提起することができるか。行訴法第３６条の「当該処分若しくは裁決の存否又はその効力の有無を前提とする現在の法律関係に関する訴えによつて目的を達することができないもの」という訴訟要件に絞って，Ｂ県が行う反論を踏まえて，弁護士Ｅの立場から，検討しなさい。

⑵　本件事業認定が法第２０条第３号の要件を充足せず違法であるとのＡの主張として，どのようなものが考えられるか。Ｂ県が行う反論を踏まえて，弁護士Ｅの立場から，検討しなさい。

【法律事務所の会議録】

弁護士Ｄ：Ａさんは，本件事業認定は違法であると考えているとのことです。本件権利取得裁決には固有の違法事由はありませんので，本件では，本件事業認定の違法性についてのみ検討することとしましょう。もっとも，まずは，どのような訴訟を提起するかについて，検討しておく必要がありますね。

弁護士Ｅ：本件事業認定も本件権利取得裁決も，行訴法第３条第２項における「処分その他公権力の行使」に該当しますが，いずれも，既に出訴期間を徒過し，取消訴訟を提起することはできないのではないでしょうか。

弁護士Ｄ：そうですね。もっとも，本件取消訴訟については，行訴法第１４条第１項及び第２項における「正当な理由」が認められ，適法に提起することができるかもしれません。

弁護士Ｅ：仮に本件取消訴訟を適法に提起することができたとしても，本件権利取得裁決には固有の違法事由はありませんので，本件取消訴訟では専ら本件事業認定の違法性を主張することとなりますね。

弁護士Ｄ：では，Ｅ先生には，仮に本件取消訴訟を適法に提起することができるとした場合，本件事業認定の違法性を主張することができるかについて検討をお願いします。ただし，「正当な理由」が認められるかについては，検討する必要はありません。

弁護士Ｅ：承知しました。

弁護士Ｄ：とはいえ，「正当な理由」が認められない場合の対応も考えておく必要があります。本件取消訴訟を適法に提起することができないとすれば，どのような訴訟を提起することができると考えられますか。

弁護士Ｅ：本件事業認定に無効の瑕疵があり，したがって，本件権利取得裁決も無効であるとして，Ｂ県に対し，行訴法第３条第４項に基づいて，本件権利取得裁決の無効確認訴訟を提起することが考えられます。また，本件権利取得裁決が無効であるなら，別途，Ｃ市に対する訴訟も提起することができます。

弁護士Ｄ：では，Ｂ県に対する無効確認訴訟が訴訟要件を充足しているか，Ｅ先生に検討していただきましょう。無効確認訴訟の訴訟要件については，いくつかの考え方がありますが，Ｅ先生は，行訴法第３６条の訴訟要件である「当該処分若しくは裁決の存否又はその効力の有無を前提とする現在の法律関係に関する訴えによつて目的を達することができないもの」について検討してください。Ｃ市に対してどのような訴訟を提起することができるのか，また，Ｃ市に対する訴訟を提起できる場合にも無効確認訴訟を適法に提起することができるのかという点に絞って検討していただければ結構です。

弁護士Ｅ：承知しました。

弁護士Ｄ：では，次に，本件事業認定の違法性について検討していきましょう。無効確認訴訟の場合，最終的には，重大かつ明白な違法性を主張しなければなりませんが，まずは，取消訴訟でも主張できる違法事由としてどのようなものがあるかについて検討することとし，今回は，それらが重大かつ明白な違法といえるのかについては検討しないこととします。

弁護士E：本件理由によると，B県知事は，本件申請書に基づき，本件道路の整備には，「道路ネットワークの形成」,「通行者の安全性の確保」,「地域の防災性の向上」の３つの利益があり，それに比べて，本件土地の収用によって失われる利益はそれほど大きくはなく，また，事業計画は適正かつ合理的であるとして，法第２０条第３号の要件を充足しているとしています。

弁護士D：B県知事が挙げる理由は妥当でしょうか。まず，新たに本件道路が整備されると交通量が増えて，環境が悪化することはないのでしょうか。

弁護士E：確かに，交通量は増えると思われますが，本件理由によると，B県やC市は，平成２２年調査の結果から，本件道路の交通量は１日当たり約３５００台なので，周辺環境への影響が軽微であり失われる利益が大きいとはいえないと判断しています。しかし，Aさんによると，平成元年調査の時には，周辺環境への影響が大きいとして，本件道路の整備は見送られているのに，平成２２年調査で予想される交通量が平成元年調査の約３分の１に減っているのは疑問が残るとのことです。

弁護士D：C市の人口変動が原因ではないのですか。

弁護士E：いいえ。平成元年調査から平成２２年調査の間のC市の人口の減少は１割未満です。また，Aさんによると，平成２２年調査にはC市の調査手法に誤りがあり，そのため，調査の正確性について疑問があるとのことです。それに加えて，Aさんは，交通量が約３分の１にまで減るのであれば，土地収用によって得られる利益とされる「道路ネットワークの形成」の必要性に疑問があるとしています。そして，仮に「道路ネットワークの形成」のために本件道路が必要であるとしても，その必要性はそれほど大きいものではなく，かえって通過車両が増加するなどして，良好な住環境が破壊されるだけではないのかとの懸念もAさんは示しています。

弁護士D：本件道路のルートについては，どのように検討されたのでしょうか。

弁護士E：本件理由によると，本件道路の近くにある小学校への騒音等の影響を緩和することを考慮し，同小学校から一定の距離をとるよう，本件道路のルートが決められたとのことです。しかし，本件土地の自然環境の保護については，学術上貴重な生物が生息しているわけではないとして，特に考慮はされていません。したがって，本件理由によると，小学校への騒音等の影響を緩和しつつ，本件土地の自然環境にも影響を与えないようなルートを採ることができるかについては検討されていません。

弁護士D：Aさんによると，本件土地にある池は，地下水が湧出した湧水によるものとのことですね。本件土地の周辺では地下水を生活用水として利用している住民もいて，道路工事による地下水への影響も懸念されるとのことですが，道路工事による地下水への影響は検討されたのでしょうか。

弁護士E：本件理由によると，本件土地での掘削の深さは２メートル程度なので地下水には影響がないと判断しています。もっとも，Aさんによると，以前，本件土地周辺の工事では，深さ２メートル程度の掘削工事で井戸がかれたことがあり，きちんと調査をしない限り，影響がないとはいえないのではないかとのことです。また，本件土地の周辺では災害時等の非常時の水源として使うことが予定されている防災目的の井戸もあるのですが，これらの井戸への影響については，調査されておらず，したがって，考慮もされていません。

弁護士D：それでは，E先生には，以上の点を整理して，本件事業認定が違法かどうかを検討していただきましょう。本件事業認定が違法かどうかについては，法第２０条第４号の要件について検討する余地もありますが，Aさんの主張は法第２０条第３号の要件の問題であるとして検討することとしましょう。また，法に定められている土地収用の手続はいずれもC市やB県によって適法に履行されていますので，本件事業認定の手続的な瑕疵については検討する必要はありません。

弁護士E：承知しました。

資料 8

【資料　関係法令】

○　土地収用法（昭和２６年法律第２１９号）（抜粋）

（この法律の目的）

第１条　この法律は，公共の利益となる事業に必要な土地等の収用又は使用に関し，その要件，手続及び効果並びにこれに伴う損失の補償等について規定し，公共の利益の増進と私有財産との調整を図り，もつて国土の適正且つ合理的な利用に寄与することを目的とする。

（土地の収用又は使用）

第２条　公共の利益となる事業の用に供するため土地を必要とする場合において，その土地を当該事業の用に供することが土地の利用上適正且つ合理的であるときは，この法律の定めるところにより，これを収用し，又は使用することができる。

（土地を収用し，又は使用することができる事業）

第３条　土地を収用し，又は使用することができる公共の利益となる事業は，次の各号のいずれかに該当するものに関する事業でなければならない。

一　道路法（昭和２７年法律第１８０号）による道路（以下略）

二～三十五　（略）

（定義等）

第８条　この法律において「起業者」とは，土地（中略）を収用（中略）することを必要とする第３条各号の一に規定する事業を行う者をいう。

２　この法律において「土地所有者」とは，収用（中略）に係る土地の所有者をいう。

３～５　（略）

（事業の説明）

第１５条の１４　起業者は，次条の規定による事業の認定を受けようとするときは，あらかじめ，国土交通省令で定める説明会の開催その他の措置を講じて，事業の目的及び内容について，当該事業の認定について利害関係を有する者に説明しなければならない。

（事業の認定）

第１６条　起業者は，当該事業又は当該事業の施行により必要を生じた第３条各号の一に該当するものに関する事業（以下「関連事業」という。）のために土地を収用し，又は使用しようとするときは，（中略）事業の認定を受けなければならない。

（事業の認定に関する処分を行う機関）

第１７条　事業が次の各号のいずれかに掲げるものであるときは，国土交通大臣が事業の認定に関する処分を行う。

一～四　（略）

２　事業が前項各号の一に掲げるもの以外のものであるときは，起業地を管轄する都道府県知事が事業の認定に関する処分を行う。

３　（略）

（事業認定申請書）

第１８条　起業者は，第１６条の規定による事業の認定を受けようとするときは，国土交通省令で定める様式に従い，左に掲げる事項を記載した事業認定申請書を，（中略）前条第２項の場合においては都道府県知事に提出しなければならない。

一　起業者の名称

二　事業の種類

三　収用又は使用の別を明らかにした起業地

四　事業の認定を申請する理由

２　前項の申請書には，国土交通省令で定める様式に従い，次に掲げる書類を添付しなければならない。

一　事業計画書

二～七　（略）
3，4　（略）
（事業の認定の要件）
第２０条　国土交通大臣又は都道府県知事は，申請に係る事業が左の各号のすべてに該当するときは，事業の認定をすることができる。
一，二　（略）
三　事業計画が土地の適正且つ合理的な利用に寄与するものであること。
四　土地を収用し，又は使用する公益上の必要があるものであること。
（事業の認定の告示）
第２６条　国土交通大臣又は都道府県知事は，第２０条の規定によつて事業の認定をしたときは，遅滞なく，その旨を起業者に文書で通知するとともに，起業者の名称，事業の種類，起業地，事業の認定をした理由及び次条の規定による図面の縦覧場所を国土交通大臣にあつては官報で，都道府県知事にあつては都道府県知事が定める方法で告示しなければならない。
2，3　（略）
4　事業の認定は，第１項の規定による告示があつた日から，その効力を生ずる。
（起業地を表示する図面の長期縦覧）
第２６条の２　国土交通大臣又は都道府県知事は，第２０条の規定によつて事業の認定をしたときは，直ちに，起業地が所在する市町村の長にその旨を通知しなければならない。
2　市町村長は，前項の通知を受けたときは，直ちに，（中略）起業地を表示する図面を，事業の認定が効力を失う日（中略）まで公衆の縦覧に供しなければならない。
3　（略）
（補償等について周知させるための措置）
第２８条の２　起業者は，第２６条第１項の規定による事業の認定の告示があつたときは，直ちに，国土交通省令で定めるところにより，土地所有者及び関係人が受けることができる補償その他国土交通省令で定める事項について，土地所有者及び関係人に周知させるため必要な措置を講じなければならない。
（事業の認定の失効）
第２９条　起業者が第２６条第１項の規定による事業の認定の告示があつた日から１年以内に第３９条第１項の規定による収用又は使用の裁決の申請をしないときは，事業の認定は，期間満了の日の翌日から将来に向つて，その効力を失う。
2　（略）
（収用又は使用の裁決の申請）
第３９条　起業者は，第２６条第１項の規定による事業の認定の告示があつた日から１年以内に限り，収用し，又は使用しようとする土地が所在する都道府県の収用委員会に収用又は使用の裁決を申請することができる。
2，3　（略）
（却下の裁決）
第４７条　収用又は使用の裁決の申請が左の各号の一に該当するときその他この法律の規定に違反するときは，収用委員会は，裁決をもつて申請を却下しなければならない。
一　申請に係る事業が第２６条第１項の規定によつて告示された事業と異なるとき。
二　申請に係る事業計画が第１８条第２項第１号の規定によつて事業認定申請書に添附された事業計画書に記載された計画と著しく異なるとき。
（収用又は使用の裁決）
第４７条の２　収用委員会は，前条の規定によつて申請を却下する場合を除くの外，収用又は使用の裁決をしなければならない。
2　収用又は使用の裁決は，権利取得採決及び明渡裁決とする。
3　明渡裁決は，起業者，土地所有者又は関係人の申立てをまつてするものとする。
4　明渡裁決は，権利取得裁決とあわせて，又は権利取得裁決のあつた後に行なう。ただし，明渡裁決のため必要な審理を権利取得裁決前に行なうことを妨げない。

（土地若しくは物件の引渡し又は物件の移転）

第１０２条　明渡裁決があつたときは，当該土地又は当該土地にある物件を占有している者は，明渡裁決において定められた明渡しの期限までに，起業者に土地若しくは物件を引き渡し，又は物件を移転しなければならない。

# ■ 民法

〔第１問〕（配点：１００〔〔設問１〕,〔設問２〕及び〔設問３〕の配点は，３５：３０：３５〕）

次の文章を読んで，後記の〔設問１〕,〔設問２〕及び〔設問３〕に答えなさい。

Ⅰ

【事実】

1．平成２９年５月１０日，注文者Ａと請負人Ｂは，Ａ所有の土地に，Ｂが鉄骨鉄筋コンクリート造９階建ての建物を代金３億６０００万円で建築する旨の請負契約（以下「本件契約」という。）を締結した。本件契約では，代金について，契約日に１０％，着工日に３０％，棟上げ日に４０％，引渡日に２０％を支払うこととされ，引渡日は，平成３０年６月１１日とされた。

2．Ａは，本件契約に従い，Ｂに対し，請負代金債務の履行として，平成２９年５月１０日（契約日）に３６００万円，同月１７日（着工日）に１億８００万円，同年８月９日（棟上げ日）に１億４４００万円を支払った。

3．Ｂは，必要な材料を全て自ら調達し，平成３０年６月１日，本件契約で定められた仕様どおりに，建物（以下「甲建物」という。）を完成させた。

4．平成３０年６月７日，この地域で発生した震度５弱の地震により，甲建物の一部が損傷して落下し，甲建物に面する道路を歩行していたＣを負傷させた（以下「本件事故」という。)。これにより，Ｃは，治療費の支出を余儀なくされた。

5．甲建物の一部損傷をもたらした原因は，甲建物に用いられていた建築資材の欠陥にあった。この資材は，定評があり，多くの新築建物に用いられていたが，本件事故を契機とした調査を通じて，この製造業者において検査漏れがあったこと，そのため，必要な強度を有しない欠陥品が出荷され，甲建物にはたまたまそのようなものが用いられていたことが，判明した。

〔設問１〕

【事実】１から５までを前提として，本件事故が発生した時点における甲建物の所有者は誰か，また，仮にその所有者が注文者Ａであるとした場合，Ｃは，Ａに対し，所有者としての責任を追及して，本件事故による損害の賠償を請求することができるか，理由を付して解答しなさい。

Ⅱ

【事実】

6．Ｄが所有する建物（以下「乙建物」という。）につき，Ｄ名義の所有権の保存の登記がされていた。

7．平成２４年１０月１日，ＤとＥ県との間で，ＤがＥに対し乙建物を期間２０年，賃料月額２５万円で賃貸する契約（以下「本件賃貸借契約」という。）が締結された。同日，Ｅは同月分の賃料を支払い，Ｄは乙建物をＥに引き渡した。同年１１月分以降の賃料については，本件賃貸借契約において，Ｅは前月末日までにＤが指定する銀行口座に振り込んで支払うこととされていた。Ｅは，これに従い，同年１１月分以降の賃料を，前月末日までにＤが指定した銀行口座に振り込んで支払っていた。

8．平成２８年８月３日，Ｄは，Ｅから事前に了解を得て，Ｆとの間で，ＦのＤに対する貸金３６００万円の回収を目的として，本件賃貸借契約に係る同年９月分から平成４０年（※令和１０年に相当）８月分までの賃料債権をＦに譲渡する旨の契約（以下「本件譲渡契約」という。）を締結した。

平成２８年８月３日，Ｄは，Ｅに対し，本件譲渡契約を締結したこと，及び，同年９月分以降の賃料をＦ名義の銀行口座に振り込んで支払うべきことを内容証明郵便で通知した。この通知は，翌日Ｅに到達した。

9．Ｅは，平成２８年９月分以降の賃料を，【事実】８のＤからの通知に従い，Ｆ名義の銀行口座に振り込んで支払った。

10．平成２９年１２月１日，Ｄは，Ｇから，Ｇに対する弁済期が経過した債務６０００万円（以下「本件債務」という。）の弁済を求められた。

Dは，古くからの友人であるHに相談し，D，G及びHの間で協議が行われた。Dは，Gに，財産と呼べるものは乙建物と本件賃貸借契約に基づきEから取得する賃料だけであるが，その賃料に関してFとの間で本件譲渡契約をした旨述べた。これに対し，Gは，乙建物を売りに出せば，買主は長期の安定した賃料収入を見込めることもあり相当な価格で容易に売れるのではないかと述べ，その売却によって得られる代金から本件債務を弁済するよう求めた。㋐Hは，本件譲渡契約にかかわらず，乙建物の所有権を取得し登記を備えることによって，Eから本件賃貸借契約に係るそれ以後の賃料の支払を受けることができると考え，自ら乙建物を購入することとし，D及びGとの間で，後日正式に契約をする前提で以下の合意をした。

① Dは，Hに，乙建物を，その収益性を勘案した価格である６０００万円で売却する。

② Hは，Dに対して①の売買代金の支払をするのではなく，DのGに対する本件債務の弁済を引き受けることによって，①の売買代金債務を消滅させるものとする。

③ Gは，Dの本件債務を免除する。

④ Hは，②で引き受ける債務の弁済として，Gに対し，①の売買契約の締結後直ちに３６００万円を支払い，また，以後１０年間，毎月２０万円を支払う。

11. 平成３０年２月１４日，【事実】10の①から④までの合意に従って，DとHとの間で乙建物の売買契約（以下「本件売買契約」という。）が，GとHとの間で本件債務に係る免責的債務引受契約（以下「本件債務引受契約」という。）が，それぞれ締結された。また，Gが，Dに対し，本件債務引受契約を締結した旨を伝えた。さらに，Hは，Gに対し，３６００万円を支払った。

同月２０日，乙建物について，本件売買契約を原因とするDからHへの所有権の移転の登記がされた。

12. 平成３０年２月２１日，Dは，Eに対し，乙建物をHに売却したこと，及び，同年３月分以降の賃料をH名義の銀行口座に振り込んで支払うべきことを通知した。

13. 平成３０年２月２２日，Eは，Fに対し，【事実】12の通知が来たことを知らせた。㋑Fは，本件売買契約にかかわらず，本件賃貸借契約に係る賃料の支払を受けることができると考え，Eに対し，同年３月分以降の賃料を引き続きF名義の銀行口座に振り込んで支払うことを求めた。

〔設問２〕

【事実】６から13までを前提として，【事実】10の下線部㋐を根拠付けるためにHがどのような主張をすることが考えられるか，【事実】13の下線部㋑を根拠付けるためにFがどのような主張をすることが考えられるかを述べた上で，下線部㋐と下線部㋑のいずれが正当であるかを検討しなさい。

〔設問３〕

【事実】６から13までを前提として，仮に【事実】13の下線部㋑が正当であるとした場合，Hは本件債務引受契約の無効を主張することができるか，理由を付して解答しなさい。

## ■ 商法

〔第２問〕（配点：１００〔〔設問１〕から〔設問３〕までの配点の割合は，３０：５０：２０〕）

次の文章を読んで，後記の〔設問１〕から〔設問３〕までに答えなさい。

1．甲株式会社（以下「甲社」という。）は，事務用品の製造及び販売等を目的とする会社法上の公開会社である監査役会設置会社であり，金融商品取引所にその発行する株式を上場している。甲社は，種類株式発行会社でない。甲社の資本金の額は２０億円，総資産額は２５０億円，直近数年の平均的な年間売上高は３００億円である。甲社の取締役は１０人であり，代表取締役社長はAである。

2．甲社は５年前からその製造拠点の海外移転を進め，甲社の国内物流拠点の役割は大きく変化してきている。甲社は大型倉庫を二つ所有しているが，そのうちＰ県に所在する倉庫（以下「Ｐ倉庫」という。）は２年前からほぼ使用されていなかった。１年前にＰ倉庫の近隣に高速道路のインターチェンジが設置されることが決まってから近隣の不動産価格が上昇し，Ｐ倉庫の市場価格は平成２９年１２月の時点で約１５億円であった。

3．乙合同会社（以下「乙社」という。）は，日本企業への投資を目的とする投資ファンドである。乙社の代表社員Bは，甲社がＰ倉庫を始めとする多くの遊休資産を有しているため，これらを売却することにより剰余金の配当を増額すべきであると考えている。乙社は，市場において甲社の株式を買い集め，平成２９年５月の時点で甲社の総株主の議決権の４％を，同年９月の時点で同９．８％を，平成３０年１月の時点で同１５％を保有するに至った。

4．甲社の定款には，以下の定めがあるが，他に株主総会の招集及び株主提案について別段の定めはない。

甲社定款（抜粋）

（招集）

第１２条　当会社の定時株主総会は，毎年６月にこれを招集し，臨時株主総会は，必要があるときに随時これを招集する。

（定時株主総会の基準日）

第１３条　当会社の定時株主総会の議決権の基準日は，毎年３月３１日とする。

（招集権者及び議長）

第１４条　株主総会は，取締役社長がこれを招集し，議長となる。

２　取締役社長に事故があるときは，取締役会においてあらかじめ定めた順序に従い，他の取締役が株主総会を招集し，議長となる。

（事業年度）

第３６条　当会社の事業年度は，毎年４月１日から翌年３月３１日までの１年とする。

〔設問１〕　乙社は，平成３０年１月，甲社の株主として，株主総会において，株主総会の権限に属する一定の事項を提案することを検討していた。上記１から４までを前提として，乙社が，そのために採ることができる会社法上の手段について，甲社の臨時株主総会を自ら招集する場合と平成３０年６月の甲社の定時株主総会の開催に当たり株主提案権を行使する場合のそれぞれの手続を説明し，比較検討した上で，論じなさい。ただし，社債，株式等の振替に関する法律上の手続については，説明しなくてよい。

5．乙社は，平成３０年３月３１日の時点で，甲社の総株主の議決権の２０％を保有しており，同年４月２５日，以下のとおり，定款変更及びＰ倉庫の売却を甲社の定時株主総会の議題とすることを請求するとともに，各議案の要領を定時株主総会の招集通知に記載することを請求した（以下「本件株主提案」という。）。

議題１　定款変更の件

議案の要領　現行定款に「当会社の財産の処分は，株主総会の決議によってもすることができる。当該株主総会の決議は，当該株主総会において議決権を行使することができる株主の議決権の過半数を有する株主が出席し，出席した当該株主の議決権の過半数をもって行う。」という条項を追加する。

提案の理由　甲社の株主総会において，甲社の遊休資産等の財産の処分を決定することができるようにする。甲社は，現在，市場価格が上昇しているが，ほぼ使用されていないＰ倉庫を始めとする多くの遊休資産を有している。甲社がこのような財産を継続して保有すべきか否かについて，株主の意向を反映すべきである。

議題２　Ｐ倉庫の売却の件

議案の要領　甲社の取締役会は，遅くとも平成３０年度中にＰ倉庫を近隣の不動産価格に照らし適正な価格で売却する。

提案の理由　Ｐ倉庫については，他社から過去に現状のまま購入したいという申出が多数あったが，甲社は合理的な理由なく売却を渋っている。現在，約１５億円まで市場価格が上昇しているＰ倉庫を売却することにより剰余金の配当を増額すべきである。

６．本件株主提案を受け，甲社の取締役会において，本件株主提案及び乙社による甲社の株式の取得への対応について審議された。

甲社の取締役会においては，Ｐ倉庫については，今後，活用する可能性が十分にあるとして，本件株主提案に反対する意見が多かった。

また，甲社の取締役らからは，乙社について，比較的短期間で株式を売買し，その売買益を得る投資手法を採っていることや，敵対的な買収により対象会社の支配権を取得し，経営陣を入れ替え，対象会社の財産を切り売りする投資手法を採ったことがあることなどの事実，乙社の代表社員Ｂについて，ソーシャル・ネットワーキング・サービスで，甲社の事業に関して「社会のデジタル化に伴い，事務用品は早晩なくなるであろう。」と述べるなど，甲社の事業に対して理解がないことが指摘された。

そして，甲社の取締役らからは，仮に，乙社が甲社の支配権を取得すれば，甲社の財産を切り売りするのではないかという懸念や，乙社は，このまま甲社の株式を買い増し，経営陣を入れ替える可能性が高いという懸念が示された。

７．審議の結果，甲社の取締役会においては，乙社によるこれ以上の甲社の株式の買い増しを防止し，乙社による甲社の支配権の取得を阻止すべきであるという意見が大勢を占めた。そして，甲社の取締役らは，乙社の持株比率を低下させる新株予約権無償割当てを行うことで意見が一致した。もっとも，甲社の取締役から，このような新株予約権無償割当ては株主との対話を重視して乙社の意向を見極めた上で行うべきであるという意見も述べられたため，これを新株予約権の内容に反映させることとした。さらに，甲社の社外取締役から，取締役会限りでこのような重大な決定をすることには問題があるという意見が述べられたため，甲社の取締役らは，株主総会の決議による承認を受けることでも意見が一致した。

８．そこで，甲社の取締役会は，以下の概要の新株予約権無償割当て（以下「本件新株予約権無償割当て」という。）を，株主総会の決議による承認を受けることを条件として行うことを決定した（以下「本件取締役会決議」という。）。

本件新株予約権無償割当ての概要

⑴　割当ての方法及び割当先：新株予約権無償割当ての方法により，基準日（下記第３項で定義される。以下同じ。）の最終の株主名簿に記録された株主に対して，その有する甲社の株式１株につき２個の割合で新株予約権を割り当てる。

⑵　新株予約権の総数：基準日の最終の発行済株式（自己株式を除く。）の総数の２倍の数と同数とする。

⑶　基準日：平成３０年７月２４日

⑷　本件新株予約権無償割当てがその効力を生ずる日：平成３０年７月２５日

⑸　新株予約権の目的である株式の数：新株予約権１個の行使により甲社が普通株式を新たに発行又はこれに代えて甲社の有する甲社の普通株式を処分（以下甲社の普通株式の発行又は処分を「交付」という。）する数は，１株とする。

⑹　新株予約権の行使により甲社がその普通株式を交付する場合における株式１株当たりの払込金額は，1円とする。

⑺　新株予約権を行使することができる期間（以下「行使期間」という。）：平成３０年１１月１日から同月３０日まで

⑻　乙社を「非適格者」とする。非適格者は，新株予約権を行使することができないものとする。

⑼　新株予約権の譲渡に際しては甲社の取締役会の承認を要する。

⑽　甲社の取締役会は，行使期間開始日までの日であって取締役会が別に定める日に，その決議により，新株予約権を取得することができる。取得の対価は，非適格者以外の株主については新株予約権１個につき甲社の普通株式１株とし，非適格者については１円とする。

ただし，甲社は，乙社に対し，これ以上の甲社の株式の買い増しを行わないように要請する。その結果，行使期間開始日までの日であって甲社の取締役会が別に定める日までに，乙社がこれ以上の甲社の株式の買い増しを行わない旨を確約した場合には，甲社の取締役会は，取締役会が別に定める日に，その決議により，本件新株予約権無償割当てにより株主に割り当てた新株予約権の全部を無償で取得することができる。

そして，甲社の取締役会は，以下のとおり，本件新株予約権無償割当てを行うことの承認を平成３０年６月２５日に開催する甲社の定時株主総会（以下「本件株主総会」という。）の議題及び議案（以下「本件会社提案」という。）とすることを決定した。

議題３　新株予約権無償割当てを行うことの承認の件

議案の概要　本件取締役会決議に係る本件新株予約権無償割当てを行うことを承認する。

提案の理由　本件新株予約権無償割当ては，乙社による甲社の支配権の取得を阻止するために行うものである。甲社の定款上，新株予約権無償割当てを行うことについて株主総会の決議による承認を要するという条項はない。しかし，本件新株予約権無償割当ては，乙社によるこれ以上の甲社の株式の買い増しが甲社の企業価値を毀損し，株主の共同の利益を害するものであるという判断に基づくものであり，このような判断は，最終的には株主の意思によりされるべきである。なお，本件新株予約権無償割当てを行うことにより乙社に生じ得る不利益は，乙社がこれ以上の甲社の株式の買い増しを行わない旨を確約した場合には，甲社の取締役会が解消することができる仕組みとなっており，乙社の利益を不当に害するものでない。

９．平成３０年6月２５日に開催された本件株主総会には，甲社の総株主の議決権の９０％を有する株主が出席し，本件株主総会において，本件会社提案に係る議案は出席株主の６７％の賛成により可決され，本件株主提案に係る議案はいずれも否決された。

〔設問２〕　乙社は，平成３０年6月２６日，本件新株予約権無償割当ての差止めを請求することを検討している。乙社が採ることができる会社法上の手段について，乙社の立場において考えられる主張及びその主張の当否を検討した上で，論じなさい。なお，本件株主総会の招集の手続及び議事は，適法であったものとする。

下記 10 及び 11 では，上記9と異なり，平成３０年6月２５日に開催された本件株主総会において本件会社提案に係る議案が否決され，本件株主提案に係る議案がいずれも可決されたこと（以下議題１（定款変更の件）に関する本件株主総会の決議を「本件決議１」といい，議題２（Ｐ倉庫の売却の件）に関する本件株主総会の決議を「本件決議２」という。），本件株主総会の招集の手続及び議事は適法であったことを前提と

して，〔設問3〕に答えなさい。

10. 本件決議１及び本件決議２を受け，甲社はＰ倉庫の売却の相手方候補数社と交渉を開始し，平成３０年度中にＰ倉庫を近隣の不動産価格に照らし適正な価格で売却することができる見込みが付いた。ところが，平成３１年１月，甲社が所有するもう一つの大型倉庫（以下「Ｑ倉庫」という。）が所在するＱ県において発生した大地震により，Ｑ倉庫が倒壊したため，海外から到着する貨物をＰ倉庫において保管しなければならず，Ｐ倉庫を売却すると，競合他社に多数の顧客を奪われるなど，５０億円を下らない損害が甲社に生ずることが見込まれた。他方で，Ｐ倉庫の近隣の不動産価格が下落する兆候は，うかがわれなかった。
11. その後の甲社の取締役会においては，改めて本件決議１及び本件決議２への対応について，取締役らから，「そもそも本件株主提案の内容は，業務執行の具体的な決定に係るものである以上，これに従う必要はないのではないか。」という意見や，「適法な株主総会の決議を遵守することは取締役の義務であろうが，本件決議２については，これに従いＰ倉庫を売却することにより，損害が発生し，他方で，Ｐ倉庫の売却の交渉を中止しても，Ｐ倉庫の資産価値は維持されるし，現時点では，違約金等の負担も生じないので，遵守することにこだわるべきでない。」という意見が述べられ，さらに，社外取締役から，「適法な株主総会の決議は，常に遵守すべきである。」という意見が述べられるなど，様々な意見が述べられたが，代表取締役社長Ａが本件決議２に従いＰ倉庫を売却する旨の議案を提案し，当該議案が代表取締役社長Ａの賛成を含む賛成多数により可決された。

そこで，代表取締役社長Ａは，平成３０年度中にＰ倉庫を近隣の不動産価格に照らし適正な価格で売却したが，それにより，多数の顧客を奪われるなどした結果，多大な損害が甲社に発生した。

〔設問3〕　甲社の代表取締役社長Ａの会社法第４２３条第１項の責任について，本件決議１の効力を検討した上で，論じなさい。

## ■ 民訴

〔第3問〕（配点：１００〔〔設問1〕から〔設問3〕までの配点の割合は，３５：４０：２５〕）

次の文章を読んで，後記の〔設問1〕から〔設問3〕までに答えなさい。

【事　例】

Xは，A県A市（以下「A市」という。）に住む会社員であり，夫と３人の小学生の子供がいる。X一家はキャンプ好きのアクティブな一家である。Yは，自動車製造会社であるS社の系列会社であり，S社の製造するワゴン車等をキャンピングカーに改造して販売している。Yは，本店がB県B市（以下「B市」という。）にあり，全国各地に支店を有する。

Xは，ある日，A市内にあるYのA支店において，Yとの間で，甲というシリーズ名の新車のキャンピングカーを４００万円で買うとの売買契約（以下「本件契約」という。）を締結し，４００万円を支払った。Xは，本件契約を締結する際，YのA支店の従業員から，甲シリーズのキャンピングカーは，耐荷重１８０ｋｇの上段ベッドシステムがリビング部の上に設置されており，成人男性で言えばリビング部に３名，上段ベッドに２名の合計５名が就寝可能であるという仕様（以下「本件仕様」という。）を有しているとの説明を受けた。また，本件契約の対象となるキャンピングカーが本件仕様を有することは，本件契約の契約書にも明記されていた。

本件契約の契約書は，Yが用意したものであり，そこには他に「本件契約に関する一切の紛争は，B地方裁判所を第一審の管轄裁判所とする」との定め（以下「本件定め」という。）が記載されていた。B地方裁判所は，Yの本店があるB市を管轄する裁判所である。

Xは，本件契約に定められた納入日にキャンピングカーの引渡しを受けた（以下，Xが引渡しを受けたキャンピングカーを「本件車両」という。）。引渡しを受けた当日，Xの子供３人が本件車両の上段ベッドに乗ったところ，この上段ベッドシステムと車本体の接合部分が破損して上段ベッドが落下した（以下，この事件を「本件事故」という。）。幸い３人の子供にけがはなかったが，本件事故により５名が就寝可能なキャンピングカーとして本件車両を利用することが不可能になった。XがYに本件車両の引取りと本件車両の代わりに本件仕様を有する別のキャンピングカーの引渡しを要求したところ，YのA支店の従業員は，子供が上段ベッド上で激しく動き過ぎたために仕様上の想定を超えた負荷が掛かり上段ベッドが落下したのではないかなどと主張し，これに応じなかった。そのため，Xは，以後，本件車両を自宅車庫にて保管している。

Xの委任を受けた弁護士Lは，Xの訴訟代理人として，Xを原告，Yを被告とし，履行遅滞による本件契約の解除に基づく原状回復義務の履行として支払済みの代金４００万円の返還を求める訴えを，A市を管轄するA地方裁判所に提起し（以下，この訴えに係る訴訟を「本件訴訟」という。），訴状において以下の①から⑦までの事実を主張した。

① XがYとの間で，本件仕様を有するキャンピングカーを目的物とする本件契約を締結した事実
② XがYに対して本件契約に基づき４００万円を支払った事実
③ YがXに対して本件契約の履行として本件車両を引き渡した事実
④ 本件事故が起きた事実
⑤ 本件車両が本件仕様を有していなかった事実
⑥ XがYに対して本件仕様を有するキャンピングカーを引き渡すように催告をし，それから相当期間が経過したので本件契約を解除する旨の意思表示をした事実
⑦ Xが自宅車庫に本件車両を保管している事実

Yは，本案について弁論する前に，A地方裁判所に対し，本件定めによりB地方裁判所のみが管轄裁判所となるとして，民事訴訟法第１６条第１項に基づき，本件訴訟をB地方裁判所に移送するよう申し立てた。

なお，Ｘの居住地，Ｌの事務所，ＹのＡ支店及びＡ地方裁判所は，いずれもＡ市中心部にあり，Ｙの本店及びＢ地方裁判所は，いずれもＢ市中心部にある。Ａ市中心部とＢ市中心部との間の距離は，約６００ｋｍであり，新幹線，在来線等の公共交通機関を乗り継いで約４時間掛かる。

以下は，Ｌと司法修習生Ｐとの間の会話である。

Ｌ：Ｙの移送申立てに対して反論をする必要がありますが，反論にはどのような理由が考えられますか。

Ｐ：Ｙは，本件定めがＡ地方裁判所を本件契約に関する紛争の管轄裁判所から排除することを内容とすると解釈しているようですが，本件定めがそのような内容の定めではないという理由が考えられます。

Ｌ：そうですね。そこで，Ｙの解釈の根拠も踏まえつつ，本件定めの内容についてＹの解釈とは別の解釈を採るべきだとの立論を考えてください。これを課題⑴とします。ところで，本件定めの内容についてのＹの解釈を前提とすると，民事訴訟法第１６条第１項が適用され，Ｘとしては，本件訴訟の移送を受け入れなければならないのでしょうか。

Ｐ：Ｘとしては何とかしてＡ地方裁判所での審理を求めたいところだと思います。

Ｌ：そうですね。本件定めの内容についてのＹの解釈を前提とするとしても，本件訴訟はＡ地方裁判所で審理されるべきであるとの立論を考えてください。これを課題⑵とします。本件の事例に即して検討することを心掛けてください。

〔設問１〕

あなたが司法修習生Ｐであるとして，Ｌから与えられた課題⑴及び課題⑵について答えなさい。

【事　例（続き）】

Ｙの移送申立てが却下され，本件訴訟はＡ地方裁判所で審理されることになった。本件訴訟の第１回口頭弁論期日においてＬが訴状を陳述したところ，Ｙは，上記①から⑦までの事実のうち⑤の事実以外の事実を認める陳述をする一方，上記⑤の事実に関しては，本件仕様を有する本件車両を引き渡したと主張した。

その後に行われた今後の訴訟方針についての打合せの際，Ｌは，Ｘから，本件事故が起きたときに落下した上段ベッドの下敷きになりＸが夫から結婚１０周年の記念にもらった時価１５０万円の腕時計が損壊したこと（以下「本件損壊事実」という。），損壊した腕時計をＸがメーカー修理に持ち込んだところ修理費用として１００万円を請求され支払ったことを告げられた。Ｘがこれまで本件損壊事実を告げなかった理由について，ＬがＸに尋ねたところ，メーカー保証により腕時計については無償修理ができると考えていたためであるとのことであった。そこで，Ｌは，本件訴訟において，Ｘの訴訟代理人として，Ｘを原告，Ｙを被告とし，本件契約の債務不履行に基づく損害賠償請求として１００万円の支払を求める請求を追加し，⑧本件損壊事実及び⑨Ｘが腕時計の修理費として１００万円を支払った事実を追加主張した。

Ｙの訴訟代理人は，１００万円という高額の請求が後から追加されたことでＸの主張する本件事故の発生経緯に疑いの目を向けるようになった。そこで，Ｙの訴訟代理人は，その後に開かれた口頭弁論期日において④の事実に関する従前の認否を撤回し，④及び⑧の事実を否認し，⑨の事実に対し不知との陳述をした。これに対し，Ｌは，Ｙが④の事実に対する認否を撤回することは裁判上の自白の撤回に当たり，許されない旨異議を述べた。

以下は，本件訴訟を担当する裁判官Ｊと司法修習生Ｑとの間の会話である。

Ｊ：本件訴訟では，Ｘが訴えの変更をして請求を追加していますね。このように訴えが追加的に変更された場合に，元の請求の訴訟資料と追加された請求の訴訟資料はどのような関係に立ちますか。

Ｑ：元の請求についての訴訟資料は，特に援用がなくとも追加された請求についての訴訟資料になると理解しています。

Ｊ：元の請求の訴訟資料と追加された請求の訴訟資料の関係については異なる理解もあり得るかもしれませんが，ここではあなたの理解を前提としましょう。Ｌの述べるとおり，Ｙは，④の事実を認める旨の陳述を自由に撤回することができなくなっているのでしょうか。

Q：裁判上の自白の成立要件に照らして検討してみる必要があると思います。

J：そのとおりですね。裁判上の自白の成立により，Yが④の事実を認める旨の陳述を自由に撤回することができなくなっているかどうか，検討してみてください。これを課題とします。本件では，元の請求及び追加された請求のそれぞれにおける④の事実の位置付けを考慮する必要がありますね。その上で，Xが訴えの変更をした後にYが認否の撤回をした点が影響するかどうかも考えてみましょう。なお，自由に撤回することができないとしても，例えば事実に反することを証明した場合など一定の事由があれば，撤回が許される場合がありますが，ここではその事由があるかどうかまでは検討する必要がありません。

〔設問2〕

あなたが司法修習生Qであるとして，Jから与えられた課題について答えなさい。

【事　例（続き）】

本件訴訟の争点整理手続が行われている間，Lは，Yの元従業員から，同じくYの元従業員でYにおいてワゴン車をキャンピングカーに改造するための設計に携わっていたTが，甲シリーズのキャンピングカーの仕様について疑問を口にしていたことがあるとの情報を得た。

LがTを訪ねたところ，Tの妻Zが応対し，Lに対し，以下の(ア)から(ウ)までの事情を述べた。

(ア)　Tは，Yにおいてワゴン車をキャンピングカーに改造するための設計に携わっていたが，先日，死亡した。Tの相続人はZだけである。

(イ)　Tは，生前日記を作成していた。その日記は，今はZが保管しており，そこには，要約すると，甲シリーズのキャンピングカーには上段ベッドシステム部分に設計上の無理があり，その旨を上司に進言したが取り合ってもらえなかった，という内容の記載がある（以下，この日記のうち，この内容が記載されている箇所を「本件日記」という。）。

(ウ)　Zとしては，本件日記の詳しい内容はプライバシーに関わるから言えないし，その内容を直接見せたり証拠として提供したりすることもできない。

そこで，Lは，Zを所持者として本件日記についての文書提出命令を申し立てた。その申立書には，上記(ア)から(ウ)までの事情が記載されていた。

以下は，Jと司法修習生Rとの間の会話である。

J：あなたには，Zが本件日記の文書提出義務を負うかどうかを判断する際にどのような観点からどのような事項を考慮すべきかを検討してもらいます。文書提出義務の根拠条文に照らして検討する必要がありますが，申立書に記載されているもの以外の事情を仮定する必要はありません。また，文書提出義務の有無についての結論までは示す必要はありません。これを課題とします。

R：本件日記に書かれている内容がキャンピングカーの上段ベッドシステム部分に係る設計上のミスということなので，民事訴訟法第１９７条第１項第３号の「技術又は職業の秘密」に該当する可能性を考える必要はないでしょうか。

J：ここでは「技術又は職業の秘密」に該当する事柄が記載してあることまで考える必要はありません。今回の検討ではその点は除外して考えましょう。

〔設問3〕

あなたが司法修習生Rであるとして，Jから与えられた課題について答えなさい。

# ■ 刑法

〔第１問〕（配点：１００）

以下の【事例１】から【事例３】までを読んで，後記〔設問１〕から〔設問３〕までについて，答えなさい。

【事例１】

甲（男性，２５歳）は，他人名義の預金口座のキャッシュカードを入手した上，その口座内の預金を無断で引き出して現金を得ようと考え，某日，金融庁職員に成りすまして，見ず知らずのＡ（女性，８０歳）方に電話をかけ，応対したＡに対し，「あなたの預金口座が不正引き出しの被害に遭っています。うちの職員がお宅に行くのでキャッシュカードを確認させてください。」と告げ，Ａの住所及びＡ名義の預金口座の開設先を聞き出した。

同日，甲は，キャッシュカードと同じ形状のプラスチックカードを入れた封筒（以下「ダミー封筒」という。）と，それと同種の空の封筒をあらかじめ用意してＡ方を訪問し，その玄関先で，Ａに対し，「キャッシュカードを証拠品として保管しておいてもらう必要があります。後日，お預かりする可能性があるので，念のため，暗証番号を書いたメモも同封してください。」と言った。Ａは，それを信用し，Ｂ銀行に開設されたＡ名義の普通預金口座のキャッシュカード及び同口座の暗証番号を記載したメモ紙（以下「本件キャッシュカード等」という。）を甲に手渡し，甲は，本件キャッシュカード等をＡが見ている前で空の封筒内に入れた。その際，甲は，Ａに対し，「この封筒に封印をするために印鑑を持ってきてください。」と申し向け，Ａが玄関近くの居間に印鑑を取りに行っている隙に，本件キャッシュカード等が入った封筒とダミー封筒をすり替え，本件キャッシュカード等が入った封筒を自らが持参したショルダーバッグ内に隠し入れた。Ａが印鑑を持って玄関先に戻って来ると，甲は，ダミー封筒をＡに示し，その口を閉じて封印をさせた上でＡに手渡し，「後日，こちらから連絡があるまで絶対に開封せずに保管しておいてください。」と言い残して，本件キャッシュカード等が入った封筒をそのままＡ方から持ち去った。

その数時間後，甲の一連の行動を不審に感じたＡが前記事情を警察に相談したことから，甲の犯行が発覚し，警察から要請を受けたＢ銀行は，同日中に前記口座を凍結（取引停止措置）することに応じた。

翌日，甲は，自宅近くのコンビニエンスストアに行き，同店内に設置されていた現金自動預払機（以下「ＡＴＭ」という。）に前記キャッシュカードを挿入して現金を引き出そうとしたが，既に前記口座が凍結されていたため，引き出しができなかった。

〔設問１〕　【事例１】における甲のＡに対する罪責について，論じなさい（住居侵入罪及び特別法違反の点は除く。）。

【事例２】（【事例１】の事実に続けて，以下の事実があったものとする。）

甲は，現金の引き出しができなかったため，ＡＴＭの前で携帯電話を使ってＡ方に電話をかけてＡと会話していた。同店内において，そのやり取りを聞いていた店員Ｃ（男性，２０歳）は，不審に思い，電話を切ってそそくさと立ち去ろうとする甲に対し，甲が肩から掛けていたショルダーバッグを手でつかんで声をかけた。甲は，不正に現金を引き出そうとしたことで警察に突き出されるのではないかと思い，Ｃによる逮捕を免れるため，Ｃに対し，「引っ込んでろ。その手を離せ。」と言ったが，Ｃは，甲のショルダーバッグをつかんだまま，甲が店外に出られないように引き止めていた。

その頃，同店に買物に来た乙（男性，２５歳）は，一緒に万引きをしたことのあった友人甲が店員のＣともめている様子を見て，甲が同店の商品をショルダーバッグ内に盗み入れてＣからとがめられているのだろうと思い，甲に対し，「またやったのか。」と尋ねた。甲は，自分が万引きをしたと乙が勘違いしていることに気付きつつ，自分がこの場から逃げるために乙がＣの反抗を抑圧してくれることを期待して，乙に対し，うなずき返して，「こいつをなんとかしてくれ。」と言った。乙は，甲がショルダーバッグ内の商品を取り返されないようにしてやるため，Ｃに向かってナイフ（刃体の長さ約１０センチメートル）を示しながら，「離せ。ぶっ殺すぞ。」と言い，それによってＣが甲のショルダーバッグから手を離して後ずさりした隙に，甲と乙は，同店から立ち去った。

〔設問２〕　【事例１】において甲が現金を引き出そうとした行為に窃盗未遂罪が成立することを前提として，【事例２】における乙の罪責について，論じなさい（特別法違反の点は除く。）。

なお，論述に際しては，以下の①及び②の双方に言及し，自らの見解（①及び②で記載した立場に限られない）を根拠とともに示すこと。

① 乙に事後強盗の罪の共同正犯が成立するとの立場からは，どのような説明が考えられるか。

② 乙に脅迫罪の限度で共同正犯が成立するとの立場からは，どのような説明が考えられるか。

【事例３】（【事例１】の事実に続けて，【事例２】の事実ではなく，以下の事実があったものとする。）

甲は，現金の引き出しができなかったため，同店の売上金を奪おうと考え，同店内において，レジカウンター内に一人でいた同店経営者Ｄ（男性，５０歳）に対し，レジカウンターを挟んで向かい合った状態で，ナイフ（刃体の長さ約１０センチメートル）をちらつかせながら，「金を出せ。」と言って，レジ内の現金を出すよう要求した。それに対し，Ｄが「それはできない。」と言って甲の要求に応じずにいたところ，甲は，「本当に刺すぞ。」と怒鳴り，レジカウンターに身を乗り出してナイフの刃先をＤの胸元に突き出したが，それでも，Ｄは甲の要求に応じる素振りさえ見せなかった。

同店に客として来ておりそのやり取りを目撃していた丙（女性，３０歳）は，Ｄを助けるため，間近に陳列されていたボトルワインを手に取り，甲に向かって力一杯投げ付けた。ところが，狙いが外れ，ボトルワインがＤの頭部に直撃し，Ｄは，加療約３週間を要する頭部裂傷の傷害を負った。なお，ボトルワインを投げ付ける行為は，丙が採り得る唯一の手段であった。

〔設問３〕　【事例３】において，丙がＤの傷害結果に関する刑事責任を負わないとするには，どのような理論上の説明が考えられるか，各々の説明の難点はどこかについて，論じなさい。

# ■ 刑訴

〔第２問〕（配点：１００）

次の【事例】を読んで，後記〔設問１〕及び〔設問２〕に答えなさい。

【事　例】

1　平成３１年２月１日，Ｇ市内の路上において，徒歩で通行中のＶ（７０歳，女性）が，原動機付自転車に乗った犯人からバッグを引っ張られて路上に転倒し，バッグを奪われた上，同月２日，被害時に頭部を路上に強打した際に生じた脳挫傷により死亡する強盗致死事件が発生した（以下「本件強盗致死事件」という。）。Ｖは，被害直後，臨場した警察官に対し，「バッグに５０万円を入れていた。犯人は，ナンバーが『Ｇ市（ひらがなは不明）１２３４』で黒色の原動機付自転車に乗っていた。」旨供述した。

2　司法警察員Ｐ及びＱが本件強盗致死事件について捜査した結果，上記ナンバーに合致する黒色の原動機付自転車は，甲（２３歳，男性）名義のもののほか２台あることが判明した。そこで，Ｐらが甲について捜査したところ，甲は，アパートで単身生活していること，平成３０年１２月末にＸ社を退職した後は無職であったこと，平成３１年２月１日における甲名義の銀行口座の残高は１万円であったものの，同月２日に甲が同口座に現金３０万円を入金したことが判明したが，甲方アパート駐輪場には甲名義の原動機付自転車は見当たらなかった。

Ｐは，本件強盗致死事件で甲を逮捕するには証拠が不十分であるため，何か別の犯罪の嫌疑がないかと考え，Ｘ社社長から聴取したところ，同社長から，「甲は，売掛金の集金及び経理業務を担当していたが，平成３０年１１月２０日に顧客Ａから集金した３万円を着服したことが発覚して同年末に退職した。」旨の供述が得られた。そこで，Ｐは，同社長に対し，甲による現金３万円の業務上横領の被害届を出すよう求めたが，同社長は，被害額が少額であることや世間体を気にして，被害届の提出を渋ったため，Ｐは，繰り返し説得を続け，同社長から被害届の提出を受けた（以下「本件業務上横領事件」という。）。

3　その後，Ｐらは，本件業務上横領事件の捜査を行い，上記内容のＸ社社長の供述調書のほか，「平成３０年１１月２０日，自宅に集金に来た甲に３万円を渡した。領収書は捨ててしまった。」旨のＡの供述調書や，Ａから集金した３万円がＸ社に入金されたことを裏付ける帳簿類は見当たらなかった旨の捜査報告書等を疎明資料として，甲に対する逮捕状の発付を受け，①平成３１年２月２８日，甲を本件業務上横領の被疑事実で通常逮捕した。同年３月１日，検察官Ｒは，同事実で甲の勾留を請求し，同日，甲は，同事実で勾留された。甲は，ＰやＲによる弁解録取手続や裁判官による勾留質問において，「平成３０年１１月２０日にＡから集金したかどうかは覚えていない。」旨供述した。なお，甲の送致に先立ち，Ｒは，Ｐから，甲に本件強盗致死事件の嫌疑がある旨を聞き，同事件での逮捕も視野に入れて，両事件の捜査を並行して行うこととした。

平成３１年３月２日以降の捜査経過は，以下のとおりである（なお，その概要は，資料１記載のとおり。）。

4　Ｐは，同月２日，３日及び５日，本件業務上横領事件について甲を取り調べたが，甲は，前同様の供述を繰り返した。また，同月４日から６日にかけて，Ｐは，甲に対し，任意の取調べとして行う旨を説明した上で本件強盗致死事件について取り調べたが，甲は，「やっていない。平成３１年２月１日に何をしていたか覚えていない。」旨の供述に終始した。

また，Ｑは，同年３月２日から６日にかけて，本件業務上横領事件及び本件強盗致死事件に関する捜査として，甲の周辺者から聞き込みを行うとともに，逮捕時に押収した甲のスマートフォンに保存されたメール等を精査した結果，甲は，平成３０年秋頃，Ｙから借金の返済を迫られていたこと，同年１１月２３日にＹと待ち合わせる約束をしていたことが判明した。そこで，Ｑは，本件業務上横領事件の犯行日の特定や被害金額の裏付けとしてＹの取調べが必要と考え，Ｙに連絡したが，Ｙの出張等の都合により，平成３１年３月１６日にＹを取り調べることとなった。

同月７日，Ｒが本件業務上横領事件について甲を取り調べたところ，甲は，「事件当日は，終日，パチンコ店のＨ店かＩ店にいたような気もする。」旨供述したことから，Ｒは，Ｐらに対し，同店での裏付け捜査を指示した。

そこで，Ｑは，同月８日から１０日にかけて，Ｈ店及びＩ店において裏付け捜査したところ，Ｈ店では，防犯カメラ画像で犯行日に甲が来店していないことが確認できたが，Ｉ店では，防犯カメラが同月１４日まで修理中だったため，修理後にその画像を確認することとなった。

他方，Ｐは，同月８日から１０日にかけて，連日，本件強盗致死事件について甲を取り調べたが，甲は前同様の供述を繰り返して否認し続けた。

Ｒは，更に本件業務上横領事件の捜査が必要と判断し，同月１０日，甲の勾留期間の延長を請求し，勾留期間は，同月２０日まで延長された。

5　同月１１日及び１２日，Ｑが，Ａの供述を客観的に裏付けるため，甲がＸ社の業務で使用していた甲所有のパソコンのデータを精査したところ，金額の記載はないものの，Ａ宛ての平成３０年１１月２０日付け領収書のデータが発見された。そこで，Ｐは，平成３１年３月１３日，取調べにおいて同データについて追及したが，甲は，「日付はとりあえず記入しただけで，その日にＡ方に行ったかは分からない。」旨供述した。

また，同月１４日，Ｑが，Ｉ店の防犯カメラ画像を確認したところ，犯行日に甲が来店していないことが判明した。そこで，Ｐは，同月１５日，取調べにおいてＨ店等での裏付け捜査を踏まえて追及したところ，甲は，「平成３０年１１月２０日にＡから集金したが，金額はよく覚えていない。」旨供述した。

平成３１年３月１６日，ＱがＹを取り調べたところ，Ｙが，「甲に１０万円を貸していたが，平成３０年１１月２３日に３万円の返済を受けた。その後，甲は，金がないと言っていたのに，平成３１年２月初め頃だったと思うが，『臨時収入があったから金を返す。』と電話をかけてきて，甲から７万円の返済を受けた。」旨供述したため，Ｑは，その旨の供述調書を作成した。

その後，ＲがＹに確認したところ，返済日及び金額を記載した手帳があることが判明した。そこで，Ｒは，同年３月１９日，Ｙの持参した手帳を確認しながらＹを取り調べ，Ｙが，甲から平成３０年１１月２３日に３万円，平成３１年２月６日に７万円の返済を受けた旨の供述調書を作成した。Ｙの上記取調べに引き続き，Ｒが本件業務上横領事件について甲を取り調べたところ，甲が，「平成３０年１１月２０日にＡから３万円を集金し，これを自分のものとした。その３万円はＹへの借金返済に充てた。」旨供述したため，Ｒは，その旨の供述調書を作成した。

6　一方，Ｑは，平成３１年３月１５日，甲の家賃の支払状況等についてアパートの大家を取り調べ，平成３０年１２月以降家賃を滞納していた甲が，平成３１年２月２日に２か月分の家賃として１０万円を支払った旨の供述調書を作成した。

また，同年３月１７日，Ｑが，甲の周辺者から，甲名義の原動機付自転車の所在について聞き込みをした結果，甲が，同年２月初旬に同原動機付自転車を知人に１万円で売却したことが判明した。

Ｐは，同年３月１１日，１２日，１４日及び１６日から１８日まで，本件強盗致死事件について甲を取り調べた。Ｐは，Ｘ社を退職した後の生活費等の入手先や，同年２月１日の行動について追及したが，甲は，「どの店かは忘れたが，パチンコで勝った金で生活していた。」「２月１日は何をしていたか覚えていない。」旨の供述を繰り返し，同年３月１７日まで否認し続けた。しかし，同月１８日，甲は，Ｐから，家賃の支払状況や銀行口座への３０万円の入金について追及されたのを契機に，本件強盗致死事件に及んだ旨自白したため，Ｐは，その旨の供述調書を作成した。

7　Ｒは，同月２０日，甲を本件業務上横領の事実でＧ地方裁判所に公判請求した（公訴事実は資料２記載の公訴事実１のとおり。）。

8　その後，甲は，本件強盗致死の被疑事実で逮捕，勾留され，Ｒは，同年４月１６日，甲を本件強盗致死の事実でＧ地方裁判所に公判請求した。同裁判所は，本件強盗致死事件と本件業務上横領事件を併合して審理することとし，公判前整理手続に付した。公判前整理手続の結果，各公訴事実に争いはなく，量刑のみが争点とされたほか，本件業務上横領事件も裁判員裁判で審理されることを考慮し，Ｘ社社長及びＡの証人尋問を実施することが決定された。なお，公判前整理手続において，弁護人から，甲の集金権限に関する主張はなかった。

しかし，公判期日において，同社長は，「これまで警察官及び検察官に話していなかったが，よく思い出してみると，甲が無断欠勤するようになったので集金等の業務を任せられないと考え，別の部署に異動させたので，平成３０年１１月２０日当時，甲には集金権限がなかった。急な異動のため，甲が担当していたＡなどのお客様への連絡が遅くなってしまった。」旨証言した。また，Ａは，「平成３０年１１月２０日に集金に来たのは甲である。当時，甲に集金権限がないことは知らなかった。甲は，いつものように，『集金に来ました。合計で３万円です。』と言ったので，甲がＸ社の集金担当者だと思い，Ｘ社への支払として３万円を甲に渡した。」旨証言した。さらに，甲は，被告人質問において，「確かに，平成３０年１１月２０日当時集金権限はなく，それは分かっていたが，とにかく金が欲しかった。」旨供述した。

その後，検察官は，②資料２記載の公訴事実２のとおり訴因変更する旨請求した。なお，検察官及び弁護人から追加の証拠調べ請求はなかった。

〔設問１〕　下線部①の逮捕，勾留及びこれに引き続く平成３１年３月２０日までの身体拘束の適法性について，

１　具体的事実を摘示しつつ，論じなさい。

２　１とは異なる結論を導く理論構成を想定し，具体的事実を摘示しつつ，論じなさい。なお，その際，これを採用しない理由についても言及すること。

〔設問２〕　下線部②の訴因変更の請求について，裁判所はこれを許可すべきか。公判前整理手続を経ていることを踏まえつつ，論じなさい。

資料１

| 年月日<br>(平成３１年<br>３月) | 甲の取調べ時間 | | その他の捜査 | |
|---|---|---|---|---|
| | 本件業務上<br>横領事件 | 本件強盗<br>致死事件 | 本件業務上<br>横領事件 | 本件強盗致死事件 |
| ２日 | ３時間 | | スマートフォンのデータ精査<br>周辺者への聞き込み | |
| ３日 | ３時間 | | | |
| ４日 | | ５時間 | | |
| ５日 | ２時間 | ２時間 | | |
| ６日 | | ３時間 | | |
| ７日 | ３時間 | | | |
| ８日 | | ３時間 | Ｈ店及びＩ店への<br>裏付け捜査 | |
| ９日 | | ２時間 | | |
| １０日 | | ３時間 | | |
| １１日 | | ５時間 | パソコンデータ<br>精査 | |
| １２日 | | ５時間 | | |
| １３日 | ３時間 | | | |
| １４日 | | ３時間 | Ｉ店への裏付け捜査 | |
| １５日 | ３時間 | | | 大家の取調べ |
| １６日 | | ３時間 | Ｙの取調べ | |

| | | | | |
|---|---|---|---|---|
| １７日 | | ３時間 | | 原動機付自転車に関する捜査 |
| １８日 | | ３時間 | | |
| １９日 | ３時間 | | Ｙの取調べ | |
| ２０日 | 本件業務上横領事件で公判請求 | | | |
| 合計時間 | ２０時間 | ４０時間 | | |

資料２

公訴事実１

被告人は，Ｘ社に勤務し，同社の売掛金の集金業務等に従事していたものであるが，平成３０年１１月２０日，同社の顧客であるＡから売掛金の集金として受け取った現金３万円を同社のため業務上預かり保管中，同日，Ｇ市Ｊ町１番地所在のＡ方付近において，自己の用途に使う目的で，着服して横領したものである。

公訴事実２

被告人は，平成３０年１１月２０日，Ｇ市Ｊ町１番地所在のＡ方において，Ｘ社の顧客であるＡに対し，真実は被告人に同社の売掛金を集金する権限がないのに，これがあるように装い，「集金に来ました。合計で３万円です。」などとうそを言い，Ａをその旨誤信させ，よって，同日，同所において，同人から現金３万円の交付を受け，もって人を欺いて財物を交付させたものである。

# ■ 倒産法

〔第1問〕（配点：５０）

次の事例について，以下の設問に答えなさい。

【事　例】

Ａ株式会社（以下「Ａ社」という。）は，主に個人向けの住宅や企業向けのビルの設計・建築を手掛けている会社である。

Ａ社は，営業地域全体の人口減少等による市場規模の縮小により，苦しい経営を続けていたが，Ａ社が設計・建築を請け負ったビルの外壁タイルが剥がれ落ち，通行人が怪我をするという事故が発生したことが契機となって，住宅やビルの設計・建築の注文が減って売上げが激減した。その結果，平成３０年３月初め頃，同月末日を納期限とする租税債権（３００万円）だけでなく，同日を支払期日とする多くの取引先に対する債務の弁済に充てる資金がないことが判明した。

そこで，Ａ社は，古くからの取引先であるＢ株式会社（以下「Ｂ社」という。）に依頼して，平成３０年３月２０日，当該租税債権を納付（代位弁済）してもらった。その後，Ａ社は，同月２６日，裁判所に対して破産手続開始の申立てをし，同月２９日，破産手続開始の決定（以下「本件破産手続開始決定」という。）を受け，破産管財人として弁護士Ｘが選任された。

〔設　問〕　以下の１から３については，それぞれ独立したものとして解答しなさい。

１．Ｂ社は，Ａ社の破産手続との関係で，どのように権利行使をすることができるか，想定される破産管財人Ｘの主張を踏まえて，論じなさい。

２．Ａ社は，Ｃとの間で，平成２９年９月３０日，請負代金２０００万円で住宅（以下「本件住宅」という。）を建築すること（以下「本件建築工事」という。）を請負い，Ｃは，契約締結時に上記請負代金の内金として１２００万円，建物完成時に８００万円を支払うことを内容とする請負契約を締結し（以下「本件建築工事請負契約」という。），同日，Ａ社に対し１２００万円を支払った。ところが，本件建築工事の出来高が６割程度に達したところで，Ａ社が本件破産手続開始決定を受けた。

⑴　破産管財人Ｘは，Ａ社において本件建築工事を完成させることが可能であり，それが破産財団の利益となるものと判断する場合，本件建築工事請負契約について，どのように処理するべきか，論じなさい。

⑵　破産管財人Ｘは，平成３０年４月２０日，Ｃに対して本件建築工事請負契約を解除する旨の意思表示をしたが，Ａ社による本件建築工事によって生じていた建築廃材は，その現場に放置されていた。そこで，Ｃは，同年５月７日，Ｄ株式会社（以下「Ｄ社」という。）との間で，①Ｄ社が本件住宅を完成させるための残工事を請負い，その請負代金として１０００万円を支払うことを内容とする請負契約を締結し，それとともに，②Ｄ社が上記建築廃材の撤去を行い，その費用として１００万円を支払うことを内容とする契約を締結した。そして，Ｃは，同月８日，合計１１００万円をＤ社に支払った。この場合，Ｃは，Ａ社の破産手続との関係で，どのように権利行使をすることができるか，論じなさい。

３．平成３０年３月２６日時点におけるＥ銀行のＡ社に対する貸付残高は６７５０万円であったが，同月２７日，Ａ社の当該債務の連帯保証人であるＦは，Ｅ銀行に対して３００万円を弁済し，さらに，同年４月２日，２００万円を弁済した。

Ａ社の破産手続において，Ｆが，破産債権額として５００万円を届け出たところ，同じく破産債権の届出をしているＥ銀行が異議を述べ，これに対し，Ｆは，査定の申立てを行った。査定決定において，裁判所は，どのように判断すべきか，論じなさい。

〔第２問〕（配点：５０）

次の事例について，以下の設問に答えなさい。

【事　例】

機械メーカーであるＡ株式会社（以下「Ａ社」という。）（資本金１億円）は，平成２９年末に債務超過となり，支払不能となった。その後，Ａ社は，平成３０年１月１８日に再生手続開始の申立てをし，裁判所は，同年１月２５日に再生手続開始の決定をした。

Ａ社は，Ｂ株式会社（以下「Ｂ社」という。）の完全子会社で，Ｂ社は，Ａ社に対して貸金債権２０億円を有している。Ａ社は，平成２０年の初め頃にＢ社の完全子会社となって以来，その取締役の過半数はＢ社からの出向者であり，現在のＡ社社長を含む歴代の社長もＢ社が指名してきた。

Ａ社が支払不能になったのは，①平成２３年頃からＢ社の指示により無謀な設備投資を続けて資金繰りが悪化したこと，②同じくＢ社の指示により平成２９年８月から取引を開始した甲株式会社について同年１１月に破産手続が開始され，同社に対する売掛債権が回収不能となったことが主たる原因であった。

一方，Ｃ株式会社（以下「Ｃ社」という。）は，Ａ社に継続的に部品を納入していたが，Ａ社による無謀な設備投資に危惧を抱き，平成２９年１月にＡ社との取引を停止した。しかし，Ｃ社は，同年７月，「当社がＡ社の支援を続けるから協力願いたい」とのＢ社からの説得を受け，同月から取引を再開した結果，平成３０年１月前半までに納入した部品に係る売掛債権１０億円を有するに至った。

Ａ社の再生手続開始を受け，平成３０年３月１日，Ｂ社は貸金債権２０億円を，Ｃ社は売掛債権１０億円をそれぞれ再生債権として届け出た。Ａ社は，Ｂ社及びＣ社が届け出た再生債権をいずれも認めた。なお，Ｂ社，Ｃ社以外に再生債権者はいない。

〔設　問〕　以下の１，２については，それぞれ独立したものとして解答しなさい。

１．Ａ社は，財産評定を完了し，平成３０年４月２５日，裁判所に対し財産目録及び貸借対照表を提出したが，これらに基づく予想清算配当率は１０パーセントであった。

しかし,Ａ社は,再生手続開始後，顧客離れが進んだため売上げが振るわず，再生計画案提出直前の業績及び財産状況を前提とすると，想定される再生計画認可決定の日を基準とする予想清算配当率は５パーセントと見込まれた。

Ａ社は，裁判所に対し，平成３０年５月１６日，要旨，次のような再生計画案を提出した。

①　再生債権の元本並びに再生手続開始決定日の前日までの利息及び遅延損害金の合計額のうち再生計画の認可決定確定時にその９５パーセントの免除を受ける。

②　再生手続開始決定日以後の利息及び遅延損害金は，再生計画の認可決定確定時に全額の免除を受ける。

③　上記①の権利変更後の債権額（５パーセント）は，再生計画の認可決定確定日から３か月以内に半額を，１年３か月以内に残額を，それぞれ支払う。

上記の再生計画案に対して，Ｃ社は，（ａ）清算価値保障原則に違反している，（ｂ）Ａ社の完全親会社であり，かつＡ社の破綻に責任のあるＢ社の再生債権はＣ社の再生債権よりも劣後して扱うべきである，との趣旨の意見書を裁判所に提出した。

裁判所は，この再生計画案を付議することができるか，民事再生法第１６９条第１項第３号に照らし，Ｃ社の上記（ａ）及び（ｂ）の主張ごとに問題となる条文を摘示して論じなさい。

２．Ａ社の事業には同業の乙株式会社（以下「乙社」という。）が関心を持っており，Ａ社の事業を譲り受けたいと考えている。乙社は，平成３０年２月２５日，顧客離れに伴うＡ社の事業価値の毀損を防ぐため，再生計画によらずに早期にＡ社の全ての事業を譲り受けることをＡ社に対して申し入れた。

以上の事実を前提に，以下の⑴，⑵について，それぞれ独立したものとして解答しなさい。

⑴　Ａ社は，平成３０年３月１日，乙社からの申入れについてＢ社とＣ社に説明したところ，Ｂ社はこれに強硬に反対し，Ｃ社は賛成の意向を示した。Ａ社が乙社からの申入れを受け，再生計画によらずに乙社へＡ社の全ての事業を譲渡する場合の手続について説明しなさい。

⑵　Ａ社は，乙社へ事業を譲渡することなく自力で再建する方針を固め，平成３０年５月１６日，再生

計画案を裁判所に提出するとともに，Ｂ社とＣ社に説明した。当該再生計画案では，Ｂ社とＣ社の再生債権のいずれについても８５パーセントの免除を受け，１５パーセントを分割弁済するものとされている。また，乙社へ事業を譲渡することなく，引き続きＢ社の完全子会社として再建していく方針が示されている。

Ａ社の提出に係る当該再生計画案が付議されたとして（他に再生計画案は提出されていないものとする。），これにＣ社が債権者集会において同意しなかった場合のその後の再生手続の帰すうについて，論じなさい。

## ■ 租税法

〔第１問〕（配点：５０）

甲は，インテリア雑貨の輸入販売の事業を行う株式会社Ａ（以下「Ａ社」という。）の創業者であり，その代表取締役である。乙は甲の長男である。

乙は，平成２６年３月にＢ大学商学部を卒業した後，Ａ社に入社し，経理の事務を担当した。乙の給与は月額３０万円であった。乙は，Ａ社への入社に際しワンルームマンションを借り，甲とは生計を別にした独立した生活を始めた。乙は，Ａ社での仕事になじめず，平成２９年１月に，甲に対して，Ａ社を退社したい旨，打ち明けた。甲は乙に「Ａ社での勤務を続け，いずれは跡を継いでほしい。」と説得したが，乙の決意は固く，乙は平成２９年３月３１日にＡ社を退社し，同社の退職金規程に基づく退職金を受領した。

Ａ社の退職金規程によると，３年間の勤務で受け取る退職金は微々たる金額であった。そのため，Ａ社退社後の乙の生活を心配した甲は，乙の退職に際して，Ａ社が従業員の福利厚生目的で保有していた，著名なリゾート地Ｃ町に所在する戸建別荘（以下，別荘の建物を「本件建物」，別荘の土地建物を併せて「本件不動産」という。）を，Ａ社から乙に対して，本件不動産の帳簿価格３０００万円で売却し，乙がそれを賃貸して得られる収入によって乙の生活の足しにできるようにしてやろうと考えた。そこで，Ａ社は，取締役会決議を経た上で，平成２９年３月３１日に，本件不動産の売買契約を乙と締結し，同日，乙は，Ａ社に対して，銀行からの借入金を原資として，売買代金３０００万円を支払った。

本件不動産の時価は，近年のＣ町の地価高騰の結果，平成２９年３月３１日時点では４０００万円にまで値上がりしていた。

乙は，平成２９年５月１日から，本件不動産を，丙に対し，月額１０万円で賃貸したところ，翌３０年３月，Ｃ町で記録的な暴風雪が発生し，その結果，本件建物の屋根が損傷する被害が生じた。被害発生直前の本件建物の時価・帳簿価格はともに８００万円であったが，本件建物の被害割合は５％であり被害額は４０万円であった。乙は，本件建物について，損害に備えるための保険契約を締結していなかった。また，本件不動産以外には，土地建物などのみるべき財産を乙は所有していなかった。

以上の事案について，以下の設問に答えなさい。

〔設　問〕

１．Ａ社の平成２８年４月１日から平成２９年３月３１日までの事業年度の所得の金額の計算において，乙への本件不動産の売却に関して，益金の額への計上はどのようにすべきかにつき，関連する条文とその趣旨に触れつつ，益金となる金額とその理由を述べなさい。

２．Ａ社の平成２８年４月１日から平成２９年３月３１日までの事業年度の所得の金額の計算において，乙への本件不動産の売却に関して，損金の額への計上はどのようにすべきかにつき，関連する条文とその趣旨に触れつつ，損金となる金額とその理由を述べなさい。

３．乙の平成３０年分の所得税に関して，乙の同年分の総所得金額，退職所得金額及び山林所得金額の合計額が３３０万円であった場合，暴風雪により発生した本件建物の被害について，所得税法上，どのように取り扱われるか，説明しなさい。なお，本件建物の被害に直接関連してなされた支出はない。

４．一般に，事業活動で生じた「損失」についての所得税法上の取扱いと法人税法上の取扱いとの最も特徴的な差異とその理由について，所得税法及び法人税法の関係条文を指摘した上で，簡潔に述べなさい。

（参照条文）

所得税法施行令

（災害の範囲）

第９条　法第２条第１項第２７号（災害の意義）に規定する政令で定める災害は，冷害，雪害，干害，落雷，噴火その他の自然現象の異変による災害及び鉱害，火薬類の爆発その他の人為による異常な災害並びに害虫，害獣その他の生物による異常な災害とする。

（生活に通常必要でない資産の災害による損失額の計算等）
第１７８条　法第６２条第１項（生活に通常必要でない資産の災害による損失）に規定する政令で定めるものは，次に掲げる資産とする。
一　競走馬（その規模，収益の状況その他の事情に照らし事業と認められるものの用に供されるものを除く。）その他射こう的行為の手段となる動産
二　通常自己及び自己と生計を一にする親族が居住の用に供しない家屋で主として趣味，娯楽又は保養の用に供する目的で所有するものその他主として趣味，娯楽，保養又は鑑賞の目的で所有する資産（前号又は次号に掲げる動産を除く。）
三　生活の用に供する動産で第２５条（譲渡所得について非課税とされる生活用動産の範囲）の規定に該当しないもの
２　（後略）
（雑損控除の対象となる雑損失の範囲等）
第２０６条
（略）
３　法第７２条第１項の規定を適用する場合には，同項に規定する資産について受けた損失の金額は，当該損失を生じた時の直前におけるその資産の価額（その資産が法第３８条第２項（譲渡所得の金額の計算上控除する取得費）に規定する資産である場合には，当該価額又は当該損失の生じた日にその資産の譲渡があつたものとみなして同項の規定（その資産が昭和２７年１２月３１日以前から引き続き所有していたものである場合には，法第６１条第３項（昭和２７年１２月３１日以前に取得した資産の取得費等）の規定）を適用した場合にその資産の取得費とされる金額に相当する金額）を基礎として計算するものとする。

法人税法施行令
（特殊関係使用人の範囲）
第７２条　法第３６条（過大な使用人給与の損金不算入）に規定する政令で定める特殊の関係のある使用人は，次に掲げる者とする。
一　役員の親族
二　役員と事実上婚姻関係と同様の関係にある者
三　前二号に掲げる者以外の者で役員から生計の支援を受けているもの
四　前二号に掲げる者と生計を一にするこれらの者の親族
（過大な使用人給与の額）
第７２条の２　法第３６条（過大な使用人給与の損金不算入）に規定する政令で定める金額は，内国法人が各事業年度においてその使用人に対して支給した給与の額が，当該使用人の職務の内容，その内国法人の収益及び他の使用人に対する給与の支給の状況，その内国法人と同種の事業を営む法人でその事業規模が類似するものの使用人に対する給与の支給の状況等に照らし，当該使用人の職務に対する対価として相当であると認められる金額（退職給与にあつては，当該使用人のその内国法人の業務に従事した期間，その退職の事情，その内国法人と同種の事業を営む法人でその事業規模が類似するものの使用人に対する退職給与の支給の状況等に照らし，その退職した使用人に対する退職給与として相当であると認められる金額）を超える場合におけるその超える部分の金額とする。

〔第２問〕（配点：５０）

個人Ｘは，平成１０年に甲土地を個人Ａから対価１０００万円で購入した。甲土地は，昭和５６年にＡが時価である１４００万円で購入したもので，平成１０年当時の時価は２２００万円であった。このＸによる甲土地の購入に関する事情は，以下のとおりである。

① 昭和５６年に勤務先を定年退職したＡは，入手した甲土地を小公園として整備し，付近の子供たちの遊び場として開放して，子供たちからも「公園のおじいさん」として親しまれていた。

② 平成１０年初めに体調を崩し，余命幾ばくもないと診断されたＡは，病院に入院するに当たって，甲土地が小公園として維持管理され続けることを願い，Ｘに甲土地を売り渡した。なぜなら，Ｘが，これまで暇を見付けては公園の掃除の手伝いをしたり，子供たちの遊び相手になったりしていたという事情があったからである。

③ ＸとＡは，Ｘがすぐに払える金額として代金を１０００万円と決め，Ｘは，所有権移転登記の費用を自ら負担して，甲土地の所有権を得た。

この後，程なくしてＡが亡くなり，ＸはＡの遺志を継いで甲土地を小公園として維持し，子供たちの遊び相手をしていた。Ｘは，近年，高齢のため体力の衰えを強く意識したが，平成２８年からは，医師の勧めで多種類のサプリメント（以下「本件サプリメント」という。）を使用したところ，若干体調が戻り，その効果を実感した。

そんなＸも，寄る年波には勝てず平成３０年にはそろそろ「公園のおじいさん（二代目）」からの引退を考えていたところ，甲に隣接する乙土地をＢ株式会社（以下「Ｂ社」という。）が購入し，そこに保育所を開設することになったのを知って，甲土地を保育所の庭としてＢ社に買ってもらいたいと思うようになった。「甲土地が保育所の庭となってそこで子供たちが遊ぶのであれば，子供好きだったＡの遺志にも沿う」と考えたからである。また，仮にＢ社が甲土地を買ってくれるならば，その対価として１０００万円もらえば十分だと考えている（甲土地の平成３０年における時価は２５００万円である。）。これは，Ｘが，甲土地の売買により自分が得をすることを嫌い，Ａから譲ってもらった時に支払ったのと同額で甲土地を売りたいと考えたものである。

以上の事案について，以下の設問に答えなさい。

〔設問１〕

平成３０年にＸがＢ社に甲土地を対価１０００万円で売った場合，そのことは同年分のＸの所得税の計算上どのように扱われるかを，根拠条文に触れつつ説明しなさい。なお，租税特別措置法について考える必要はない。

〔設問２〕

平成３０年にＢ社がＸから甲土地を対価１０００万円で購入する取引をした場合，そのことは，この取引の日を含む同社の事業年度の法人税の計算上どのように扱われるかを説明しなさい。その説明に当たっては，法人税法第２２条第２項が，「有償による資産の譲受け」との文言を含んでいないことに留意し，この取引が同項のどの文言に該当するかを明らかにすること。

〔設問３〕

所得税の医療費控除について色々と調べたＸは，本件サプリメントの購入費用について，同控除の適用を受けるつもりである。その前提としてＸは，所得税法第７３条第２項及び所得税法施行令第２０７条第２号に規定されている「医薬品」とは，「医薬品，医療機器等の品質，有効性及び安全性の確保等に関する法律」第２条第１項にいう「医薬品」に該当するものを指すと考えている。Ｘが前提としているこの考え方を，租税法の解釈手法の立場から評価しなさい。なお，本件サプリメントの購入費用が医療費控除の対象となるか否かについて，言及する必要はない。

（参照条文）

所得税法施行令

（時価による譲渡とみなす低額譲渡の範囲）

第１６９条　法第５９条第１項第２号（贈与等の場合の譲渡所得等の特例）に規定する政令で定める額は，同項に規定する山林又は譲渡所得の基因となる資産の譲渡の時における価額の２分の１に満たない金額とする。

（医療費の範囲）

第２０７条　法第７３条第２項（医療費の範囲）に規定する政令で定める対価は，次に掲げるものの対価のうち，その病状その他財務省令で定める状況に応じて一般的に支出される水準を著しく超えない部分の金額とする。

一　（略）

二　治療又は療養に必要な医薬品の購入

三〜七　（略）

医薬品，医療機器等の品質，有効性及び安全性の確保等に関する法律

（目的）

第１条　この法律は，医薬品，医薬部外品，化粧品，医療機器及び再生医療等製品（以下「医薬品等」という。）の品質，有効性及び安全性の確保並びにこれらの使用による保健衛生上の危害の発生及び拡大の防止のために必要な規制を行うとともに，指定薬物の規制に関する措置を講ずるほか，医療上特にその必要性が高い医薬品，医療機器及び再生医療等製品の研究開発の促進のために必要な措置を講ずることにより，保健衛生の向上を図ることを目的とする。

（定義）

第２条　この法律で「医薬品」とは，次に掲げる物をいう。

一　（略）

二　人又は動物の疾病の診断，治療又は予防に使用されることが目的とされている物であつて，機械器具等（機械器具，歯科材料，医療用品，衛生用品並びにプログラム（略）及びこれを記録した記録媒体をいう。以下同じ。）でないもの（医薬部外品及び再生医療等製品を除く。）

三　（略）

２　（後略）

## ■ 経済法

〔第１問〕（配点：５０）

Ａ，Ｂ，Ｃ，Ｄ，Ｅ，Ｆ，Ｇ，Ｈ，Ｉ，Ｊの１０社（以下「１０社」という。）は，各地の農業協同組合（以下「農協」という。）が競争入札等の方法により発注する穀物の乾燥・調製・貯蔵施設及び精米施設（以下「穀物貯蔵等施設」という。）の建設を請け負う事業者であり，他に当該建設を請け負う事業者は存在しない。Ａ，Ｂ，Ｃ，Ｄ，Ｅ，Ｆ，Ｇの７社（以下「７社」ともいう。）は，一定の技術的水準を満たした農業施設を建設できる能力を有し，かねてより，穀物貯蔵等施設工事の指名競争入札においては，７社のうち複数の者が指名されることが多かった。１０社は穀物貯蔵等施設以外の施設・設備の建設工事も行っており，特にＨ，Ｉ，Ｊの３社（以下「３社」ともいう。）は，穀物貯蔵等施設を建設することもできるが，主たる事業分野は農業施設以外の建設工事であり，穀物貯蔵等施設の建設能力は相対的に低かった。

穀物貯蔵等施設工事に当たっては，農業振興のための補助金が平成２８年度から３年間の予定で国や都道府県から農協に交付されることとなった（以下，当該補助金が交付される穀物貯蔵等施設工事を「特定農業施設工事」という。）。当該補助金の交付を受けるための条件として，農協は３者以上の事業者を指名して行う競争入札を実施することが必要であり，補助金事業として３年間に相当数の特定農業施設工事の指名競争入札が実施される見込みとなった。

これを受けて，Ａ，Ｂ，Ｃ，Ｄ，Ｅ，Ｆ，Ｇの７社は，平成２７年１２月から数次の会合を経て，平成２８年１月３０日の会合で，特定農業施設工事の入札について，均等な受注機会の確保と受注価格の低落防止を図るため，

⑴　指名を受けた事業者（以下「指名業者」という。）は，Ａに当該特定農業施設工事を受注する意思の有無を連絡する

⑵　受注を希望する者が１社の場合は，その者が受注予定者となり，受注を希望する者が複数の場合は，会合を開いた上，７社において受注予定者を決定する

⑶　受注予定者以外の指名業者が入札すべき価格は，受注予定者が定めてＡに連絡する

⑷　Ａは受注予定者以外の指名業者に，受注予定者が定めた価格で入札するよう連絡する

などにより，受注予定者を決定し，受注予定者が受注できるようにすることに合意した（以下「本件合意」という。）。

Ｈ，Ｉ，Ｊの３社は，平成２７年１２月，Ａから，特定農業施設工事の入札について競合事業者が集まって話合いを行うので出席するよう持ちかけられたが，３社の担当者は言葉を濁して出席することを見合わせた。３社は，それぞれ，工事の規模や技術力の点から自社も受注できると考えた特定農業施設工事の入札に指名された場合には，積極的に落札を目指して低価格で入札を行おうと考えていた。一方，３社は，それぞれ，特定農業施設工事以外の分野の入札において競合事業者から協力を得たいと考えていたため，自社が受注を希望しない特定農業施設工事について，競合事業者の間で受注予定者が決定されている場合には，要請があれば，指定された価格で入札するなどの方法により当該受注予定者の落札に協力するつもりであった。

Ａは，３社が特定農業施設工事の入札に指名されることは少ないと考えたが，念のため，特定農業施設工事の発注が行われるたび３社に指名の有無と受注の意思を確認し，協力が得られる場合には，３社に入札価格を連絡することとし，その方針を平成２８年１月３０日の上記会合でＡ以外の６社に伝えた。

平成２８年６月に行われた甲農協発注の特定農業施設工事の指名競争入札（以下「第１回入札」という。）では，Ａ，Ｂ，Ｃ，Ｄが指名され，Ａ，Ｂ，Ｃが受注を希望したため開かれた会合で，Ａが受注予定者に決定し，入札では，会合での調整の結果どおり，Ａが落札した。

平成２８年１１月に行われた乙農協発注の特定農業施設工事の指名競争入札（以下「第２回入札」という。）では，Ｂ，Ｃ，Ｄ，Ｅが指名され，Ｂ，Ｃ，Ｄが受注を希望したため開かれた会合で，Ｄが受注予定者に決定し，入札では，会合での調整の結果どおり，Ｄが落札した。

平成２９年６月に行われた丙農協発注の特定農業施設工事の指名競争入札（以下「第３回入札」という。）では，Ｅ，Ｇ，Ｊが指名された。Ｊは，第１回入札及び第２回入札に際してＡからの問合せに対し指名を受

けていないことを回答していたところ，第３回入札に際しても，Ａからの問合せに対し，指名を受けたこと及び落札を目指していないことを回答した。そして，ＥとＧが受注を希望したため開かれた会合で，Ｇが受注予定者に決定し，入札では，会合での調整の結果どおり，Ｇが落札した。Ｊは，Ａから指示されたとおりの価格で入札して，Ｇの落札に協力した。

平成２９年１１月に行われた丁農協発注の特定農業施設工事の指名競争入札（以下「第４回入札」という。）では，Ｄ，Ｆ，Ｉが指名を受けたが，受注希望者はＦのみであったため，会合は開かれず，ＤとＩがＡから指示されたとおりの価格で入札した結果，Ｆが落札した。

平成３０年７月３０日に指名競争入札（以下「第５回入札」という。）が行われた戊農協発注の特定農業施設工事は，第４回入札の対象であった丁農協発注の特定農業施設工事と工事の規模や必要とされる技術力がほぼ同じであった。この第５回入札では，Ｂ，Ｃ，Ｊが指名されたが，それまでの入札で受注予定者になることができなかったＢとＣは，これを必ず落札したいと考えた。第５回入札の受注予定者を決定するために平成３０年６月１５日に開かれた会合には７社が出席し，長時間の話合いの結果，Ｂ以外の６社は，Ｃを受注予定者とすることに決したところ，その場でＢの担当者は，「今度は本気で勝負する。値下げ競争になっても必ず仕事を取る。」，「今後，一切，受注予定者を話し合って決めるつもりはない。」，「二度とこの会合には戻らない。」と発言し，Ｃの担当者と激しい口論になった。その後，Ａは，Ｊに連絡し，Ｊから第５回入札の指名を受けたこと及び落札を目指していないことを確認すると，Ｃの落札に協力するよう要請し，Ｊが承諾したことから，Ｊが入札すべき価格を伝達した。第５回入札において，ＪはＣに協力するためにＡから指示されたとおりの価格で入札し，一方，ＢはＪに協力を依頼しないで入札を行った結果，Ｂが落札した。そのため，７社のうちＢを除く６社は，平成３０年８月１日，本件合意のメンバーからＢを除名することを決定した。

その後，Ｅは，このような入札談合はもはや維持できないと考え，平成３０年８月１０日，私的独占の禁止及び公正取引の確保に関する法律（以下「独占禁止法」という。）第７条の２第１０項に基づいて公正取引委員会に事実の報告等を行い，それを受けて，公正取引委員会は，平成３０年９月２０日，関係各社に対する一斉の立入検査を実施した。以後，７社は本件合意に基づく会合を開いていない。

各回の入札における指名業者の入札価格及び農協が設定した予定価格は，以下の表のとおりである。

| 入札 | 入札価格 | | | | 予定価格 |
|---|---|---|---|---|---|
| 第１回 | Ａ：２．９１億円 | Ｂ：２．９４億円 | Ｃ：２．９７億円 | Ｄ：３．０６億円 | ３億円 |
| 第２回 | Ｂ：２．９７億円 | Ｃ：３．０３億円 | Ｄ：２．９４億円 | Ｅ：３．０６億円 | ３億円 |
| 第３回 | Ｅ：１．９４億円 | Ｇ：１．９０億円 | Ｊ：２．０２億円 | — | ２億円 |
| 第４回 | Ｄ：０．９８億円 | Ｆ：０．９６億円 | Ｉ：１．０３億円 | — | １億円 |
| 第５回 | Ｂ：０．７２億円 | Ｃ：０．７５億円 | Ｊ：０．９０億円 | — | １億円 |

〔設　問〕

上記のＢ及びＪの行為について，独占禁止法に違反するか，違反する場合には，違反する行為がなくなった時期も含めて検討しなさい。

〔第２問〕（配点：５０）

各種の医療・ヘルスケア製品の研究，開発，製造及び販売を行うＸ社及びＹ社（以下「当事会社２社」という。）が，Ｙ社を存続会社とする吸収合併を行う計画（以下「本件計画」という。）を検討している。当事会社２社は，日本法人であり，国内外に製造及び販売拠点を有し，国内外での販売拠点を経由して，製品を国内外の医療機関等に販売している。

点滴静脈注射（以下「点滴」という。）の器具（以下「点滴関連製品」という。）としては，点滴容器，点滴チューブ，点滴針等があり，点滴容器と点滴チューブと点滴針を組み立てて点滴は実施される。点滴針のうち針甲は，一時的かつ短時間の点滴に用いられる。針甲以外に，持続的に点滴を行う目的で使用される点滴針である針乙が存在するが，針甲とは形状も異なり，針乙を用いて一時的かつ短時間の点滴を行うことはできない。

点滴針の流通は，製造販売業者から流通業者を経て，需要者である病院等の医療機関が購入するという実態にある。点滴針について，国内の製造販売業者，国外の製造販売業者の日本法人又は輸入総代理店が個々の製品を国内で販売するためには，それぞれ，点滴針の種類別に用途を特定して，法律に基づく承認（以下「販売承認」という。）を受けなければならない。したがって，国内での販売が認められる針甲は，販売承認を受けたものに限定されており，需要者である医療機関も，販売承認を受けた製品のみを購入・使用している。このような承認制度の下，現時点で販売承認を受けた針甲を国内向けに供給している製造販売業者は，当事会社２社及びＡ社の合計３社である。

平成３０年度における針甲のメーカー別国内販売シェアは，Ａ社が４５パーセント，Ｘ社が３０パーセント，Ｙ社が２５パーセントである。針甲以外にも，当事会社２社のいずれもが製造販売している製品はいくつか存在するが，それらの製品については，当事会社２社のシェアは小さく順位も低く，当事会社２社以外に競合事業者が多数存在している。

Ａ社は，国外で販売する針甲を国内向けに振り向けることで国内向け供給量を増やすことができる。ただし，針甲の全世界でのメーカー別販売シェアを見ると，当事会社２社の合算シェアは６５パーセント，Ａ社のシェアは２０パーセントであり，Ａ社の国内向けの供給余力は十分ではない。Ａ社が針甲の生産を第三者に委託することで，国内向け供給量を増やすことは可能であるが，かかる第三者は現時点では見当たらない。

現在，国外において当事会社２社及びＡ社以外に針甲を製造販売している事業者は，少数である。また，当該事業者が製造する針甲については，これまで国内で販売実績はない。一般に，国内の医療機関は，国内で販売実績のない医療製品を購入することはまれである。

新規参入事業者が針甲を開発して国内で販売しようとする場合，当事会社２社及びＡ社の既存製品と同等の機能では，実績のない新規参入事業者から針甲を調達する医療機関は少ないため，新規参入には既存製品にはない機能を付加して参入する必要があると考えられている。しかしながら，そのような新製品の開発には一定の期間や投資を必要とする。

一定規模以上の病院では，医療製品の購入に際して，見積り合わせ等による競争的な購入方法を採ることが一般的である。医療機関は，このような購入方法により低価格での購入を試みている。反面，医療機関としての規模の大小にかかわらず，実際の製品選択は使用者である看護師等の意見を聞きながら医師が行っている場合が多く，医師は製品の品質及び使い慣れを重視して製品を選択する傾向がある。針甲についても，異なる製造販売業者の製品の間で使用方法に若干の違いがあることから，医師は頻繁には他の製造販売業者の製品に変更しない傾向がある。

〔設問１〕

本件計画について，独占禁止法上の問題点を検討しなさい（企業結合に関する独占禁止法上の届出基準は充足されているものとする。）。

〔設問２〕

公正取引委員会の企業結合審査において，企業結合により独占禁止法上の問題が生ずると判断される場合，当該問題を解消するために企業結合当事者が企業結合計画の修正を試みることがある。上記設例において，公正取引委員会が本件計画に対して独占禁止法上の問題が生ずると判断した場合，当事会社２社が本件計画についてどのような修正を試みることによって独占禁止法上の問題を解消できるか，以下の事実を前提に，当該修正が競争に及ぼす影響を踏まえて検討しなさい。

点滴関連製品を取り扱っている国内流通業者６社（以下「６社」という。）のうちの１社であるM社は，針甲と同時に使用される点滴関連製品である点滴チューブ丙について１５パーセントの販売シェアを有している。６社の取扱製品には差異はあるものの，針甲及び点滴チューブ丙を含む点滴関連製品については競合流通業者の間で激しい販売競争が展開されており，シェアの変動もある。このような競争状況を反映して，点滴関連製品の製造販売業者も，取引先流通業者の変更や取引内容の随時見直しを行うことが可能である。

本件計画が検討されている現時点において，M社は，針甲の製造も販売も行っていない。しかし，M社は，過去にX社製の針甲を販売し，一定のシェアを獲得した実績もあり，針甲の販売を行う十分な経験及び能力を有している。なお，X社製の針甲の販売に関するノウハウの蓄積があれば，他社製の針甲についても，競合事業者との競争の中で販売を行うことは可能である。また，M社は，針甲の製造経験はないものの，製造を行うための設備や人材，ノウハウ等を包括的に取得できれば，それらを有効に活用する能力を有している。

M社は，点滴関連製品の国内販売で豊富な実績を有していたが，点滴に必要な一連の器具のうち点滴針の品ぞろえに弱点があった。M社が，針甲の製造を含む供給手段を獲得し，針甲を取り扱うこととなれば，かかる弱点を克服することができる。そのため，M社が針甲の事業を営もうとするインセンティブは高い。

M社は，当事会社２社及びA社との間に，株式の保有や役員兼任等の資本関係・人的関係を有していない。

## ■ 知的財産法

〔第１問〕（配点：５０）

食品加工会社Ｘは，特許請求の範囲に「工程ａと工程ｂを含むことを特徴とする食品中の成分Ｐ含有量の測定方法」（以下「本件発明」という。）と記載された特許権（以下「本件特許権」という。）を有している。成分Ｐは，一般に健康に良いとされ，従来，食品中の成分Ｐ含有量の測定方法としては，工程ａのみを含むものが広く使用されていたが，本件発明は，工程ｂの追加により全体の測定時間を顕著に短縮させたものである。また，本件発明は，Ｘの研究開発部門に所属していた甲がＸにおける勤務時間中にＸの施設においてＸの資材を用いて完成させたものであり，本件発明完成時点のＸの職務発明規程には，職務発明について，その発明が完成した時にＸが特許を受ける権利を取得する旨が定められていた。

Ｘが本件特許権に係る特許出願（以下「本件出願」という。）をした後，甲は，Ｘを退職し，食品加工，測定機器の製造販売等を業とする会社Ｙに転職した。その後，Ｙは，加工食品の製造工程に，本件発明の技術的範囲に属する測定方法（以下「Ｙ方法」という。）を使用して成分Ｐ含有量を測定する工程を組み込み，測定の結果，成分Ｐ含有量が基準値以上であることを確認した加工食品のみを成分Ｐ含有量の豊富な食品である旨を表示して販売している（以下，Ｙ方法による測定を経てＹが販売している加工食品を「Ｙ製品」という。）。

以上の事実関係を前提として，以下の設問に答えなさい。なお，各問はそれぞれ独立したものであり，相互に関係はないものとする。

〔設　問〕

１．Ｙは，Ｘから特許権侵害の警告を受けたため，本件発明の完成の経緯を甲に確認したところ，甲は，上司に反対された研究を甲独自の判断で進める中で本件発明を完成させたのであるから，本件発明の完成はＸから期待されておらず，甲が特許を受ける権利を有していると説明した。そのため，Ｙは，Ｙ方法の使用を続けたところ，Ｘは，Ｙに対して，本件特許権に基づき，Ｙ製品の製造販売の差止め及びＹ製品の廃棄を求める訴訟を提起した。Ｘの請求に対するＹの考えられる反論とその妥当性について論じなさい。

２．本件出願の特許請求の範囲には，出願当初，「工程ａを含むことを特徴とする食品中の成分Ｐ含有量の測定方法」（以下「本件当初発明」という。）と記載されており，Ｘは，本件出願の出願公開後に本件当初発明の内容を記載した書面を提示してＹに警告をした。しかし，本件出願前から工程ａのみを含む食品中の成分Ｐ含有量の測定方法が広く使用されていたことを知るＹは，Ｙ方法の使用を続けた。

⑴　仮にＸが本件当初発明について特許権の設定登録を受け，Ｙに対して出願公開の効果としての補償金の支払を請求した場合，Ｙは，どのように反論すべきか。

⑵　特許請求の範囲に本件当初発明が記載された本件出願について拒絶理由通知を受けたＸは，特許請求の範囲を本件発明のとおり補正したが，補正後にＹに対して再度の警告をしなかった。その後，Ｘは，本件特許権の設定登録を受け，Ｙに対して出願公開の効果としての補償金の支払を求める訴訟を提起した。Ｘの請求に対するＹの考えられる反論とその妥当性について論じなさい。

３．Ｙは，本件発明の実施にのみ用いられる測定機器Ｍを製造し，それら全てを貿易会社Ｚに国内で販売している。Ｚは，それら全てを外国に輸出している。Ｘは，Ｙに対して，本件特許権に基づき，Ｍの製造及び販売の差止めを請求することができるか。

〔第２問〕（配点：５０）

仏師Ｘ１は，宗教法人Ｙ１寺からの依頼に応じて，青銅製の仏像彫刻作品Ａ一体を作成し，Ｙ１に納めた。Ａは，高さ３メートルの仏像で，手脚を含む全身のポーズ，顔の表情，袈裟（着衣）のけさデザインなどについて仏教美術の仕来りに従いつつも，Ｘ１独自の世界観・宗教観を反映した外観の表現αを有している。

Ｙ１は，恒久的に展示・管理するとの条件でＸ１から許諾を得て，Ｙ１の境内の屋外にＡを設置し，門徒や観光客の参拝に供した。Ａの姿は公道からは見えないが，毎日午前９時から午後５時までの間は誰でもＹ１境内に立ち入り，Ａを見ることができる。

以上の事実関係を前提として，以下の設問に答えなさい。なお，各問はそれぞれ独立したものであり，相互に関係はないものとする。

〔設　問〕

１．仏像彫刻作品Ａの外観の表現αの著作物性について，どのような点が問題となり，その点をいかに考えるかを説明しなさい。

また，商品として大量生産され，家庭内の仏壇に設置される，高さ２０センチメートルの仏像彫刻Ｂの外観の表現βの著作物性について，更にどのような点が問題となり，その点をいかに考えるかを説明しなさい。ここで，βはαをそのまま縮小したものであり，両者はその大きさ以外は同一であるものとする。

２．Ａが「Ｙ１大仏」と称されて人気を博したため，Ｙ１は，Ａの正面写真をその中心に大きく配置した絵はがきＰを自ら製造し，観光客に境内で販売するとともに，Ｙ２を含む複数の土産物店にも販売した。次の⑴⑵のそれぞれにおいて，Ｘ１は，Ｙ２に対して，著作権に基づき，絵はがきＰの販売の差止めを請求することができるか。いずれもαが美術の著作物であり，Ａがその原作品であることを前提に説明しなさい。

⑴　絵はがきＰの製造販売についてＸ１がＹ１に許諾しておらず，その事情をＹ２はＹ１からのＰの購入時に知らなかったが，知らないことについて過失があった。その後，Ｘ１がＹ２に対して警告をしたために，Ｙ２は，当該事情を知り，以後はＰを購入することをやめたが，現在，それ以前に購入したＰを観光客に販売している。

⑵　Ｘ１とＹ１は，Ｘ１がＹ１に絵はがきＰの製造販売を許諾し，Ｙ１がＸ１にＰの売上げの５％を支払う旨の契約を締結していたところ，Ｙ１はＰの販売後も一切の金銭をＸ１に支払っていない。Ｙ２は，この不払の事情を知りつつＹ１からＰを購入して観光客に販売している。ここで，Ｘ１とＹ１の間で，Ｐの製造販売許諾契約は解除されていないものとする。

３．Ａの顔つきは怒りを含んだ厳しい表情であるため，Ｙ１の内部では不評であった。そこで，Ｘ１の死後すぐに，Ｙ１は，より柔和な表情をした仏頭Ｃを自ら作り直し，Ａの頭部を切り離してＣとすげ替えた。ここで，切り離されたＡの頭部は，そのまま梱包されてＹ１内に保管されている。Ｘ１の遺族である配偶者Ｘ２は，Ｙ１に対して名誉回復等の措置を請求することができるか。αが美術の著作物であり，Ａがその原作品であることを前提に説明しなさい。

## ■ 労働法

〔第１問〕（配点：５０）

次の事例を読んで，後記の設問に答えなさい。

【事　例】

Ｘは，数軒の飲食店と娯楽施設を経営するＹ社に中途採用で雇用され，飲食店の１つで接客係として勤務していた。当初は６か月の期間を定めた契約社員であったが，契約を更新し，採用から１年が過ぎたところで期間の定めのない常勤スタッフとなり，頑張れば将来は店長や本部のマネージャーに昇進することも可能と言われていた。ところが，その１年後，新たな店長としてＰが着任すると，なぜか折り合いが悪く，ささいなミスや客からのクレームを理由に，しばしば叱責を受けるようになった。半期ごとの成績評価でも，それまでの「標準，やや良」（B+）から「要改善」（C）へと低下したため，Ｐとの面談の際に納得できない旨を伝えたが，「その自覚のなさは絶望的だな。次回，不良（D）がつくと居場所はなくなるぞ。」と言われるだけであった。Ｘとしては，他の同僚と同等以上の仕事をしているのにＰに狙い撃ちにされているように思われ，ストレスが高まった。

そのような中で，ある日の始業時のスタッフ・ミーティングの際，全員が集まったところで，ＰがＸを前に呼び出し，前日に生じた客との小さなトラブルを非難して「勤務改善の誓い」と題された１枚の文書にサインするよう求めたため，Ｘは「いい加減にしてください。」と大声で叫び，同文書を破り捨てた。すると，Ｐは，そのまま自分の勤務に就こうとしたＸにオフィスで待機するよう命じ，直ちに本社に連絡をして親戚に当たる社長Ｑの了解を得た上で，Ｘに即日解雇を言い渡した。Ｘが，どのような解雇理由なのかと尋ねると，Ｐは，「勤務成績不良と上司への反抗。本来なら懲戒解雇にしてもよいところであるが，温情措置として普通解雇の扱いとしてもらった。後で人事部から連絡があるはずだ。」と言い，ロッカーの私物をまとめてすぐに帰宅するよう命じた。その日の午後，Ｙ社の人事部からＸの携帯電話にメールで，①本日付けでＹ社はＸを解雇する，②解雇理由は就業規則第３２条第２号，第４号及び第７号である，③就業規則第３３条ただし書に該当するので，同条本文の予告及び予告手当の支払は行わない，④退職手当は後日Ｘの銀行口座に振り込む，という４点が記された文書（解雇通知書）が送られてきた。

Ｘは翌日，Ｙ社の人事部に電話をし，一晩考えてみたがやはりひどすぎると解雇の撤回を求めたが，担当者からは，解雇通知書に記した理由による正当な解雇である，それ以上に説明することはない，との回答しか得られなかった。また，Ｘは勤務していた店舗に出向いてＰに面談を求めたが，Ｐは不在とのことであった。Ｘはやむなく立ち去ったが，帰り際，副店長のＲに「こんな解雇は承服できない。知り合いの弁護士に頼んで裁判を起こしてやる。」と言った。Ｒは後刻，これをＰに報告した。

【Ｙ社就業規則（抜粋）】

第２０条（退職手当）

従業員が死亡又は退職したときには，別に定める規程（略）に従い，退職手当を支払う。

第３２条（解雇）

従業員が，次の事由の一つに該当するときには，解雇する。

１　（略）

２　能力不足又は勤務成績が不良で改善の見込みがないとき。

３　（略）

４　協調性又は責任感を欠き，従業員として不適格と認められるとき。

５・６　（略）

７　その他前各号に準ずるやむを得ない事由があるとき。

第３３条（解雇の予告）

前条の解雇に当たっては，少なくとも３０日前に予告をするか，予告に代えて平均賃金の３０日分以上の解雇予告手当を支払う。但し，本人の責めに帰すべき事由による解雇については，この限りではない。

第４０条（懲戒解雇）

従業員が，次の事由の一つに該当するときには，懲戒解雇を行う。この場合，第２０条に定める退職手当は支給しない。

１　重要な経歴を詐称して，又は不正な方法により，採用されたとき。

２・３　（略）

４　業務命令に従わず，会社の規律又は正常な業務を妨害したとき。

５～７　（略）

〔設　問〕

1．Ｘから解雇を争いたいという相談を受けた弁護士は，本件解雇の適法性や効力について，どのように考えるべきか。請求や主張の仕方にも触れながら，あなたの意見を述べなさい。

2．Ｘが訴訟を起こすかもしれないというＰからの連絡に基づき，Ｙ社の人事部が，保存してあったＸの採用時の応募書類をチェックしてみると，ホテル専門学校を卒業したとして添付されていた証明書のコピーに不審な点が見つかった。そこで調査を行ったところ，このコピーは偽造であり，Ｘは当該専門学校に入学したものの，中途で退学していたことが判明した。

Ｘが本件解雇の無効を主張してＹ社を相手に訴訟を提起した場合，Ｙ社は，この応募書類の問題について，どのような対応を採ることが考えられるか。検討すべき法律上の論点を挙げて，あなたの意見を述べなさい。

〔第２問〕（配点：５０）

次の事例を読んで，後記の設問に答えなさい。

【事　例】

加工食品の製造販売を行うＹ社には，正社員で組織するＸ労働組合（以下「Ｘ組合」という。）が存在し，組合員資格のない管理職等を除けば，正社員のほぼ全員がこれに加入していた。

Ｙ社とＸ組合は毎年，春闘の団体交渉により，賃金改定や夏冬の賞与などの労働条件を合意し，４月１日付けで期間１年の労働協約を締結してきた。また，上記労働協約とは別に，組合費のチェックオフ，掲示板の貸与及び苦情処理委員会等，労使間のルールに関する期間の定めのない労働協約（以下「本件労働協約」という。）があった。本件労働協約には，第２７条から第２９条までに掲示板の貸与についての規定が置かれていたほか，労使各３名の委員で構成される苦情処理委員会に関する規定が置かれており，人事評価，昇給・降給，賞与査定等について，同委員会で組合員からの苦情を受け付けて，労使の委員で協議するものとされていた。また，第５１条に苦情処理委員会の運営に関する定めがあった。

ところで，Ｙ社の賞与には，固定部分と変動部分があり，固定部分について労使交渉で基準支給率を定めた上で，変動部分については，固定部分の額の２０％を上限として，上司による賞与査定に応じて加算される仕組みとなっていた。

Ｘ組合の組合員である女性社員Ａは，平成３０年冬期賞与支給に際して，変動部分における加算をゼロとされたため，以前に上司からの飲食の誘いを何度か断ったことが原因ではないかとして，Ｘ組合に相談の上，平成３１年２月，苦情処理委員会に申立てをした。

苦情処理委員会で，会社側委員は，上司からの事前のヒアリングを基に，Ａの賞与査定が低い理由は，Ａが電車が遅れたと言っては度々５分ないし１０分の遅刻をしたこと，業務上のミスが多かったことであると説明した。これに対し，Ｘ組合側委員は，遅刻やミスの事実はあるがいずれも加算ゼロとするほどの問題ではない，Ａが上司の誘いを断ったことが真の原因ではないか，そうだとすると低査定は対価型セクシュアルハラスメントに該当すると主張し，事実無根である，二人きりの飲食に誘った事実はないと聞いているとする会社側委員と議論になり，長時間を費やしたが，協議は平行線のままで終了した。

そこで，Ｘ組合は，Ａの賞与査定の問題に関して改めて団体交渉を要求したが，Ｙ社は，そもそも個人の査定等の問題は集団的労使交渉にはなじまないから，労使合意により苦情処理委員会を設置したのであり，また，苦情処理委員会で労使の委員が長時間にわたって議論した結果，物別れに終わっており，これ以上説明することはないとして団体交渉に応じなかった。

Ｙ社の態度に反発したＸ組合は，掲示板を利用して組合員に状況を報告することとし，苦情処理委員会におけるＹ社側の主張を紹介した上で，不当な賞与査定である，上司によるセクハラ行為である，Ｙ社の対応はセクハラを隠蔽しようとするものでコンプライアンス上重大な問題がある，Ｙ社は正当な理由なく団体交渉を拒否していると非難するビラを作成し，掲示板に掲示した。

Ｙ社は，Ｘ組合に対し，当該ビラ掲示は，本件労働協約に違反するものであるから直ちに掲示を中止するよう通告したが，Ｘ組合が対応しなかったため，翌日，本件労働協約第２９条に基づき当該ビラを撤去した。

Ｘ組合がこれに猛然と反発したため，春闘の団体交渉は難航し，合意に至らなかったところ，Ｙ社は，労使間の信頼関係は既に破壊されているとして，本件労働協約について，書面により９０日前の解約予告をした。また，Ｙ社は，本件労働協約が失効すれば，使用者が組合費について賃金控除を行う法的根拠が失われると主張して，Ｘ組合に対して，本件労働協約の失効後は組合費のチェックオフを中止する旨を通告した。

【本件労働協約（抜粋）】

第２７条　会社は，Ｘ組合に対し，Ｘ組合が組合活動に必要な宣伝，報道，告知を行うための掲示板を貸与する。

第２８条　掲示物は，会社の信用を傷つけ，政治活動を目的とし，個人をひぼうし，事実に反し，又は職場規律を乱すものであってはならない。

第２９条　会社は，Ｘ組合が前条の規定に違反した場合は，掲示物を撤去し，掲示板の貸与を取り消すことができる。

第５１条　苦情処理委員会は非公開とし，委員会の委員及び関係者（苦情を申し立てた者，委員会によるヒアリングの対象となった者を含む。）は，苦情処理に関して知り得た秘密を漏らしてはならない。

〔設　問〕

１．X組合が，Y社の本件労働協約第２９条に基づくビラの撤去について争う場合，どのような機関にどのような救済を求めることができるか。検討すべき法律上の論点を挙げて論じなさい。

２．Y社が，解約予告から３か月後の給与支給日以降，実際にチェックオフを中止した場合，X組合は，どのような機関にどのような救済を求めることができるか。検討すべき法律上の論点を挙げて論じなさい。

## ■ 環境法

〔第１問〕（配点：５０）

Ａ県を流れるＢ川上流域には農村地帯が広がっており，中流域には大小多数の旅館やホテルが立ち並ぶ観光地がある。そして，Ｂ川は，下流域の人口密集地と河口部の電気めっき工場の集積地を通り，Ａ県最大の内湾であるＣ湾に流れ込んでいる。現在，Ｃ湾においては，人の健康の保護に関する環境基準に関しては，カドミウム，全シアン等，全項目について基準を達成している。これに対し，生活環境の保全に関する環境基準に関しては，水域の利用目的に関し，水浴，自然環境保全等を目的としてＡ類型に指定されている海域Ｄにおいて，化学的酸素要求量（ＣＯＤ）について基準を達成していない。また，自然環境保全等を目的としてⅠ類型に指定されている海域Ｅにおいて，全窒素と全燐について基準を達成していない。さらに，水生生物の生息状況に関し，水生生物の産卵場等として生物特Ａ類型に指定されている海域Ｆにおいて，全亜鉛について基準を達成していない。

〔設問１〕

水質の汚濁に係る環境上の条件について，人の健康の保護に関する環境基準と生活環境の保全に関する環境基準とでは，基準の設定の仕方がどのように異なるかについて，【資料１】も参照しつつ，その理由も含めて説明しなさい。

〔設問２〕

Ａ県においては，従来，水質汚濁防止法第３条第１項に基づく排水基準が適用されてきた。しかし，Ｃ湾において，ＣＯＤ，全窒素及び全燐に関する環境基準が一部海域において未達成であるという状況は２０年以上にわたって続いており，その発生源は，水質汚濁防止法の特定事業場のほか，生活排水，農地等であると考えられている。また，全亜鉛については，水生生物保全の観点から，平成１８年に同条同項に基づく亜鉛の排水基準が強化されたものの（５ｍｇ／ｌから２ｍｇ／ｌ），電気めっき業については，この基準に直ちに対応することが困難であるとして，現在に至るまで同条同項に基づく環境省令の附則による暫定排水基準（５ｍｇ／ｌ）が適用されている。Ａ県は，Ｃ湾において，ＣＯＤ，全窒素，全燐及び全亜鉛の環境基準を達成するため，従来の対策に加え，どのような措置を採ることができるか。水質汚濁防止法の規定を踏まえ，【資料２】も参照しつつ論じなさい。

〔設問３〕

水質汚濁に係る環境基準が設定されていない物質Ｐについて，近年，発がん性と催奇形性があるとの研究結果が相次いで報告されている。そこで，環境団体等が国に対して環境基準の設定及び規制を求めているが，未だ実現していない。Ｐを含む水を排出している特定事業場が多数存在しているＡ県Ｇ市が，条例により独自の排水基準を設定することの可否について，水質汚濁防止法の規定を踏まえて論じなさい。

【資料１】

○　水質汚濁に係る環境基準について（昭和４６年１２月２８日号外環境庁告示第５９号）（抜粋）

第１　環境基準

公共用水域の水質汚濁に係る環境基準は，人の健康の保護および生活環境の保全に関し，それぞれ次のとおりとする。

１　人の健康の保護に関する環境基準

人の健康の保護に関する環境基準は，全公共用水域につき，別表１の項目の欄に掲げる項目ごとに，同表の基準値の欄に掲げるとおりとする。

２　生活環境の保全に関する環境基準

(1)　生活環境の保全に関する環境基準は，各公共用水域につき，別表２の水域類型の欄に掲げる水域類型のうち当該公共用水域が該当する水域類型ごとに，同表の基準値の欄に掲げるとおりとする。

⑵　水域類型の指定を行うに当たつては，次に掲げる事項によること。

ア　水質汚濁に係る公害が著しくなつており，又は著しくなるおそれのある水域を優先すること。

イ　当該水域における水質汚濁の状況，水質汚濁源の立地状況等を勘案すること。

ウ　当該水域の利用目的及び将来の利用目的に配慮すること。

エ　当該水域の水質が現状よりも少なくとも悪化することを許容することとならないように配慮すること。

オ　目標達成のための施策との関連に留意し，達成期間を設定すること。

カ　（略）

第３　環境基準の達成期間等

環境基準の達成に必要な期間およびこの期間が長期間である場合の措置は，次のとおりとする。

１　人の健康の保護に関する環境基準

これについては，設定後直ちに達成され，維持されるように努めるものとする。

２　生活環境の保全に関する環境基準

これについては，各公共用水域ごとに，おおむね次の区分により，施策の推進とあいまちつつ，可及的速かにその達成維持を図るものとする。

⑴　現に著しい人口集中，大規模な工業開発等が進行している地域に係る水域で著しい水質汚濁が生じているものまたは生じつつあるものについては，５年以内に達成することを目途とする。

（以下，略）

⑵　水質汚濁防止を図る必要のある公共用水域のうち，⑴の水域以外の水域については，設定後直ちに達成され，維持されるよう水質汚濁の防止に努めることとする。

別表１　（略）

別表２　生活環境の保全に関する環境基準

１　河川

⑴　河川（湖沼を除く。）　（略）

⑵　湖沼　（略）

２　海域　（略）

＊　別表２のうち，海域に関する部分の概要

⑴　利用目的の適応性等に応じ，以下の水域類型の欄が掲げられている。

ア　ＣＯＤ等５項目について　　Ａ，Ｂ，Ｃの３類型

イ　全窒素，全燐について　　Ⅰ，Ⅱ，Ⅲ，Ⅳの４類型

ウ　全亜鉛等３項目について　　生物Ａ，生物特Ａの２類型

⑵　上記各水域類型ごとの基準値の欄に掲げられている基準値として，以下のようなものがある。

ア　Ａ類型（水浴，自然環境保全等を利用目的とする水域）

ＣＯＤの基準値２ｍｇ／ｌ以下

イ　Ⅰ類型（自然環境保全等を利用目的とする水域）

全窒素の基準値０．２ｍｇ／ｌ以下

全燐の基準値０．０２ｍｇ／ｌ以下

ウ　生物特Ａ類型（水生生物の産卵場等として特に保全が必要な水域）

全亜鉛の基準値０．０１ｍｇ／ｌ以下

【資料２】

○　水質汚濁防止法施行令（昭和４６年政令第１８８号）（抜粋）

（特定施設）

第１条　水質汚濁防止法（以下「法」という。）第２条第２項の政令で定める施設は，別表第１に掲げる施設とする。

（水素イオン濃度等の項目）
第３条　法第２条第２項第２号の政令で定める項目は，次に掲げる項目とする。
　一　水素イオン濃度
　二　生物化学的酸素要求量及び化学的酸素要求量
　三～六　（略）
　七　亜鉛含有量
　八～十一　（略）
　十二　窒素又はりんの含有量　（以下，略）
２　（略）
（排水基準に関する条例の基準）
第４条　法第３条第３項の政令で定める基準は，水質の汚濁に係る環境上の条件についての環境基本法（平成５年法律第９１号）第１６条第１項の基準（以下「水質環境基準」という。）が定められているときは，法第３条第３項の規定による条例（農用地の土壌の汚染防止等に関する法律（昭和４５年法律第１３９号）第３条第１項の規定により指定された対策地域における農用地の土壌の同法第２条第３項の特定有害物質による汚染を防止するため水質環境基準を基準とせず定められる条例の規定を除く。）においては，水質環境基準が維持されるため必要かつ十分な程度の許容限度を定めることとする。
別表第１（第１条関係）
　一～六十五　（略）
　六十六　電気めつき施設
　六十六の二　（略）
　六十六の三　旅館業（旅館業法（昭和２３年法律第１３８号）第２条第１項に規定するもの（下宿営業を除く。）をいう。）の用に供する施設であつて，次に掲げるもの
　　イ　ちゆう房施設
　　ロ　洗濯施設
　　ハ　入浴施設
　六十六の四～七十四　（略）
○　排水基準を定める省令（昭和４６年総理府令第３５号）（抜粋）
（排水基準）
第１条　水質汚濁防止法（昭和４５年法律第１３８号。以下「法」という。）第３条第１項の排水基準は，同条第２項の有害物質（以下「有害物質」という。）による排出水の汚染状態については，別表第１の上欄に掲げる有害物質の種類ごとに同表の下欄に掲げるとおりとし，その他の排出水の汚染状態については，別表第２の上欄に掲げる項目ごとに同表の下欄に掲げるとおりとする。
＊　別表第２の概要
　排水基準を定める省令第１条にいう「その他の排出水の汚染状態」について，水質汚濁防止法施行令第３条が掲げる項目が上欄に掲げられ，これに対応し，水素指数又は排出水一定単位当たりの許容量により定められた許容限度が下欄に掲げられている。
　同表の備考２では，同表に掲げる排出基準は，１日当たりの平均的な排出水の量が５０立方メートル以上である工場又は事業場に係る排出水について適用するとされている。
附　則　（平成１８年１１月１０日環境省令第３３号）（抜粋）
（施行期日）
第１条　この省令は，平成１８年１２月１１日から施行する。
（経過措置）
第２条　附則別表の上欄に掲げる項目につき同表の中欄に掲げる業種に属する特定事業場（水質汚濁防止法第２条第６項に規定する特定事業場をいう。以下この条及び次条において同じ。）から公共用水域に排出される水（以下「排出水」という。）の汚染状態についての水質汚濁防止法第３条第１項に規定する排水基準（以下単に「排水基準」という。）については，この省令の施行の日（中略）から１５年間は，第１条の規定による

改正後の排水基準を定める省令（中略）第１条の規定にかかわらず，それぞれ同表の下欄に掲げるとおりとする。

2　（略）

3　（略）

＊　附則（平成１８年１１月１０日環境省令第３３号）別表の概要

電気めっき業等３業種について，亜鉛含有量の許容限度を５ｍｇ／ｌとする暫定基準が掲げられている。

〔第２問〕（配点：５０）

Ａは，Ｂ県に所在し，エアコンやテレビ等の使用済み家庭用電気機器（以下「家電機器」という。）を集めて，その中から金属類を取り出し，再資源化する業者である。Ａの再資源化工場は田地を転換して建設したものであって，周囲は今も田地であり稲作が行われている。

〔設問１〕

Ａは，家電機器を解体する際に生じる大量の廃プラスチック片を，今までは廃棄していたが，これを再資源化することを思い付いた。しかし，廃プラスチック片には有害物を含む多くの不純物が混ざっており，そのままでは資源として使うことのできない性質のものであった。そのため，再資源化のためには特殊な加工が必要であり，かつ，資源として使用可能なものは，廃プラスチック片の全体量のほんの一部にすぎなかった。そこで，自ら再資源化のための加工設備を持っていなかったＡは，別の再資源化業者Ｃに費用を支払って廃プラスチック片の加工を委託した。ＣはＡから受け取った廃プラスチック片を他の者から入手したものと混同させることなく加工し，資源として使用可能になったプラスチックのペレットを，廃プラスチック片の加工から生じる残渣とともにＡに引き渡すこととした。

ＡがＣに廃プラスチック片の加工を委託することについて，廃棄物の処理及び清掃に関する法律上，どのような考慮が必要か。ＡがＣに委託することなく自ら廃プラスチック片を加工処理する場合との異同を念頭に置いて論じなさい。

〔設問２〕

(1)　Ａは，自らの再資源化工場の処理能力を超えて家電機器を集め続けていたため，Ａの工場敷地内には，解体されないままの家電機器が山積みになっていた。そして，Ａによる家電機器の保管が適正ではなかったため，人の健康又は生活環境に係る被害が生じ得る状態にある。Ｂ県知事がＡに対して採り得る措置について論じなさい。

(2)　その後，Ａの工場敷地内で山積みになっていた家電機器は更に放置され，再資源化のための処理がなされないまま，原形をとどめない程度にまで劣化・変色し，その下から液体が染み出して，Ａの工場に接する農業用の用水路に流れ込んでいる状態になった。Ａの工場敷地内に放置された家電機器は，鉛，水銀，アンチモン，砒素，カドミウム等の有害物質を含むものであり，Ａの工場の周囲の田地で稲作に従事している農家のＤらは，染み出している液体に含まれる有害物質が生育中の稲を汚染することを危惧し，Ｂ県の環境担当部局に相談した。この場合，Ｂ県知事としては，Ａに対してどのような措置が採れるか，また，ＤらはＡに対して，いかなる法的請求が可能かを論じなさい。

## ■ 国際関係法（公法系）

〔第１問〕（配点：５０）

国連加盟国であるＡ国とＢ国は，共に国連海洋法条約の当事国であり，国際司法裁判所規程の選択条項受諾宣言を留保なしに行っていた。

Ａ国は，自国の排他的経済水域（以下「ＥＥＺ」という。）におけるタラの漁獲量の減少に悩んでいた。タラはＡ国のＥＥＺと公海をまたいで生息する魚種である。Ａ国は自国のＥＥＺにおけるタラの漁獲可能量につきＡ国漁民に対する規制を年々強め，Ａ国漁民の間には不満が募っていた。他方，Ｂ国漁民はＡ国のＥＥＺに隣接する公海でタラの漁獲に従事し，Ｂ国の漁獲量は年々増加していた。そのため，Ａ国の漁民は，Ａ国政府に対し，タラの持続可能な漁業のために，Ｂ国政府を相手に公海における漁業規制を行うための交渉に入るように求めた。これを受けてＡ国政府は，Ｂ国政府との交渉に入り，公海におけるタラの総漁獲可能量及び割当量を設定するため漁業規制を行うことを主張した。しかし，Ｂ国政府は，タラの資源量は規制を必要とする水準にはなく総漁獲可能量及び割当量の設定は必要でないとして，漁業規制を行うこと自体に反対し，引き続き公海でのタラ漁を継続することを主張した。

これに対して，Ａ国政府やＡ国漁民のみならず，海洋生物資源の保存活動に取り組むＡ国の環境保護団体Ｘも激しく反発した。そして，ついに公海で操業しているＢ国漁船をＡ国漁船が取り囲み，両国の漁民間が衝突する事態が生じた。この事態を受けて，Ａ国は，自国のＥＥＺ及びこれに隣接する公海の一部においてタラ漁を禁止する禁漁区を一方的に設定した。加えてＡ国は，タラ資源保存実施法を制定し，同禁漁区でタラを漁獲する外国漁船に対しては，これを拿捕し，当該漁船の船長や乗組員に対して罰金を科することができることを定めた。Ｂ国は，Ａ国の公海における禁漁区の設定とタラ資源保存実施法の制定は国連海洋法条約に違反するとして，これを非難した。

そうした中，Ａ国が設定した公海上の同禁漁区で，Ｂ国の漁船Ｙが従前どおりタラ漁を開始した。これに反発したＡ国の環境保護団体Ｘは，Ｃ国を旗国とする船舶を用い，公海上の同禁漁区でタラ漁を行っている漁船Ｙの航行を妨害するとともに，漁網を切断するなどの行為を行った。Ｂ国政府は，環境保護団体Ｘの行為を海賊行為として取り締まるようにＡ国政府に要求したが，Ａ国政府は環境保護団体Ｘの行為は海賊行為に当たらないとして，何らの取締りも行わなかった。それどころか，Ａ国の海上警察機関が漁船Ｙをタラ資源保存実施法に違反したとして拿捕し，その船長と乗組員を逮捕した。

大きな外交問題に発展したこの事件が国際司法裁判所（以下「ＩＣＪ」という。）に提訴されることを恐れたＡ国は，一旦，国際司法裁判所規程の選択条項受諾宣言を撤回した。その後，Ａ国は，「タラに関するＡ国が制定した国内法及びこうした国内法の執行から生じた，またはそれらに関する紛争」をＩＣＪの強制管轄権から除外する旨の留保を付した新たな選択条項受諾宣言を行った。

これに対し，Ｂ国は，当初，外交交渉による問題の解決を目指したが，船長らの解放の見込みがないと判断して，船長と乗組員の即時釈放を求める仮保全措置とＡ国の行為の国際法違反の認定と損害賠償を求めて，本事件をＩＣＪに提訴した。これに対して，Ａ国は，自らの留保を理由にＩＣＪの管轄権を争う先決的抗弁を提起した。

以上の事実を基に，以下の設問に答えなさい。

〔設　問〕

１．Ａ国は，公海上に禁漁区を設定した上，タラ資源保存実施法に基づき，Ｂ国漁船Ｙを拿捕し，その船長と乗組員を逮捕したが，これらのＡ国の行為は国際法上許容されるかについて論じなさい。

２．環境保護団体Ｘの行為を海賊行為として取り締まるようにとのＢ国の主張に対して，Ａ国の立場からは，国際法上，どのような反論が可能であるかについて論じなさい。

３．Ａ国が選択条項受諾宣言に付した留保による先決的抗弁が認められるかについて論じなさい。

〔第２問〕（配点：５０）

Ａ国は，総人口のうち６０％がＸ民族，３０％がＹ民族，残りの１０％がそれ以外の民族によって構成されている国である。Ａ国と陸地の国境を接するＢ国は，Ｙ民族が総人口の８０％を占めている。Ｃ国は，Ａ国及びＢ国と地理的に遠く離れているが，Ｂ国とは歴史的な関係が深く，現在も政治的及び経済的に緊密な友好関係にある。Ａ国，Ｂ国及びＣ国は，いずれも国連加盟国である。

Ａ国では，長い間，Ｙ民族を中心とする政権が続き，多様な民族の融和を図る政策が採られていた。Ａ国とＢ国の間では，人の交流が活発であり，多くのＢ国籍のＹ民族の人々がＡ国に居住し，経済活動を行っていた。Ｙ民族であるＢ国籍の甲も，Ａ国の首都に長く居住し，幅広い経済活動を行っていた著名な企業経営者であった。

しかし，近年になって，Ａ国では，クーデターが起き，Ｘ民族主義を掲げる新政権が誕生した。Ａ国の新政権は，その成立以降，Ｘ民族を優遇する政策を推し進めるようになり，Ａ国に居住するＢ国籍のＹ民族の人々の経済活動にも様々な制限を課すようになった。そして，Ａ国の当局は，Ａ国の外国為替法に違反する外国送金を行ったとの容疑で甲を逮捕した。甲は，同法に何ら違反していないと主張したが，その主張は認められず，罰金と国外退去処分の判決を受けた。さらに，甲がＢ国籍であることを理由に，上訴も認められず，この判決は確定した。Ａ国内の甲の財産は罰金の徴収のために差し押さえられ，甲は国外退去処分となった。Ａ国によるこれらの措置によって，甲が経営していたＡ国内の企業は実質的に破綻した。なお，Ａ国の法制度では，判決の確定後，これに対する救済手段は，残されていない。

他方，Ｙ民族の旧政権を中心とする勢力は，クーデター後，Ａ国において，「Ｙ民族戦線」と名乗り，Ｂ国政府から戦闘の訓練，武器の供与及び大規模な財政的支援を受けた反政府活動を行うようになった。これらの支援により，「Ｙ民族戦線」は，Ｂ国と国境を接するＡ国領域内の地域を支配するようになった。これに対し，Ａ国政府は，反政府活動の鎮圧のために大規模な軍隊を同地域に派遣し，「Ｙ民族戦線」との間の武力衝突が激化した。これを受けて，Ａ国との国境付近のＢ国の複数の町の住民（Ｂ国籍者）の中には，「Ｙ民族戦線」の構成員をかくまったり，その戦闘に参加したりする者が出てきた。これに対し，Ａ国軍は，Ｂ国領域内のそれらの町を武力攻撃の対象とするようになり，その結果，Ｂ国の一般住民に多数の死傷者が出る事態が生じた。この事態を受けて，Ｂ国は，Ａ国による武力攻撃に関し，Ｃ国に対し軍事介入を要請した。これに応じて，Ｃ国は，Ｂ国に対する武力攻撃の根拠地となっているＡ国領域内のＡ国軍軍事基地を空爆した。

以上の事実を基に，以下の設問に答えなさい。

〔設　問〕

１．甲に対するＡ国の措置に関して，Ｂ国がＡ国に対してどのような国際法上の主張を行い得るかを論じなさい。

２．「Ｙ民族戦線」の活動について，Ｂ国が国際法上の責任を問われ得るかを論じなさい。

３．Ｃ国によるＡ国領域内の軍事基地に対する空爆行為を国際法上どのように正当化できるかを，Ｃ国の立場から論じなさい。

## ■ 国際関係法（私法系）

〔第１問〕（配点：５０）

共に日本に住所を有する夫婦ＡとＢは，同じく日本に住所を有するＣの非嫡出子Ｄ（満５歳）を養子に迎えたいと考えている。Ｃも，それを承諾している。国際裁判管轄権については日本にあるものとして，下記の設問に答えよ。

〔設問１〕

ＡとＢが共に甲国籍を，Ｄが日本国籍をそれぞれ有する場合，ＡとＢは，Ｄとの養子縁組を日本において有効に行うことができるか。甲国民法が以下に記すような決定型養子縁組制度のみを定め，ここでは反致は成立しないものとして，準拠法に留意しつつ論じなさい。

【甲国民法】

① 養子縁組をするには，家事裁判所の決定によらなければならない。

② 養子と実方の父母及びその血族との親族関係は，養子縁組によって終了する。

〔設問２〕

ＡとＤが日本国籍を，Ｂが甲国籍をそれぞれ有し，かつＡとＢは，Ｄとの養子縁組に当たり，ＣとＤの親子関係を維持したいと考えている。ＡとＢは，日本においてこのような養子縁組をＤとの間で行うことができるか。上記の甲国民法に加えて，甲国国際私法が，養子縁組について，以下に記すようないわゆる管轄権的アプローチ（管轄権的構成）を定めているものとして，準拠法に留意しつつ論じなさい。

【甲国国際私法】

③ 裁判所は，養親となるべき者の住所が国内にある場合は，その養子縁組決定の国際裁判管轄権を有する。

④ 養子縁組の決定は，法廷地法による。

〔設問３〕

ＡとＢが共に日本国籍を，Ｄが乙国籍をそれぞれ有し，ＡとＢには，この養子縁組に反対している実子Ｅ（満１５歳）がおり，さらには，乙国法が以下に記すような契約型養子縁組制度のみを定めているものとして，下記の小問に答えなさい。

【乙国国際私法】

⑤ 裁判所は，乙国国際私法の規定によって指定された国の実質法のみを適用する。

⑥ 養子縁組は，養親となるべき者の本国法による。

【乙国民法】

⑦ 養子縁組は，合意した文書を届け出ることによって，その効力を生ずる。

⑧ 養子となるべき者が満１０歳未満の場合は，その実親が，養子に代わって養子縁組の承諾をすることができる。

⑨ 養親となるべき者に満１０歳以上の子がいる場合，養子縁組をするには，その子の同意を得なければならない。

〔小問１〕

この養子縁組には，いずれの国の法が適用されるか。

〔小問２〕

法の適用に関する通則法（平成１８年法律第７８号）第３１条第１項後段に定める要件について乙国法が適用されるとして，ＡとＢは，この養子縁組を日本において有効に行うことができるか。

〔第２問〕（配点：５０）

Ｘ男は甲国に常居所を有する甲国人詩人であり，Ｙ女は日本に常居所を有する日本人である。Ｘの弟Ａ男は日本に居住しており，Ｙは過去にＡと交際していた。

Ｙは，日本において日本語の小説（以下「被告小説」という。）を執筆し，日本のインターネットコンテンツプロバイダーＣ社の運営しているブログにこれを公表した。被告小説は，いわゆるモデル小説であり，ＡやＸをモデルとしている（Ｘがモデルであることには当事者間に争いがない。）。被告小説中には，Ｘが甲国において出版した詩集に掲載されている詩（以下「本件詩」という。）の日本語訳が無断で掲載されているほか，Ｘに窃盗癖があるとの記述や，Ｘが精神疾患を患っていたとの記述もあった。

Ｘは，Ｃに対して被告小説の削除依頼をし，それは削除された。しかし，被告小説は，削除されるまでの間，甲国及び日本において，Ｘの知人たちを含む多数の人々に閲覧されていた。Ｘは，Ｙに損害賠償を求めて交渉したが，Ｙはこれに応じない。

下記の〔設問１〕〔設問２〕は，それぞれ，この事件がこの後異なった経過をたどったことを前提とする独立の問題である。

〔設問１〕

Ｘは，Ｙに対して以下のような訴えを日本の裁判所に提起した。

① 上記の窃盗癖の記述がＸの名誉を毀損すると主張して慰謝料を請求した。

② 上記の精神疾患の記述がＸのプライバシー権を侵害すると主張して慰謝料を請求した。

③ 本件詩の翻訳の掲載がＸの有していた本件詩に関する日本における著作権及び甲国における著作権（具体的には，著作権に含まれる支分権の１つである翻訳権）を侵害すると主張して，損害賠償を請求した。

上記の各請求について判断するに当たり適用すべき準拠法の決定について論じなさい。国際裁判管轄権について論じる必要はない。なお，甲国は，文学的及び美術的著作物の保護に関するベルヌ条約パリ改正条約（昭和５０年条約第４号）の同盟国である。

（参照条文）文学的及び美術的著作物の保護に関するベルヌ条約パリ改正条約（昭和５０年条約第４号）（抜粋）

第５条〔保護の原則〕

⑴ 著作者は，この条約によつて保護される著作物に関し，その著作物の本国以外の同盟国において，その国の法令が自国民に現在与えており又は将来与えることがある権利及びこの条約が特に与える権利を享有する。

⑵ ⑴の権利の享有及び行使には，いかなる方式の履行をも要しない。その享有及び行使は，著作物の本国における保護の存在にかかわらない。したがつて，保護の範囲及び著作者の権利を保全するため著作者に保障される救済の方法は，この条約の規定によるほか，専ら，保護が要求される同盟国の法令の定めるところによる。

⑶ 著作物の本国における保護は，その国の法令の定めるところによる。もつとも，この条約によつて保護される著作物の著作者がその著作物の本国の国民でない場合にも，その著作者は，その著作物の本国において内国著作者と同一の権利を享有する。

（以下略）

〔設問２〕

Ｘは，Ｙに対し，被告小説中のＸの窃盗癖に関する記述がＸの名誉を毀損すると主張して，甲国の裁判所に不法行為に基づく慰謝料を請求する訴えを提起した。

Ｙは，これに応訴しないでいたところ，甲国裁判所は甲国法を準拠法として，Ｘ勝訴の判決（以下「本件外国判決」という。）を言い渡し，本件外国判決は確定した。

しかし，Ｙは甲国には財産を有していなかったので，Ｘは，日本の裁判所に本件外国判決に基づく執行判決を求める訴えを提起した。

本件外国判決が日本における執行判決に係る他の要件を全て満たしているとして，次の各小問に答えなさい。次の各小問は，いずれも独立した別個の問題である。

〔小問1〕

本件外国判決は，下記の甲国民法P条を適用し，慰謝料に加えてその3倍程度の金額の懲罰的損害賠償請求も認容したものであった。

そこで，Xは，日本の裁判所において，本件外国判決に基づき，慰謝料及び懲罰的損害賠償の双方について執行判決を求めている。

Xの執行判決請求は認められるか。

なお，甲国法上，懲罰的損害賠償を得た者には，その一部を国，州その他の公的団体に納める義務はなく，その使途にも制限はない。

【甲国民法】

P条　契約から生じる義務以外の義務への違反に基づく訴訟においては，明白かつ確信を抱くに足る証拠によって，被告が抑圧，詐欺又は害意ある行為を犯したことが証明された場合には，原告は，現実の損害に加えて，見せしめのため被告に懲罰を科すための損害賠償を請求することができる。

〔小問2〕

本件外国判決に係る訴訟の訴状及び期日呼出状は，甲国法に従い，いずれもXの代理人弁護士からYに対し，日本語への翻訳文を添付し，訴訟に対応できる時間的余裕をもって，国際書留郵便によって直接郵送されていた。

Xの執行判決請求は認められるか。

# 出題の趣旨

■出題の趣旨は，法務省のホームページからダウンロードできます。

法務省　http://www.moj.go.jp/

法務省トップページ>資格・採用情報>司法試験>司法試験の結果について
>令和元年>論文式試験出題の趣旨

【公法系科目】

〔第1問〕

本年の問題は，虚偽の表現の規制の可否を問うものである。問題文にもあるとおり，また，報道などでも知られるとおり，フェイク・ニュースは，各国で様々な課題を生じ，対応が模索されている現代的な問題であり，新たな技術的な展開が事態を深刻化させている側面がある現象である。しかし，その規制は，内容規制という古典的な表現の自由の問題であり，また，本問の規制は，表現の削除という強力な制限の問題でもある。表現の自由の保障の意義という基本に立ち返った検討が求められる。

虚偽の表現，とりわけ虚偽と知ってなされるものについては，そもそも表現の自由の保障範囲に入らない，あるいは，保障の範囲に入っても，保障の程度が低いという議論もあり得なくはない。その点について論じる際には，そのように考えることに問題はないか，また，そのような考え方は先例に基づいたものといえるかといった点も考察する必要があろう。さらに，虚偽ではあっても種々の観点から有益な表現も様々に考えられることや，真実は誤りと衝突することによってより明確に認識されるのだから虚偽の言明ですら公共的な議論に価値のある貢献をするものだ，という考え方もあり得ることにも留意が必要である。

立法措置①については，具体的状況によっては虚偽か真実かの判定が難しい場合が相当あるという意味において不明確ではないか，処罰の範囲が広すぎ過度に広汎ではないか，といった点について検討することが求められる。目的が極めて重要な公共の利益といえるか，問題文に示されている混乱の事例をどのように評価するか，対抗言論や報道による検証などが優先されるべきではないか，他の規制方法が考えられ必要最小限度のものに留まっているとは言い難いのではないか，訴追は公平になされるかといった点についても同様であろう。

その際には，立法措置①が，特定の人の社会的評価や業務とは無関係の規制であり，ありとあらゆる表現が，虚偽であるというだけで，規制の対象となるため，政治的に激しい争いのある事柄や，歴史的・学問的な事柄まで対象となり，真実性の判断が難しいものとなり得ることに留意が必要である。立法措置①が認められるとなると，あらゆる領域について，何が真実かを，刑事責任を問うことで問題にできるということになり，恣意的な訴追を通じて，全て真実は政府が決めるということになりかねないという懸念もある。これらの点を踏まえた上で，立法措置①について検討することが求められる。

次に立法措置②について，ここでは，削除義務を課されるという形で直接に制約の対象となっているのは，ＳＮＳ事業者の自由であるとともに，削除されるという形で制約されているのは個々の発信者の表現の自由であることを適切に分析することが必要である。ＳＮＳの特徴である拡散性が，ＳＮＳのみを規制の対象として取り上げることを正当化するかどうかが論じられる必要もある。ＳＮＳ事業者が私的な検閲の主体となるおそれについても論じることは不可能ではなかろう。

立法措置②については，選挙の公正ということの明確性が問題になるかもしれない。その場合，合憲限定解釈の可能性も含めて検討することがあり得る。立法措置②を，内容中立規制とする見解があるかもしれない。しかし，内容規制と，時・場所・方法の規制のような内容中立規制が組み合わされたときに，直ちに内容中立規制と評価することは問題がないか，検討が必要であろう。選挙に関する表現をどのように位置付けるべきかについては，国際的に比較しても非常に厳しい我が国の選挙運動規制を合憲とする先例は多数あるが，その評価を含めて論じることが可能であろうし，それらの選挙運動規制と本問を区別することも可能であろう。

立法措置②は，表現の削除を罰則をもって強制するという強力な規制であるので，検閲や事前抑制の原則的禁止の法理との関係を問題にすることも可能である。ただ，その際には，立法措置②による規制によって，発表が禁止されている訳ではなく，一旦発表されたものの削除が命じられていることに留意が必要である。また，選挙の公正は，仮処分による差止めで保護される名誉権のような人格的権利ではなく，この点についての分析も必要であろう。

一旦表現されたものの削除が命じられるという点では，検索結果の表示の削除が問題となった事案も参考になり得よう。比較衡量的な枠組みを提示しつつ，要件が満たされていることが「明らか」なことを要求する判例の立場から見た場合，立法措置②の要件が十分に限定されたものになっているか否かを検討することになろう。

ただ，その場合であっても，立法措置②が，司法手続ではなく行政手続によるものであること，さらに，行政手続法の事前手続や理由提示の制度が適用除外とされていることをどのように評価するかが問題となり得る。人格権侵害を理由に仮処分で差止めを認める場合，少なくとも審尋が必要とされているが，要件が充足されていることが明白である場合には例外が認められている。行政手続の適正性の要求を憲法上どのように位置付けるかを踏まえつつ，これらのこととの関係をどう理解するかを論じることが必要となろう。

選挙は公共性が高く，迅速な対応が必要だとはいい得るが，誤って削除された場合には公益が大きく害される。より制限的でない手段の検討が必要である。選挙に際してのＳＮＳが問題であるというのであれば，ＳＮＳ事業者に自主的な削除手続を定めることを義務付け，これについての報告義務を課すという方法も考えられる。ただ，この場合には，上に述べた私的な検閲のおそれは増大するかもしれない。また，とりわけＳＮＳ上のフェイク・ニュース記事の拡散が，出所の不透明な資金に支えられていることが問題であるというのであれば，政治資金規制を及ぼして，資金の流れの透明化を義務付けることも考えられる。このような，諸外国・地域で実施・検討されている他の方法が有益ではないか，といったことも論じるに値する。

以上のような諸点についての検討を踏まえ，自らの示した判断枠組みの中で適切に結論を導くことが求められている。

〔第２問〕

本問は，新たな市道（以下「本件道路」という。）の整備のために，Ｃ市が，土地収用法（以下「法」という。）に基づいて，Ａの土地（以下「本件土地」という。）を収用しようとした場合に生じる法的な問題について，検討を求めるものである。土地収用の手続きは，事業認定（法第２０条），収用裁決（法第４７条の２）といった段階を踏んで進められていくが，本問においては，このような土地収用手続の過程を理解して検討することが求められている。

本問では，Ｃ市を起業者として行われた事業認定（以下「本件事業認定」という。）やＡに対する権利取得裁決（以下「本件権利取得裁決」という。）はいずれも出訴期間を経過しており（行政事件訴訟法第１４条），Ａはこれらの処分に対して適法に取消訴訟を提起して争うことはできない。もっとも，本件権利取得裁決については，例外的に「正当な理由」が認められるとして，取消訴訟を提起することができる場合も考えられ，論じられるべき第１の問題は，仮に，行政事件訴訟法第１４条における「正当な理由」が認められ，本件権利取得裁決に対する取消訴訟（以下「本件取消訴訟」という。）を適法に提起することが可能であるとした場合，Ａは，本件取消訴訟において，本件事業認定の違法を主張することができるかである（設問１）。論じられるべき第２の問題は，本件権利取得裁決に対して無効確認訴訟を提起した場合（行政事件訴訟法第３条第４項），Ａに，無効確認訴訟の原告適格が認められるかどうかである（設問２⑴）。最後に，論じられるべき第３の問題は，本件事業認定に裁量の範囲を逸脱又は濫用した違法が認められるかどうかである（設問２⑵）。以上の点について，資料を踏まえて論じることが求められている。

〔設問１〕は，いわゆる違法性の承継に関する問題であり，本件事業認定の違法性を本件取消訴訟において主張することが許されるのかが問われている。法における事業認定の違法性が収用裁決に承継されるかについては，様々な裁判例や学説が見られるところであり，必ずしも見解の一致が見られるとは言い難いが，本問においては，単に違法性の承継に関する一般的な考え方を示すのみではなく，最判平成２１年１２月１７日民集６３巻１０号２６３１頁等を参考に，法に沿って，具体的に検討することが求められている。すなわち，法においては，事業認定と権利取得裁決が段階的に行われること，事業認定と権利取得裁決の目的に共通性が認められること，土地所有者らに対して様々な手続きが法によって整備されていること等を踏まえて，事業認定と権利取得裁決の違法性の承継の有無を検討することが求められている。

〔設問２⑴〕では，本件権利取得裁決に対する無効確認訴訟の訴訟要件が問われている。本件事業認定に無効の瑕疵が認められ，本件権利取得裁決も無効であるとすると，本件権利取得裁決に対して，無効確認訴訟（行政事件訴訟法第３条第４項）を提起することが考えられるが，無効確認訴訟の訴訟要件として，行政事件訴訟法第３６条の原告適格の有無を検討する必要がある。行政事件訴訟法第３６条は，無効等確認訴訟の原告適格につき，「当該処分又は裁決に続く処分により損害を受けるおそれのある者その他当該処分又は裁決の無効等の確認を求めるにつき法律上の利益を有する者で，当該処分若しくは裁決の存否又はその効力の有無を前提とする現在の法律関係に関する訴えによつて目的を達することができないものに限り，提起することができる」としているが，本問においては，「当該処分若しくは裁決の存否又はその効力の有無を前提とする現在の法律関係に関する訴えによつて目的を達することができないもの」という要件に絞って，Ａに無効確認訴訟の原告適格が認められるのかを検討することが求められている。

本件事業認定やそれに基づく本件権利取得裁決に無効の瑕疵があるとすると，Ａは，自らの所有権を保全するため，Ｃ市に対して，土地所有権確認請求や本件土地の移転登記の抹消登記請求といった争点訴訟（本件権利取得裁決が無効であることを争点とする民事訴訟。行政事件訴訟法第４５条）で争うことが可能と考えられる。このとき，Ａが，これらの争点訴訟を提起することが可能であるとしても，それだけで，「目的を達することができない」として，無効確認訴訟を提起できるのかを論じる必要がある。争点訴訟には，無効確認訴訟の判決と異なり，判決に拘束力が認められないこと，他方で，事業認定から１年を経過している場合には事業認定の効力が失効する（法第３９条第１項）ため，拘束力が認められなくてもＡの目的を達することはできるのではないかといったことや無効確認訴訟の判決に第三者効が認められるのか等を踏まえて，検討することが求められる。

以上のような行政事件訴訟法第３６条の原告適格に関し，Ａによってどのような主張がなされるのか，また，原告適格は認められるのかを，Ｂ県からの反論を踏まえて，論理的に検討することが求められている。

〔設問２⑵〕では，上記の無効等確認訴訟が適法に提起できるとした場合，本件事業認定の違法性につき，法第２０条第３号の「事業計画が土地の適正且つ合理的な利用に寄与するものであること」に関して，Ａが，どのような主張が可能かを検討することが求められている。法第２０条第３号の要件は，法第１条の目的規定を参照すると，行われる事業によって増進される公共の利益と，土地収用によって失われる利益の比較衡量によって判断されると考えられるが，法第２０条第３号がある程度概括的に定められていることや，公共事業に土地収用が必要とされるかどうかについては，種々の事情を総合的に考慮した判断が伴うことから，法第２０条第３号の要件該当性の判断には，行政庁に一定の裁量が認められると考えられる。したがって，本問では，本件事業認定が，このような裁量の範囲を逸脱濫用したものであるとして違法となるかどうかが検討されるべき点である。また，本件事業認定に無効の瑕疵があるかが問題とされることから，単なる違法ではなく重大かつ明白な瑕疵が必要とされることとなるが，本問では，重大性や明白性については検討する必要はない。

まず，本件事業認定に関しては，本件道路の設置によって得られる利益として考えられるのは，事業認定に付された理由によると，「道路ネットワークの形成」，「通行者の安全性の確保」，「地域防災性の向上」の３点である。これらのうち，「道路ネットワークの形成」という利益が生み出されることや本件道路の整備による騒音等の不利益が軽微かどうかについては，本件事業認定においては，平成２２年調査に基づいて判断がされている。Ａの立場からは，平成元年調査と比して，通行量の予測が異なる平成２２年調査に基づく判断の妥当性や信頼性が論じられるべきこととなる。また，利益衡量の対象とされているが，土地収用によって喪失する利益として，Ａの立場からは，本件土地周辺の地下水や防災用の井戸への影響，本件土地の自然環境への影響が十分に考慮されていないのではないかという点が指摘されよう。また，小学校への騒音を防止するために，本件道路のルートが決定されているが，その際，本件土地の自然環境については考慮されておらず，考慮されるべき事情が考慮されていないのではないか，といった点についても検討することが求められている。

【民事系科目】

〔第１問〕

本問は，民法の幅広い分野から，民法の基礎的な理解とともにその応用力を問うものであり，当事者の主張を踏まえつつ法律問題の相互理解や事案の特殊性を論理的に分析して自説を展開する能力が試されている。

設問１は，建物新築請負契約に基づき請負人が工事を完了して，注文者所有土地上に建物を完成させたが，引渡しは未了の段階における当該新築建物の所有権の帰属と，所有権の帰属先とされることに伴う責任を問うものである。新築建物の所有権の帰属は，多数の関連判例（大判明治３７年６月２２日民録１０輯８６１頁，大判昭和１８年7月２０日民集２２巻６６０頁，最判昭和４４年９月１２日判例時報５７２号２５頁，最判昭和４６年３月５日判例時報６２８号４８頁等）がある典型的な論点であるが，これを中心としつつ，物権法，契約法，不法行為法にまたがる複数の制度・規定についての検討を求めることを通じて，民法の基本的な理解と事案に即した論理展開能力が問われている。

設問１の前半では，新築建物の引渡し前の所有権の帰属が問題となるが，その前提として，建物は，その敷地とは別個独立に所有権の客体となることを確認する必要がある。

その上で，建物新築請負契約の当事者間に所有権の帰属についての合意があれば，契約自由の原則により，その合意に従って所有権の帰属が決定されることとなる。これに対し，その合意がない場合における新築建物の引渡し前の所有権の帰属については，いわゆる請負人帰属説と注文者帰属説とがあり，これについて論ずる必要がある。前記の判例は請負人帰属説に立っていると理解されているが，その規律内容を知識として有しているだけではなく，根拠を正確に理解していることが求められる。請負人帰属説と注文者帰属説のいずれの立場によっても構わないが，自己の採用した立場から一貫性のある法律構成をすることが必要である。

請負人帰属説に立つ場合には，新築建物の所有権の帰属について特段の合意がない場合には物権法の原則が妥当し，材料の所有権が積み上げられて完成した建物となることなどの理由から，材料の全部又は主要部分の提供者が誰かによって所有権の帰属が決せられることを原則としつつ，例外則として，注文者が代金の支払をしていたときは注文者が所有権を取得することを論ずべきことになる。

本問では，材料はその全部を請負人が調達して提供しており，本件事故時において建物は既に完成しているが，代金は８割が支払済みであるという事情がある。上記の代金支払による例外則の内容については，定式として，全額の支払を必要とする考え方と，大半が支払済みであればよいとする考え方とがあるが，いずれの定式によるのかを明確にしつつ，それと整合的な理由の提示が求められる。

例外則の根拠については，大別して，㋐材料の提供の実質に求める考え方と，㋑当事者の黙示の合意に求める考え方とがあり得る。

上記㋐の考え方は，材料の全部又は主要部分の提供者がいずれであるかによって決せられるという原則に照らして，代金の全額又は大半が支払われているときは，注文者が材料の原資を出しているといえるから，注文者が材料の提供者と考えることができるとする。この考え方によれば，「大半」といえるかどうかは，支払われた代金が材料の全部又は主要部分の費用に相当するかどうかが判断基準となり，この観点から，本問の事実の評価がされることになる。

上記㋑の考え方からは，請負契約は，注文者が仕事の結果に対して報酬を支払うものであるから，代金の全額が支払われた以上，仕事の結果である建物の所有権は注文者が取得するというのが両当事者の合理的意思であると考えられ，このような両当事者の意思（黙示の合意）を基礎として，全額支払済みの場合に例外則を発動させるとする見解が導かれ得る。

他方で，大半の支払の段階でも，注文者は，建物を取得するために契約をしたのであるから所有権を取得することができると考え，請負人も，報酬確保について懸念がなければ所有権を保持する利益がなく，所有権を注文者に取得させることに異存はないのが通常であるとも考えられる。そこで，このような両当事者の意思（黙示の合意）を基礎として例外則を発動させるとする見解も導かれ得る。この見解によれば，報酬確保として懸念のない状態にあるかどうかが判断基準となり，この観点から，本問の事実の評価がされることになる。

以上に対し，注文者帰属説に立つ場合には，判例が採用していると考えられる請負人帰属説の内容を示してこれを批判し，注文者帰属説を採用すべき理由を論ずることが求められる。注文者帰属説による場合には，注文者への帰属を排除する特段の合意がない限り，甲建物は注文者Aに帰属すると結論付けることになる。

なお，所有権の帰属の決定に当たっては，前記のとおり，契約当事者の合意がまず基準となるところ，請負人帰属説か注文者帰属説かの対立に触れることなく，本問における契約内容，特に代金分割支払の合意内容等を詳細に分析・評価し，所有権の帰属についての（黙示の）合意を認定するという構成も妨げられるものではない。

設問１の後半は，注文者Aが甲建物の所有者であると仮定し，請負人Bが甲建物を占有している中でのAの土地工作物責任（民法第７１７条第１項ただし書）を論じさせることを通じて，土地工作物責任に関する基本的な理解と事例に即した法適用能力を問うものである。

建物が土地工作物に該当することには異論がないと考えられるが，設置又は保存の瑕疵については，土地工作物が通常備えるべき安全性を欠くことを意味することを指摘した上で，本問の事実関係のもとでの評価を示すことが求められる。甲建物は，震度５弱の地震に対する強度を備えておらず一部の損傷を生じているが，このような建物は，通常備えるべき安全性を備えていたとはいえず，設置の瑕疵があったといえる。

また，設置の瑕疵によってCを負傷させ，治療費の支出を余儀なくさせているから，損害の発生，因果関係が認められることを指摘する必要がある。

甲建物は，引渡し前であり，請負人Bの管理・支配下にある。民法第７１７条第１項の「占有者」の概念については争いがあるが，本問の場合は，いずれにしてもBが占有者に該当するため，占有者概念を詳述する必要はない。

所有者Aが土地工作物責任を負うか否かについて最も問題となるのは，占有者であるBが損害発生の防止に必要な注意を尽くしたかである。占有者の必要な注意とは，その種の占有者として通常尽くすべき注意を意味するが，このことを明らかにした上で，本問の事実を評価することが求められる。

【事実】５のとおり，甲建物の「瑕疵」は甲建物に用いられた建築資材の欠陥によるものであるが，この資材は定評があり，多くの新築建物に用いられていた。欠陥品が甲建物に用いられることになったのは，製造業者において検査漏れがあり，流通経路を経て，たまたま甲建物に用いられたという事情による。しかも，この事情は，本件事故を契機とした調査が行われて初めて明らかになっている。これらの事情からすれば，Bとして，逐一建築資材の強度を個別に検査することまでは要求されず，損害の発生の防止に必要な注意をしたと評価されよう。

これに対し，占有者の注意義務を高度なものとしてとらえ，実質的には無過失責任に近いものとして考える場合には，異なる結論を導く余地があるが，その場合には，そのような捉え方をすべきことを説得的に展開することが求められる。

また，以上と異なり，設置・保存の瑕疵について，通常備えるべき安全性を確保すべき義務に違反したことをいうとする立場を採用することも妨げられないが，その場合には，そのような立場に立脚すべき根拠を丁寧に，かつ，説得的に展開する必要がある。

設問２は，不動産の賃貸借から将来生ずべき賃料債権の譲渡がされた場合において，譲渡人がその不動産を売却し，賃貸人の地位が新所有者に承継されたときに，将来賃料債権譲渡の効力はその承継後の賃貸借から生ずる賃料債権に及ぶかを問うものであり，基本的事項に関する知識とこれを踏まえた論理的思考力が試されている。

この問題に関連する判例として，最判平成１０年３月２４日民集５２巻２号３９９頁があるが，将来賃料債権の差押えの効力が発生した後に，賃貸借の目的不動産が譲渡され，それにより第三者が賃貸人の地位を承継したとしても，その第三者は，当該不動産に係る賃料債権を取得したことを差押債権者に対抗することができないとするものであり，本問のように，私人間の契約によって将来賃料債権が譲渡された後に賃貸借の目的不動産が譲渡された事案についての判例はない。

本問では，第三者対抗力を備えた将来賃料債権譲渡がされた場合において，賃料債権を生ずべき賃貸借の目的不動産が譲渡されたときに，将来賃料債権譲渡と目的不動産の譲渡のいずれの効力が優先すると考えるべきかを，種々の事情を考慮しながら検討することが求められる。

下線部㋐は，賃貸借の目的不動産の譲渡の効力が優先するとするものである。Hとしては，これを根拠付けるために，Hが乙建物の所有者となったことによりEに対する賃貸人となったことを主張すると考えられる。

これに関する確立した判例法理を前提とするならば，本問では，DH間の合意による賃貸人の地位の承継（以下「合意承継」という。），Hが乙建物を取得したことによる賃貸人の地位の当然承継（以下「法定承継」という。）のいずれも成り立つ（合意承継につき，最判昭和４６年４月２３日民集２５巻３号３８８頁。法定承継につき，大判大正１０年５月３０日民録２７輯１０１３頁等）。これらの判例法理と異なる考え方を採る場合には，判例法理を示し，その問題点を挙げ，採用すべき他の考え方を理由とともに示す必要がある。なお，判例法理に従う場合も，合意承継と法定承継との要件の違いを意識した論述が求められるとともに，合意承継については，契約上の地位の移転の一種であるにもかかわらず賃借人の同意を要しない理由を，法定承継については，目的不動産の所有権の移転により賃貸人の地位が当然に移転する理由を示すことが望ましい。

下線部㋑は，将来賃料債権譲渡の効力が優先するとするものである。下線部㋑が正当とされるためには，本件譲渡契約が有効であり，かつ，Fがその契約による将来賃料債権の取得を第三者に対抗することができることが必要である。

将来債権を譲渡する契約は，譲渡の目的とされる債権が特定されている場合には原則として有効であるとしつつ，例えば，その将来債権譲渡が，あまりに長期にわたる包括的なものであり，譲渡人の営業活動等に対して過度の制限を加え又は他の債権者に不当な利益を加えるものであると見られるなどの特段の事情があるときは，公序良俗違反などのため全部又は一部が無効になることがある，とするのが判例である（最判平成１１年１月２９日民集５３巻１号１５１頁）。また，判例は，将来債権譲渡について第三者対抗要件を具備するためには，指名債権譲渡の対抗要件（民法第４６７条第２項）の方法によることができるとする（最判平成１３年１１月２２日民集５５巻６号１０５６頁）。

以上の判例に従う場合，本件譲渡契約は，「本件賃貸借契約による平成２８年９月分から平成４０年８月分までの賃料債権」（【事実】８）と譲渡の対象が特定されており，譲渡期間は１２年と比較的長期であるものの，この一事をもって公序良俗に反するとまではいえないから，有効であると認められる。また，本件譲渡契約による将来賃料債権譲渡について，【事実】８のDからEに対する内容証明郵便による通知をもって，第三者対抗要件が具備されている。したがって，Fは，本件譲渡契約による将来賃料債権の取得を第三者に対抗することができる。

上記を前提として，下線部㋐と下線部㋑のうちいずれが正当であるかを考えるべきことになるが，その際には理論的な理由と結論の妥当性の観点からの理由を共に挙げることが必要である。

下線部㋐を正当とする理論的な理由としては，本件譲渡契約における譲渡の対象は将来「債権」であり，譲渡人Dは，自己が取得すべき債権を処分することはできるが，他人が取得すべき債権を処分することはできないから，本件譲渡契約の効力は，Hが取得する賃料債権に及ばないとすることなどが考えられる。また，結論の妥当性の観点からの理由としては，将来債権譲渡は，もともと将来の債権の発生という不確実な事実に効力をかからせるものであり，賃貸借の目的不動産の譲渡により将来賃料債権の譲渡人（D）が取得すべき賃料債権が発生しなくなることは，当然想定される事態の一つであってやむを得ないことや，将来賃料債権の譲受人（F）が権利を失うことになる不利益は，将来賃料債権譲渡の契約の当事者（D及びF）の間で解決されるべき問題であることなどが考えられる。

これに対し，下線部㋑を正当とする理論的な理由としては，本問における将来賃料債権の譲渡は，本件賃貸借契約から将来生ずる賃料債権を譲渡の目的とするところ，Hは本件賃貸借契約における賃貸人の地位を承継するのであり，Hの下で生ずる賃料債権も本件賃貸借契約から生ずるものであるため，本件譲渡契約の効力がなお及ぶと考えられることなどが挙げられる。また，結論の妥当性の観点からの理由としては，賃貸借の目的不動産を譲り受けようとする者は，賃借人への照会その他の調査により，将来賃料債権譲渡がされた事実を知ることが通常可能であり，実際，本問においてHは本件譲渡契約がされたことを知りつつ本件売買契約を締結しているから，目的不動産（乙建物）の譲受人（H）が不測の不利益を受けることにはならないことや，下線部㋐を正当とすると将来賃料債権譲渡の効力が賃貸借の目的不動産の譲渡により容易に失われるため，将来賃料債権譲渡の有用性が著しく損なわれてしまうことなどが考えられる。

下線部㋐と下線部㋑のいずれを正当としてもよいが，解答に当たっては，それぞれを支える根幹的な論拠を前提としつつ，他に考慮されるべき事情とその評価について説得的に展開し，結論を導くことが求められる。

設問３は，いわゆる動機の錯誤による意思表示の無効の要件に関する基本的な理解を問うものである。

本件債務引受契約の無効の原因となるのは，Hの錯誤による意思表示である。本件債務引受契約に関するHの錯誤については２通りの捉え方が可能である。

第１に，Hは，本件売買契約によって乙建物の所有権を取得することによりEから本件賃貸借契約に係る賃料を収受することができるという認識（以下「下線部㋐の認識」という。）の下で本件債務引受契約を締結している。そのため，下線部㋐の認識は，Hにとって，本件債務引受契約の動機であり，下線部㋐の認識が誤りであるという本問の前提に立つと，Hに動機の錯誤があるということができる。

第２に，【事実】10の②によれば，Hは，Dとの間の本件売買契約によって負う代金債務の代物弁済として，DのGに対する本件債務を引き受けている。したがって，Hは，Dに対して代金債務を負うことを動機として，本件債務引受契約に係る意思表示をしたと見ることもできる。この動機は，本件売買契約が有効であることを前提としているが，下線部㋐の認識が誤りであることによって本件売買契約が無効となれば，HがDに対して代金債務を負っていないことになるから，Hに動機の錯誤があるということができる。

Hの動機の錯誤を上記のいずれと解してもよいが，そのうちの一方が本件債務引受契約の無効を導くのであれば，その動機の錯誤について論ずる必要がある（他方について論ずる必要はない。）。いずれによっても無効にならない場合には，両方の動機の錯誤について論ずる必要がある。

動機の錯誤による意思表示の無効が認められるか，どのような要件の下で認められるかについては，種々の考え方がある。

判例は，動機の錯誤の場合，民法第９５条は当然には適用されないことを前提として，一定の要件の下でのみ民法第９５条による意思表示の無効を認める立場である。ここにいう「一定の要件」について，「動機が表示されて法律行為（又は意思表示）の内容になった」ことが必要であるとする理解が一般的であるが，例えば，動機は表示されたならば意思表示の内容になったと認められるとする理解などもある。

解答に当たっては，動機の錯誤による意思表示の効力や無効とする場合の要件をどのように判断すべきかについて，特定の立場を採ることが求められるものではないが，判例の理解を踏まえて採るべき立場を理由とともに明らかにし，本問の事実を自説の構成に従って適切にあてはめることが必要である。

例えば，民法第９５条による無効が認められるためには，動機が表示され，かつ，その表示された動機が当事者の間で法律行為の内容とされたことが必要であるとする立場からは，次のことを論ずべきことになる。

まず，動機の表示の存否を論ずる必要がある。本件売買契約によって６０００万円の代金債務を負うことが問題とすべき動機であるとする場合には，【事実】10の②から，動機がGに表示されていたと認められる。これに対し，Hの下線部㋐の認識が問題とすべき動機であるとする場合には，そのことがGに明示されているとまではいえないものの，【事実】10において，Gは，DとHに対し，乙建物の買主は本件賃貸借契約に係る賃料を収受することができるという，下線部㋐に相当する認識を述べている。そして，D，G及びHは，Gのこの発言を受けて本件売買契約の代金額を乙建物の収益性を勘案した額とすること（【事実】10の①），Hが本件売買契約によって負う代金債務の代物弁済として本件債務の弁済を引き受けること（【事実】10の②）を合意していることから，Hが下線部㋐の認識の下に本件債務を引き受けることが，Gに対し表示されていたと認められる。

次に，その動機が法律行為の内容になったと認められるか否かを論ずる必要がある。その前提として，

「法律行為の内容になる」ということの意味が問題となるが，相手方が意思表示はその動機を何らかの意味で前提とするものであることを了解していたと認められればよいとする考え方，相手方が意思表示はその動機の存在を前提として効力が認められるものであることを受け入れていたといえる必要があるとする考え方などがあり得る。後者の考え方を採る場合には，その動機が誤っているときには意思表示の効力の前提が欠けることになるから，意思表示の無効が原則として認められる。それに対し，前者の考え方を採る場合には，意思表示が無効となるためには，動機の誤りに加えて，錯誤の重要性が認められなければならない。これについても，どの立場であってもよいが，採るべき立場の内容と理由を明確に示すことが求められる。

その上で，本問の事実を自説に適切に当てはめることが求められる。Hの下線部㋐の認識が問題とすべき動機であるとし，かつ，動機の法律行為の内容化につき上記のうち前者の立場を採った場合を例にとれば，Gは，何らの見返りもなく単なる友人の多額の債務を引き受けることは通常考えられないこと，下線部㋐の認識に相当することを自らD及びHに述べた上で【事実】10 の三者間合意に加わったことから，Hが下線部㋐の認識を前提として本件債務引受契約を締結することを了解していたと認められる。そして，下線部㋐の認識が誤りである場合，Hは，Dの債務を引き受けることの「見返り」である利益を取得することができず，しかもその額は４５００万円近くになることから，この錯誤の重要性は明らかであるということができる。

これに対し，本件売買契約によって代金債務を負うことが問題とすべき動機であるとする場合には，G及びHは，【事実】10 の①～④より，Hがその代金債務を負うことを前提として本件債務引受契約に応じることを合意したといえるから，Hがその代金債務を負うことが本件債務引受契約の前提であるとGは了解しており，Hの錯誤の重要性も当然に認められると説明することも，GはHがDに対する代金債務を負わないのであれば本件債務引受契約は無効になることを受け入れていたと説明することもできる。なお，この場合には，Hは下線部㋐の認識が誤りであることにより本件売買契約に係る意思表示の無効を主張することができるかを，動機の錯誤による意思表示の無効が認められるための要件として自ら示したものに従って，論ずることが必要になる。

表意者に重大な過失があったときは，表意者は，錯誤による意思表示の無効を主張することができない。本問においても，Hに重大な過失があると認められるか，具体的には，Hが下線部㋐のように考えたことが重大な過失に当たるかを論ずる必要がある。これについては，事実を踏まえて結論を示すことが必要であり，その際，次に述べるような検討をすることが望ましい。

下線部㋐と下線部㋑のいずれが正当であるかは，法の解釈の問題であり，法を正しく解釈しないことは「法の不知」の一種といえなくもない。仮にそうであれば，「法の不知は保護しない」という法諺が妥当するとして，Hの重大な過失が認められることにもなり得る。しかしながら，下線部㋐と下線部㋑のいずれが正当であるかについて，判例も一般的といえる解釈も存在せず，取引社会の構成員として当然に知っているべきであるとはいえない。したがって，下線部㋐のように法の解釈を誤ったことをもってHは保護に値しないとすることは，適当でないと考えられる。仮にそのように考えない場合であっても，【事実】10 からGも下線部㋐の認識の下に本件債務引受契約を締結したといえることから，GはHと同一の錯誤に陥っていたと認められ，契約の有効に対するGの信頼は保護に値せず，Hによる意思表示の無効の主張は妨げられないと解される。

〔第２問〕

本問は，①少数株主による株主総会の招集及び株主提案権の行使（設問１），②買収防衛策としての差別的な内容の新株予約権無償割当て（設問２），③取締役会設置会社における株主総会の権限，取締役の株主総会の決議の遵守義務及び取締役の株式会社に対する損害賠償責任（設問３）についての理解等を問うものである。

設問１においては，乙社が採ることができる会社法上の手段として，少数株主による株主総会の招集の手続（会社法第２９７条等）並びに議題提案権（同法第３０３条）及び議案要領通知請求権（同法第３０５条）の行使の手続について説明し，比較検討した上で，論ずることが求められる。

少数株主による株主総会の招集の手続並びに議題提案権及び議案要領通知請求権の行使の手続について比較検討するに当たっては，例えば，下記①から③までのことについて，言及することが期待される。

① 議事運営の主導権

少数株主が臨時株主総会を招集する場合には，少数株主は株主総会の招集等の手続を行うことにより株主総会の議事運営にその意向を反映し得ること，他方で，取締役が招集する定時株主総会の開催に当たり少数株主が議題提案権及び議案要領通知請求権を行使する場合には，取締役が株主総会の招集等の手続を行うため，少数株主が臨時株主総会を招集する場合と比べると，株主総会の議事運営に少数株主の意向を反映することに支障があり得ること。

② 費用等の手続面の負担

少数株主が臨時株主総会を招集する場合には，少数株主が株主総会の招集及び開催の費用及び労力を負担すること，他方で，議題提案権及び議案要領通知請求権を行使する場合には，株式会社が株主総会の招集及び開催の費用及び労力を負担すること。

③ 時期の選択

少数株主が臨時株主総会を招集する場合には，定時株主総会が開催されるのを待つことを要せず，それよりも前に，株主総会を開催することができること，他方で，議題提案権及び議案要領通知請求権を行使する場合には，定時株主総会が開催されるのを待たなければならないこと。

設問２においては，乙社による本件新株予約権無償割当ての差止めの請求（会社法第２４７条類推）が認められるか否かについて，問題文中の事実関係を適切に評価した上で説得的に論ずることが求められる。

乙社による本件新株予約権無償割当ての差止めの請求が認められるか否かについて論ずるに当たっては，まず，新株予約権無償割当てに関して，会社法第２４７条が類推適用されるか否かについて，検討することが求められる。

そして，新株予約権無償割当てについて，会社法第２４７条が類推適用される（東京地決平成１９年６月２８日金判１２７０号１２頁）と解する場合には，乙社による差止事由に関する主張について，条文及びその文言を引用しつつ，具体的に検討することが求められる。乙社による差止事由に関する主張としては，例えば，下記①又は②の主張について，検討することが求められる。

① 本件新株予約権無償割当ては，新株予約権者の差別的な取扱いを内容とするものであり，株主平等の原則（会社法第１０９条第１項）又はその趣旨に反し，法令に違反するものであるとの主張（同法第２４７条第１号。最決平成１９年８月７日民集６１巻５号２２１５頁参照）。

② 本件新株予約権無償割当ては，新株予約権者の差別的な取扱いを内容とするものであって，会社の企業価値ひいては株主の共同の利益を維持するためではなく，専ら経営を担当している取締役等の経営支配権を維持するためのものであり，著しく不公正な方法により行われるものであるとの主張（会社法第２４７条第２号。東京高決平成１７年３月２３日判時１８９９号５６頁，判タ１１７３号１２５頁参照）。

その上で，その主張の当否に関して，例えば，上記①の主張については，前掲最決平成１９年８月７日を参考にするなどしつつ，本件新株予約権無償割当ては，新株予約権者の差別的な取扱いを内容とするものであり，非適格者である乙社を差別的に取り扱うものであるが，他方で，買収防衛策としての導入等の是非が株主総会の決議（ただし，いわゆる勧告的決議である。）に委ねられていること，さらに，本件新株予約権無償割当ては，乙社に経済的損害を与える性質を有するものであるが，他方で，乙社がこれ以上の甲社の株式の買い増しを行わない旨を確約した場合には，甲社の取締役会が，その決議により，本件新株予約権無償割当てにより株主に割り当てた新株予約権の全部を無償で取得することができる仕組みとなっており，乙社に撤退可能性が保障されていることなどの問題文中の事実関係に即し，条文の適用と当てはめを丁寧に行い，説得的に検討することが求められる。

また，上記②の主張については，前掲東京高決平成１７年３月２３日を参考にするなどしつつ，本件新株予約権無償割当ては，いわゆる主要目的ルールに照らすと経営支配権の維持を主要な目的とするものであるが，他方で，上記のとおり買収防衛策としての導入等の是非が株主総会の決議に委ねられていることなどの問題文中の事実関係を踏まえ，この株主総会の決議の意義がどのようなものであるかや，前掲東京高決平成１７年３月２３日が挙げる四つの具体例に照らし，株主全体の利益の保護という観点から本件新株予約権無償割当てを正当化する特段の事情があるかどうかなどについて検討した上で，同様に，説得的に論ずることが求められる。

設問３においては，①甲社の財産の処分を株主総会の決議によってもすることができるようにする定款の変更に関する議案を可決した本件決議１の効力を検討した上で，②本件決議１に基づく本件決議２の効力及び取締役の株主総会の決議の遵守義務（会社法第３５５条）を前提として，③下記の問題文中の事実関係を踏まえ，甲社の取締役会が遅くとも平成３０年度中にＰ倉庫を適正な価格で売却することに関する議案を可決した本件決議２に関して，甲社の代表取締役社長Ａは，これを遵守してはならなかったにもかかわらず遵守したことにより，その任務を怠ったものと認められるのではないか，結果として，甲社に対し，会社法第４２３条第１項に基づき，損害賠償責任を負うか否かについて，論ずることが求められる。

本件決議１の効力を検討するに当たっては，まず，①取締役の業務執行権限に属する事項を株主総会の決議事項とすることができるかどうかについて，論ずることが求められる。

そして，②取締役の業務執行権限に属する事項であっても，定款で定めることにより株主総会の決議事項とすることができ（会社法第２９５条第２項），本件決議１及び本件決議２はいずれも有効であると解する場合には，取締役は株主総会の決議を遵守しなければならないこと（同法第３５５条）について，言及することが求められる。

その上で，③株主総会の決議の遵守義務を前提として，例えば，Ｑ県において発生した大地震により，Ｑ倉庫が倒壊したため，海外から到着する貨物をＰ倉庫において保管しなければならず，Ｐ倉庫を売却すると，競合他社に多数の顧客を奪われるなど，５０億円を下らない損害が甲社に生ずることが見込まれ，他方で，Ｐ倉庫の近隣の不動産価格が下落する兆候はうかがわれなかったことなどの問題文中の事実関係を踏まえ，（ア）代表取締役社長Ａは，甲社に損害を与えないように業務を執行するのであれば，本件決議２を遵守してはならなかったにもかかわらず，本件決議２を遵守し，その任務を怠ったものと認められるから，甲社に対し，損害賠償責任を負うと解するか，（イ）本件決議２の後に重大な事情の変更が生じたことに鑑み，改めて株主の意思を確認しなければならなかった（改めて株主総会の決議を得なければならなかった）にもかかわらず，事情の変更が生ずる前の本件決議２を遵守することに固執し，その任務を怠ったものと認められるから，甲社に対し，損害賠償責任を負うと解するか，あるいは（ウ）上記の問題文中の事実関係を踏まえても，代表取締役社長Ａは，本件決議２を遵守しなければならず，その任務を怠ったとは認められないから，甲社に対し，損害賠償責任を負うとは認められないと解するかなどについて，説得的に論ずることが求められる。

①の検討の結果，本件決議１が無効であると解する場合には，これを前提とする本件決議２も株主総会の決議としての効力はないこととなるが，（エ）なお株主の意向を示すものとして尊重する必要がないかや，代表取締役社長Ａが本件決議２を遵守する義務があると考えてＰ倉庫を売却するという決定をしたことに取締役としての任務懈怠や過失がなかったかどうかについて，説得的に論ずることが求められる。

なお，設問３は，株主総会の決議の遵守義務が問題となっている場面であり，いわゆる経営判断原則の適用が問題となる典型的な場面ではないため，経営判断原則に言及する場合には，その趣旨や適用範囲について検討した上で言及することが望まれる。

〔第３問〕

本問は，会社員Ｘが，全国展開している業者Ｙから購入したキャンピングカーが契約どおりの仕様を有していなかったことを理由として，履行遅滞による売買契約の解除に基づく原状回復としての売買代金の返還と債務不履行に基づく損害賠償をＹに求めるという事案を題材として，①管轄に関する合意が存在し，それを専属的管轄合意と解釈した場合には管轄を有しないことになる裁判所に訴えを提起したことを前提に，民事訴訟法（以下「法」という。）第１６条第１項による移送をすべきではないとの立論をすること（設問１），②原告が主張する特定の事実を認める旨の被告の陳述が裁判上の自白に該当して自由に撤回することができなくなるかを検討すること（設問２），③作成者が死亡しその相続人が所持するに至った日記を対象とする文書提出義務の成否を判断するためにどのような観点からどのような事項を考慮すべきかを検討すること（設問３），を求めるものである。

まず，〔設問１〕の課題(1)は，管轄合意の解釈の在り方を問うものである。本件定めのような管轄合意には，特定の裁判所を管轄裁判所から排除する専属的管轄合意と特定の裁判所を管轄裁判所に付け加える付加的管轄合意があるが，Ｙは，本件定めを専属的管轄合意と解釈していると考えられることから，本件定めを付加的管轄合意として解釈すべきだという議論を適切な論拠を示しつつ展開することが求められる。

このような論拠としては，Ｙが本件定めを作成するに当たり，本件定めが専属的管轄合意であることを明記し得たのにしていないのであるから，専属的管轄合意と理解するのが合理的であるとはいえないことや，本件定めは，Ｙ側から提起する債務不存在確認の訴えなどＢ地方裁判所の法定管轄に属しない場合にもＢ地方裁判所が管轄裁判所となることを基礎付けるものであり，これを付加的管轄合意と解釈することに合理性がないとはいえないこと，といったものが考えられる。

この他本件定めを付加的管轄合意として理解すべきとする論拠は，複数考えられ得るが，説得力をもって以上のような論拠を適切に展開し，本件定めを付加的管轄合意として理解すべきことを結論付けることが，課題(1)との関係では求められる。

次に，〔設問１〕の課題(2)は，本件定めを専属的管轄合意と解釈することを前提としても，管轄違いによる移送（法第１６条第１項）をすべきではないとする立論を求めるものである。

このような立論としては，仮にＢ地方裁判所に本件訴訟が係属したとしてもＢ地方裁判所がＡ地方裁判所に法第１７条に基づく移送をするための要件を満たす場合には，Ａ地方裁判所として移送をせずに自庁処理をすることが認められる，というものが考えられる。また，その根拠としては，法第１７条の要件を満たす場合には，仮にＡ地方裁判所からＢ地方裁判所に対し管轄違いによる移送をしてもＢ地方裁判所からＡ地方裁判所に同条による移送がされることが考えられることから，そのようなう遠な処理をするまでもなく，法第１７条の類推適用によりＡ地方裁判所で自庁処理をすることが適切と考えられること，場面は異なるが法第１６条第２項が管轄違いの場合の自庁処理を認めていることなどが挙げられる。

そこで，課題(2)との関係では，以上のような立論をした上で，本件がＡ地方裁判所の法定管轄に属することを指摘しつつ，法第１７条の要件が満たされることを本件事案に即して示していくことが求められる。

〔設問２〕は，問題文中の④の事実を認める旨のＹの陳述が裁判上の自白に該当して撤回制限効が生じているかどうかを問うものである。ここでは，裁判上の自白の成立要件に照らした検討が求められる。

一般に裁判上の自白の成立要件は，(1)口頭弁論又は弁論準備手続における弁論としての陳述であること，(2)相手方の主張と一致する陳述であること，(3)事実についての陳述であること，(4)自己に不利益な陳述であること，であるとされるが，本問では(1)と(2)の要件を満たすことは明らかであり，(3)と(4)の検討が中心となる。

(3)の要件との関係では，この要件を満たす「事実」について，主要事実に限定されるとする見解と間接事実も含まれるとする見解があり，このうち，後者に属する見解では，これを重要な間接事実に限るとする見解から広く間接事実一般を含むとするものまで様々なものがある。解答に際しては，まず以上のうちのいかなる立場に立つかを論拠を示して明らかにする必要がある。

さらに，とりわけ主要事実限定説や重要な間接事実限定説では，④の事実が訴訟物との関係でいかなる位置付けを有する事実であるかにより(3)の要件の成否が異なってくることから，元の請求と追加された請求における訴訟物との関係での④の事実の位置付けを要件事実の考え方を踏まえて整理した上で，自説に当てはめることが求められる。

また，Ｘが新請求を追加したのは，Ｙが④の事実を認める旨の陳述をした後，それを撤回する前である。このような事実経過からは，例えば元の請求との関係で自白は成立しないが追加された請求との関係では自白が成立すると考える立場では，Ｘが新請求を追加する前は自由にできた陳述の撤回が新請求の追加により制限されてよいか，また，元の請求との関係でも追加された請求との関係でも自白が成立すると考える立場では，これらが異なる請求であることから，元の請求との関係で成立した自白の効力を追加された請求との関係でもそのまま維持してよいか，といった疑問が喚起される。設問で示されたＪの問題意識に照らし，こういった点についても検討することが求められる。

⑷の要件については，相手方が証明責任を負う事実の存在を認める場合に限りこの要件を満たすとする見解，認める旨の陳述をした当事者の敗訴可能性を基礎付ける事実であればこの要件を満たすとする見解，不利益要件は必要ないとする見解などが主張されており，⑶の要件に関する自説との整合性に留意しながら，いずれの立場に立つかを明らかにする必要がある。

〔設問３〕は，文書提出義務の有無を判断するに当たって考慮すべき観点や事項を問うものである。本件の文書は日記であるので，法第２２０条第４号ニの自己利用文書の該当性の判断に当たり考慮すべき観点等について検討する必要がある。

判例（最高裁判所平成１１年１１月１２日第二小法廷決定・民集５３巻８号１７８７頁ほか）によれば法第２２０条第４号ニの自己利用文書該当性の要件は，(ⅰ)内部文書性（「専ら内部の者の利用に供する目的で作成され，外部の者に開示することが予定されていない文書であること」），(ⅱ)不利益性（「開示されると個人のプライバシーが侵害されたり個人又は団体の自由な意思形成が阻害されたりするなど，開示によって所持者の側に看過し難い不利益が生ずるおそれがあると認められること」），(ⅲ)特段の事情の不存在であるとされており，独自に適切な要件を考案して設定するのでない限りは，これに即して考慮すべき観点と事項を抽出することが求められる。

そして，本件日記は，日記である以上専らＴが自らの利用に供する目的で作成し，Ｔも外部の者に開示することは予定していなかったと考えられる。また，Ｚは死亡したＴの妻であり，Ｔの相続人として日記を所持するに至ったものであって，Ｚも外部の者に開示することを予定していない。そこで，(ⅰ)の内部文書性の要件が満たされると判断されることとなると考えられる。

もっとも，(ⅱ)(ⅲ)との関係では問題が生じ得る。(ⅱ)の不利益として問題となるのは，通常の場合には，作成者であるところの所持者のプライバシーの侵害であるが，本件では作成者は死亡し，作成者と異なる者が本件日記を所持するに至っている。そのため，本件日記については，(a) 保護されるべきプライバシーの主体が現在の文書の所持者と同一ではなく，(b) その主体が死亡しており要保護性を欠くに至っていると評価をすることも可能であるとして，(ⅱ)の要件が満たされないとも考えられる。もっとも，(a)(b) から本件では(ⅱ)にいう不利益は生じないと即断することも早計である。なぜなら(ⅱ)で保護される利益には文書作成の自由に対する利益も含まれると考えられるところ，本件のような事案で安易に本件日記の開示を認めると，死亡後に開示対象になることを恐れ，日記作成に対する萎縮効果を生みかねないからである。ここでは，破綻した信用組合の貸出稟議書の提出義務が問題となった最高裁判所平成１３年１２月７日第二小法廷決定・民集５５巻７号１４１１頁の考え方も参考となろう。なお，上記の問題は(ⅱ)の不利益性に係る問題といえるが，この判例からも分かるとおり，(ⅲ)の特段の事情の問題として整理することも可能であり，いずれの要件の問題として扱っても，評価に差異はない。

そこで，本設問に対する解答としては，法第２２０条第４号ニの自己利用文書の要件として不利益性が要求されること，その不利益性としては本件日記との関係ではまず所持者のプライバシーが問題となること，自己利用文書該当性で問題となる不利益性として文書作成に対する萎縮効果も考慮されるべきことなどといった観点から，本件日記にはＴのプライバシーに属する事柄が書いてあること，当該プライバシーの帰属主体であるＴと現在の所持者であるＺが異なっていること，プライバシーの帰属主体であるＴが死亡していること，本件でＺに対し文書提出義務を認めると将来の日記作成に対する一般的な萎縮効果を生むおそれがあることなどを指摘して論ずることが期待される。なお上記で「観点」に位置付けた内容を「考慮すべき事項」に位置付けたり，あるいはその逆であったりしていても，論理的に筋の通った答案になっている限りは，問題ない。

【刑事系科目】

〔第1問〕

本問は，設問1で，甲が，Aから受け取ったA名義の普通預金口座のキャッシュカード及び同口座の暗証番号を記載したメモ紙（以下「本件キャッシュカード等」という。）在中の封筒を，キャッシュカードと同じ形状のプラスチックカードを入れた封筒（以下「ダミー封筒」という。）にすり替えて取得した行為について，窃盗罪若しくは詐欺罪の成否を検討させ，設問2で，乙が，甲が窃盗を行ったと認識しながら，店員Cに財物を取り戻されることを防ぐため，甲との間でCの反抗を抑圧することを共謀した上，Cに対してナイフを示して脅した行為について，事後強盗の罪の共同正犯が成立するとの立場と脅迫罪の限度で共同正犯が成立するとの立場の各理論構成を検討させた上，自説の立場を示させ，さらに，設問3で，丙が，甲からナイフの刃先を胸元に突き付けられていたDを助けるため，間近にあったボトルワインを甲に向かって投げ付けたが，その狙いが外れ，ボトルワインがDの頭部に直撃し，Dに傷害を負わせた行為について，Dの傷害結果に関する刑事責任を負わないとする理論上の説明とその難点を検討させるものであり，それにより，刑事実体法及びその解釈論の知識と理解を問うとともに，具体的な事実関係を分析し，その事実に法規範を適用する能力並びに論理的な思考力及び論述力を試すものである。

設問1について

本問では，甲が本件キャッシュカード等在中の封筒をダミー封筒にすり替えて取得した行為が窃盗罪と詐欺罪のいずれに当たるかを巡り，両罪の区別基準とされる処分行為の有無が問題となる。具体的には，甲がAに「この封筒に封印するために印鑑を持ってきてください。」と申し向けて印鑑を取りに行かせた場面が問題となることを的確に指摘した上で，処分行為の意義を示し，本事案における当てはめを行う必要がある。

本事案において，処分行為の客観面として，Aが印鑑を取りに行くに当たり甲に本件キャッシュカード等の所持を許したA方玄関先は，Aの場所的支配領域内であると認められる上，Aが印鑑を取りに行った居間は玄関の近くにあることなどの事情を踏まえ，甲に対する本件キャッシュカード等の占有の移転があると認められるか，それとも占有の弛緩にすぎないかを検討することになる。

また，処分行為の主観面（処分意思）について見ると，Aとしては，飽くまで，玄関近くの居間に印鑑を取りに行き，すぐに玄関に戻ってくるつもりであった上，本件キャッシュカード等が入った封筒については，金融庁職員に後日預けるまでは自己が保管しておくつもりであったことなどの事情を踏まえ，処分意思（占有の終局的移転についての認識）の有無を検討することになる。

その上で，Aの処分行為がない（そもそも処分行為に向けられた欺罔行為がないということになる。）と認めた場合には，窃盗罪の構成要件該当性を検討することになり，客観的構成要件要素として「他人の財物」，「窃取」を，主観的構成要件要素として故意及び不法領得の意思を，それぞれ検討する必要がある。「他人の財物」については，特に，キャッシュカード及び暗証番号を記載したメモ紙の財物性について，客観的な経済的価値などを踏まえ検討する必要がある。また，「窃取」については，意義を示した上で，実行行為や既遂時期について具体的に論じる必要がある。そして，主観的構成要件要素として，窃盗罪の故意及び不法領得の意思について検討する必要があるところ，甲が，Aが不在の隙に自ら本件キャッシュカード等をダミー封筒とすり替えて自己のショルダーバッグ内に隠し入れていることや，元々の計画として，他人名義の預金口座のキャッシュカードを入手し，その口座内の預金を無断で引き出して現金を得ようと考え本件行為に及んでいることなどから，故意及び不法領得の意思があったと認められることを簡潔に指摘する必要がある。

他方，本事案で，Aによる処分行為があると認めた場合には，詐欺罪の構成要件該当性を検討することになり，客観的構成要件要素として「財物」，「欺罔行為」，「処分行為」を，主観的構成要件要素として故意及び不法領得の意思を，それぞれ検討する必要がある。「欺罔行為」については，処分行為との関係性を踏まえた正確な意義を示した上で，具体的事実を摘示して当てはめを行う必要があるところ，前記のとおり，本事案における処分行為に向けられた欺罔行為としては，甲が，本件キャッシュカード等を所持した状態で，Aに対し，「印鑑を持ってきてください。」と言ってAを玄関から離れさせた行為と捉えるべきであり，その点を踏まえた当てはめをする必要がある。そして，主観的構成要件要素のうち，故意については，甲が，Ａに対し，「印鑑を持ってきてください。」と言ってＡを玄関から離れさせ，それによりＡをして本件キャッシュカード等の占有を甲の支配下に移させていることについての認識，認容があったと認められることを簡潔に指摘する必要がある。

なお，甲が本件キャッシュカードを使用してＡＴＭから現金を引き出そうとした行為は，ＡＴＭを管理する金融機関の占有を侵害するものであり，Ａに対する罪責とはならないことから，この点は論ずるべきではない。

設問２について

本問では，乙の罪責について，①乙に事後強盗の罪の共同正犯が成立するとの立場と，②乙に脅迫罪の限度で共同正犯が成立するとの立場の双方からの説明に言及しつつ，根拠とともに自説を論じる必要があるが，この点，事後強盗罪の構造を身分犯と解するか，結合犯と解するかが関わることになる。

まず，①乙に事後強盗の罪の共同正犯が成立するとの立場からの説明としては，a.事後強盗罪を窃盗犯人であることを身分とする真正身分犯と捉えた上，刑法第６５条の解釈について，第１項は真正身分犯について身分の連帯的作用を，第２項は不真正身分犯について身分の個別作用を規定したものと解し，第１項により事後強盗未遂罪の共同正犯が成立するとの説明や，b.事後強盗罪を不真正身分犯と捉えた上，刑法第６５条の解釈について，第１項は真正身分犯及び不真正身分犯を通じて共犯の成立を，第２項は不真正身分犯について科刑の個別的作用を規定したものと解し，第１項により事後強盗未遂罪の共同正犯が成立する（第２項により科刑は脅迫罪）との説明，c.事後強盗罪を結合犯と捉えた上，承継的共犯を全面的に肯定することにより，事後強盗未遂罪の共同正犯が成立するとの説明等が考えられる。

他方，②乙に脅迫罪の限度で共同正犯が成立するとの立場からの説明としては，d.事後強盗罪を窃盗犯人であることを加重身分とする不真正身分犯と捉え，刑法第６５条の解釈について，前記 a と同様に解し，第２項により脅迫罪の共同正犯が成立するとの説明，e.事後強盗罪について，窃盗犯人が財物の取り戻しを防ぐ目的の場合には違法身分として刑法第６５条第１項を適用し，それ以外の刑法第２３８条所定の目的の場合には，責任身分として同条第２項を適用するとの考えに立った上，本件では，乙の主観面は財物の取り戻し目的であるものの，客観的には甲による窃盗は未遂であり，違法身分の前提を欠いているため，刑法第６５条第１項の適用がなく，同条第２項により脅迫罪の共同正犯が成立するとの説明，f.事後強盗罪を結合犯と捉えた上，承継的共犯を全面的に否定することにより，脅迫罪の共同正犯が成立するとの説明，g.事後強盗罪を結合犯と捉えた上，承継的共犯について，後行者が先行者の行為を自己の犯罪遂行の手段として積極的に利用した場合において，その範囲で，後行者も先行者が行ったことを承継するなどの考えに立って，本事案では，甲の窃盗は未遂にとどまっており，先行者（甲）の行為を自己（乙）の犯罪手段として積極的に利用したとはいえないなどと考え，乙は甲の行為等を承継せず，脅迫罪の共同正犯が成立するとの説明等が考えられる。

そして，自説として事後強盗の罪の共同正犯が成立するとする場合，自説とする前記 a〜c 等の見解を採る根拠や他説への批判を論じた上で，客観的構成要件要素として「窃盗」，「窃盗の機会」，「脅迫」を，主観的構成要件要素として故意及び目的を，さらに，甲乙間の共謀を，それぞれ検討する必要がある。「窃盗」については，未遂犯も含むことを端的に指摘する必要があり，また，「脅迫」については，判例において，社会通念上一般に相手方の反抗を抑圧するに足りる程度のものかという客観的基準によって判断されるところ，乙は，店員Ｃにナイフを示しながら，「ぶっ殺すぞ。」と申し向けており，前記基準による脅迫に該当すると判断されることを具体的に示す必要がある。そして，故意や共謀については，甲による窃盗の内容や，窃盗が既遂か未遂か，刑法第２３８条の目的の内容について甲乙間で認識の齟齬があることに触れながら，それらの事情が故意や共謀の成否に影響するかを検討する必要がある。

他方，自説として脅迫罪の共同正犯にとどまるとする場合，自説とする前記 d〜g 等の見解をとる根拠や他説への批判を論じた上で，客観的構成要件要素として「脅迫」を，主観的構成要件要素として故意を，さらに，甲乙間の共謀について，それぞれ検討する必要がある。

設問３について

丙は，甲からナイフの刃先を胸元に突き付けられていたＤを助けるため，間近にあったボトルワインを甲に向かって投げ付けたが，その狙いが外れ，ボトルワインが店舗経営者Ｄの頭部に直撃し，Ｄに加療約３週間を要する頭部裂傷の傷害を負わせている。

本問は，丙がＤの傷害結果に関する刑事責任を負わない理論上の説明等を求めていることから，まず，丙がＤの傷害結果に関してどのような罪を負い得るかを明らかにする必要があるところ，前記丙の行為は，有形力の行使によりＤの生理的機能に障害を与えていることから，傷害罪の客観的構成要件に該当する。その上で，傷害罪の刑事責任を負わないとする理論上の説明及びその難点を検討していく必要がある。

理論上の説明として，まず，方法の錯誤における処理により丙における故意を否定した上で，更に過失もなかったとする説明が考えられる。具体的符合説（具体的法定符合説）は，行為者の認識した事実と現に発生した事実とが具体的に一致しない限り，故意を阻却するとする見解であり，この見解によれば，方法の錯誤の場合には，認識事実と発生事実とが具体的に一致していないことから，故意は阻却されることになる。本事案において，丙は，甲を狙ってボトルワインを投げ付けたところ，その狙いが外れてＤに当たっているので，丙が認識した事実と現に発生した事実とが具体的に一致しておらず，同見解によれば故意が阻却されることになる。そして，ボトルワインを投げ付ける行為が，丙の取り得る唯一の手段であり，行為時における丙の心理状態等を踏まえ，丙に結果回避可能性はなかったなどと考えれば，丙に過失犯（過失傷害罪）も成立しないことになる。また，過失犯について，正当防衛や緊急避難が成立するとの説明も考えられる。もっとも，丙は，甲の間近にＤがいることを認識してボトルワインを投げ付け，その結果，ボトルワインがＤに直撃しており，丙につき過失犯の成立も否定するのは困難と考えられることから，結局，過失犯の成立可能性を残す点が難点といえる。

他方，法定的符合説（抽象的法定符合説）は，行為者が認識した事実と現に発生した事実について，構成要件に該当する事実の具体性ないし個別性は考慮せずに，一定の構成要件の枠内において符合する限りにおいて故意を肯定する見解であり，この見解によれば，本事案において，丙は，「人」である甲を狙ってボトルワインを投げ付け，それが「人」であるＤに直撃していることから，Ｄに対する故意が肯定されることになると考えられる。もっとも，法定的符合説（抽象的法定符合説）を採りつつ，暴行の故意を向ける相手方と相手方から救助すべき者とでは，構成要件的評価の観点から見て法的に人として同価値であるとはいえず，故意の符合を認める根拠に欠けるという見解に立てば，本事案では，侵害者甲と被侵害者Ｄとの構成要件的同価値性が否定されるので，丙には，甲に対する暴行の故意が認められても，Ｄに対する暴行の故意は認められないと解することも可能と考えられる（大阪高判平成１４年９月４日）。しかしそれでも，過失犯の成立可能性は残るため，その点では，丙が刑事責任を負わないとする理論上の説明としては難ありといえる。また，行為を向けた相手が行為者にとってどのような意味を持つ人であったかを重視するのは，「人」として構成要件的に同価値である限り行為者の主観的な錯誤には重要性を認めないという法定的符合説（抽象的法定符合説）の基本的な考えとも合致しないことになるとも考えられ，その点を難点として指摘することもできる。

次に，正当防衛により丙の行為の違法性が阻却されるとの説明が考えられる。本事案において，甲は，Ｄにナイフをちらつかせながら現金を出すよう要求したものの，Ｄがそれを拒んだため，レジカウンターに身を乗り出してナイフの刃先をＤの胸元に突き出したが，それでもＤは甲の要求に応じる素振りを見せていない。そのため，甲が要求に応じないＤをナイフで刺すという急迫不正の侵害が切迫している状況にあったといえ，ボトルワインを投げ付けた丙の行為は，Ｄのための防衛行為としてなされたものと考えられる。その上で，丙による防衛行為は，飽くまで甲の侵害に対する防衛行為としてなされており，それが甲との間で正当化される以上，それによって生じた結果も全て正当防衛の範疇に包含され，違法性が阻却されるなどの説明が考えられる。もっとも，刑法第３６条には「不正の侵害に対して」とあり，文言解釈として，侵害に対してのみ防衛行為としての反撃が許されると解すべきと考えれば，防衛行為によって守られるべき者に対する攻撃を正当防衛として正当化することは困難と考えられ，この点が難点といえる。

次に，緊急避難により丙の行為の違法性が阻却されるとの説明が考えられる。正当防衛の説明における急迫不正の侵害の存在と同様に，Ｄに対する現在の危難が差し迫っていると考えられ，その上で，他人であるDの生命，身体を守るためにボトルワインを投げた行為によって，Dの正当な利益（身体）を侵害した場合であり，また，防衛の意思は同時に避難の意思をも含むと解し，さらに，同行為は丙が採り得る唯一の手段であったことから，補充性及び相当性の要件も充たし，避難行為から生じた害（加療約３週間の傷害）が避けようとした害（生命の侵害，重度の傷害）の程度を超えていないため，法益権衡の要件も充たすことから，緊急避難が成立し，違法性が阻却されるなどの説明が考えられる。もっとも，本事案では，丙は，Dの生命，重傷害という危難を避けようとして，Dに傷害を負わせているが，この結果は丙が実現しようとしたものではなく，緊急避難と評価できるかという点が難点といえる。また，危難から逃れさせるべきDに傷害を負わせていることから，避難行為がなされたとは言い難いともいえ，この点も難点といえる。

次に，丙は，飽くまでも主観的には，甲による急迫不正の侵害からDを防衛するという正当防衛の認識で反撃行為を行っているのであるから，主観的認識（正当防衛）と客観的事実（正当防衛の要件が充足されていない）との間に齟齬があるといえ，かかる状況は誤想防衛と類似することから，誤想防衛の一種に当たり，故意等が阻却されるなどの説明が考えられる。もっとも，本事案で，Dに対する急迫不正の侵害は現に存在している上，誤想に基づいて防衛行為に出たわけではないため，丙の行為を誤想防衛とみるのは困難と考えられる上，具体的符合説（具体的法定符合説）による処理の場合と同様に，過失犯の成立を否定することは困難と考えられ，そうした点が難点といえる。

さらに，緊急状況下で丙に期待可能性を認めることが困難であるから，責任が阻却されるとの説明が考えられるが，期待可能性は根拠規定のない超法規的な責任阻却事由である上，その有無の判断基準が明確でないとの難点がある。

〔第２問〕

本問は，強盗致死，業務上横領事件を素材として，捜査公判に関連する具体的事例を示し，各局面で生じる刑事手続上の問題点，その解決に必要な法解釈，法を適用するに当たって重要な具体的事実の分析・評価及び具体的帰結に至る思考過程を論述させることにより，刑事訴訟法に関する基本的学識，法適用能力及び論理的思考力を試すものである。

〔設問１〕は，路上で発生した強盗致死事件（本件）について，警察官及び検察官は，甲が犯人ではないかとの嫌疑を抱き，同事件の捜査を視野に入れて，甲を業務上横領事件（別件）の被疑事実で逮捕・勾留し，同勾留期間中には，甲に対し，強盗致死事件の取調べを行っていることから，甲の逮捕・勾留が，いわゆる別件逮捕・勾留に当たり違法と評価されないかが問題となる。〔設問１－１〕では，いわゆる別件逮捕・勾留に関する捜査手法の適法性の判断基準について，まず，自己の拠って立つ理論構成を示した上，【事例】の具体的事実に当てはめて，甲の逮捕・勾留の適法性を論ずることが求められる。次に，〔設問１－２〕では，自己の結論とは異なる結論を導く理論構成を示し，【事例】の具体的事実に当てはめて，甲の逮捕・勾留の適法性を論じた上，その理論構成を自己が採用しない理由についても言及することが求められる。

いわゆる別件逮捕・勾留に関する捜査手法の適法性の判断基準については，大別すると，逮捕・勾留の基礎となっている被疑事実（別件）を基準に判断する見解（別件基準説）と，実質的に当該被疑事実とは別の犯罪事実（本件）についての身体拘束と評価し得るかという観点から判断する見解（本件基準説）とに分かれており，さらに，どのような場合に逮捕・勾留が違法となるかという点をめぐり，別件についての逮捕・勾留の要件（犯罪の嫌疑，身体拘束の必要性）を充足しているかを重視する考え方，別件の起訴・不起訴の判断に必要な捜査がいつ完了したかを重視する考え方，逮捕・勾留に当たっての捜査官の意図・目的を重視する考え方，逮捕・勾留の期間がいずれの事件の捜査のために利用されている（いた）かを重視する考え方などが主張されている。〔設問１－１〕では，まず，いわゆる別件逮捕・勾留の適法性について，いかなる基準ないし観点から判断するのか，そして，どのような場合に逮捕・勾留が違法となるのかについて，その根拠も含め，自己の理論構成を明示し，【事例】の具体的事実の中から重要な事実に自己の理論構成を当てはめて，甲の逮捕・勾留の適法性について論じることが求められる。

本問の検討に当たり，考慮されるべき要素として，以下のものを挙げることが可能であろう。

① 逮捕・勾留の理由とされた被疑事実である業務上横領事件について，逮捕（刑事訴訟法第１９９条第１項，同条第２項但書，刑事訴訟規則第１４３条の３），勾留（刑事訴訟法第２０７条第１項により準用される同法第６０条第１項）及び勾留延長（刑事訴訟法第２０８条第２項）の要件の充足

② （強盗致死事件を捨象した場合における）業務上横領事件それ自体の重要性（立件ないし起訴の見込み）

③ 逮捕・勾留請求時の捜査状況

・ 強盗致死事件については，甲が犯人との嫌疑はあったが，逮捕できるだけの証拠はなかった

・ 業務上横領事件は，強盗致死事件の捜査の過程で発覚したものであり，警察官は，被害届の提出を渋る被害者を繰り返し説得して，業務上横領事件の被害届を提出させた

④ 業務上横領事件で逮捕・勾留した捜査官の意図

・ 警察官は，強盗致死事件で甲を逮捕するには証拠が不十分であったため，甲を逮捕できる他の犯罪事実はないかと考えていた

・ 検察官も，甲を強盗致死事件で逮捕することを視野に入れて，捜査することを考えていた

⑤ 別件と本件の重大性，別件と本件との関連性

・ 「本件」は人が死亡している強盗致死事件であり，「別件」は被害金額が３万円の集金横領事件である

・ 強盗致死事件（路上のひったくり強盗）と業務上横領事件（集金横領）との間に関連性はない

⑥ 逮捕・勾留後の取調べの状況

・ 勾留期間中の取調べ日数は，業務上横領事件の取調べが，３月１９日まで断続的に行われ，合計７日である一方，強盗致死事件の取調べは，３月１８日までほぼ連日，合計１２日にわたっており，取調べ時間の合計も，業務上横領事件の取調べは合計２０時間である一方，強盗致死事件の取調べは合計４０時間にわたっている

・ 甲は当初，強盗致死事件について否認しており，警察官による追及の結果，３月１８日に自白した（自ら積極的に本件を自白したものではない）

⑦ 逮捕・勾留後の業務上横領事件の捜査状況

・ 甲は，弁解録取時，犯行を否認し，３月７日には，パチンコ店にいた旨のアリバイ主張をし，同月１５日には，Ａからの集金事実は認めたが，具体的な金額については否認し，同月１９日に横領金額も含め自白した

・ 勾留期間中，甲の弁解に対応した裏付け捜査（パチンコ店の防犯カメラの捜査，甲のパソコンの精査，Ｙの取調べなど）が継続的に行われており，捜査官の懈怠による捜査の遅延もない

以上の考慮要素の中から，自己の拠って立つ理論構成において着目・重視すべきものを取り出し，具体的事実を摘示しながら，甲の逮捕・勾留の適法性について論じることになろう。

次に，〔設問１－２〕では，自己の結論と異なる結論を導く理論構成を示した上（ここでは，結論と理論構成の双方が異なるものを示さなければならないことに留意する必要がある），その理論構成において着目・重視すべき考慮要素に関わる具体的事実を摘示しながら，甲の逮捕・勾留の適法性について論じることになろう。また，当該理論構成を採用しない理由については，いわゆる別件逮捕・勾留の適法性の判断基準に関する各見解に対し，それぞれ指摘や批判もあるところであり，そのような指摘や批判を踏まえつつ，具体的に論述することが求められる。

〔設問２〕は，訴因変更の可否及び許否を問う問題である。【事例】において，検察官は，甲がＡから集金し，Ｘ社のために保管していた３万円を横領したという業務上横領罪の訴因（公訴事実１）で起訴したが，審理の途中で，甲がＡから集金名下で３万円をだまし取ったという詐欺罪（公訴事実２）へ訴因変更を請求している。訴因の変更は，「公訴事実の同一性を害しない限度において」認められる（刑事訴訟法第３１２条第１項）ことから，本問の解答に当たっては，公訴事実の同一性の意義・判断基準についての理論構成を示した上，具体的事実に当てはめることが求められる。加えて，本問の訴因変更請求は，公判前整理手続を経た裁判員裁判の審理の中で行われているため，公判前整理手続後の訴因変更

が許されるかについて，公判前整理手続の制度趣旨に照らした論述が求められる。

公訴事実の同一性の意義については，従来から，「単一性」と「狭義の同一性」に分けられているが，本件で問題になるのは「狭義の同一性」である。「狭義の同一性」の判断基準について，判例は，変更前後の両訴因の間の「基本的事実関係が同一か」という観点から判断しており，その判断に当たっては，犯罪の日時，場所の同一性や近接性，行為，客体，被害者等の事実の共通性に着目している。また，事実の共通性に加えて，両訴因が両立しない関係にあること（非両立性）に言及するものもある。そこで，関連する判例の立場や学説を踏まえつつ，「公訴事実の同一性」の判断基準について，その根拠も含め，自己の理論構成を示した上で，【事例】の両訴因（公訴事実１と公訴事実２）の間に，公訴事実の同一性が認められるか的確に論じることが求められる。

次に，訴因変更の請求が許される手続段階について，刑事訴訟法は特に制限を付しておらず，公判前整理手続が導入された平成１６年の同法改正においても，公判前整理手続後の証拠調べ請求が制限された（刑事訴訟法第３１６条の３２）のとは異なり，訴因変更の請求に関する制限は設けられていない。

しかし，公判前整理手続は，充実した公判の審理を継続的，計画的かつ迅速に行うため，事件の争点及び証拠を整理する手続であり，公判前整理手続を経た事件については，同手続で策定された審理計画に従い，集中的かつ迅速な審理が進められることとなるが，公判前整理手続後に訴因変更がなされると，変更後の訴因について，当事者双方の追加立証が必要となる場合も考えられ，公判前整理手続で策定された計画どおりに審理ができなくなるおそれがある。

もとより，公判前整理手続に付された事件においても，証拠調べの結果，公判前の当事者の主張と異なる事実が明らかとなることは，制度上織り込み済みであるとはいえ，公判前整理手続に付しながら，その意味を失わせるような訴因変更の請求を許すことは不合理であるから，訴因変更の請求に対する制限を基礎付ける根拠として，公判前整理手続の制度趣旨を援用することが説得的だということができるであろう（「公判前整理手続を経た後の公判においては，充実した公判審理のための争点整理や審理計画の策定がされた趣旨を没却するような訴因変更は許されない」とした下級審裁判例として，東京高判平成２０年１１月１８日・高刑集６１巻４号６頁がある。）。本問においても，公判前整理手続の制度趣旨を論じた上で，これを踏まえた訴因変更の許否について判断基準を示し，【事例】の具体的事実に当てはめて，検察官の訴因変更請求が許されるかを丁寧に論じることが求められる。そして，検討に当たっては，公判前整理手続の中で訴因変更を請求することが可能であったか（検察官が訴因変更の必要性を意識する契機があったか），また仮に訴因変更を許した場合，公判前整理手続で策定された審理計画の大幅な変更が必要となるかといった点が重要な考慮要素となるであろう。

【選択科目】

［倒産法］

〔第１問〕

本問は，株式会社が破産手続開始決定を受けた場合の具体的事例を基に，債権者の権利行使の在り方，当該権利の破産手続上の位置付け及び契約関係の処理の在り方を問うなどし，破産手続における関係者の権利調整に係る規律の在り方についての基本的な理解を問うものである。

設問１は，破産者に対する租税債権につき第三者納付（代位弁済）が行われた場合に，当該第三者は，破産手続上，どのように自らの権利を行使することができるのか，より具体的には，当該第三者は，弁済によって取得した求償権の行使が破産手続による制約を受けるとしても，財団債権である租税債権を弁済による代位の効果として取得することにより（民法第５０１条），これを破産手続上，財団債権として行使することができるか否かについて検討を求めるものである。

この点に関連して，判例は，労働債権（給料債権）について，代位弁済者は，破産手続上，弁済による代位（民法第５０１条）によって取得した原債権を財団債権として行使することができるとしており（最三判平成２３年１１月２２日民集６５巻８号３１６５頁），その理由としては，概要として，弁済による代位の制度は，原債権を求償権を確保するための一種の担保として機能させることを趣旨とするものであること，代位弁済者が取得した求償権の行使が倒産手続による制約を受けるとしても，当該手続における原債権の行使自体が制約されていない以上，原債権の行使が求償権と同様の制約を受けるものではないこと等が指摘されている。

解答に当たっては，前提として，事例における租税債権が財団債権に当たることを条文に適切に当てはめて確認することになろう（破産法第１４８条第１項第３号）。そして，当該租税債権につき，弁済による代位によってＢ社の取得が可能であると考える場合には，租税債権につき第三者納付が行われた場合に関する当該第三者の破産手続上の権利行使の在り方について直接の判例が見当たらないことに照らし，上記判例において示された考え方などを参考にしつつ，Ｂ社による財団債権としての租税債権の権利行使の可否につき，自らの考え方とその理由を論ずる必要がある。その過程では，租税債権の公共的性格に照らしてもなお，Ｂ社による財団債権としての権利行使を認めるべきか否かといった事例の特徴を踏まえた検討が求められる。また，租税債権につき弁済による代位によってはこれを取得することができないと考える場合であっても，租税債権の特徴をどのように考慮しているのかといった点について，その考え方を説明することが求められよう。

設問２⑴は，請負契約の当事者である請負人が仕事の未完成の段階で破産手続開始決定を受けた場合に，破産法第５３条が適用されるか否かについて検討を求めるものである。

判例は，破産法第５３条につき，請負人が破産手続開始決定を受けた場合であっても，請負契約の目的である仕事が破産者以外の者において完成することのできない性質のものであるため，破産管財人において破産者の債務の履行を選択する余地のないときでない限り，同条は請負契約について適用されるとしている（最一判昭６２年１１月２６日民集４１巻８号１５８５頁）。

解答に当たっては，請負契約における破産法第５３条の適用について，上記判例の立場を踏まえるなどしつつ，自らの考え方とその理由を論じ，設問の請負契約について破産管財人ＸがＡ社において本件建築工事を完成させることが可能であり，それが破産財団の利益となるものと判断する場合の処理（本件建築工事を完成させ，残代金の支払を求めることができるか）について論じる必要がある。

設問２⑵は，概要として，本件建築工事請負契約が破産管財人Ｘによって解除された場合において，ＣがＤ社との間で，①Ｄ社が本件住宅を完成させるための残工事を請負い，その請負代金として１０００万円を支払うことを内容とする請負契約を締結し，②Ｄ社がＡ社による本件建築工事によって生じていた建築廃材の撤去を行い，その費用として１００万円を支払うことを内容とする契約をして合計１１００万円をＤ社に対し支払ったという事案につき，ＣがＡ社の破産手続において主張し得る権利としてはどのようなものが考えられるか，そして，そのような権利があるとして当該破産手続においては，それがどのように扱われると考えられるかを問うものである。

まず，Ｃの上記①，②の契約に基づく支出をどのようにしてＡ社の破産手続において主張し得る権利として構成するかが問題となるところ，破産管財人Ｘが破産法第５３条に基づき本件建築工事請負契約を解除したものとすれば，当該支出につき，Ｃが被った損害とみることができるのであれば，破産法第５４条第１項に基づき，その賠償について破産債権者としてその権利を行使することが考えられる。

解答に当たっては，破産法第５４条第１項を指摘しつつ，Ｃの上記①，②の契約に基づく支出につき，同項に規定する「損害」ということができるか，自らの考え方とその理由を論じ，設問に則して当てはめをする必要がある。その過程では，本件建築工事請負契約は，ＣがＡ社に対し，８００万円を支払っていない段階で解除されているという事案の特徴を踏まえた検討が求められる。

一方で，設問では，上記②の契約に関しては，その内容がＡ社による本件建築工事によって生じていた建築廃材の撤去であることが示されている。設問に則して検討する観点からは，上記②の契約について支出された１００万円につき，破産法第５４条第１項に規定する損害として構成するほか，破産法第１４８条第１項に掲げる財団債権として構成し，Ａ社の破産手続との関係でその権利を行使することができないかという点について検討することが考えられる。もっとも，この点については，破産管財人がした行為によって生じた請求権であるとの考え方（同項第４号）や，不当利得等により破産手続開始後に破産財団に対して生じた請求権であるとの考え方（同項第５号）など様々な考え方があり得るところであり，また，財団債権として構成することを否定する考え方もあり得るところである。

解答に当たっては，自らの結論に至るために必要となる範囲で破産法第１４８条第１項各号の解釈をした上で当てはめを行うなどして，財団債権として構成し得るか否かについて，自らの考え方を論ずる必要がある。

設問３は，全部義務者の一人について破産手続開始決定があった場合において，他の全部義務者が債権者に対して弁済をしたときに，同人は当該破産手続においてどのような権利の行使ができるのかという点についての理解を問うものであり，その理解に基づく検討結果を破産債権査定申立て（破産法第１２５条第１項）に対する破産債権査定決定（同条第３項）の内容として明らかにすることを求めるものである。

破産法第１０４条第１項は，数人が各自全部の履行をする義務を負う場合において，その全員又はそのうちの数人若しくは一人について破産手続開始の決定があったときは，債権者は，破産手続開始の時において有する債権の全額についてそれぞれの破産手続に参加することができるとし，手続開始時現存額主義を明らかにしている。そして，同項の規定により債権者が破産手続に参加した場合には，破産者に対して将来の求償権を有する者が破産手続開始後に債権者に対して一部弁済をしたときは，民法上，弁済による代位の効果が生じ得るが（民法第５００条，第５０２条），破産手続においては，債権者の債権の全額が消滅した場合を除き，債権者の権利を行使することはできないものとされている（破産法第１０４条第４項）。

設問においては，ＦがＡ社の破産手続開始前にＥ銀行に対して３００万円の弁済をしていることに照らせば（破産債権の届出をしているＥ銀行としては６４５０万円分についてしか権利行使が認められない一方），Ｆの届け出た破産債権額のうち３００万円については，その行使を認めることができる。

一方で，設問においては，Ｆは，Ｅ銀行に対してさらに２００万円の弁済をしているが，これは，破産手続開始後である。そうすると，上記破産法第１０４条第４項の規律に従えば，Ｆは，当該２００万円の弁済に係るＥ銀行が有した債権を破産債権者として行使することができず，Ｆの届け出た破産債権額のうち２００万円については，認められないこととなる。

解答に当たっては，上記破産法第１０４条に係る理解を示しつつ，設問に則して論じることが必要であるほか，破産債権査定決定における判断内容を明らかにする必要がある。

〔第２問〕

本問は，株式会社の民事再生に関する具体的事例を通じて，再生計画案の付議要件，その可決要件，それが否決された場合の効果といった再生手続の基本的な手続や清算価値保障原則等の民事再生法の関連規定に現れる諸原則について，基本的な理解を問うものである。

設問１は，Ａ社が提出した再生計画案に対するＣ社の意見書を題材として，再生計画案を付議するための要件，清算価値保障原則の意義及び趣旨，債権者平等原則の意義及び趣旨並びにその例外についての理解を問うものである。

Ｃ社の意見書の（ａ）は，Ａ社が提出した再生計画案が清算価値保障原則に反しているとしている。ここに民事再生法第１７４条第２項第４号は，清算価値保障原則を明らかにするものと解するのが一般的であり，再生計画案が同原則を充たしていることは，再生計画案の付議要件である（民事再生法第１６９条第１項第３号）。そして，設問においては，財産評定が完了し提出された財産目録及び貸借対照表に基づく予想清算配当率は１０パーセントとされる一方で，想定される再生計画認可決定の日を基準とする予想清算配当率は５パーセントとされている。そこで，Ｃ社の意見書の（ａ）の主張を評価するためには（設問における再生計画案を付議することができるかを論じるには），清算価値保障原則とは，いつの時点の清算価値を保障するものと考えるべきかについての検討が必要となる。

考え方としては，再生手続開始の決定時であるとする考え方，再生計画認可の決定時であるとする考え方，両時点であるとする考え方といったものがあり得る。解答に当たっては，清算価値保障原則の意義や同原則が要請されている趣旨の理解を示しつつ，自説の考え方を論じ，事案を踏まえた当てはめを行って結論を示すことが求められている。

Ｃ社の意見書の（ｂ）は，Ｂ社の再生債権はＣ社の再生債権よりも劣後して取り扱うべきであるとしている。この主張に関連して，事例においては，概要として，Ｂ社がＡ社の完全親会社であること，Ｂ社がＡ社の破綻に責任があること，Ｃ社はＢ社からの説得を受けて取引を再開した結果，売掛債権１０

億円を有するに至ったことが示されている。ここに民事再生法第１５５条第１項本文は，再生計画による権利変更の内容に関し平等原則を明らかにしているところ，同項ただし書は，同原則には一定の例外があることが定められている。そして，再生計画案が同項の要請を充たしていることは，再生手続において再生計画案の付議要件である（民事再生法第１６９条第１項第３号，第１７４条第２項第１号）。そこで，Ｃ社の意見書の（ｂ）の主張を評価するためには（設問における再生計画案を付議することができるかを論じるには），債権者平等原則とはどのような意義・内容なのかを説明した上で，民事再生法第１５５条第１項ただし書の同原則についての例外とはどのような場合に認められるのか，そして，同項ただし書の文理を踏まえても，一定の場合にはその例外に該当する取扱いが義務づけられるものと解することができるかについての検討が必要となる。

解答に当たっては，債権者平等原則の意義や趣旨についての理解を明らかにし，民事再生法第１５５条第１項の本文とただし書の関係に関する自説の考え方を論じた上で，事案を踏まえて結論を示すことが求められている。

設問２は，再生債務者の事業譲渡にまつわる再生手続における規律のほか，再生計画案が可決されるための要件及びそれが否決された場合の効果についての基本的な理解を問うものである。

設問２⑴は，再生計画によらずに再生債務者の全ての事業を譲渡しようとする場合の手順についての理解を問うものである。

再生手続開始後において，再生債務者の事業の全部を譲渡するには，裁判所の許可を得なければならない（民事再生法第４２条第１項第１号）ほか，所要の手続を経る必要があるものとされている（同条第２項及び第３項）。

一方，設問においては，Ａ社の完全親会社であるＢ社は，乙社への事業譲渡について強行に反対しているところ，これを踏まえると，当該事業譲渡については株主総会での特別決議（会社法第３０９条第２項第１１号）によるその契約の承認を受けること（会社法第４６７条第１項第１号）が望めない状況にあると考えられる。そうすると，設問において，Ａ社が乙社からの申入れを受け，再生計画によらずに乙社へＡ社の全ての事業を譲渡する場合の手続については，民事再生法第４３条に基づく裁判所による株主総会の決議による承認に代わる許可を得ることが考えられる。そして，同許可を得るためには，再生債務者がその財産をもって債務を完済することができないことを要するものとされているほか（同条第１項本文），当該事業の譲渡が事業の継続のために必要である場合であることを要するものとされている（同項ただし書）。

解答に当たっては，設問の事情を踏まえ，上記手続に関する民事再生法の関係規律の摘示とその趣旨についての理解を示すことが求められている。

設問２⑵は，Ｃ社が再生計画案について債権者集会において同意しなかった場面を念頭に，再生計画案の可決要件及びそれが否決された場合の効果について問うものである。

付議された再生計画案を可決するための要件としては，民事再生法第１７２条の３に定めがあるところ，そこでは，同条第１項に規定する同意，すなわち，議決権者（債権者集会に出席し又は書面等投票をしたもの）の過半数の同意（同項第１号）及び議決権者の議決権の総額の２分の１以上の議決権を有する者の同意（同項第２号）を要するものとされている。そうすると，設問においては，Ｃ社が債権者集会において同意しなかった場合であるから，その要件（同項第１号）を充たすことができず，再生計画案は，否決されることとなる。

再生計画案が否決された場合には，一定の要件の下，債権者集会の期日の続行は可能であるものの（民事再生法第１７２条の５），結局，否決されたということになれば，裁判所は，職権で，再生手続廃止の決定をしなければならない（民事再生法第１９１条第３号）。そして，当該再生手続廃止の決定が確定した場合において，その再生債務者が支払不能である（破産法第１５条第１項）と認めるときは，職権で，破産法に従い，破産手続開始の決定をすることができるものとされている（民事再生法第２５０条第１項）。

解答に当たっては，上記付議された再生計画案を可決するための要件，その趣旨を指摘した上で，設問の事情をこれに適切に当てはめた上で，再生計画案が否決された場合の手続につき，民事再生法上の関連規定を指摘しつつ論ずることが必要である。

［租税法］

〔第１問〕

本問は，法人がその役員と特殊の関係のある使用人に対して退職給与として資産を低額譲渡した事案における法人の課税関係（設問１及び設問２），個人が賃貸している不動産に災害による損失が生じた事案におけるその個人の所得税の課税関係（設問３），損失についての法人税と所得税の規定の違いとその理由（設問４）について問うものである。

設問１は，法人による資産の低額譲渡について，益金の側の法人税の取扱いにつき問うものである。解答に当たっては，まず，益金の額への算入の規定である法人税法第２２条第２項を指摘し，同項が益金の額に算入すべき金額に「無償による資産の譲渡」が含まれる旨を規定していることとその趣旨ないしは理由について述べることが必要である。その上で，低額による資産の譲渡が「無償による資産の譲渡」と「有償による資産の譲渡」のいずれに該当するかにつき述べ，低額による資産の譲渡の場合に資産の時価まで益金に算入される旨とその理由を述べることが期待されている。法解釈に当たっては，いわゆる南西通商事件（最判平成７年１２月１９日民集４９巻１０号３１２１頁）の最高裁の判示及びその下級審の判示が参考になろう。最後に，解答で示した法解釈を本問の事案に当てはめて，益金となる金額を解答することが必要である。

設問２は，法人による資産の低額譲渡について，損金の側の法人税の取扱いにつき問うものである。解答に当たっては，まず，法人税法第２２条第３項第１号及び第２号を指摘し，「別段の定め」があるものを除き，同項第１号が当該事業年度の収益に係る「原価」の額を，同項２号が当該事業年度の「販売費，一般管理費その他の費用」の額を，損金の額に算入されると規定していること，これら「原価」及び「販売費，一般管理費その他の費用」は当該事業年度の収益の獲得に貢献しているから，費用収益対応の原則により，当該事業年度の損金の額に算入することとされていることを述べることが必要である。その上で，同項第１号及び第２号を本件の事案に具体的に当てはめることになる。

まず，本件不動産の帳簿価格３０００万円についてであるが，帳簿価格３０００万円は本件不動産の譲渡による収益に直接的・個別的に対応する費用であるから，法人税法第２２条第３項第１号の「原価」に該当すること，そして，本問の事案に関連する別段の定めはないことから，同号により，帳簿価格３０００万円は損金の額に算入されることを述べることが必要である。

次に，Ａ社が本件不動産の低額譲渡により乙に取得させた経済的利益についてであるが，Ａ社の従業員である乙の退職に際して交付された経済的利益は退職金であること，退職金は法人にとって収益を獲得するための費用であるから法人税法第２２条第３項第２号の「販売費，一般管理費その他の費用」に該当すること，退職金を含む給与については「別段の定め」として法人税法第３６条の規定があること，同条は，内国法人の役員と特殊な関係のある使用人に対して交付された給与のうち不相当に高額な部分の金額は損金の額に算入されない旨を規定していることを述べ，さらに，その規定の趣旨について説明することが必要である。その上で，内国法人の役員と特殊な関係のある使用人，不相当に高額な部分の金額の判断基準について規定している法人税法施行令第７２条第１号，第７２条の２を示し，本問の事案への当てはめをした上で，乙に取得させた経済的利益１０００万円については，特殊関係使用人に対する不相当に高額な退職金であるから，損金の額に算入されない旨，述べることが必要である。

設問３は，不動産所得を生じる業務用資産の災害損失についての所得税法上の取扱いについての理解を問うものである。解答に当たっては，まず，所得税法第２６条第１項を指摘し，それを本問の事案に当てはめて，本件不動産の賃貸から生じる所得は不動産所得である旨を述べることが必要である。次に，資産損失の必要経費算入に関して，所得税法第５１条第１項及び第４項は，不動産所得を生じる経済活動を「不動産所得・・・を生ずべき事業」と「不動産所得・・・を生ずべき業務」とに区分して規定していることを指摘した上で，「事業」に当たるか「業務」に当たるかの判断基準を示し，その判断基準を本問の事案に当てはめて，本件不動産は「業務」用の資産に該当するという結論を述べることが必要である。第３に，同条第４項括弧書きは，資産損失が必要経費に算入されるとの規定の適用につき「第７２条第１項

（雑損控除）に規定するものを除く」と規定していることから，本問の事案において損失の額が必要経費となるかどうかについては，雑損控除の適用があるかどうかについての検討が必要である旨，指摘することが必要である。第４に，雑損控除の適用の有無の検討に際しては，雑損控除の適用要件とその関連法令の条文を示した上で，本問の事案への当てはめを行うことが求められている。その上で，本問の事案においては，雑損控除の適用があり，資産損失の必要経費算入の規定の適用はないとの結論を示すことが必要である。最後に，雑損控除金額の算定方法について規定する法令の関連条文を示し，本問の事案に当てはめて雑損控除の具体的な金額を解答することが必要である。

設問４は，損失についての法人税法と所得税法の規定の違いと理由につき問うものである。法人税法第２２条第３項第３号は，損失につき，別段の定めのない限り損金の額に算入する旨，規定しているが，所得税法第３７条第１項には損失が必要経費であるとの規定はなく，必要経費となるものについて同法第５１条第１項及び第２項が限定して規定しているという差異を指摘した上で，その理由として，法人には消費活動はないが，所得税の納税義務者である自然人は所得稼得活動のほかに消費活動も行っていることを答えることが期待されている。

〔第２問〕

本問は，子供好きの二人の老人をめぐる心温まるエピソードに関連して，低額取引に関する課税関係と，他の法分野で用いられている概念の租税法における解釈手法に関する理解を問うものである。

設問１では，個人間の低額譲受と個人から法人への低額譲渡をめぐる課税関係が問われている。まず，所得税法第３３条第１項及び第２項に触れつつ，平成３０年における個人Ｘから法人Ｂ社への甲土地の譲渡による所得がＸの譲渡所得に該当することを指摘した上で，総収入金額に関して所得税法第５９条第１項第２号と同法施行令第１６９条がどのように適用されるか，また，取得費に関して同法第５９条第２項や第６０条第１項第２号がどのように適用されるか，などの諸点について，正確な知識と，それを事案に当てはめる能力を持っているかどうかが問題となる。特に，同法第５９条第２項の要件（個人間の譲渡，時価の２分の１未満の対価，対価が取得費等の合計額に満たないこと）の正確な指摘が望まれる。さらに，平成１０年にＸが支払った甲土地の所有権移転登記の費用の扱いについて，判例への言及も忘れてはならない。

もちろん，平成３０年におけるＸの譲渡所得が長期譲渡所得（所得税法第３３条第３項第２号）に該当し，同法第２２条第２項第２号により，算出された譲渡所得の金額の２分の１のみが総収入金額に算入される点など，譲渡所得の基本的な論点に関する記述も必要である。

設問２は，時価２５００万円の甲土地を法人であるＢ社が対価１０００万円で譲り受けた場合の，法人税の課税関係が問われている。この譲受けは低額譲受であって時価と対価との差額１５００万円が益金に算入されるべきであるとの結論を導く能力を持っていることを前提に，それをいかなる条文操作によって導くかが問題となる。

問題文にもあるとおり，法人税法第２２条第２項は「有償による資産の譲受け」を益金の発生原因として規定していない。他方，判例（南西通商事件，最判平成７年１２月１９日民集４９巻１０号３１２１頁）は低額譲渡を同項の「有償による資産の譲渡」に当たるとしており，これと整合的に理解しようとすれば，低額譲受は有償による資産の譲受けに含まれることになる。この問題状況を正確に把握し，同項の文言と，同項が無償による資産の譲受けから益金が発生するとしている趣旨などに照らして，説得的に論旨を展開することができるかが問われる。

設問３は，租税法の解釈手法に関連してしばしば議論の対象となる，借用概念に関する問題である。問題文にあるＸの前提となる考えは，所得税法第７３条と同法施行令第２０７条第２号にいう「医薬品」を，「医薬品，医療機器等の品質，有効性及び安全性の確保等に関する法律」からの借用概念だとする考え方である。

判例上，「利益配当」（最判昭和３５年１０月７日民集１４巻１２号２４２０頁），「匿名組合契約」（最判昭和３６年１０月２７日民集１５巻９号２３５７頁），「不動産」（最判昭和３７年３月２９日民集１６巻３号６４３頁），「親族」（最判平成３年１０月１７日訟月３８巻５号９１１頁），「配偶者」（最判平成

9年9月9日訟月44巻6号1009頁)，「住所」(最判平成23年2月18日判時2111号3頁) などの概念は，租税法において，それぞれ商法や民法におけるのと同義に解されていることから，借用概念を借用元の法律と同義に解する考え方は，判例上定着していると見る余地が大きく，そう考えれば，Xの前提となる考え方は正しいようにも思われる。

ただし，上記判例における借用元が全て商法又は民法という取引法の基本法であるのに対して，本件で借用元となっている法律はいわゆる規制法規である。このような場合に，商法や民法からの借用概念と同様に考えるべきかどうかも論点となる。なお，この点に関連する下級審裁判例としては，東京高判平成14年2月28日訟月48巻12号3016頁，東京高判平成27年11月26日訟月62巻9号1616頁があり，参考になる。

［経済法］

〔第1問〕

第1問は，「入札談合と不当な取引制限」に関する出題であり，不当な取引制限の定義規定である私的独占の禁止及び公正取引の確保に関する法律（以下「独占禁止法」という。）第2条第6項の各要件を正確に理解していることを前提に，設例の事実関係を丁寧に分析しつつ，特に基本合意に中途で関与した事業者の要件該当性や基本合意からの離脱の要件及び時期等を論じることができるかを問うものである。

前者（中途関与者）については，後述する不当な取引制限の要件，特に「共同して」の要件該当性について分析検討ができているか，当初の基本合意に参加していない事業者について，どのような状況があれば，参加したといえるかを丁寧に論じることができるかを受験生に問うこととした。また，相互拘束の意味についても，昨今の判例動向を踏まえた検討ができるかを問うこととした。後者（基本合意からの離脱）に関しては，一般的には，入札談合において競争事業者間の協調行為が期待できるのは，談合行為に関与していれば，一定の見返り（受注機会）が期待できるからであるが，その期待値を下回れば，基本合意者間での協調が崩れるのはむしろ当然である。その場合，どの時点で，どのような行為が行われれば，基本合意からの離脱が認められるかを丁寧に論じることが期待されている。

不当な取引制限の成立については，①事業者が他の事業者と，②共同して，③相互にその事業活動を拘束すること（相互拘束）により，④公共の利益に反して，⑤一定の取引分野における，⑥競争を実質的に制限することを検討する必要がある。共同遂行については論じなくともよく，また，②と③の要件に関して，「共同して…相互に」と「その事業活動を拘束」することという区分で論じてもよいこととした（多摩談合（新井組ほか）事件・最一判平成24年2月20日)。

問題は，B及びJについて，特に②，③，⑤，⑥の各要件を充足するか否か，B及びJがこれらの要件を満たさなくなる時点はいつかである（以下，AないしGを「7社」という。Bを除いて「6社」ともいう。)。

まず，Bは，6社とともに，平成27年12月から数次の会合に出席した上，平成28年1月30日の会合における「本件合意」（基本合意）の形成に参加しており，第1回から第4回の入札における受注予定者の決定においても本件合意に基づいて個別調整を行い，調整の結果どおりに受注予定者が受注できるようにしていることを考慮すると，これらの要件を満たすと考えられる。すなわち，②の要件は，意思の連絡を意味するところ，数次の会合や本件合意が形成された会合への参加をもって6社との間に意思の連絡が成立すること，③の要件は，設例で示されている⑴ないし⑷を内容とする本件合意で充足すること，⑤の要件は，入札談合のようなハードコアカルテルにおいては，通常，参加者が合意の対象とした商品・サービスで，これにより影響を受ける範囲が「一定の取引分野」を構成するところ，本問では，本件合意が対象とする「平成28年度から3年間にわたって発注される予定の『特定農業施設工事』の指名競争入札」が一定の取引分野として画定されることをそれぞれ簡潔に解答することが求められる。⑥の要件については，市場が有する競争機能を損なうことをいい，入札談合の場合には，参加者がその意思で落札者や落札価格をある程度自由に左右することができる状態をもたらすことを意味するところ，これは通常，談合参加事業者の割合，基本合意により落札した件数や金額の割合，落札率，談合に参加していないものの，これに協力的な事業者の協力の程度等を考慮して判断されることを踏まえつつ，該当する設例の事実関係を示して要件を充足することを説明する必要があろう。

Ｂの違反行為の終了時期に関しては，平成３０年６月１５日の会合で，Ｂ及びＣの各担当者が受注を巡って激しい口論になり，同年７月３０日に行われた第５回入札では，Ｂが６社やＪに協力を依頼せずに，同規模の工事である第４回入札とは異なる相当に低い価格で落札し，さらに，同年８月１日に至って，６社は，Ｂを本件合意のメンバーから除名することを決定していることから，これらいずれかの時期にＢが本件合意から離脱したのではないか（ということ）が問題となり，②，③のいずれの要件の問題であれ，離脱の一般的基準を示して説明することが求められている。岡崎管工事件・東京高判平成１５年３月７日等は，離脱する意思が他の参加者に明確に認識されるような意思の表明や行動等が必要であるとしているところ，Ｂは平成３０年６月１５日の会合で離脱したとも考えられるが，第５回入札は同年７月３０日であり，その会合から入札まで１か月半の期間があることを考慮すれば，Ｂが翻意して本件合意に復帰する可能性がないとはいえず（岡崎管工事件をはじめ，一時的に基本合意に反する行動を取った事業者がしばらくして基本合意に復帰することが見られるケースは少なくない。），Ｂの離脱の時期については，平成３０年６月１５日の会合時だけでなく，同年７月３０日の第５回入札や同年８月１日の除名決定の時点とも考えられ，いずれにしても，設問の事実関係を正確に読み取り，これを離脱の一般的基準等に当てはめつつ適切に評価できるかが重要である。

次に，Ｊは，本件合意を形成するに至るまでの会合には一切参加していない。Ｊは，工事の規模や技術力から受注できると考えた特定農業施設工事の入札に指名された場合には積極的に落札を目指して低価格で入札する一方で，希望しない特定農業施設工事の入札に指名された場合には７社に協力するつもりであったものの，このような協力の意図はＪの内心にとどまるという設例の事実関係の下では，少なくとも本件合意が形成された平成２８年１月３０日の会合の時点でＪが本件合意に参加したとみることは困難である。しかし，Ｊは，第１回入札時から，Ａより指名の有無や受注の意思について問い合わせを受けた際，これに回答し，さらに，指名を受けた第３回入札と第５回入札においては，Ａから連絡を受けて，受注予定者の入札価格より高い価格で入札することにより，受注予定者の受注に積極的に協力しており，Ｊは既に形成された本件合意の少なくとも一部に中途で参加した者と考えられる。このような立場のＪについても，Ａを介した意思の連絡があり（②の要件），特定農業施設工事の指名競争入札の取引分野（⑤の要件）において，市場支配力の維持，強化に寄与して競争を実質的に制限している（⑥の要件）と考えることができるであろう（なお，違反行為の始期，つまり本件合意への参加時期については，第１回入札でＡからの問い合わせに回答した時点や第３回入札において積極的に受注協力した時点などと考えることができよう。）。ただし，③の要件を充足するかに関しては，積極・消極の両論があり得る。すなわち，Ｊは入札制度の趣旨に反すると考えられる低価格で入札することを避けるという行動を取ったり，競争上機微な情報に属すると思われる指名や受注意欲の有無をＡに回答したりすることにより，本来は自由な事業活動を制限し合っているから，（意思を連絡させた上で）「事業活動を拘束」することの要件を満たすとも考えられるが，他方で，相互拘束の要件をその内容や目的が共通でなければならないと厳格に解釈し，Ｊが受けている拘束の内容は７社のそれとは異なること（Ｊは特定農業施設工事の入札において，一方的に７社のいずれかの受注に協力するだけであること，または自らが低価格で落札することを完全には否定していなかったこと），あるいはＪが事業活動を制限する目的は７社と異なること（Ｊは特定農業施設工事ではなく，別の異なる工事分野で７社から協力を受けたいという目的を有すること）を理由に③の要件を否定する解答もあり得る。いずれにせよ，各要件をどのように解釈することによってその結論を導いたのかを説明することが求められる。

最後に，Ｊは本件合意から離脱する行動を別段取っているわけではないから，Ｊが本件合意に参加したと認定する場合には，Ｊの違反終了時は本件談合全体が終了した時点ということになる。不当な取引制限に該当する違反行為の終了時期については，各事業者が相互拘束から解放されて自由に事業活動を実施することとなった時点と考えられるから（モディファイヤー価格カルテル事件・東京高判平成２２年１２月１０日），本問では公正取引委員会（以下「公取委」という。）の立入検査が行われた平成３０年９月２０日（の前日）がＪにとっての違反の終了時となるであろう。

〔第２問〕

第２問は，設問１において，Ｘ社及びＹ社によるＹ社を存続会社とする吸収合併計画（以下「本件計画」という。）が独占禁止法第１５条第１項第１号に違反するか否か，設問２において，設問１で検討した本件計画の問題点を解消するための設計可能な修正（以下「問題解消措置」という。）を検討することを問うものである。具体的には，主として同号の「一定の取引分野」における「競争を実質的に制限することとなる」というそれぞれの要件の意義や判断基準を示しつつ，設問に示された事実関係を丁寧に当てはめて，本件計画の可否や独占禁止法に適合する適切な問題解消措置を設計して解答することが求められる。

設問１に関して，まず，「一定の取引分野」の認定，つまり市場画定は，一般に商品範囲と地理的範囲についてなされるところ，商品範囲については，針甲と針乙が同一の市場で競争していると見ることができるかどうか，地理的範囲については，針甲メーカーが世界中に存在している一方で，市場が日本に限定されるかを，それぞれ検討する必要がある。それらの検討に当たり，商品範囲については，各針の用途や形状の相違，地理的範囲については，国内における法律に基づく販売承認制度の存在，顧客の購入慣行等について言及する必要があろう。

次に，「競争を実質的に制限することとなる」については，その意義についてあるべき解釈を示した上，本件計画が，いわゆる水平的企業結合であることを意識し，単独行動と協調的行動のそれぞれの観点から具体的事実に即して「競争を実質的に制限することとなる」か否かを論じることとなろう。もっとも，本問では，ハーフィンダール指数（ＨＨＩ）やいわゆるセーフハーバーについては必須のものとして問うていない。

「競争を実質的に制限することとなる」か否かの判断に際しては，設問に示された，当事会社の地位，競争者の状況，新規参入，輸入，需要者とその行動に関する事実を読み解いて，本件計画の実施が市場における競争にどのような影響を及ぼすかを解答することが求められる。すなわち，単独行動については，当事会社のシェアが合計５５％で市場１位となり価格引上げのインセンティブが存在することを前提に，競争者においては国外からの生産振り分けや第三者委託による増産が困難であることから，その供給余力・能力が欠如していること，新規参入に当たって必要とされる製品への新規機能追加には一定の開発期間や投資を要すること，輸入に関しては，国内既存業者以外の海外生産者はそもそも少数であり，新規の国内販売には販売承認を要する上，需要者は国内販売実績のない海外製品の購入を敬遠すること，さらに，需要者は，競争的購入方法を採用して低価格を選好するものの，品質や使い慣れの重視から頻繁な変更を行わない傾向があることといった事実を示した上，それらの競争上の牽制力を適切に評価し（当事会社に対する牽制力は貧弱ないし欠如しているという評価となろう。），本件計画が競争を実質的に制限することとなるか否かを検討することが求められよう。また，協調的行動を問題とする場合には，当事会社と競争者による協調的行動及びカルテル行動の容易化をもたらしうる競争者の対称性や市場透明性等を指摘し，上記の単独行動の場合で指摘した事実関係を踏まえつつ評価することが必要となろう。

設問２に関して，問題解消措置は，競争当局である公取委が審査過程で示す競争上の懸念を解消すべく提案されるものである。公取委は，審査において，その実効性を確認し，特に問題解消措置が事業譲渡など新たな結合関係を形成する場合には，そうした新たな企業結合が別個の競争上の懸念を生じさせないかを検証している。本設問では，このような流れ自体を提示する解答を求めてはいないが，それを踏まえて，当事会社が提案すべき問題解消措置の在り方，その実効性の評価，問題点の有無の評価等を検討する必要がある。

まず，設問１で検討した単独行動や協調的行動に対する競争上の牽制力を踏まえて，本問での競争上の懸念がいかなるものかを示す必要がある。その上で，問題解消措置には，構造的措置と行動的措置といわれるものがあるところ，それらの意義，内容及び競争回復効果を踏まえつつ，競争上の懸念を払拭するため，どのような措置がより適切かを導き出して説明する必要がある。それに際しては，設問２で示されている流通業者の地位，流通市場の状況等を踏まえつつ，計画修正が市場に与える影響などを考慮する必要がある。いずれにしても，計画修正の内容は，設問１において，当事会社に対する牽制力は貧弱ないし欠如していると評価することとなると考えられるから，牽制力のある競争単位を創出するなどの競争回復に十分なものとなる必要がある。

構造的措置としては，事業譲渡計画を採用することが考えられる。その場合には，当事会社のうちいずれの会社の事業をどの範囲で分離して，いずれの被譲渡者に譲渡するのか，当該譲渡によって競争上の懸念が解消されるのかといった実効性の評価や実効性を確保するために必要な譲渡の具体的内容を解答することが求められる。本設問で，被譲渡者を流通業者M社とする場合には，実効性や譲渡の具体的内容について，M社の過去の経験やノウハウ，品揃え，競争インセンティブ等に照らし合わせながら整合的に説明することが望まれる。

その上で，譲渡される事業と譲受先との関係から生じうる競争上の問題を摘出し，各当事者の事業内容・関連商品の状況，譲渡者・被譲渡者の属する市場の状況等を鑑みながら，問題の有無を説明し，必要に応じて追加的な措置をも考えることが望まれる。M社が事業の譲受先とされる場合には，当事会社とM社は，垂直的関係に立つこととなるので，流通業者への情報集中が生ずることより発生する競争への影響とそれに対する情報遮断措置を考えることなどもできる。

また，事業譲渡以外の措置を採用することが適切と考えた場合でも，当該措置がどのような反競争効果の抑止を狙いとしたもので，市場にどのような影響を与えるのかなどを具体的に説明することが求められる。

［知的財産法］

〔第１問〕

1　設問１は，職務発明該当性及び方法の発明に関する特許権の効力の範囲等を問うものである。設問２⑴は，補償金請求権の行使の制限を問うものであり，設問２⑵は，補正後における補償金支払請求のための再警告の要否を問うものである。設問３は，間接侵害の成否を問うものである。

2　設問１については，第１に，上司に反対されながら甲が完成させた本件発明は職務発明（特許法（以下「法」という。）第３５条第１項）に当たらず，特許を受ける権利を有しないXの本件出願に対してされた特許は無効にされるべきもの（法第１２３条第１項第６号）であるとの権利行使制限の抗弁（法第１０４条の３第１項）が認められるかが問題となる。法第３５条第１項の「職務」該当性については，従業者が自発的に完成した発明でも，その従業者の本来の職務内容から客観的に見て発明の完成が使用者との関係で一般的に予定され期待されており，かつ，従業者に対する便宜供与や研究開発援助などにより使用者が発明完成に寄与していれば職務発明に該当するとの考え方（大阪地判平成６年４月２８日判時１５４２号１１５頁【マホービン事件】）や，職務命令，従業者の地位，給与，職種，使用者の関与の程度等の諸般の事情を総合的に勘案して決定するとの考え方などがあるところ，これらを念頭に置きつつ，本件発明が職務発明に該当するのか否かについて，発明の完成が期待されていない旨の甲の説明をはじめとする設例の事実関係を踏まえて，自説を説得的に論述することが求められる。その結果，職務発明該当性が肯定される場合には，Xの職務発明規程により特許を受ける権利はXに原始的に帰属するため（法第３５条第３項），冒認を理由とする権利行使制限の抗弁は認められないこととなろう。なお，冒認の無効理由について，特許を受ける権利を有する者ではないYは無効審判を請求することはできないが（法第１２３条第２項），権利行使制限の抗弁を主張することは可能であること（法第１０４条の３第３項）に言及されていれば，積極的な評価が与えられよう。

第２に，本件発明が単純な「方法の発明」であるか「物を生産する方法の発明」であるかにより「実施」（法第２条第３項）の範囲が異なるところ，本件発明がいずれの発明であって，Y製品の製造販売が本件特許権の侵害に当たるか否かが，まず問題となる。この点については，「方法の発明」か「物を生産する方法の発明」かは，特許請求の範囲の記載に基づいて判定すべきものであると判示した最判平成１１年７月１６日民集５３巻６号９５７頁【生理活性物質測定法事件】を踏まえつつ，本件事案に当てはめることが求められる。次に法第１００条第２項に基づくY製品の廃棄請求の可否，すなわち，同項は同条第１項「による請求をするに際し」と定めており，差止請求に附帯して請求すべき同条第２項の請求としてどのような請求が認められるか，Y製品の廃棄は同項の「侵害の予防に必要な行為」に当たるのか，といった点が問題となる。この場合，同項の「侵害の予防に必要な行為」との関係では，特許発明の内容，侵害行為の態様及び差止請求権の具体的内容等に照らして，差止請求権の行使を実効あらしめるものであって，かつ，差止請求権の実現のために必要な範囲内のものであることを要すると判示した前掲【生理活性物質測定法事件】最判が存在することも念頭において，自説を展開し本件事案に当てはめることが求められる。

3　設問２(1)については，法第６５条第１項の補償金請求権の行使を制限する理由と適用条文が問題となる。すなわち，本件出願前から広く使用されていた本件当初発明は，本件出願前に公然実施された発明（法第２９条第１項第２号）に当たり，特許には無効理由（法第１２３条第１項第２号）があるため，Ｙは，Ｘによる補償金支払請求に対して，法第６５条第６項で準用される法第１０４条の３第１項に基づき，補償金請求権行使の制限の抗弁を主張することができることを述べる必要がある。

4　設問２(2)については，補償金請求権の行使について法第６５条第１項は警告又は悪意を要件としているところ，Ｙは補正後に再度の警告をしていないため，補償金請求権の行使が認められないかが問題となる。この点については，法第６５条第１項が警告又は悪意を要求する趣旨を第三者に対する不意打ち防止と解した上で，警告後の補正により登録請求の範囲が減縮され，第三者が実施している物品が補正前後を通じて考案の技術的範囲に属する場合には，再度の警告は不要であり，第三者に対する不意打ちにはならない旨判示した最判昭和６３年７月１９日民集４２巻６号４８９頁【アースベルト事件】を念頭において，本件事案に当てはめる必要がある。その場合，Ｙ方法は補正前後を通じて本件（当初）発明の技術的範囲に属すると考えられる一方，本件出願には拒絶理由があるため特許権は設定登録されないだろうとＹが期待したと考えられることを踏まえて，そのような期待が保護されるべきか否かについて，自説を説得的に論述することが求められる。

5　設問３については，本件発明の実施にのみ用いられる測定機器ＭがＺにより全て外国に輸出される場合における専用品（「にのみ」）型間接侵害の成否（法第１０１条第４号）が問題となる。この点については，直接侵害が成立しない場合の間接侵害の成否をめぐり，独立説，従属説，折衷説といった考え方があることを念頭におきつつ，外国で直接実施されるために直接侵害が成立しない場合の間接侵害の成否について，Ｙが国内で製造販売したＭをＺが輸出している設例の事実関係を踏まえて自説を論述することが求められる。

〔第２問〕

1　設問１は，美的鑑賞に加えて宗教上の信仰目的も有する作品の著作物性（著作権法（以下「法」という。）第２条第１項第１号）について，一品制作された物品と，商品として大量生産される物品のそれぞれに関する理解を問うものである。設問２は，公開の美術の著作物等の利用に関する著作権の制限（法第４５条第２項，第４６条）の理解を前提に，(1)善意者に係る譲渡権（法第２６条の２第１項）の特例（法第１１３条の２）と知情頒布によるみなし侵害（法第１１３条第１項第２号）の理解，及び，(2)譲渡権の消尽（法第２６条の２第２項第１号）と債務不履行との関係の理解を，それぞれ問うものである。設問３は，著作者が存しなくなった後における人格的利益の保護（法第６０条）をめぐり，同一性保持権（法第２０条第１項）の侵害となるべき行為とその制限であるやむを得ないと認められる改変（同条第２項第４号），及び，その保護の効果としての名誉回復等の措置請求（法第１１６条第１項，第１１５条）に関する理解を問うものである。

2　設問１では，まず，一品制作された美術工芸品（法第２条第２項）であるαの著作物性については，αが表現に一定の制約がある仏像彫刻作品Ａの外観の表現であることから，特に創作性の有無が問題となる。著作物として求められる創作性は，他の作品とは異なる著作者の個性が何らかの程度表れれば足りると解されるところ，一方では仏教美術の仕来りに従うなど選択の幅が限られることについて，他方では仏師Ｘ１の世界観・宗教観が反映されていることについて，それぞれどのように評価するかに言及しながらαの著作物性を検討することが求められる。

次に，βの著作物性については，αと同じく仏像彫刻Ｂの外観の表現でありながら，Ｂが商品として大量生産され家庭内の仏壇に設置されることから，その著作物性をどう考えるかが問題となる。美的鑑賞性に加え実用性をも兼ね備え量産される作品の著作物性については，いわゆる応用美術の問題として議論されているところ，裁判例・学説共に立場がいまだ分かれており決着を見ていない。例えば，応用美術の著作物性を美的鑑賞のみを目的とした作品（いわゆる純粋美術）のそれと同様の基準で判断するとの立場（知財高判平成２７年４月１４日判時２２６７号９１頁【ＴＲＩＰＰ ＴＲＡＰＰ事件】）や，実用目的に必要な構成（機能的制約を受ける要素）から分離できる美的特性を備えた要素に限って著作物として保護する立場（知財高判平成２６年８月２８日判時２２３８号９１頁【激安ファストファッション事件】）等がある。そこで，純粋美術の著作物性判断基準との異同に留意しながら，また，著作権法とは異なる手法で工業デザインを保護する意匠法との相互関係にも言及しつつ，それぞれの立場で一貫した説明をすることが求められる。

3　設問２⑴では，Ｙ１の境内には誰でも立ち入れるが，時間的な制限があるので，美術の著作物αの原作品であるＡは「一般公衆に開放されている屋外の場所」に恒常的に設置（法第４５条第２項）されているかが問題となる。これを肯定した場合には，設置についてＹ１はＸ１の許諾を得ていることから，その後は原則として，αについていかなる利用も可能となる（法第４６条柱書）。

しかし，Ｙ１は，専ら美術の著作物の複製物（絵葉書Ｐ）の販売を目的として複製し，その複製物をＹ２に販売しているので，Ｙ１の行為はＸ１の複製権（法第２１条）と譲渡権（法第２６条の２第１項）の侵害に当たる（法第４６条第４号）。

その結果，Ｙ２は，著作権を侵害する物品Ｐを公衆に譲渡していることになり，さらに，Ｐ譲受時にＹ１による侵害事実について善意有過失なので，善意者に係る譲渡権の特例（法第１１３条の２）の適用はないため，譲渡権（法第２６条の２第１項）の侵害が成立する。また，Ｙ２はＸ１から警告を受けた後はＹ１による侵害事実について悪意に転じ，以後の頒布と頒布目的所持は，著作権侵害とみなされる（法第１１３条第１項第２号）。

4　設問２⑵では，Ｙ１のライセンス契約違反が，著作権侵害を基礎付けるかどうかが問題となるところ，Ｙ１が履行しなかったＸ１に対する債務（ライセンス料支払義務）の法的性質や発生根拠等に着目しながら，本問に当てはめて検討することが求められる。本問の事実関係に照らせば，Ｙ１の同義務違反は著作権侵害には当たらないため，Ｙ１によるＰのＹ２（公衆）への譲渡により譲渡権は消尽し，更なるＹ２による公衆への譲渡は適法となるであろう（法第２６条の２第２項第１号）。ここで，Ｙ１によるライセンス料の不払いにつきＹ２が悪意であることは，この結論を左右しない。

5　設問３では，Ｙ１の行為は著作者Ｘ１の死後になされているが，Ｘ１が存しているとしたならば著作者人格権の侵害となるべき行為（法第６０条本文）に該当するかが問題となる。

この点について，まず，Ｙ１によるＡ仏頭のＣへのすげ替えは，著作物αの改変であり，αの著作者Ｘ１が存しているとしたならばその同一性保持権（法第２０条第１項）の侵害となるべき行為に当たる可能性があることを指摘する必要がある。

次に，Ｙ１による改変は，やむを得ないと認められる改変（法第２０条第２項第４号）に当たるかが問題となり，この点について判断基準を示して，改変の理由が信者ではなくＹ１内部で不評であったことや，仏像全体の新造が可能であったと考えられることなどの事情を考慮して検討することが求められる。

さらに，Ｘ１の死亡直後であり，仏頭の首のすげ替えという態様の性質に鑑みれば，たとえ仏頭がＹ１内部に保管されていたとしても，なお当該改変行為はＸ１の意を害しない（法第６０条ただし書）とはいえないだろう。

したがって，Ｘ１の最優先遺族であるＸ２は，Ｙ１に対して名誉回復等の措置請求（法第１１６条第１項，第１１５条）が可能である。ここで，名誉回復等の措置請求の具体的内容，例えば事実経緯広告，謝罪広告，原状回復（仏頭の再すげ替え）等を請求することの可否について，更に説得的に論じられていれば，積極的な評価が与えられる。

［労働法］

〔第１問〕

本問は，期間の定めのない労働契約により雇用されていた労働者に対する，成績不良と反抗的態度を理由とする解雇について，解雇の事由・手続の両面からその効力を検討し，さらに事後に発覚した事由（経歴詐称）の取扱いについても論じることを求めるものである。解雇に関して関係条文・判例が定立している規範を正確に理解した上で，具体的事案に的確に適用することができるか否かが問われている。

設問１では，まず本件解雇の性格（普通解雇）を確認した上で，就業規則所定の解雇事由の該当性と労働契約法第１６条の権利濫用が成立するか否かを，事実関係に照らしながら議論することが求められる。詳細な事情が分からないので明確な結論を出すことは困難であるが，自分なりの評価に基づいて一定の方向を示すことが望ましい。また，解雇の手続として，本件では労働基準法第２０条第１項の予告又は予告手当の支払がなされていないが，同項但書の例外に該当するか否か，就業規則条項との関係，法違反の場合の効果などについて，判例（細谷服装事件・最判昭和３５年３月１１日民集１４巻３号４０３頁）の立場にも留意しながら検討した上で，結局，訴訟において具体的にどのような請求をなすことが可能あるいは適切かを論じてほしい。

設問２では，新たに発見された採用時の経歴詐称の評価，特に懲戒解雇事由に該当するか否かを論じる必要があろう。その上で，第１に，本件解雇の時点では使用者がそれを認識していなかったにもかかわらず，同解雇の効力を争う訴訟において援用することができるか否かが，重要な論点となる。類似の判例（山口観光事件・最判平成８年９月２６日労判７０８号３１頁）はあるが，解雇が懲戒解雇であった点が異なっており，この点を意識した上で説得的に議論を組み立てる必要がある。第２に，上記の事後的な援用が否定された場合に，改めて解雇をすることが考えられるが，その場合の解雇の種類の選択，主張の仕方，賃金及び退職金の処理などについて，きちんと整理をして論述することが望まれる。

〔第２問〕

本問は，労働協約に基づいて設置されている労働組合の掲示板から使用者が掲示物を撤去したこと，及び労働協約に基づいてなされていたチェックオフについて労働協約の解約により廃止することが，それぞれ支配介入の不当労働行為に該当するか，並びにその場合の救済機関及び具体的な救済方法について検討することを求めるものである。いずれも集団的労使関係に関する基本的な論点であり，労働組合法第７条の不当労働行為，同法第１５条の労働協約の解約，組合費のチェックオフなど，同法及びこれに関連する主要な規範について正確に理解した上で，具体的事案に的確に適用することができるかが問われている。なお，使用者による掲示物撤去，チェックオフ廃止は，近年，注目される裁判例のあった事項であるが（東海旅客鉄道事件・東京高判平成２９年３月９日労判１１７３号７１頁，大阪市チェックオフ廃止事件・東京高判平成３０年８月３０日労判１１８７号５頁），これら裁判例の判断枠組みと同じ構成によるか否かにかかわらず，不当労働行為制度に対する基本的かつ正確な理解と，規範の明示，説得力ある論述がなされているかどうかが重要である。

設問１では，労働協約に基づく掲示板の利用と掲示物撤去の事案であるから，施設管理権（国鉄札幌運転区事件・最判昭和５４年１０月３０日民集３３巻６号６４７頁）の議論ではなく，労働協約の解釈・適用について論じる必要がある。労働協約に定める撤去要件への該当性をどのような枠組み・考慮要素で判断するかを論じた上，本件の事実関係への当てはめにおいては，苦情処理制度や団交拒否をどう考えるかについても検討することが望ましい。

設問２では，本件のチェックオフの労働協約は，期間の定めのないものであるから，労働組合法第１５条第３項･第４項による解約が可能であることの正確な理解と明示が不可欠である。しかし，同条項による解約が有効でも，チェックオフの私法上の法律関係と支配介入の成否は別であり，解約が有効だからといって支配介入に該当しないわけではない。この点を理解した上で，支配介入の該当性の判断における考慮要素や考え方などが問われており，不当労働行為制度の理解に根差した論述と，本件の事実関係の整理・当てはめが求められる。

［環境法］

〔第１問〕

本問は，公害対策の政策目標である環境基準に関する基本的理解を前提として，水質の環境基準に焦点を当てて，水質汚濁防止法（以下「水濁法」という。）に基づく環境基準の達成手法及び環境基準が設定されていない物質への対応を問うものである。現在，水質の環境基準のうち健康項目に関しては，全国的に環境基準がほぼ100％達成されているものの，生活環境項目については，特に閉鎖性海域及び湖沼において環境基準が未達成のところも少なくない。国と地方公共団体の役割分担を踏まえつつ，汚染源の種類・性質に応じた対策について論じることが期待される。

設問１では，水質の環境基準は，環境基本法第１６条に基づいて健康項目と生活環境項目に分けて設定されていること（同条第１項），健康項目は全公共水域一律の基準であるのに対し，生活環境項目については二以上の類型を設け，それぞれの類型を当てはめる水域を指定するものとして定められていること（同条第２項）を理解した上で，資料の環境省告示を参照しつつ，①生活環境項目については，河川（湖沼以外と湖沼）と海域という水域ごとに利用目的に応じた類型ごとの基準が設けられていること，②基準の達成期間については，健康項目に関しては直ちに達成とされているのに対し，生活環境項目に関しては段階的達成も認められていることを指摘する必要がある。

また，このように設定方法が異なる理由について，人の健康は何ものにも優先して尊重されなければならないため，健康項目に関しては，数値に差を設けたり，一部の水域には適用しないこととしたりするのが適当ではないのに対し，生活環境項目に関しては，①水産業の生産物等も保護対象に含まれ（環境基本法第２条第３項），②保護されるべき利水目的が公共水域ごとに多種多様であるから，基準を一律に設けることが適当ではない旨を述べることが期待される。

設問２では，Ａ県においては，従来，水質汚濁防止法第３条第１項に基づく一律排水基準が適用されてきたが，生活環境項目であるＣＯＤ，全窒素，全燐及び亜鉛に関する環境基準が一部海域において未達成であるという状況が２０年以上にわたって続いているという状況に対し，都道府県が水質汚濁防止法上採り得る措置について，工場・事業場及びそれ以外の汚染源に分けて論じる必要がある。その際，水濁法は一律排水基準のみで環境基準を達成できない場合の工場・事業場対策として，排水基準の上乗せによる濃度規制と汚濁負荷量に関する総量規制を設けているから，工場・事業場対策については，両方の措置について言及する必要がある。

第１に，排水基準の上乗せに関して，ＣＯＤ，窒素，りん及び亜鉛に関する一律排水基準は，水濁法第３条第２項にいうその他の汚染状態に関する基準として排水基準を定める省令第１条の別表第２に掲げられているが，水濁法第３条第３項により，この一律排水基準に代えて，より厳しい基準の設定が可能であり（上乗せ基準），Ａ県においても，より厳しい許容限度を設定することが考えられることを指摘する必要がある。

また，排水基準を定める省令によれば，生活環境項目の排水基準は，１日当たりの平均的な排出水量が５０立方メートル未満の特定施設には適用されないこととされているが，水濁法第３条第３項に基づいて，これら生活環境項目に係る一律排水基準が適用されない小規模事業場に排水基準を適用することも可能であり（裾出し規制），Ａ県には，小規模な旅館も多数あることから，裾出し基準の設定を検討すべき旨を指摘することが期待される。

さらに，海域Ｆにおいて全亜鉛の環境基準が達成されていないことについては，Ａ県には亜鉛について暫定基準が適用されているめっき工場が集積していることに着目することが望まれる。暫定基準は，排水基準違反には直罰規定が適用されること，業種により技術的に直ちに基準を遵守することが困難な場合があること等から経過的措置として認められているものであるが，長年にわたり環境基準が達成されていない状況を踏まえ，亜鉛の暫定基準に関する上乗せの可否について論じることが考えられる。水濁法にはこれを禁じる明文規定はなく，実務上も，環境基準が達成されていない場合に暫定基準について上乗せ規制を行うことは差支えないと解されているが，生活環境項目に関する環境基準の趣旨，暫定基準の趣旨，Ａ県の現状，比例原則等を考慮して論じられていれば，可否いずれの結論であっても差し支えない。

なお，特定事業場以外にも発生源施設がある場合には，当該施設に対し，条例により独自の排水基準を設けて規制を行うことも考えられるが（水濁法第２９条第３号），本問では，この点に言及しなくとも差支えない。

第２に，総量規制に関しては，海域について総量削減計画を策定し（同法第４条の３），総量規制基準の設定が可能であることを指摘した上で（同法第４条の５），知事が総量削減計画の作成等をするためには環境大臣による基本方針の作成と政令による指定地域の設定が必要であること（同法第４条の２）に触れる必要がある。さらに，本件において政令指定がされない場合の措置として，都道府県独自に総量規制を設けることの可否について論じることも考えられる。

第３に，工場・事業場以外の汚染源のうち，生活排水対策については，非規制的手法が基本とされており（同法第１４条の５以下），生活排水対策には，家庭における対策（努力義務）（同法第１４条の７）と地域における対策（下水道整備等）があることを踏まえた上で，都道府県知事は生活排水対策重点地域の指定が可能であること（同法第１４条の８），当該地域において生活排水対策推進計画を作成し，計画に基づく施策を実施するのは市町村であるが，知事は対策の推進に関する助言・勧告が可能であること（同法第１４条の９）を指摘する必要がある。また，農地については，水濁法では具体的措置が定められていないことを指摘した上で，このようなノンポイントソース対策の重要性について指摘することが期待される。

設問３では，排水基準が設定されていない物質に関する条例による横出し規制の可能性が問われている。①排水基準が設定されていない物質に関する排水基準の設定は，いわゆる横出し規制であり，上乗せ規制とは根拠条文が異なること（同法第２９条），②上乗せ基準の設定主体は都道府県とされているが（同法第３条第３項），同法第２９条は，地方公共団体一般を対象にしているため，G市も条例による規制が可能であると考えられることを踏まえた上で，同法第２９条第１号は有害物質を横出し規制の対象から除外しているが，同条同号にいう有害物質は，政令が定める物質であるから，水濁法の規制対象外の物質Pの規制は可能であることを指摘する必要がある。上乗せ条例と異なり，この場合の基準は一律排水基準に代えて適用される基準ではないため，条例では，基準を遵守させるための仕組みについて，全て独自に定める必要があることについても触れていれば加点する。

〔第２問〕

第２問は，廃棄物の処理及び清掃に関する法律（以下「廃掃法」という。）の規制構造の基本的な理解と，最新の改正についての理解を問うものである。廃掃法では，事業者は廃棄物を自ら処理することが基本になっており（廃掃法第１１条第１項），運搬や処理を他人に委託する場合は原則として許可業者に委託しなければならない（廃掃法第１２条第５項以下）。設問１はこの基本的な廃掃法の構造の理解を問うている。また，平成２９年の改正では，廃棄物ではないが，廃棄物と同様の取扱いを要求する「有害使用済機器」に関する規制が新設されたが，設問２はその理解を問うものである。

〔設問１〕では，まず，使用済み家電機器の処理により生じる廃プラスチック片が廃掃法上の「廃棄物」であるか否かを検討する必要がある。この点，廃掃法第２条第４項第１号では，「廃プラスチック類」が産業廃棄物として挙げられているが，これは「事業活動によって生じた廃棄物」であることが前提であり（同号），廃棄物性の検討はやはり必要になる。そして，廃棄物性の検討は判例の「不要物」の判断方法に従うべきであるが，問題文の事実関係からすると，本問の廃プラスチック片に取引価値はなく，「不要物」であり，「廃棄物」と認定すべきである。そして，廃棄物である廃プラスチック片は，Aの事業活動によって生じたものであるから，「産業廃棄物」となる。

次に，廃プラスチック片の加工を廃棄物の「処理」（廃掃法第１条が列挙する「分別，保管，収集，運搬，再生，処分等」）と考える場合は，Aがそれを他人であるCに委託する場合は，廃掃法第１２条第５項のいわゆる委託基準が適用になり，Cは許可を得た産業廃棄物処分業者でなければならない（同法第１４条第１２項）。

他方で，Aが廃プラスチックを自ら処理する場合（なお，これが原則である。廃掃法第１１条第１項）は，産業廃棄物の処理基準（廃掃法第１４条第１項から第４項まで）が適用になるが，A自体は廃プラスチック片の加工について産業廃棄物の処分業者の許可は不要である（同法第１４条第６項ただし書）。他方で，産業廃棄物処理施設の設置については許可が必要であるが（同法第１５条第１項），本問は産業廃棄物の自己処理と他人委託に関する基本構造を問うものであるため，これに触れることは必須ではない。

以上が産業廃棄物の処理に関する基本的な構造であるが，本問の特殊性は，ＡはＣに加工委託費用を払っており，ＣはＡから受け取った廃プラスチック片を他者から入手したものと混同させることなく加工し，加工の結果生じた資源であるプラスチックのペレットとともに残滓も全てＡに引き渡しているところにある。これは，見方によっては，Ｃの廃プラスチック片の加工行為は，廃棄物の「処理」ではないか，又はＡによる自己処理の一部に過ぎないと言えそうである。そうすると，本問では，廃掃法上の委託基準は適用にならないという結論もあり得なくはない。この点，実務では，本問と事実関係は同一ではないが，事業者で発生した廃液を他者に再生加工させ，自ら利用する場合について，「加工委託」であるとし，廃掃法上の委託基準は適用がないとする見解も存在する。

〔設問２〕は，上記のとおり，平成２９年の廃掃法改正で追加された廃掃法第１７条の２（有害使用済機器の保管等）についての理解を問うものである。まず，本問で問題になっているのは，使用済み家電機器であり，この廃棄物性を検討すべきである（設問１では廃プラスチックが問題となっていたが，本問で問題になっているのは家電機器であることに注意すべきである。）。

小問⑴では，家電機器が使用済みであること，解体されないまま山積みになっていたこと以外の事実は不明であり，むしろＡは使用済み家電機器を再資源化のために集めていたものであるから，これを「不要物」と断定することはできない。この点，廃棄物であれば，Ｂ県としては，Ａに対してその保管に関して必要な報告を求めること（報告の徴収。同法第１８条第１項）や立入検査（同法第１９条第１項）を実施すること，更には適正な処理の実施を確保するために改善命令（同法第１９条の３）を出し，生活環境上の保全上支障が生じ，又は生ずるおそれがあると認められるときは，その支障の除去等の措置を講ずるべきことを命ずることができる（措置命令。産業廃棄物の場合は，同法第１９条の５第１項）。平成２９年改正法で新設された廃掃法第１７条の２は，「有害使用済機器」について，これらの規定を準用するものである（同条第３項）。

なお，廃掃法第１７条の２では「有害使用済機器」について政令で定めることになっており，政令（廃棄物の処理及び清掃に関する法律施行令第１６条の２）はユニット型エアコンディショナー，電気冷蔵庫・冷凍庫，電気洗濯機・衣類乾燥機，テレビ等の使用済み家電機器を「有害使用済機器」に指定しているが，本問はこの知識を問うものではない。むしろ，問題文において，「使用済み機器」「保管が適正ではないこと」「人の健康又は生活環境に係る被害が生じ得る状態」と廃掃法第１７条の２の文言がほぼ引用されており，これをヒントにして同条にたどり着くことが期待されていた。他方で，使用済み家電機器の廃棄物性についてそれなりの根拠を示した上で認定し，上記の各規定の適用があることを指摘することでも構わないが，そうするとＢ県の取り得る措置としては，小問⑵との差異が無くなる解答になる。

小問⑵では，更に事態が進み，山積みの使用済み家電機器が放置された結果，劣化・変色して，もはや原型を留めない状態になっている。こうなると物の性状，排出の状況，通常の取扱い形態，取引価値，事業者の意思等を総合的に勘案すると，もはや「不要物」であり，廃棄物性を肯定することになろう。そうすると，Ｂ県としては，Ａに対して，報告の徴収（廃掃法第１８条第１項），立入検査（同法第１９条１項）の実施，さらには，改善命令（同法第１９条の３）又は措置命令（同法第１９条の４（一般廃棄物の場合），同法第１９条の５（産業廃棄物の場合））を発することができ，場合によっては代執行もできる（一般廃棄物の場合同法第１９条の７，産業廃棄物の場合同法第１９条の８）。Ｂ県ができることは，結果として，小問⑴とほぼ同様である。

ところで，廃棄物については，その態様，期間等に照らして，管理を放棄したと認められれば，「みだりに廃棄物を捨て」た（廃掃法第１６条），と言える可能性もある。その場合，Ａが廃棄物処理業者であれば，事業の停止（一般廃棄物処理業者につき同法第７条の３，産業廃棄物処理業者につき同法第１４条の３第１号），更には許可の取消しの対象になり得る（一般廃棄物処理業者につき同法第７条の４，産業廃棄物処理業者につき同法第１４条の３の２第５号）。なお，廃棄物処理業者の許可の取消し後であっても，措置命令の対象になることは，廃掃法平成２９年の改正項目の一つである（同法第１９条の１０）が，問題文にＡが廃棄物処理業者であることは記載されていないことから，ここまで回答することは期待されていない。

最後に，Ｄらとしては，自分たちの財産である稲が汚染され，米が販売できなくなる恐れがあるから，財産権に基づく差止請求（訴訟物は所有権に基づく妨害予防請求権）を検討すべきである。差止請求の内容は，Ａに対して，廃棄物の除去により汚染源を絶つ方法を取るか，汚染水が農業用の用水路に流れ込まないような措置を取ることを求めることになろう。なお，環境訴訟では人格権が問題となることが多いが，本問で危険に晒されているのは「稲」に対する財産権であり，Ｄらの生命・身体とすることは難しく，人格権の問題とすることはやや無理がある。また，Ｄらは稲の汚染を「危惧」しているだけであり，被害はまだ発生していないことから，損害賠償請求も難しいであろう。

［国際関係法（公法系）］

〔第１問〕

本問は，公海の法的地位，海賊の定義，海賊に対する普遍的管轄権，国際司法裁判所の選択条項受諾制度及び先決的抗弁に関する基本的知識と理解を問うものである。司法試験用法文に登載されている海洋法に関する国際連合条約（以下「海洋法条約」という。）及び国際司法裁判所規程（以下「裁判所規程」という。）の関係条文を設問に照らして抽出した後，それを適切に解釈し，並びに選択条項受諾宣言に対する留保に関する国際司法裁判所（以下「ＩＣＪ」という。）の判例に沿って論述すれば，十分に解答が可能な設問となっている。

設問１は，Ａ国が自国のタラ資源保存実施法に基づき，公海上に一方的に禁漁区を設定した上で，Ｂ国漁船Ｙを拿捕し，船長と乗組員を逮捕したことが，ＡＢ両国がともに締約国である海洋法条約に照らして許容されるかどうかを問うものである。

本問では，Ａ国によるこうした措置が海洋法条約のどのような規定との関係で問題となり，これに違反しないかが論点となる。海洋法条約第８７条は，公海の自由には，公海における生物資源の保存及び管理を定めた第２節の条件に従って，全ての国が漁獲を行う自由が含まれるとするとともに，こうした自由は，公海の自由を行使する他国の利益に妥当な考慮を払って行使すべきものと規定する。さらに，第８９条は，「いかなる国も，公海のいずれかの部分をその主権の下に置くことを有効に主張することができない」と規定している。

こうした規定を踏まえ，Ａ国が公海において一方的に禁漁区を設定した行為が，国際法上認められた沿岸国の立法管轄権の限度を超えていないかどうか，また，Ａ国がＢ国漁船を自国のタラ資源保存実施法に違反するとして拿捕した行為は，自らの主権が及ばない公海に自国の国内法の適用を拡大しており，国際法上認められた沿岸国の執行管轄権の限度を超えているのではないか，といった論点を十分に抽出して論じる必要がある。

設問２は，環境保護団体ＸがＣ国を旗国とする船舶を用い，公海上でタラ漁を行っているＢ国の漁船Ｙの航行を妨害し漁網を切断した行為を，海洋法条約にいう海賊行為としてＡ国が取り締まれるかどうかを問うものである。

海洋法条約では，公海においては原則として船舶の旗国の排他的管轄権に服するという旗国主義が採用されている（海洋法条約第９１条第１項・第９２条第１項）。しかし，この原則は絶対的なものではなく，公海の秩序を維持するために，例外的に当該船舶の旗国以外の国による海上警察権の行使を認めることがある。その一つが海賊行為を行っていると疑いのある船舶に対する管轄権の行使である。全ての国は，海賊船舶を拿捕して，自国の裁判所で処罰することのできる普遍的管轄権を有する（海洋法条約第１０５条）。

本問では，環境保護団体Ｘが行った行為が，海洋法条約第１０１条にいう海賊行為の定義の要件を満たしているかどうかが論点となる。問題文に記載された事実によれば，海洋法条約の海賊の定義が要求するいくつかの要件，具体的には，発生場所が公海であること，Ｃ国の船舶は環境保護団体Ｘが保有する私有の船舶であること，Ｃ国船舶によるＢ国漁船に対する妨害行為という，いわゆる two boats situation を満たしていること，環境保護団体Ｘが行ったＢ国漁船の漁網を切断するという行為はＢ国漁船に対する不法な暴力行為であること，といった点は問題ないであろう。

さらに，問題は，それだけで海洋法条約第１０１条の海賊行為の定義の要件を満たしているといえるどうかである。環境保護団体Ｘが行った行為が，海賊行為の定義が要求する「私的目的」に当たるかどうかという点に留意する必要がある。反論としては，この観点から，環境保護団体Ｘの行為は海賊行為に当たらないとの主張も可能であり，この要件に留意して論じることが考えられる。

設問３は，Ａ国に選択条項受諾宣言に付した留保による先決的抗弁が認められるかどうかを問うものである。裁判所規程第３６条第２項に規定されている選択条項受諾制度に対する理解と，ＩＣＪの管轄権又は受理可能性に対する被告の抗弁である先決的抗弁の理解，更には選択条項受諾宣言に対する留保とそうした留保の有効性に関するＩＣＪの判例に対する理解を問うものである。

本問の場合，Ａ国が選択条項受諾宣言に付した「タラに関するＡ国が制定した国内法及びこうした国内法の執行から生じた，またはそれらに関する紛争」をＩＣＪの管轄権から除外した留保による先決的抗弁が認められるかどうかが問題になる。ＩＣＪは，スペイン・カナダ漁業管轄権事件判決（１９９８年）において，カナダ法に基づく公海上でのスペイン漁船エスタイ号の拿捕という国際法に違反するカナダの執行行為に関する紛争に際して，ＩＣＪの管轄権を除外するカナダの選択条項受諾宣言における留保につき，当該留保が有効であるかどうかを検討する機会を持った。同事件ではカナダの留保の有効性を前提としてカナダの先決的抗弁を認めたが，こうした判例が解答に当たって参考になるであろう。

〔第２問〕

本問は，外交的保護の権利の行使による国家責任の追及，非国家主体の軍事活動を支援する外国の国家責任及び自衛権の行使の要件に関する基本的知識と理解を問うものである。いずれも国際法上の重要な概念とそれらに関する国際裁判の判例を理解して論述すれば，十分に解答が可能な設問となっている。

設問１は，在外自国民が損害を被った場合，国籍国が，当該自国民が居住等をしている領域国の国家責任を追及するためどのような国際法上の主張を行い得るかを問うものである。

外国人が領域国の国際違法行為によって損害を被り，領域国の国内法制度でその損害の救済が得られない場合，その者の国籍国が外交的保護の権利を行使して，領域国の国家責任を追及することができるとされる。本問では，甲がＢ国籍であることを理由に上訴を認められなかったことなどから，Ａ国の国際違法行為があったことは認められるであろう。

しかし，国家が外交的保護の権利を行使するためには，在外の自国民である私人が損害を被った時点から国籍国が請求を開始するまでの間，その国の国籍を継続的に有していること（国籍継続の原則）とその者が領域国の国内法制度上利用可能な全ての救済手段を尽くしていること（国内救済完了の原則）という二つの要件が満たされていなければならないとされている。問題文の記述に即して，これらの要件が満たされているかを論じる必要がある。

なお，Ａ国の甲に対する措置とＡ国内での甲の事業活動の破綻に合理的な因果関係が認められるとすれば，甲が被った損害に対する金銭賠償の支払を請求し得ることになる。

設問２は，非国家主体の反政府活動を外国国家が支援している場合，反政府活動の対象となっている国家が，支援を行っている国家の国際法上の責任を追及し得るかを問うものである。

国家は，自国に帰属する行為が国際法上の義務に違反する場合，国際違法行為を行ったとされ，国家責任を負うことになるが，国家機関の地位にない非国家主体の行為は，原則として国家に帰属しないとされる。もっとも，非国家主体の行為であっても，一定の要件を満たせば，国家に帰属する場合があるとされていることから，本問では，まず，これに該当するかを論じる必要がある。その際，国際司法裁判所（以下「ＩＣＪ」という。）では，支援国による非国家主体に対する実効的支配の有無が帰属についての判断基準となるとの立場が示されてきていることが参考になるだろう。また，仮に非国家主体の行為が国家に帰属しない場合であっても，これに対する支援が国際法に違反するとき，その支援行為についての国家責任が生じることがあり得る。そこで，本問においても支援行為について国家責任が生じる場合に該当するかが問題となるが，この点を論じるに当たっては，ＩＣＪのニカラグア事件判決（１９８６年）の立場が参照され得るだろう。

設問３は，国連憲章の下での自衛権の行使の要件の理解を問うものである。

国連憲章第２条第４項は武力による威嚇又は武力の行使を禁止しているが，この原則の例外の一つが，第５１条に規定されている国家の固有の権利としての個別的又は集団的自衛の権利である。

国際法上の自衛権の行使のためには，第一に，武力攻撃の「発生」，第二に，採られる措置以外に他の合理的手段が存在しないこと（必要性の要件），第三に，「発生」している武力攻撃と採られる措置の間の均衡性（比例性）の三つの要件を満たすことが必要とされている。さらに，本問では，Ａ国，Ｂ国及びＣ国のいずれもが国連加盟国であるので，国連憲章第５１条が，安全保障理事会が国際の平和及び安全の維持に必要な措置を採るまでの間に限定して，国家が自衛権を行使することを認め，自衛権を行使した国家はその旨を直ちに安全保障理事会に報告しなければならないと規定していることにも留意する必要がある。また，空爆を行ったＣ国は直接に武力攻撃を受けた国家ではないため，集団的自衛権の行使の要件を論じることも必要であろう。集団的自衛権の行使の要件を論じた先例として，ＩＣＪのニカラグア事件判決（１９８６年）が参照され得る。

Ｃ国によるＡ国領域内の軍事基地に対する空爆行為が正当化されるためには，Ｃ国による空爆行為がこれらの要件を満たすかを問題文の記述に即して論じる必要がある。

［国際関係法（私法系）］

〔第１問〕

渉外的事案においては，準拠法が外国法となることは珍しくはない。そうした場合，当該準拠外国法の求める要件を，原則として問題が提起されている日本国内において実現しなければならない。しかし，その準拠法の定める要件が，日本法にはない制度を前提にしていることがある。本問は，そうした問題を中心に据えながら，養子縁組の準拠法の決定と適用を問うたものである。

〔設問１〕は，こうした問題意識の下，いわゆる決定型養子縁組制度を定める国の法律が準拠法となった場合に，その内容を我が国においていかに実現するかを問うている。まずは，法の適用に関する通則法（以下「通則法」という。）第３１条第１項前段に基づく養親の本国法主義の趣旨とその当てはめ，そして同項後段に基づく「セーフガード条項」の趣旨とその当てはめを，それぞれ説明し，行うことが求められる。その上で，準拠法たる甲国民法の定める養子縁組に関する「家事裁判所の決定」を，我が国でいかに実現するかを論じる必要がある。かつては，日本においてこのような養子決定を行うことはできないとする見解もあったが，今日では，特別養子の審判手続によりその養子縁組を成立させることができるとするのが多数説である。さらに近年では，養子決定のような公的機関の関与の問題は，公法的性格を有する手続上の問題として養親の本国法の適用範囲外とする見解もある。

「セーフガード条項」に関しては，子の本国法が日本法なので，日本民法第７９７条及び第７９８条について言及することが期待されている。なお，〔設問１〕は，反致が成立しないことを前提にしている。

〔設問２〕は，養親になろうとする者が異国籍夫婦の場合の問題である。通説的な理解では，養親のそれぞれの本国法が適用されると考えられている。本問は，養親の一方の本国法が実方血族との断絶を定める断絶型養子縁組しか認めていない中で，養親の二人が望む普通養子縁組を実現することができるか否かを問うている。こうした問題点を指摘した上で，これに対応するための見解の展開が期待される。すなわち，かつて戸籍実務で採られていた「分解理論」，判例において現在も採用されている「隠れた反致」，更には，近時，学説の一部で主張されている，従来とは全く異なるアプローチから「準拠法の一本化」を図り，これにより対処しようとする見解等である。いずれの見解によるにしても，各見解を正しく理解し，適切に説明していることが必要である。実方血族との関係を判断する準拠法を定める通則法第３１条第２項に言及し，その解釈も展開されなければならない。

〔設問３〕は，通則法第３１条第１項後段に定める「セーフガード条項」に焦点を当てた問題である。子の本国の国際私法が養子縁組の準拠法として養親の本国法を指定していることから，〔小問１〕では，まず「セーフガード条項」と反致の関係が問われる。この点について，見解は分かれている。いずれの見解に立ってもよいが，ここでは自らの考え方とその根拠を適切に述べることが期待されている。さらに，〔小問２〕では，セーフガード条項の求める「同意，承諾」の範囲が問われている。具体的には，子の本国法の定める「養親の実子」の同意がそれに含まれるか否かである。これも，肯定説，否定説いずれの見解もあり得る。自らの考え方と根拠を明らかにすることが求められている。

〔第２問〕

本問は，名誉，プライバシー，著作権の侵害が問題となる事案を素材として，国際私法と国際民事手続法に関する基本的理解とその応用力を問うものである。

〔設問１〕は，名誉，プライバシー，著作権の侵害の準拠法の決定について問うものである。

まず，請求①について，名誉毀損の準拠法の決定が問題となる。これについては通則法第１９条があることを指摘し，同条の趣旨について説明した上，本件への当てはめを行うべきである。同条によって外国法によるべき場合には，通則法第２２条について指摘することを忘れてはならない。

次に，請求②について，プライバシー侵害の準拠法の決定が問題となる。これについては学説・判例ともに，通則法第１９条によるとする立場と，通則法第１７条によるとする立場とに分かれている。いずれの立場による場合にも，その理由の説明が必要である。第１７条説による場合には，甲国と日本の侵害について一つの連結点によらしめるのか，それぞれ異なる連結でよい（モザイク連結）と考えるのかについても論じてほしい。なお，一部又は全部外国法によるべき場合には，通則法第２２条について指摘すべきである。

また，請求③については，①②の場合とは異なり，被侵害権利である著作権自体がそれ自体一つの単位法律関係を構成すると考えられる。これに関して，資料に掲げたベルヌ条約第５条第２項第３文が国際私法の準則を含んでいるかどうかが問題となる。いずれの立場をとるにしても，その理由を示すことが求められる。

次に著作権侵害による損害賠償の性質決定が問題となる。通則法第１７条によるべきか，損害賠償請求も前掲のベルヌ条約によるとすべきかが問題となる。理由を付して論じることが求められる。なお，いずれの立場をとる場合でも，被侵害権利たる著作権が日本と甲国とで別に存在していることを指摘すべきであろう。なお，通則法第１７条によるとの立場をとり，外国法によるべき場合は，通則法第２２条の指摘が必要である。

〔設問２〕は，甲国で判決が出た場合に，その外国判決が承認されるべきか否かについて，小問１と小問２の二つのケースについて論じることを求め，もって，外国判決承認と送達についての基礎的理解について問うたものである。

小問１では，執行判決訴訟が問題となっているので，懲罰的損害賠償判決も民事判決であることを肯定する立場では，平成３０年改正民事執行法第２４条第５項（項番号繰下）について触れることが望ましい（それに対し，否定説では，項番号まで特定する必要はないが，同法第２４条には触れたほうがよいであろう。）。いずれの説に立つ場合でも，懲罰賠償判決の意義について述べた上，民事判決かどうかの問題があることを指摘すべきである。

民事判決性肯定説によるにせよ，否定説によるにせよ，その理由を述べなければならないが，最高裁判例（最判平成９年７月１１日民集５１巻６号２５７３頁）にも言及することが望ましい（なお，その射程の理解については，民事判決性を肯定することを前提としているとの多数説の理解でも，民事判決性の有無については判示していないとの少数説の理解でもよい。）。肯定説をとる場合には，次に，民事訴訟法（以下「民訴法」という。）第１１８条第３号違反の問題が生じること，その解釈の結論とその理由を述べることが必要である。

いずれの立場をとる場合でも，本小問についての結論をまとめる際には，本件外国判決の慰謝料部分が承認されるかどうかについても触れるべきである。

小問２では，いわゆる直接郵便送達の効力の問題を取り上げている。この問題は，民事又は商事に関する裁判上及び裁判外の文書の外国における送達及び告知に関する条約（以下「送達条約」という。）（昭和４５年条約第７号）との関係で問題とされることが多い。しかし，日本はこの問題に関して重要な送達条約第１０条(a)に定める「直接に裁判上の文書を郵送する権能」について長年拒否宣言をしていなかったところ，平成３０年１２月２１日に拒否宣言をし，同日その効力が生じた。そこで，送達条約については従来の条約の状態を前提に問うことは試験時にすでに過去のものとなった状態について問うことになって適切ではなく，また，平成３０年の拒否宣言は受験生の間にはまだ知られていないと考えられたので，これについて問うことも適切ではないと考え，結局，送達条約には言及しない出題の仕方をした。

答案では民訴法第１１８条第２号を指摘し，その趣旨について述べ，本件についての結論を理由とともに示すことが必要である。いずれの結論とするにせよ，外国から直接郵便により裁判の呼出状等が送られてくることの意味や是非も踏まえて，論ずることが必要である。甲国が送達条約の締約国である場合まで考えて場合分けして解答する答案には，それが過去の状態を前提とするものであっても，拒否宣言をしたことを前提とするものであっても，加点の対象とする。

# 試験結果

■試験結果は，法務省のホームページからダウンロードできます。

法務省　http://www.moj.go.jp/

法務省トップページ>資格・採用情報>司法試験>司法試験の結果について
>令和元年>総合評価

# 令和元年司法試験の採点結果

法務省大臣官房人事課

1　合格者数等

⑴　合格者数　　1,502 人

※　論文式試験の各科目において，素点の２５％点（公法系科目・刑事系科目は５０点，民事系科目は７５点，選択科目は２５点）以上の成績を得た者のうち，短答式試験の得点と論文式試験の得点による総合評価の総合点８１０点以上の者（令和元年９月９日司法試験委員会決定）

| （参考） | 令和元年 | 平成 30 年 |
|---|---|---|
| 出願者数 | 4,930 人 | 5,811 人 |
| 受験予定者数 | 4,899 人 | 5,726 人 |
| 受験者数 | 4,466 人 | 5,238 人 |
| 短答式試験の合格に必要な成績を得た者の数 | 3,287 人 | 3,669 人 |
| 合格者数 | 1,502 人 | 1,525 人 |

⑵　合格者に関する情報

ア　選択科目別人員・割合

| | 令和元年 | | 平成 30 年 | |
|---|---|---|---|---|
| 倒産法 | 230 人 | (15.31%) | 240 人 | (15.74%) |
| 租税法 | 97 人 | (6.46%) | 101 人 | (6.62%) |
| 経済法 | 273 人 | (18.18%) | 265 人 | (17.38%) |
| 知的財産法 | 194 人 | (12.92%) | 192 人 | (12.59%) |
| 労働法 | 482 人 | (32.09%) | 466 人 | (30.56%) |
| 環境法 | 72 人 | (4.79%) | 67 人 | (4.39%) |
| 国際関係法（公法系） | 13 人 | (0.87%) | 9 人 | (0.59%) |
| 国際関係法（私法系） | 141 人 | (9.39%) | 185 人 | (12.13%) |

イ　年齢別構成（本年１２月末現在）

| | 令和元年 | 平成 30 年 |
|---|---|---|
| 平均年齢 | 28.9 歳 | 28.8 歳 |
| 最高年齢 | 65 歳 | 68 歳 |
| 最低年齢 | 20 歳 | 19 歳 |

ウ　性別構成

| | 令和元年 | | 平成 30 年 | |
|---|---|---|---|---|
| 男性 | 1,136 人 | (75.63%) | 1,150 人 | (75.41%) |
| 女性 | 366 人 | (24.37%) | 375 人 | (24.59%) |

エ　司法試験受験回数

| | 令和元年 | 平成 30 年 |
|---|---|---|
| 1回目 | 884 人 | 862 人 |
| 2回目 | 282 人 | 269 人 |
| 3回目 | 139 人 | 187 人 |
| 4回目 | 108 人 | 134 人 |
| 5回目 | 89 人 | 73 人 |

※　令和元年司法試験の受験資格による受験回数

オ　既修・未修別

| | 令和元年 | 平成30年 |
|---|---|---|
| 既修者法学部 | 853人 | 781人 |
| 既修者非法学部 | 48人 | 52人 |
| 未修者法学部 | 201人 | 253人 |
| 未修者非法学部 | 85人 | 103人 |

※　受験願書に基づく情報

## 2　得点の状況

### (1)　総合点

| | 令和元年 | 平成30年 |
|---|---|---|
| 最高点 | 1248.97点 | 1197.79点 |
| 最低点 | 460.24点 | 414.66点 |
| 平均点 | 810.44点 | 790.17点 |

### (2)　論文式試験得点

| | 令和元年 | 平成30年 |
|---|---|---|
| 最高点 | 627.41点 | 602.73点 |
| 最低点 | 194.99点 | 172.95点 |
| 平均点 | 388.76点　(376.39点) | 378.08点　(369.80点) |

※　総合評価対象者の得点（括弧内の点数は，最低ライン点未満の者を含んだ点数である。）

### (3)　最低ライン点未満者

| | 令和元年 | 平成30年 |
|---|---|---|
| 最低ライン点未満実人員 | 251人 | 188人 |
| 公法系科目 | 135人 | 82人 |
| 民事系科目 | 52人 | 65人 |
| 刑事系科目 | 115人 | 33人 |
| 選択科目 | 52人 | 85人 |
| 倒産法 | 13人 | 16人 |
| 租税法 | 3人 | 7人 |
| 経済法 | 7人 | 8人 |
| 知的財産法 | 4人 | 34人 |
| 労働法 | 20人 | 7人 |
| 環境法 | 1人 | 1人 |
| 国際関係法（公法系） | 2人 | 0人 |
| 国際関係法（私法系） | 2人 | 12人 |

※　最低ライン点未満者の者の合計は354人となるが，39人が2科目，20人が3科目及び8人が4科目において最低ライン未満点となっていることから，最低ライン点未満実人員は251人となる。

## 3　参考資料　　※本書では省略しています

- 令和元年司法試験総合点別人員調（総合評価）
- 令和元年司法試験論文式試験得点別人員調（合計得点）
- 令和元年司法試験論文式試験得点別人員調（公法系科目）
- 令和元年司法試験論文式試験得点別人員調（民事系科目）
- 令和元年司法試験論文式試験得点別人員調（刑事系科目）
- 令和元年司法試験論文式試験得点別人員調（選択科目）

# 論文総合 13位

# 再現答案

| 科目 | | 満点 | 得点 | 順位 |
|---|---|---|---|---|
| 論文 | 総合 | 800 | 577.85 | 13位 |
| | 公法系 | 200 | 121.36<br>[C/A] | 369位 |
| | 民事系 | 300 | 226.00<br>[A/A/A] | 21位 |
| | 刑事系 | 200 | 159.18<br>[A/A] | 9位 |
| | 倒産法 | 100 | 71.31<br>※制度上ＡＢＣ評価はありません | 8位 |
| 短答・論文総合 | | 1,575 | 1126.96 | 18位 |

## ■ 論文総合13位 憲法　評価C（公法系121.36点・369位）

第１　立法措置①

1　法案（以下略）６条が，国民が虚偽表現（２条１号）をすることを禁じることは，虚偽表現をする自由を侵害し憲法21条１項に反し違憲か。

(1)　「表現」とは，思想の外部への表明をいう。

虚偽表現は「虚偽の事実」を内容とするものの，思想の外部への表明であり，上記自由は表現の自由として保障される。

(2)　６条により「虚偽であることを知りながら，虚偽表現を流布する」ことが全面的に禁じられ，罰則により担保されており（25条），上記自由への制約がある。

(3)　虚偽表現の流布は，他者を直接加害するものではないものの，甲県の化学工場の爆発事故の際の虚偽のニュースのＳＮＳ上の流布により，飲料水を求めてスーパー等に住民が殺到して混乱を招いたように，人々の生命・身体・生活を害しうるものである。したがって，権利の重要性は高くない。これに対して，表現の自由には自己実現・自己統治の価値があり，重要な権利として保護の必要が高いと反論されうる。しかし，虚偽であることを知りながら虚偽表現を流布することは，上記のような性質を有するため，その価値は低いといえ，反論は妥当しない。

また，虚偽表現という内容に着目した規制で恣意に渡るおそれがあり，また，媒体を問わず虚偽表現を全面的に一切禁じることから，規制の強度は高い。

そのため，厳格な合理性の基準を用い，①目的が重要で，②手段が目的と実質的関連性を有する場合のみ，合憲となる。

⑷ア　６条の目的は，「虚偽の表現により社会的混乱が生じることを防止する」ことにある（１条参照）。

虚偽情報の流布により甲県のような社会的混乱が生じ，生命・身体等を害するおそれがあるため，目的は重要といえる。

イ　手段は，虚偽表現の全面禁止と罰則による担保である。

虚偽表現を全面禁止しなくても，生命・身体等へ害悪を及ぼすおそれがあるもののみを禁止し，また，事後的な規制によっても目的は達成でき，過剰規制といえる。

また，罰則については，現行法では，特定の人の社会的評価や業務に関する虚偽の表現のみを対象としたり（刑法 230 条，233 条），「当選を得又は得させる目的」等の目的をもって行われたり（公職選挙法 235 条），新聞紙・雑誌と媒体物について，「選挙の公正を害した」という場合に限り対象とされており（公職選挙法 235 条の２第１号，148 条１項但書），虚偽の表現をすること一般を禁止しているわけではない。したがって，虚偽表現の流布を一般的に処罰することは，目的達成に対し過剰といえる。

よって，目的と実質的関連性を欠く。

⑸　以上より，６条は上記自由を害し，違憲である。

2　６条が「公共の利害に関する事実」を対象とするが，曖昧不明確であり憲法 21 条１項，31 条に反するか。

⑴　国民の自由の保障および恣意の抑制のため，通常の判断能力を有する一般人の理解において，具体的な場合に当該規定の適用を受け

るかどうかの基準が読み取れない場合には，曖昧不明確であり違憲となる（徳島市公安条例事件判例）。

(2)　「公共の利害に関する事実」は抽象的な文言であり，法案の仕組み全体からしても刑法 230 条の２と同様の内容を有するのか等の基準が通常の判断能力を有する一般人としても読み取れない。

(3)　よって，曖昧不明確で憲法 21 条１項，31 条に反し違憲である。

第２　立法措置②

1　９条１項によりＳＮＳ事業者（２条３号）に特定虚偽表現の削除を義務付け，２項によりフェイク・ニュース委員会（以下「委員会」という）がＳＮＳ事業者へ同表現の削除を命令することができるとすることが，ＳＮＳ事業者の表現の自由を害し，違憲か。

(1)　特定虚偽表現をするのはＳＮＳ利用者であり，事業者自身は思想の表明をしていないため，「表現」に当たらないと反論されうる。

　しかし，表現の自由の保障のために，思想の自由市場を確保することが求められる。また，表現の場所を提供することで，国民の知る自由へ奉仕する。したがって，ＳＮＳ事業者が利用者のした表現を削除させられないことは，表現の自由により保障される。

(2)　９条１項はＳＮＳ事業者に特定虚偽表現の削除を義務付け，また，２項は同表現の削除を委員会に義務付けられ，罰則により担保（26 条，27 条）されることで，上記自由が制約されている。

(3)　上記自由には上記のような重要性がある。また，特定虚偽表現という内容に着目した内容規制である。もっとも，上記制約は「選挙運動の期間中及び選挙の当日」と期間が限定されており，制約の程

3

度は弱まる。

そのため，上記の厳格な合理性の基準により判断する。

(4) ９条１項について

ア 目的は，「選挙の公正を確保すること」にある（１条参照）。

国民主権のもとにおいて，選挙は国民が国政に参加する重要な機会であり，国民の意見を正確に反映させるために選挙の公正を確保することは重要である。

イ 手段は，ＳＮＳ事業者に特定虚偽表現の削除を行わせることである。

「特定虚偽表現は虚偽表現であることが明白」であり，また，「選挙の公正が著しく害されるおそれがあることが明白」な場合に限り該当するものであり，選挙の公正を確保する上で必要な限度に限られており，過剰とはいえない。

また，ＳＮＳ事業者は削除するか否かを自ら判断でき，また，ＳＮＳ事業者により削除された表現が特定虚偽表現に当たらなくても，「故意又は重大な過失」がない限り免責されることから（13条後段），この点でも過剰とはいえない。

したがって，目的と実質的関連性を有する。

ウ よって，９条１項は上記自由を侵害せず，合憲である。

(5) ９条２項について

ア 目的は，上記と同じで重要である。

イ 手段は，委員会による削除命令及び罰則による担保である。

委員会は，「両議院の同意」を得て選ばれるため（15条３項），国民の多数派から選出されることとなり，少数者の表現が不当に特定虚偽表現として削除されるおそれがある。委員は「２人以上が同一の政党に属」しないこととされるが（同条４項），委員の人数が「５人」と少数のため（同条２項），少数派への配慮に乏しい。また，条文上，委員に専門性が要求されていない。そのような委員会により「選挙の公正が著しく害されるおそれ」の有無を判断させて，９条２項の命令が発せられるとなると（16条３号），恣意的な規制のおそれもある。したがって，選挙の公正を確保するには過剰な規制といえる。

また，委員会の命令による削除には「賠償の責任」が認められないことから（13条前段），過剰といえる。

したがって，手段には目的と実質的関連性がない。

ウ　よって，９条２項は上記自由を侵害し，違憲である。

２　９条１項の削除，２項の削除命令により，国民がＳＮＳで行う表現の自由が侵害され，違憲か。

(1)　９条１項は，ＳＮＳ事業者による削除であるため，国家権力による行為ではなく，憲法上問題にならないと反論し得る。

しかし，ＳＮＳ事業者は法律により削除が求められており，また，９条１項で削除しなくても２項で削除命令が罰則を担保としてなされることから，１項による削除は実質的には国とＳＮＳ事業者の共同行為といえ，憲法上問題となるため，反論は妥当しない。

(2)　国民がＳＮＳ上で行う表現行為は「表現」にあたり，表現の自由として保障される。

⑶　９条１項２項により特定虚偽表現の削除がされる仕組みであり，また，事業者による削除では「特定虚偽表現でない表現」の削除について軽過失が免責されているため（13条後段），上記の表現の自由が制約される。

⑷　戸別訪問禁止事件では，選挙の公正を害することを防止するために，表現行為を一律に禁止しており，本件でも合憲となると反論し得る。

しかし，上記判例は戸別訪問という方法を，その態様による弊害に着目して禁じたのに対して，本件ではＳＮＳ上の表現をその内容に着目して規制しており，事案が異なるため反論は妥当しない。

そして，上記のように特定虚偽表現に限られない表現の自由には重要性がある。また，内容規制である点，萎縮が生じる点から，規制が強度である。

そのため，厳格審査基準を用い，①目的が必要不可欠で，②手段が必要最小限であれば合憲と解する。

⑸ア　目的は「選挙の公正を確保すること」にあり，上記のような選挙の重要性から必要不可欠といえる。

イ　手段は，表現の削除である。

９条１項による削除は，「特定虚偽表現であることが明白」で，「選挙の公正が著しく害されるおそれがあることが明白」と要件が限定されているが，特定虚偽表現以外の表現の削除が補償なくされるおそれがあり，過剰規制であり目的達成に必要不可欠とはいえない。

９条２項については，上記のように委員会による削除命令が恣意的になるおそれが否定できないため，過剰規制であり目的達成に必要不可欠とはいえない。

(6) よって，９条１項２項は，国民の表現の自由を害し違憲である。

3 13条前段が，９条２項による削除命令による削除について責任を否定し，13条後段が９条１項によるＳＮＳ事業者の削除について軽過失を免責したことが憲法17条に反するか。

(1) 憲法17条は，国家権力が損害賠償責任を負うことを原則とし，その具体的な要件を法に委任したものである。そのため，権利の性質，侵害の程度等を考慮し，免責の程度が著しい場合には違憲となる。

(2) 前段については，表現の自由についてのものであるのに国の責任を故意の場合を含めて一切否定しているため，免責の程度が著しく違憲である。

後段については，私人であるＳＮＳ事業者が行った削除であり，軽過失のみを免責するのは妥当であり，免責の程度は著しくないため，合憲である。

以上

※この頁は，答案を見開きにして読みやすくするため，頁を送っておりません。この頁は空き頁です。

## ■ 論文総合 13 位 行政法　評価 A（公法系 121.36 点・369 位）

第 1　設問 1

1　行政事件訴訟法（以下「行訴法」という）10 条 2 項の原処分主義は，「処分についての審査請求を棄却した裁決の取消しの訴え」を対象とするところ，法 39 条 1 項は事業の認定を受けた「起業者」が行うものであり，適用の対象とならない。

したがって，原処分主義により本件事業認定の違法主張は妨げられない。

2　違法性の承継

(1)　先行処分と後行処分は別個であり，出訴期間制度（行訴法 14 条 1 項 2 項）は法律関係の早期安定を趣旨とするため，違法性の承継は原則として認められない。もっとも，国民の権利救済を実効的に図る必要もある。

そのため，①先行行為と後行行為が結合して 1 つの目的・効果の実現を目指しており，②先行処分を争う手続保障が十分に与えられていないか，後行処分まで争わないことが不合理ではない場合には，違法性の承継は認められると解する。

(2)ア　事業認定と権利取得裁決は「処分」（行訴法 3 条 2 項）にあたる。

イ　B 県としては，両処分の目的・効果は共通しないと反論する。

(ア)　都道府県知事の事業認定は「土地を収用し，又は使用」する際に必要である（法 16 条 1 項，17 条 2 項）。起業者による「事業認定申請書」の提出（法 18 条 1 項）には「事業計画書」の添付が必要であるところ（2 項 1 号），「事業計画が土地の適正且つ合理的な利用に寄与する」ことが求められる（法20条3号）。事業の認定は法26条1項で告示される。したがって，事業認定は，「国土の適正且つ合理的な利用に寄与する」ことを目的としている（法1条参照）。

権利取得裁決は，法39条1項により起業者が申請し，「事業が第26条第1項」で「告示された事業と異なるとき」（法47条1号）及び，事業計画が「第18条第2項第1号」によって添付された「事業計画書に記載された計画と著しく異なるとき」（法47条2号）に却下される。したがって，裁決は，事業認定の通りの事業がされることで「国土の適正且つ合理的な利用に寄与する」ことを目的とするといえる。

そのため，両者の目的は結合して1つの目的の実現を目指しているといる。

(イ) 効果については，事業認定は関連事業のために「土地を収用し，又は使用」するために行うものであり（法16条），他方，権利取得裁決は「収用又は使用」を認めるものであり（法47条の2第1項），いずれも上記の目的のために結合して効果を発揮するといえる。

(ウ) したがって，結合して1つの目的・効果の実現を目指しており，反論は妥当しない（①）。

ウ　B県としては，事業認定が法26条1項により告示されるため，手続保障が与えられていると反論する。

しかし，事業認定は，告示の日から「1年以内に第39条第1

②

項の規定による収用又は裁決の申請をしないとき」に効力を失うため，かかる申請がされない間は実際に土地が収用・使用されるかは確定していない。したがって，権利取得裁決がされるまで事業認定について争わなかったとしても不合理とはいえない。

そのため，反論は妥当しない（②）。

(3) よって，違法性の承継は認められ，Aは本件取消訴訟において，本件事業認定の違法を主張することができる。

第２ 設問２小問１

1 「当該裁決の」「効力の有無を前提とする現在の法律関係に関する訴えによって目的を達することができないもの」（行訴法36条）とは，当該処分の無効を前提とする当事者訴訟又は民事訴訟との比較において，当該処分の無効確認を求める訴えの方がより直接的で適切な争訟形態であるとみるべき場合をいう。

2(1) C市に対して提起できる訴訟

本件土地について収用を原因とするC市への所有権移転登記がされていることから，AはC市に対して本件権利取得裁決の無効を前提とする所有権移転登記抹消登記手続請求訴訟を提起できる。

また，本件権利取得裁決の無効を前提とするC市への明渡義務がないことの確認訴訟を提起できる。

そのため，B県としては上記の訴えにより補充性を欠くと反論する。

(2) いずれの訴訟も裁決の無効を前提とする訴訟ではある。

抹消登記請求訴訟については，本件権利取得裁決が無効でなければ明渡裁決がされ（法47条の2第2項）C市へ本件土地を明け渡すこととなり，紛争の抜本的な解決とならず，無効確認の方が直接的で適切といえるため，妥当ではない。

明渡義務がないことの確認訴訟については，明渡裁決は「権利取得裁決とあわせて」またはその「後」にしか行えないことから（同条4項本文），権利取得裁決が無効であることを確認すればC市の申し立てがあっても明渡裁決をなし得ない。したがって，明渡義務がないことの確認をするよりも，無効確認の方が直接的で適切といえるため，妥当ではない。

3　よって，上記の訴訟要件を満たす。

第3　設問2小問2

1　法20条3号は「土地の適正且つ合理的な利用に寄与する」という抽象的な文言を用いているところ，これは道路法等の事業のための土地の収用・使用（法16条，3条1号）については地域の実情に応じた判断や専門技術的な判断が求められることから，都道府県知事（17条2項）に裁量を認めたためである。

そのため，重要な事実の基礎を欠くか，他事考慮・考慮不尽等により社会通念上妥当を欠くとして裁量の逸脱·濫用と認められる場合に限り，違法となる（行訴法30条）。

2(1)　B市としては，平成22年調査の結果から，本件道路の交通量は約3500台と周辺環境への影響が軽微であることから，重要な事実の基礎を欠かないと反論されうる。

(2)　これについては，平成元年調査の時には平成17年には1日あたり1万台に達し周辺環境への影響が大きいとされているのに，平成

22 年調査で３分の１に減っている上，Ｃ市の人口減少が１割未満であることから，反論は妥当せず調査手法に誤りがあり重要な事実の基礎を欠くといえる。

3(1) 道路ネットワークの形成，通行者の安全性の確保，地域の防災の向上については，上記の法の目的から考慮することに合理性があると反論する。

(2) 反論の通り，これらを考慮することは法の趣旨目的に沿うといえる。

しかし，上記のように交通量が３分の１にまで減るのであれば道路ネットワークの形成の必要性に疑問があり，過大考慮といえる。

また，良好な住環境についても法の趣旨である「公共の利益の増進」（法１条参照）のために考慮すべき事項である。したがって，本件道路が仮に道路ネットワークに必要であるとしても，通過車両が増加して良好な住環境が破壊されるだけであり，考慮不尽といえる。

そのため，反論は妥当せず，社会通念上著しく妥当を欠くといえる。

4(1) 小学校への騒音等の影響を緩和することを考慮することは「公共の利益の増進」のために考慮すべき事項であり，また，本件土地の自然環境の保護については学術上貴重な生物が生息していないため考慮する必要はないと反論されうる。

(2) たしかに，小学校への影響を考慮することは法の目的に沿う。

しかし，本件土地には，Ｃ市内では珍しく様々な水棲生物が生息する池があり，毎年近隣の小学校の学外授業に用いられている。したがって，貴重な生物の有無にかかわらず，本件土地が道路として利用されるとかえって小学校の授業への影響が生じることとなり，考慮遺脱といえる。

そのため，反論は妥当せず，社会通念上著しく妥当を欠くといえる。

5(1) 本件土地での掘削の深さは2メートル程度であり，地下水への影響はないと反論する。

(2) 地下水が生活用水として利用されることから，住民の生命・身体への影響により「公共の利益」が損なわれないように，掘削による地下水への影響は考慮すべき事項といえる。

以前，本件土地周辺の工事により深さ2メートル程度の掘削工事により井戸が枯れたことがあるため，本件土地の掘削が2メートルであっても地下水への影響についての調査が不十分であり，考慮不尽である。

また，本件土地の周辺では災害時等の非常時の水源として利用される予定の防災目的の井戸があり，これについても住民の生命・身体を保護するべく，掘削による影響を考慮すべきであるところ，本件ではこれらの井戸への影響について調査すらされていないため，考慮遺脱といえる。

そのため，反論は妥当せず，社会通念上著しく妥当を欠くといえる。

6 以上より，本件事業認定は，裁量権の逸脱濫用により，法 20 条3号の要件を充足せず違法である。

以上

## ■ 論文総合 13 位 民法　評価A（民事系 226.00 点・21 位）

第1　設問1

1　甲建物の所有者

(1)　請負契約（632 条）における，目的不動産の所有権の帰属については明文の規定がないため，当事者の合理的意思により決する。

加工（246 条）の法理と請負人の報酬請求権の担保の必要から，材料提供者に所有権が帰属すると解するのが原則として合理的意思に合致する。もっとも，注文者が工事の進行に応じて請負代金を支払うこととされる場合には，その割合によっては注文者に所有権が帰属すると解するのが合理的意思といえる。

(2)　注文者Aと請負人Bは甲建物を建築する旨の請負契約を締結している（632 条）。

本件事故は平成 30 年6月7日に生じた。甲建物の材料はBが全て自ら調達している。しかし，甲建物は6月7日の時点で仕様通りに完成させているところ，Aは契約日の平成 29 年5月 10 日に 3600 万円，着工日の同月 17 日に1億 8000 万円，棟上日の8月9日に1億 4400 万円と合計 80％の請負代金をそれぞれBに支払っており，残りは引渡日に 20％の代金を支払うのみとなっている。そして，「報酬は，仕事の目的物の引渡しと同時に支払」うものとされ同時履行の関係に立つことから（633 条），請負人の報酬請求権を請負人に所有権を帰属させて担保する必要性はなくなった。

したがって，ABの合理的意思からして，本件事故が発生した時点ではAに甲建物の所有権は帰属している。

2　所有者としての責任

①

⑴　CとAには契約関係がないため，所有者としての責任として717条1項後段の工作物責任の追及ができるか。

⑵　甲建物はBによりA所有の土地上に建築されているため，「土地上の工作物」にあたる（同条1項本文）。

⑶　「設置」の「瑕疵」

ア　「瑕疵」とは，同条が危険責任を問うものであるため，客観的に工作物として通常有すべき安全性を欠いていることをいう。

イ　甲建物に用いられた建築資材に欠陥があり，震度5弱という通常の建物に損傷を与えるはずのない程度の地震により，甲建物の一部が損傷して落下している。したがって，客観的に通常有すべき安全性を欠くといえる。

　そして，建築資材の欠陥のため，Bによる建築時には上記瑕疵があり，「設置」に「瑕疵」があるといえる。

⑷　建築資材の落下により甲建物に面する道路を歩行していたCは負傷して身体の安全が害されており，治療費の支出という「損害」がある。そして，上記瑕疵と損害の間に因果関係があり「よって」といえる。

⑸　占有者の免責

ア　所有者の責任は，占有者が「損害の発生を防止するのに必要な注意をしたとき」に限り負う二次的な責任であるが，危険責任の法理により無過失責任である。

イ　本件事故は甲建物をBがAへ引き渡す前に生じたもののため，Bが占有している。

瑕疵の原因である建築資材は定評があり，多くの新築建物に用いられるものである。そして，瑕疵はかかる資材の製造業者の検査漏れがあり，必要な強度を有しない欠陥品が出荷され，たまたまこれが用いられたために生じたものであり，Bはこのことを感知し得なかった。また，定評のある資材のため，Bが資材に強度を改めて調べることまでは義務付けられているとはいえない。

したがって，占有者Bは「損害の発生を防止するのに必要な注意をした」といえる。

(6) 以上より，Cは甲建物の所有者Aに対して，717条1項後段の損害賠償請求ができる。

第2　設問2

1　Hの主張

平成28年9月分から平成40年8月分までの12年分の賃料債権を譲渡する将来債権譲渡契約（466条）は，公序良俗に反し無効である（90条）。

仮に譲渡が有効であっても，DがHへ乙建物を売却したことで（555条），DE間の本件賃貸借契約の賃貸人の地位がDからHへ移転するため，譲渡された賃料債権についてもHへ移転する。

以上により，下線部アを根拠づける。

2　Fの主張

将来債権譲渡は，期間が限定されているため特定性を欠かず有効であり，また，12年分では未だ公序良俗に反しない。

本件債権譲渡契約は，DがEに対して内容証明郵便という「確定日

付のある証書」によって通知をしているため，「第三者」Hに対しても対抗できる（467条2項）。

Dから H へ賃貸人の地位が移転したとしても，DE間の本件賃貸借契約がそのままDHへ移転する以上，賃料債権が譲渡された状態での賃貸借に過ぎない。

以上により，下線部イを根拠づける。

3　いずれの主張が正当か

(1)　本件譲渡契約の効力

将来債権譲渡は，債権発生の始期と終期が定まっていれば債権の特定性が害されないため，これが公序良俗に反する特段の事情がある場合を除き，有効である。

上記のH主張のように，本件譲渡契約は始期と終期は特定されている。

Dの財産は乙建物と本件賃貸借契約によるEへの賃料債権だけであり，DはFへの3600万円，Gへの6000万円の債務がある。平成24年10月から20年間のDEの賃貸借契約のうち，12年という長期にわたり賃料債権を譲渡すると，Eへの残りの賃貸期間が4年間となることから，Fのみが賃料債権から長期的・独占的に債権回収をはかれることとなる。したがって，他の債権者を害するものとして公序良俗に反するとも思える。

しかし，乙建物はEへ引き渡され対抗力が備えられており（借地借家法31条1項），Gは賃借権の負担のない乙建物は取得できないものの，Dの資産であり一定の債権回収が図れる以上，未だ他の債権者を著しく害するとはいえない。

したがって，公序良俗に反せず，本件譲渡契約は有効である。

(2) F主張の通り，債権譲渡の第三者対抗要件はFが具備している（467条2項）。

(3) 賃貸人の地位の移転

ア 賃貸目的物の譲渡により，対抗力ある賃借権が付着した所有権が移転することから，賃貸人の地位は新所有者へ当然に移転する。また，賃貸人の債務が没個性的である以上，賃借人の承諾は不要である。そのため，目的物の譲渡により賃貸人の地位は移転する。

そして，177条は両立し得ない物権の取得を相争う場合に適用されるところ，所有者が賃貸人として権利行使をする場合には両立するため，対抗要件としての登記は不要である。しかし，二重払いの危険を避け，権利関係を明確にすべく，また，賃貸人の地位は所有権に付着することから，権利保護資格要件としての登記が賃貸人の地位の対抗に必要となる。

イ 本件では，上記のようにEは賃借権の対抗要件を有しており，DからHへ乙建物を売却したことによりHへ賃貸人の地位が移転し，平成30年2月20日にHへ所有権移転登記が具備されたため，Hは賃貸人の地位を第三者Fへ対抗できる。

(4) 賃料債権の帰属

ア 賃借権は所有権に付着することから，旧賃貸人が所有権を失った以上，それ以前に賃料債権を譲渡していても，目的物の譲渡後

5

の賃料は新賃貸人のもとで生じるとも思える。しかし，賃貸人の地位の移転は，契約上の地位の移転であり，譲渡前に有していた状態をそのまま新賃貸人が引き継ぐこととなる。

そのため，賃貸人の地位の移転の前に将来の賃料債権が譲渡された場合には，新所有者は譲渡された状態での賃貸借契約を承継すると解する。

イ　ＤＦ間の本件譲渡契約は平成28年８月３日で，ＤＨ間の乙建物譲渡は平成30年２月14日のため，Ｈは賃料債権が譲渡された状態の賃貸人の地位のみを承継する。

ウ　したがって，ＨはＦへ譲渡された賃料債権を取得しない。

(5)　以上より，下線部イが正当である。

第３　設問３

1　Ｈは本件債務引受契約の錯誤無効の主張ができるか（95条）。

2　「錯誤」

(1)　錯誤とは，内心的効果意思と表示の不一致をいう。意思表示の形成過程に錯誤があるにすぎない動機の錯誤ではかかる不一致はないため，原則として無効にできない。

もっとも，自己の意思にのみ拘束されるという私的自治の原則と，常に錯誤にあたり無効とされると動機をうかがい知れない相手方の取引の安全の調和から，動機が明示・黙示に表示されて法律行為の内容とされた場合に限り，動機の錯誤も「錯誤」にあたると解する。

(2)　本件債務引受契約は，ＤがＨへ乙建物を賃料の収益が得られるとして算定された価格6000万円で売却し，同額のGのDに対する債務を引き受けて，Hが10年間分割弁済をすることを前提に締結されたものである。

そして，分割弁済額は毎月20万円であり，これはDのEに対する賃料月額25万円の範囲内であり，賃料収益により弁済をすることが前提であったといえる。したがって，HがEに対して賃料債権を取得することが本件債務引受契約締結の動機であった。

上記契約はDGHの協議により締結されている。また，乙建物が長期の安定した賃料収入を見込めることはGから述べられており，HはGの求めに応じて契約をしている。したがって，上記のHの動機をGは知っており，これを前提に本件債務引受契約を締結したといえる。そして，合意①で乙建物を「収益性を勘案した価格である6000万円で売却」すると規定されていることから，上記動機は明示的に表示されているといえる。

(3) そのため，HがEに対して賃料債権を取得するという動機が明示的に表示され，法律行為の内容になっているといえ，「錯誤」にあたる。

3 「要素」の錯誤

(1) 95条の表意者保護の趣旨より，(ｉ)表意者に錯誤がなければ，その意思表示をしなかったといえ（因果関係），また，取引の安全を図るべく，(ii)一般人もそのような意思表示はしない程度に重要である場合（重要性）に，「要素」の錯誤にあたる。

(2) Hが免責的債務引受契約を締結したのは，上記のように乙建物が賃料収益を有し，Ｄへ支払った6000万円の元が取れるためである。したがって，Ｈに上記錯誤がなければ契約締結の意思表示はしなかったといえる（ｉ）。また，6000万円という大金の支払いを免責的に引き受けるにも関わらず，その元手となる賃料収益が得られないのであれば，一般人としてもそのような意思表示はしなかったといえる程度に重要といえる（ⅱ）。

したがって，「要素」の錯誤にあたる。

4　無重過失

Ｈは D の古くからの友人にすぎず専門家ではないため，Ｆの債権譲渡との優劣を判断し得ない。したがって，通常人として期待される注意を著しく欠くとはいえず，「重大な過失」はない。

また，そもそも，表意者保護の趣旨から，自らの発言によりＨを錯誤に陥らせたＧには，Ｈの重過失を主張し得ない。

5　以上より，錯誤無効として，Ｈは本件債務引受契約の無効を主張することができる。

以上

## ■ 論文総合13位 商法　評価A（民事系226.00点・21位）

第1　設問1

1　自ら招集する場合

⑴　乙社は平成29年5月の時点で公開会社である甲社(297条2項参照）の「総株主の議決権の100分の3」「以上」にあたる4%を保有し，その後も保有し続け平成30年1月の時点では「6箇月」「前」から保有している（同条1項)。甲社定款には「下回る割合」の定めはない。また，甲社の「臨時株主総会は，必要があるときに随時」招集できる（甲社定款12条)。

したがって，乙社は甲社の「取締役」に対して「株主総会の招集を請求」できる（同条1項)。

この場合に乙社は，「株主総会の目的である事項」及び「招集の理由を示」す必要がある（同条1項)。

⑵　甲社が上記の「請求の後遅滞なく招集の手続」を行わない場合(同条4項1号)，または「8週間」「以内の日を株主総会の日とする株主総会の招集の通知」が299条1項により発せられない場合（同条4項2号）には，乙社は「裁判所の許可を得て株主総会を招集することができる」(同条柱書)。

⑶　以上の方法により，乙社は臨時株主総会を招集できる。

2　定時株主総会の開催にあたり株主提案権を行使する場合

⑴　議題提案権（303条）

定時株主総会で乙社が提案したい議案に関する議題がない場合には，本条により議題を提案する。

甲社は「公開会社」であり「取締役会設置会社」である（327条

1項1号)。上記の通り，乙社は基準日平成30年3月31日（甲社定款13条）より前には「総株主の議決権の100分の1」以上の議決権を「6箇月」「前から引き続き有する」(303条2項参照) ため，「取締役に対し一定の事項を株主総会の目的とすることを請求することができる」(同条1項前段)。甲社定款に別段の定めがないため，かかる請求は「株主総会の日の8週間」「前までにしなければならない」。

(2) 議案提案権（304条）

定時「株主総会の目的である事項」についての議案を提案したいのであれば，304条1項本文で提案できる。

もっとも，かかる議案が「法令若しくは定款に違反する場合」や「実質的に同一の議案につき」「10分の1」「以上の賛成を得られなかった日から3年を経過していない場合」には，無駄な決議を避けるべく提案はできない（同条但書)。なお，甲社定款に別段の定めはない。

(3) 上記の株主提案権は，他の株主の出席や準備の機会を与え，また，議題については決議の対象となるように（309条5項本文)，「議案の要領を通知すること」「を請求することができる」(305条1項本文)。かかる請求は「株主総会の日の8週間」「前までに」する必要がある（同条1項)。乙社は上記のように「総株主の 100 分の1」「以上の議決権」を「6箇月」「前から引き続き有する」ため，上記請求ができる（同条1項但書)。

3 比較検討

(1) 議決権の保有

304条の株主提案権を除き，株主総会への影響の大きさを考慮し，一定の議決権を保有することが求められており，この点は共通する。

⑵　提案の時期

株主提案権は定時株主総会に行うため，平成30年6月まで乙社は待つ必要がある。したがって，それ以前に株主総会を開催したい場合には，297条の方法による必要があり，提案の時期が異なる。

⑶　要領の通知

297条では298条1項3号により，株主提案権では305条により，株主に対して要領が通知され，この点は共通する。

4　以上の手段を乙社はとることができる。

第2　設問2

1　乙社の主張

新株予約権無償割当て（277条以下）についても247条が類推でき，本件では①株主平等原則（109条）に反し「法令」に「違反」しており（247条1号），また，②発行が「著しく不公正な方法によ」るといえ（同条2号），さらに，③定款変更なく発行をした点で「法令」に「違反」しており（同条1号），各号に該当し，「株主が不利益を受けるおそれがある」といえ，差止めが認められると主張する。

2　247条の類推適用の可否

⑴　条文上は，新株予約権無償割当てに差止めの規定はない。しかし，無償割当は「当該株式会社以外の株主」全員へ（278条2項）「払込みをさせないで」割当てをするものであり（277条），通常株主間に不平等は生じず，株主の利益を保護するための差止めを認める

3

必要がないためである。

そのため，株主の利益保護の必要が生じる場合には，247 条の新株予約権の発行の差止め規定を類推適用できると解する。

⑵ よって，乙社の主張は認められる。

3 ③定款変更

⑴ 取締役会設置会社では所有と経営を分離し，株主の判断能力に疑問があるため，株主総会は「法律」「定款」に記載した事項のみ決議できる。そのため，定款に記載のない事項を決議しても，かかる決議は無効となる。

⑵ 新株予約権無償割当ては，通常株主の持分比率等へ影響を与えないため，甲社のような取締役会設置会社では「取締役会」の決議によらなければならないとされる（278 条 3 項本文）。そして，甲社の定款には株主総会の決議による承認を要するという条項はない（同条項但書）。

したがって，株主総会決議事項へと定款変更（466 条）することなく，本件新株予約権無償割当てを株主総会の決議により行ったことは，295 条 2 項という「法令」に「違反」している。

⑶ よって，乙社の主張は認められる。

4 ①株主平等原則

⑴ 新株予約権無償割当てについては，「株式」ではないため 109 条は直接適用されない。しかし，278 条 1 項は「新株予約権の内容及び数」を定めることを求め，2 項では「株式」「の数に応じて」割り当てることを求めている。そのため，109 条の株主平等原則の法

理は妥当する。

(2)ア　109条1項は個々の株主の利益保護を趣旨とするが，これは会社の存立・発展なしには考えられない。そのため，（ⅰ）差別的に取り扱う必要性，（ⅱ）相当性があれば，新株予約権無償割当ても109条1項に反しない。（ⅰ）は，会社の利益帰属主体である株主自身により判断されるべきであり，株主総会決議に重大な欠缺がない限りその判断が尊重される。

イ　本件株主総会では，甲社の総株主の90％と大多数の株主が出席し，3分の2以上の67％の賛成により可決している。乙社は20％の議決権を保有しているため，乙社以外の反対株主は少ないといえる。したがって，株主総会に重大な欠缺はなく，差別的に取り扱う必要性がある（ⅰ）。

本件新株予約権無償割当てでは，取得の対価を新株予約権1個につき1円の払込みにより甲社株式1個が取得できるとされているため，新株予約権1つには1株分の価値がある（概要(5)(6)(10)）。それにもかかわらず，非適格者乙社は新株予約権を行使できず（概要(8)），また，甲社による取得でも1円が対価とされている（概要(10)）。そのため，乙社には持分比率的不利益および，適格者が上場会社の株式1株を取得できることと比較して経済的不利益が大きい。

甲社としては，乙社がこれ以上の甲社株式の買い増しを行わない旨を確約した場合には，新株予約権の全部を取締役会が無償で取得できるとすることで，乙社の利益を不当に害しないとしてい

5

る。しかし，そもそも他社の株式を取得するのは自由であり経済的自由の一環といえるため，これを会社により一方的に制限させるのは認められない。

　したがって，差別的に取り扱う相当性はない（ⅱ）。

(3)　よって，109条1項という「法令」に「違反」しており，乙社の主張は認められる。

5　②不公正発行

(1)　「著しく不公正な方法」（247条2号）とは，不当な目的を達成するためになされる発行をいう。そして，取締役が支配権維持確保を主要な目的とする発行は「著しく不公正な方法」にあたる。もっとも，これは，取締役が会社の所有者たる株主の信認に基礎を置くためであり，株主全体の利益の保護という観点から発行を正当化する特段の事情がある場合には，「著しく不公正な方法」にあたらない。

　そのため，当該発行が敵対的買収者への対抗手段として，（ⅰ）必要性・（ⅱ）相当性があれば，特段の事情があり「著しく不公正な方法」にあたらない。

(2)　甲社は，本件新株予約権無償割当ては，乙社による甲社の支配権の取得を阻止するために行うものとしており，支配権維持確保目的がある。

　乙社は，比較的短期間で株式を売買して売買益を得る投資手法をとり，敵対的買収により支配権を獲得して会社財産を切り売りする手法をとったことがある。また，乙社代表社員ＢがＳＮＳで，事務用品の製造販売を行う甲社の事業に関して，社会のデジタル化に伴い事務用品は早晩なくなると述べ，理解がない。そのため，乙社により支配されると甲社も同様に財産を切り売りされ，経営陣を入れ替えられるという懸念があった。したがって，甲社財産が毀損され，株主の共同の利益が害されることを防ぐ必要性がある（ⅰ）。

もっとも，上記のように対抗手段としての相当性はない（ⅱ）。

(3) よって，「著しく不公正な方法」であり，乙社の主張は認められる。

6 株主の不利益

上記のように，割当てにより乙社以外の株主と株式割合に2倍の差が生まれて持分比率的不利益が生じ，また，経済的填補が不十分のため経済的不利益が生じる。

よって，「株主が不利益を受けるおそれ」があり（247条柱書），乙社の主張は認められる。

7 以上より，乙社は本件新株予約権無償割当ての差止めを請求することができる。

第3 設問3

1 本件決議1の効力

(1) 取締役会設置会社の株主総会では，所有と経営の分離および定款自治より「法律」「定款」規定事項のみを決議できる（295条2項）。取締役会決議事項であっても，定款変更（466条）により株主総会決議事項にできる。これは，会社の所有者が最終的な利益帰属主体の株主であるためである。

362条4項のように業務執行の具体的な決定に係るものについても，株主総会で所有者たる株主が決定した以上は，定款変更の決議は有効である。

(2) 本件決議1は,「重要な財産の処分」(362 条4項1号)を株主総会決議事項へと定款変更するものであり,かかる決議は有効である。

2 Aの責任

(1) Aは甲社の代表「取締役」である(423 条1項)。

(2)ア 「任務を怠った」とは,法令定款違反および善管注意義務違反(330 条,民法 644 条)をいう。会社経営にはリスクがあり,経営が取締役に委ねられているにもかかわらず,常に結果責任を問うと,会社経営が萎縮する。そのため,経営について取締役の裁量を尊重し,経営判断の過程・内容に著しく不合理な点がない限り,経営判断原則により善管注意義務に反しないと解する。

そして,定款により株主総会決議事項とされたものも,業務執行の具体的な決定に係るものの場合には,経営に関わり取締役の裁量の範囲に属することから,適法な決議に従わなくても義務違反はない。

イ 本件決議2はP倉庫という「重要な財産」の処分(362 条4項1号)を決定している。これは業務執行の具体的な決定に係るもののため,常に遵守しなくても直ちに義務違反にはならない。

P倉庫の売却は甲社の取締役会において,十分な資料のもと協議がされており,判断過程に著しく不合理な点はない。

P倉庫は近隣の不動産価格に照らして適正な価格で売却されている。しかし,売却前の平成 31 年1月に,甲社のもう1つの大型倉庫であるQ倉庫が大地震により倒壊している。P倉庫で貸物を保管しなければ，競合他社に多数の顧客を奪われるなど50億円の損害が生じる見込みであった。また，P倉庫の価格が下落する兆候はなく，交渉を中止してもP倉庫の資産価値は維持され，未だ違約金等の負担もなかったことから，売却を急ぐ必要はなかった。したがって，P倉庫を売却するという経営判断の内容は著しく不合理といえる。

よって，Aに善管注意義務違反がある。

⑶ Aは義務違反に少なくとも過失があり（428条1項反対解釈），甲社に50億円の損害が生じ，任務懈怠との因果関係もある。

⑷ 以上より，Aは50億円を賠償する責任を負う。

以上

※この頁は，答案を見開きにして読みやすくするため，頁を送っておりません。この頁は空き頁です。

## ■ 論文総合13位 民訴　評価A（民事系226.00点・21位）

第1　設問1

1　課題(1)

(1)　Yの解釈の根拠

本件定めはB地裁を「第一審」の管轄裁判所とするものである（11条1項）。また，本件契約に関する一切の紛争という「一定の法律関係に基づく訴えに関」するものであり，契約書という「書面」でされている（同条2項）。

そのため，本件定めはB地裁を専属的合意管轄とするものであり（同条1項），A地裁は管轄裁判所ではない。

(2)　立論

ア　管轄は，裁判所の事務処理の便宜と当事者の負担の公平を図る趣旨である。そのため，管轄を定める記載が契約書にあったとしても，それが一方的に定められたものであり，当事者間に著しい不公平が生じる場合には，合意管轄は専属的なものではないと解する。

イ　本件定めが記載されている本件契約の契約書はYが用意したものであり，XがYと本件契約を締結するためにはかかる条項も同意せざるを得ない状況であった。したがって，B地裁を専属的合意管轄とすることは，Yが一方的に定めたものといえる。

また，B地裁はYの本店があるB市を管轄する裁判所であり，A市に住むXとしては約4時間かかる場所にある。したがって，B地裁はXに訴えの提起を断念させるほどの場所にある裁判所といえ，専属的合意管轄とするとXY間に著しい不公平が生じる

①

といえる。

ウ　よって，本件定めは専属的合意管轄ではない。

2　課題(2)

(1)　B地裁にのみ管轄があることから，A地裁を管轄とする訴えは管轄違いである。そして，A地裁のまま移送しないことを問題とする場合に，「移送する」こととする16条1項は問題とならない。

(2)　本件訴訟はXがYに原状回復義務400万円の履行を求めるものであり，「特定物」以外の引渡しを求めるため，「債権者の現在の住所」で行う（民法484条）。これは財産権上の訴えであり，「義務履行地」はXの居所となるため，ここを管轄するA地裁が管轄裁判所となる。そのため，B地裁ではなくA地裁を管轄として審理するべきか否かは，17条の問題として検討される。

(3)　本件訴訟の「当事者」XYの住所は，Yは本店がB地裁と同じくB市中心部にあるが，Xの居住地はA地裁と同じくA市中心部にある。Xの訴訟代理人であるLの事務所もA市中心部にある。そして，A市中心部とB市中心部の距離は約600㎞と長距離であり，新幹線等の公共交通機関を乗り継いで約4時間と長時間かかる。そのため，XLが期日ごとにB地裁まで出頭することへの負担が極めて大きいといえる。

また，本件訴訟が履行遅滞による本件契約の解除に基づく原状回復義務の履行として代金400万円の返還請求であるところ，実際にXと契約を締結したYのA支店の従業員等が「証人」として出頭することが予定されることから，B地裁ではなくA地裁の方が便宜である。本件事故が起きたことについて，Xの子供を「証人」とすることも予定され，同様のことが考えられる。

履行遅滞の有無を判断すべく，本件車両を「検証物」として使用することが考えられる。本件車両は現在Xの自宅車庫で保管されているところ，これをB地裁まで移動させるか，B地裁の裁判官をX宅まで呼び検証させる必要があるが，これらには大きな負担がかかる。

したがって，本件訴訟の「著しい遅滞を避け」る必要があり，また，「当事者間の公平を図るために必要」もあるといえる。

(4)　よって，Xの「申立て」により本件訴訟はA地裁で審理されるべきである。

第2　設問2

1　裁判上の自白

裁判上の自白とは，口頭弁論期日または弁論準備手続においてなされる，相手方の主張と一致する自己に不利益な事実を認める旨の陳述をいう。

弁論主義第2テーゼより当事者の争いのない事実は判決の基礎としなければならないため，自白により裁判所の審判が排除される。また，証明が不要となる（179条）。自白には争点整理機能があり，証拠保全についての信頼を保護すべく，不可撤回効が生じる。

弁論主義は私的自治の訴訟上の反映であるため，訴訟上でも当事者の意思による支配を認めるべき範囲として，権利の発生・変更・消滅にかかる事実である主要事実について弁論主義が適用されれば足りる。また，主要事実の存否を推認する間接事実は証拠と共通の機能を有しているため，これについて自白の拘束力を認めると自由心証主義（247条）に反する。そのため，主要事実にのみ弁論主義は適用され，不可撤回効の根拠である審判排除効が生じる。したがって，主要事実についてのみ不可撤回効が生じる。

2　④の事実の位置付け

(1)　元の請求

元の請求の訴訟物は，履行遅滞による解除に基づく原状回復請求権としての400万円の支払請求権である。請求原因は，本件契約の締結，反対債務の履行，債務不履行の事実，催告，解除の意思表示となる。

Xは，本件車両が本件仕様を有していなかったことから履行遅滞であるとしているため，これが債務不履行の事実となる。

「本件事故が起きた事実」は，上記の仕様を有していないことを推認する事実であり，④の事実は間接事実にあたる。

(2)　追加された請求

訴訟物は，債務不履行に基づく損害賠償請求権としての100万円の支払請求権である。請求原因は，本件契約の締結，債務不履行の事実，損害とその数額となる。

Xは，本件事故により腕時計が損壊したことから，保護義務違反を理由とする請求をしているといえる。債務不履行の事実としての保護義務違反を基礎づけるのは「本件事故が起きた事実」であり，これが主要事実となる。

したがって，④の事実は主要事実にあたる。

(3) よって，元の請求では自白により不可撤回効は生じないが，追加された請求では生じることとなる。

3 訴えの変更後の撤回

(1) 訴えの変更（143条1項）は，訴訟資料の流用可能性と被告の防御の不利益を避けることを趣旨とする。

訴えの変更前と後で，同一の事実が主要事実となったり間接事実となったりし，意味づけが異なる。この場合に，変更前に間接事実であったことから被告が自白をしたとき，変更後に同一事実が主要事実となりかかる自白に拘束されるとすると，被告の防御に不利益が生じ，上記趣旨に反する。

そのため，訴えの変更により，同一の事実が間接事実から主要事実へと位置付けが変わる場合には，かかる事実についてした裁判上の自白について不可撤回効は生じないと解する。

(2) 上記のように，④の事実について，元の請求では間接事実であったが，追加された請求では主要事実へと位置付けが変わっているため，追加された請求について不可撤回効は生じない。

4 よって，Yは④の事実の自白を自由に撤回することができる。

第3 設問3

1 文書提出義務は220条を根拠とする。本件日記は220条1号～3号に該当しないため，4号で一般的に提出義務が認められる。そこで，4号ハにより義務が免除されるか。

2 220条4号は，真実発見のため一般的に提出義務を認める趣旨である。他方で，4号ニは，自己利用文書についてプライバシーや意思決定の調整を図ることを趣旨とするものである。

そのため，①専ら内部の利用に供する目的で作成され，外部に開示することが予定されていない文書であって（内部文書性），②開示により個人のプライバシーが侵害されたり，個人ないし団体の自由な意思形成が阻害されたりするなど，開示によって看過しがたい不利益が生ずるおそれがあるときは（看過し難い不利益性），③特段の事情のない限り，自己利用文書にあたり拒絶できると解する。

①は，法令により作成が求められたり，第三者へ提出・開示することが予定されたりする文書であれば，該当しない。③は，当該会社が破産する等，既に文書所持者を保護する必要がなくなった場合に特段の事情がある。

以上の事項を考慮する。

3 (1)　①について

本件日記は，Tが自主的に作成したものであり，法令により義務付けられたものではない。また，日記はその日の出来事や所感をありのままに書くものであり，性質上第三者への提出・開示は予定されていない。

以上の点を，内部文書性の判断にあたり考慮すべきである。

(2)　②について

上記の日記の性質から，本件日記は，Tのプライバシーに属するものであり，これを提出させることでTのプライバシーが侵害される。

本件日記部分は会社の業務についてのものであるが，その内容の真実性を確認するために，それ以外の記載部分も証拠調べされるおそれがあり，この点からもTのプライバシーの侵害のおそれが高い。

以上の点を，看過しがたい不利益性の判断にあたり考慮すべきである。

(3) ③について

Tは既に死亡しており，本件日記のプライバシーを保護する必要はなく，特段の事情はあるとも考えられる。

他方で，Tの相続人は妻のZのみで，現在はZが本件日記を保管していることから，夫の日記の内容についてZに保護に値するプライバシーが認められるともいえる。そして，Zは本件日記の詳しい内容はプライバシーに関わるから言えず，その内容を直接見せたり証拠として提供したりすることもできないとしており，秘匿の意思を示している。したがって，特段の事情はないともいえる。

以上の点を，特段の事情の判断にあたり考慮すべきである。

4 これらの点を考慮すべきである。

以上

※この頁は，答案を見開きにして読みやすくするため，頁を送っておりません。この頁は空き頁です。

## ■ 論文総合13位 刑法　評価A（刑事系159.18点・9位）

第1　設問1

1　甲がAに本件キャッシュカード等を証拠品として保管する必要があるといい，これをAから手渡させた行為に詐欺罪が成立するか（246条1項）。

(1)　「人を欺」く行為とは，財物交付に向けて，交付の判断の基礎となる重要な事実を偽り，人を錯誤に陥らせることをいう。そして，詐欺罪の本質は，瑕疵ある意思に基づいて財物を交付させる点にあるため，終局的に占有を移転させうるものであるとき財物交付に向けたといえる。

(2)　甲が金融庁職員であり，Aの預金口座が不正引き出しの被害にあっており，キャッシュカードを確認し，証拠品として本件キャッシュカード等をAに保管させる必要があることから，Aは本件キャッシュカード等を甲へ引き渡している。したがって，上記事実と本件キャッシュカード等をAが保管することが，交付の判断の基礎となる重要な事実といえる。

実際にAはそのような被害にはあっておらず，甲は本件キャッシュカード等をダミー封筒と入れ替えて持ち去るつもりであったため，上記事実を偽ってAを錯誤に陥らせる現実的危険のある行為をしている。

しかし，甲はAに本件キャッシュカード等を証拠品として保管してもらう必要があると申し向けており，終局的に甲へ占有を移転させるものとして渡させていない。また，甲は，Aに玄関先で，本件キャッシュカード等を封筒に入れてAへ返却させるために手渡さ

1

せたのであり，それ以外の場所への持ち出しを認めさせていない。甲はAを本件キャッシュカード等を甲へ預けたまま居間へ移動させているが，そこは玄関近くにあり，また，封印のための印鑑を取りに行かせるべく場を離れさせたにすぎず，本件キャッシュカード等の占有を甲へ委ねさせる趣旨のものではない。したがって，甲はAに本件キャッシュカード等の占有を終局的に移転させるつもりはないため，財物交付に向けられていない。

(3) よって，「人を欺」いておらず，詐欺罪は成立しない。

2 本件キャッシュカード等をショルダーバッグ内に隠した行為に窃盗罪が成立するか（235 条）。

(1) 「他人の財物」とは，他人の占有する他人所有の財物をいう。

本件キャッシュカード等は，キャッシュカードと口座の暗証番号を記載したメモ紙であり，暗証番号があれば口座から現金を引き出せることから，財物性を有する。そして，これらはAが所有し，占有していたものである。

したがって，「他人の財物」にあたる。

(2) 「窃取」とは，他人が占有する財物を，占有者の意思に反してその占有を侵害し，自己又は第三者に占有を移転させることをいう。

Aは，本件キャッシュカード等を甲へ手渡しているが，上記のようにこれは証拠品としてAが保管するためになされたものであり，甲へ終局的に占有を移転させるためではない。そして，Aが印鑑を取りに行っている間に，甲は本件キャッシュカード等を持参したショルダーバッグ内に隠し入れており，Aの意思に反して占有を侵害し，甲へ占有を移転させて「窃取」している。

本件キャッシュカード等は小さいため，Aのいない間にバッグに隠したことにより，甲が占有を取得したとして，「窃取した」といえる。

(3) 甲は，上記事実を認識・認容しており，故意がある（38条1項本文参照）。不法領得の意思もある。

(4) 以上より，甲には窃盗罪が成立する。

第2　設問2

1　脅迫罪の限度で共同正犯が成立するとの立場（60条，222条1項）（②）

(1)ア　事後強盗罪は，窃盗と暴行脅迫の結合犯であるため承継的共同正犯が問題となるが，本件ではこれが成立しないため脅迫罪の限度で共同正犯が成立すると説明する。

(ア) 60条の処罰根拠は，相互利用補充しあって自己の犯罪を実現させた点にあるため，(ⅰ)共謀(意思連絡・正犯意思)，(ⅱ)(ⅰ)に基づく実行があれば「共同して犯罪を実行した」といえる。

(イ) 乙は，一緒に万引きをしたことのあった友人甲がコンビニ店員Cともめている様子を見て，「またやったのか」と尋ねたところ，甲は乙がCの反抗を抑圧してくれることを期待して，うなずき「こいつをなんとかしてくれ」と言い，それに応じて乙はCへナイフを示して後述する脅迫をしていることから，事後強盗罪（238条）の意思連絡をしている。

なお，乙は，甲がコンビニの商品を盗もうとしていると思い，商品を取り返されないように「財物を」「取り返されること」を目的とし，他方で甲はそのような乙の勘違いを察知しているものの，B銀行のATMから現金を窃取できず，Cからの「逮捕を免れ」る目的であった。しかし，目的にズレがあっても，同一の事後強盗の構成要件内にあるため，犯罪を共同するという共犯の本質からして，共謀の成立に欠けるところはない。

乙は，自らCへ後述の脅迫をしており，正犯意思がある。

よって，共謀がある（ⅰ）。

(ウ) 共謀に基づく実行といえるか。共謀前に先行者が行った行為との因果性があるか。

共犯の処罰根拠は共犯者の行為を通じて法益侵害を惹起した点にある。共謀成立前の先行者の行為について後行者が因果性を及ぼすことはできないから，原則として承継的共同正犯は認められない。もっとも，後行者が先行者の行為及び結果を自己の犯罪の手段として積極的に利用し，犯罪結果につき因果関係をもった場合には，承継的共同正犯が成立する。

乙は，先行者甲がコンビニに対する窃盗既遂をしたと思っているが，実際にはB銀行に対する窃盗未遂をしたにすぎない。したがって，乙は甲の具体的な行為及び結果を認識しておらず，これを積極的に利用したとはいえない。

よって，因果関係をもったとはいえず，承継的共同正犯は成立せず，共謀に基づく実行とはいえない（ⅱ）。

(エ) 以上より，事後強盗罪の共同正犯は成立しない。

イ 脅迫罪の共同正犯

(ア) 上記のように，事後強盗罪の共謀がある（ⅰ）。

乙はCに対して刃体10センチという殺傷能力の高いナイフを示し「ぶっ殺すぞ」と言っているため，Cの「生命」に害悪を加える旨を告知している。これは，Cを畏怖させるに足りるものであり，「脅迫した」といえる。

したがって，共謀に基づく実行がある（ⅱ）。

(イ) 乙は脅迫罪，甲は事後強盗罪の故意を有している。異なる構成要件間の錯誤であっても，保護法益と行為態様で重なり合う脅迫罪の限度では規範に直面しているといえるため，乙に故意がある。

(ウ) よって，乙に脅迫罪の限度で共同正犯が成立する。

(2) また，事後強盗罪を，脅迫罪を基本犯とする不真正身分犯と捉えるため，脅迫のみを行った乙には脅迫罪の限度で甲との共同正犯が成立する。

2 事後強盗罪の共同正犯が成立するとの立場（60条，238条）（①）

(1) 窃盗の段階で逮捕されれば事後強盗罪は成立しないため，暴行脅迫行為が実行行為にあたる。また，「窃盗が」との文言より，事後強盗は「窃盗」のみが主体となる身分犯である。したがって，窃盗と暴行脅迫の結合犯ではなく，承継的共同正犯は問題とならない。

65条の文理解釈から，1項は真正身分犯の成立・科刑，2項は不真正身分犯の成立・科刑を定めたものである。また，65条1項

5

の「共犯」には，非身分者も身分犯の法益を侵害することができるため，共同正犯も含む。

そして，事後強盗罪を不真正身分犯と解すると，事後強盗罪が暴行・脅迫罪を基本犯とするものとなり，本罪が財産犯であることと整合しない。そのため，事後強盗は真正身分犯と解する。

(2)ア　上記のように，甲乙には事後強盗罪の共謀が成立している。

イ　「脅迫」とは，事後強盗罪が強盗罪に準じた罪であることから，相手方の反抗を抑圧するに足りる程度の害悪の告知をいい，これは社会通念に照らして客観的に判断される。書かれざる構成要件として，窃盗の機会，すなわち，窃盗との時間的場所的近接性があり，被害者等の追跡が継続することを要する。

上記のように，乙はCに対して害悪の告知をしている。そして，刃体10センチという殺傷能力の高いナイフをCに向かって示しながら「ぶっ殺すぞ」と言っており，これは，通常相手方の反抗を抑圧するに足りるものといえる。

甲はコンビニのＡＴＭでしたＢ銀行への窃盗未遂につき，Cからショルダーバッグを掴まれ店外に出さないようにしており，時間的場所的近接性があり，追跡が継続しているため，窃盗の機会にされたといえる。

よって，「脅迫」をしており，共謀に基づき実行している（ⅱ）。

ウ　上記のように，甲は「逮捕を免れ」る目的を，乙は「財物を」「取り返される」目的を有していた。しかし，故意責任の本質は反対動機の形成可能性にあり，規範は構成要件により与えられているため，構成要件に該当する事実を認識認容していれば，故意は阻却されない。そして，目的が異なっても，同一の構成要件に該当する犯罪を実行していることに変わりはないため，故意は阻却されない。

エ　以上より，乙は事後強盗罪の共同正犯が成立し，私見も同様である。

第３　設問３

１(1)　丙はワインボトルをＤの頭部に当て，加療３週間を要する頭部裂傷の生理的機能障害を負わせており「傷害」しているため，傷害罪（204条）の客観的構成要件に該当する。

しかし，故意について，認識した客体に結果が生じていない限り，規範に直面し得ず故意が阻却されるとする具体的符合説をとると，丙は甲に向かってワインボトルを投げており，Ｄを傷害することを認識していないため故意が阻却されると説明できる。

(2)　これについては，認識した客体に結果が生じた客体の錯誤と，上記の方法の錯誤とを区別することが実際上困難であり，両者を分けるこの説は妥当ではないという難点がある。

したがって，上記のような法定符合説をとるべきであり，そうすると，丙は甲という「人」を傷害することを認識して，Ｄという「人」を傷害しているため，故意は阻却されない。

２(1)　正当防衛（36条１項）により違法性が阻却されると説明する。

甲は「本当に刺すぞ」と怒鳴り刃体10センチという殺傷能力の高いナイフをＤの胸元に突き出したのに対し，Ｄが甲の要求に応じる素振りさえ見せなかったことから，甲がDを刺すおそれが具体的に切迫していたといえ，Dの生命に対する違法な法益侵害が間近に押し迫っており「急迫不正の侵害」がある。

丙は，上記の侵害を認識しつつこれを避ける意思があり，「防衛するため」といえる。

(2) しかし，これについては，丙の防衛行為の結果が侵害者甲ではなく，Dに発生しているため，侵害に「対して」したといえないため，正当防衛は成立しないという難点がある。

3(1) 緊急避難（37条1項）により違法性が阻却されると説明する。

上記のように，「他人」Dの「生命」侵害が目前に切迫しており「現在の危難」がある。

ワインボトルを投げつける行為は，丙が取り得る唯一の手段であったことから，「やむを得ずにした」といえる。

避けようとした害はDの生命侵害であり，実際に生じた害は加療3週間のDの頭部裂傷であり，前者の方が回復可能性がなく重大といえるため，「これによって生じた害が避けようとした害の程度を超えなかった」といえる。

(2) これについては，丙がDに対して危難を転嫁する関係にはないため，緊急避難は成立しないという難点がある。

したがって，違法性は阻却されない。

4(1) 責任故意が阻却されると説明する。

ア 上記の故意責任の本質から，違法性阻却事由があると誤信した場合には，規範に直面しなかったとして責任故意は阻却される。

そして，上記のように「急迫不正の侵害」があること，「防衛するため」に行ったことを認識している。

イ　「やむを得ずにした行為」とは，防衛手段として必要最小限度であること，すなわち防衛手段の相当性があることをいう。

甲はDにまさにナイフを刺そうとしているため，侵害行為の態様は強度である。他方，丙は女性であり，ワインボトルを投げつけるという程度の行為しかしていない。武器も対等ではなく，また，丙には他に取りうる手段もなかった。

したがって，手段として相当であり必要最小限度といえ，「やむを得ずにした」といえる。そして，丙はこのことも認識している。

(2)　これについては，責任段階で故意を再度検討することが理論上妥当ではないという難点がありうる。

以上

※この頁は，答案を見開きにして読みやすくするため，頁を送っておりません。この頁は空き頁です。

## ■ 論文総合13位 刑訴　評価A（刑事系159.18点・9位）

第1　設問1小問1

1　逮捕（199条1項）

甲は，顧客Aから集金した3万円を着服したというX社に対する業務上横領罪の被疑事実で逮捕されている。

X社社長・Aの供述調書やAから集金した3万円がXに入金されたことを裏付ける帳簿類が見当たらなかった旨の捜査報告書より，Xが本件業務上横領罪を犯したという嫌疑が合理的根拠を持ち，「疑うに足りる相当な理由がある」といえる（199条1項本文）。

少額ではあるが業務上横領罪は法定刑が「10年以下の懲役」の重大犯罪であり（刑法253条），甲は否認をしておりアパートで単身生活をし無職であることから，罪証隠滅のおそれ，逃亡のおそれが「ないと認め」られない（199条2項但書，規則143条の3）。

したがって，通常の逮捕の要件は満たす。

2　勾留及び平成31年3月20日までの身体拘束

(1)　勾留では逮捕よりも高度な嫌疑が必要となるが，上記の事情から甲には「罪を犯したと疑うに足りる相当な理由がある」（207条1項，60条1項柱書）。

業務上横領罪は重大犯罪であるため，甲がAの口封じをしたり，証拠品を隠滅する等の「罪証を隠滅する」具体的なおそれがある（207条1項，60条1項2号）。また，甲は単身身軽で職を持たず社会的責任を有していないため，「逃亡」の具体的おそれがある（同条3号）。

勾留の必要性については（87条1項），身体拘束の不利益よりも，勾留の利益の方が大きく，認められる。

したがって，通常の勾留の要件は満たす。

(2) 平成31年2月10日に勾留期間が20日まで延長されている。10日の段階では後述のように本件業務上横領事件についての証拠の収集が不十分であり，また，甲も否認し続けているため，起訴不起訴に向けた決定のための捜査をする必要があり，「やむを得ない」といえる（208条2項）。

したがって，平成31年3月20日までの身体拘束も通常の要件は満たす。

3 別件逮捕勾留

(1) では，上記の本件業務上横領事件（別件）の逮捕勾留が，本件強盗致死事件（本件）の捜査に利用されたとして，違法とならないか。

(2) 起訴前の身柄拘束期間は，被疑者の逃亡及び罪証隠滅を阻止した状態で身柄拘束の理由とされた被疑事実（別件）につき，起訴・不起訴の決定に向けた捜査を行うための期間である。

そのため，別件の身体拘束が主として本件の捜査のために利用されている場合には，別件の身柄拘束としての実体を失い，以後別件の起訴前の身柄拘束を継続する必要性を欠き違法となると解する（実体喪失説）。

(3)ア 別件は平成30年11月20日に起きたXを被害者とする業務上横領事件で，本件は平成31年2月1日に起きたVを被害者とする強盗致死事件であり，両者は被害者や日時を異にし関連性は見出せない。

別件は10年以下の懲役であるのに対し，本件は「死刑又は無期懲役」（刑法240条後段）を法定刑とするもので別件より重く，人命が奪われていることからもより重大な犯罪といえる。したがって，Ｐらが本件の捜査を行う動機がある。

Ｐらは甲を本件強盗致死事件で逮捕するには証拠が不十分であるため，何か別の犯罪の嫌疑がないかを考え，Ｘ社社長を聴取したところ，偶然本件業務上横領事件を覚知するに至っている。Ｘ社社長としては被害額が３万円と少額であり，世間体も気にしていたため被害届の提出を渋っていたが，Ｐらが繰り返し説得を続けたことにより提出させるに至っている。したがって，Ｐらは下線部①の逮捕時には，本件捜査のために別件逮捕を行おうとしているといえる。

別件についての取調べは20時間であったのに対し，本件については計40時間なされており，身体拘束期間の３分の２が本件捜査にあてられている。

イ　しかし，別件の取調べは以下のような経緯であり，20日まで身体拘束をする必要があった。すなわち，甲の取調べが開始した３月２～６日は本件業務上横領事件についても周辺者への聞き込み，及びスマートフォンデータの精査を行っており，その結果平成30年秋頃にＹから借金の返済を迫られていたことが判明している。そのＹの取調べをＱが行おうとしたが，Ｙの出張等のやむを得ない都合により３月16日に取り調べることとなっており，この時まで別件捜査を継続する必要はあった。

また，３月７日の甲の取調べにより甲が別件の事件当日は終日パチンコ店のＨ店かＩ店にいた気がする旨供述しており，両店舗の防犯カメラを調べて裏付け捜査をする必要が生じている。Ｈ店については8日〜10日の捜査により甲が来店していないことがカメラにより確認できた。しかし，I店は防犯カメラが修理中というやむを得ない事由により14日まで画像を確認できなかったため，この時まで別件捜査を継続する必要はあった。

11，12日に甲のパソコンデータから金額の記載はないものの，別件の日にちと一致するA宛の平成30年11月20日付の領収書のデータが発見されている。これをもとにPが甲を取り調べたところ，甲は日付はとりあえず記入しただけであり，その日にA方へ行ったかはわからないと供述しており，さらに別件について捜査をする必要が生じている。

14日にI店の防犯カメラにより甲が来店していないことが判明し，これを踏まえてQが甲を取り調べたところ，甲が平成30年11月20日にAから集金をした事実を認めたものの，金額はよく覚えていない旨供述したため，さらに捜査を行う必要があった。

16日のYの取調べにより，Yが甲に10万円を貸していたこと，平成30年11月23日という別件発生の3日後にAから集金された額と一致する3万円をYへ返済していたことが明らかになっている。また，RがYに確認したところ，返済日および金額を記載した手帳があることが判明したため，さらに3月19日にYを取り調べる必要が生じている。Yの取調べに引き続きRが甲を取り調べたところ，甲が別件について自白をしているため，20日まで甲の身体を拘束した状態で別件について捜査をする必要があったといえる。

ウ　他方で本件の捜査については，3月16日にYを取り調べた際，Y

が平成31年２月初めに甲から「臨時収入があったから金を返す」と言われ，７万円の返済を受けた旨を供述し，19日にはそれが本件発生後の平成31年２月６日に返済を受けたことが明らかになっている。しかし，これらは別件に関連して行った取調べで明らかになったものに過ぎない。

15日には甲が滞納していた家賃２ヶ月分の10万円を，本件後の平成31年２月２日に支払っていること，17日に甲が本件で使用したとみられる原付を２月初旬に知人に１万円で売却していたことが判明している。これをもとに本件について甲を取り調べているところ，17日まで否認をしていたが，18日には自白をしている。しかし，上記のいずれの取調べも，別件の捜査に要した時間の範囲内で行われている上，任意の取調べとして行う旨を説明した上で行っている。

⑷　したがって，別件の身体拘束が主として本件の捜査のために利用されていたとはいえず，別件の身柄拘束としての実体はあり，身柄拘束を継続する必要性はある。

4　よって，下線部①の身体拘束は適法である。

第２　設問１小問２

1　理論構成

⑴　逮捕勾留の通常の要件は同様に満たす。

⑵　別件逮捕勾留について，身体拘束開始時における捜査機関の主観として，別件の身体拘束が主として本件の捜査のために利用することを意図する場合には，違法と解する。

Ｐらは上記のように本件強盗致死事件で甲を逮捕することができな

かったため，わざわざ別の犯罪の嫌疑を探し，無理にX社社長を説得した上で，軽微な別件で逮捕している。検察官Rも，Pから本件の嫌疑があることを聞いており，本件での逮捕を視野に入れて捜査することとしている。したがって，身体拘束の当初にPらは主として本件の捜査のために別件の身体拘束を利用することを意図していたといえる。

よって，違法な別件逮捕勾留として，違法となる。

2　採用しない理由

逮捕勾留を決定するのは裁判官であり，捜査機関が真実は本件の取調べを目的とするものかを判別できない。また，別件について逮捕勾留の必要性がある場合に，主として本件捜査目的であることを理由に身体拘束できないことも妥当ではない。また，身体拘束の途中から主として本件目的に転じた場合に対応できないのに対して，実体喪失説ではかかる場合に対応できる。

したがって，かかる見解は採用しない。

第3　設問2

1　訴因変更の可否（312条1項）

(1)　当事者主義的訴訟構造より，審判対象は検察官の主張する構成要件に該当する具体的事実である訴因をいう。これは，審判対象を画定し，反射的に被告人の防御の範囲を画する機能を有する。

「公訴事実の同一性」（312条1項）は訴因変更の限界を画する機能的概念である。そして，基本的事実の同一性があれば，1つの刑罰権で処理すべきであり，また，被告人の防御の範囲も画定される。

そのため，「公訴事実の同一性」は，①新旧訴因の基本的事実の同一性があるか否かで決し，事実的共通性を基準に，②非両立性も補充的に加味して判断する。

(2) 公訴事実１と２では，犯行日が「平成30年11月20日」と共通しており，「G市J町１番地所在のA方」でAから集金として３万円を受け取ったという態様も共通する。しかし，公訴事実１では業務上横領罪であり被害者がX社であるのに対し，２では詐欺罪であり被害者がAと変わっており，一定の差異がある。また，公訴事実２では「集金する権限が」「あるように装い」，「うそを言い」「Aをその旨誤信させ」て，３万円の「交付」を受けたことが求められ，行為態様が異なる。公訴事実１では「預かり保管中」に「着服して横領した」ことが求められるが，２ではAから３万円を「交付させた」ことで既遂となる点も異なる（①）。

もっとも，甲にX社の売掛金の集金権限があれば公訴事実１が，なければ2が成立する関係にあり，法律上非両立といえる（②）。

(3) したがって，両訴因は非両立であり，基本的事実において同一である。よって，「公訴事実の同一性」が認められ，訴因変更は認められうる。

2　公判前整理手続を経ている点

(1) 本件では，公判前整理手続を経た後に，検察官が訴因変更を求めている。そこで，直ちに変更を認めて良いかが問題となる。

(2) 公判前整理手続を経た後の訴因変更は明文上制限されていない。もっとも，公判前整理手続は，予定主張を明らかにし，審理計画を定めることで，「充実した公判の審理を継続的，計画的かつ迅速に行う」ことができるようにする制度である（316条の２）。

そのため，公判前整理手続を経た後の公判においては，定められた争点が異なる等，公判前整理手続を行った趣旨を没却するような訴因変更は許されないと解する。

(3) 本件では，公訴事実に争いはなく，量刑のみが争点とされている。

そして，訴因変更が必要となったのは，公訴事実１の被害者Ｘ社の社長が，事件日の平成30年11月20日当時には甲を別の部署へ異動させており，甲に集金権限がなかったこと，急な異動でありその連絡が遅くなったことを証言したためである。これらは今まで社長が検察官等に話していなかったため，検察官がこれを知らなかったことはやむを得ないといえる。

Ａも甲に集金権限がなかったことを知らず，甲に詐欺罪は成立する。甲についても，集金権限がないことをわかった上で，金欲しさにＡから集金をしており，詐欺罪の故意に欠けるところはない。

また，訴因変更の請求はＸ社社長の証言のあった期日の後にされており，検察官が引き延ばしたという事情もない。

したがって，新たな証拠調べをせずとも甲に公訴事実２が成立することは明らかであり，その量刑のみが争点となることは変わらない。

(4) よって，公判前整理手続を行った趣旨を没却するとはいえない。

3 以上より，裁判所は訴因変更の請求を許可すべきである。

以上

## ■ 論文総合 13 位 倒産法第1問 （71.31 点・8位）

第1　設問1

1　Bは，Aの破産手続開始決定のされた平成 30 年３月 29 日の前の同月 20 日にAへ租税債権を代位弁済し「破産手続開始前の原因」に基づいて 300 万円の求償債権という「財産上の請求権」を取得している。また，これは「財団債権に該当しない」。

したがって，Bは 300 万円の求償債権を破産債権として（２条５項），届け出て（111 条１項），債権の確定を経て（124 条１項），配当を受ける（195 条）ことで権利行使する。

2(1)　また，Bは代位弁済により取得した原債権を代位行使することが考えられる（民法 501 条）。本件租税債権は平成 30 年３月末日を納期限としており「破産手続開始当時」に「納期限の到来していない」ものにあたり，財団債権になる（148 条１項３号）。そのため，Bは財団債権を行使できると考えられる（２条７項）。

(2)ア　Xとしては，「求償をすることができる範囲内において」代位行使できるに過ぎないため（民法 501 条柱書），原債権の財団債権たる性質を求償権は有しないと反論しうる。

イ　これについては，弁済による代位は求償権の担保を趣旨とし，また，原債権については破産財団から優先的に回収される予定であり他の破産債権者の負担は変わらないことから，破産手続でも原債権の性質を具備したまま行使されると解する。「求償をすることができる範囲」とは額を制限したものに過ぎない。

ウ　したがって，反論は妥当しない。

(3)ア　Xとしては，租税債権は性質上国に支払われれば足りることから，代

①

位債権者に原債権の優先性を与える必要がないため，破産手続では破産債権としてのみ行使できると反論しうる。

イ　租税が確実に国に納付されるためには，むしろ原債権を破産手続でも優先して代位弁済を促進すべきであるといえ，租税債権であっても他の代位弁済と異にする理由はない。

ウ　したがって，反論は妥当しない。

(4)　よって，Bは原債権300万円を財団債権として権利行使することができ，破産財団から随意弁済を受けられる（151条）。この際，財団債権を有する旨を管財人Xへ申し出る必要がある（規則50条1項）。

第2　設問2小問1

1　Xは本件建築工事を完成させるべく，本件建築工事請負契約の履行選択をすることができるか（53条1項）。本件では請負人Aが破産しているため，民法642条は適用しない。

2　53条1項は，管財人が履行か解除かの選択ができることを前提に，当事者の公平と破産財団の利益を図ることを趣旨とする。また，条文上請負人破産の場合に53条の適用を排除する規定はない。

そのため，破産者以外の者が完成できず破産管財人が請負人の履行を選択できない場合には，53条1項が適用されないと解する。

3　本件建築工事請負契約は建物の建築を目的としており，また，Aは住宅やビルの設計・建築を手掛ける会社である。したがって，本件の工事がA以外の者が完成できないような内容の工事ともいえないため，XはAの履行を選択できるといえ，53条1項により履行選択できる。

4　本件請負代金は2000万円であるため，裁判所の許可を得てXは履行選択をするべきである（78条２項，３項１号，規則100条）。

第３　設問２小問２

1　まず，本件請負契約では内金として 1200 万円をＣへ支払うこととされており，これは工事代金の６割に相当する。そして，工事の出来高が６割に達したところでＡが破産しており，Ｃの支払い分は超過していない。

請負契約の解除は，すでに完成した分のみでも相手方の利益になり，また，建物の経済的価値を存続させるため，未履行部分のみの解除となる。

したがって，ＣのＡに対する請負代金返還請求権は生じず，これとの相殺による回収は考えられない。

2　①について

Ａとの契約では800万円で完成できたのに，解除によりＤに工事を完成させたため，Ｃは 1000 万円の支出を余儀なくされ，差額の 200 万円余分に支出している。200 万円の損害はＡが契約の解除により生じさせたものであり，54条１項により破産債権にあたり，Ｃは上記のように権利行使することができる。

3　②について

解除により，ＣはＡに対して原状回復請求として建築廃材を本件土地から撤去させる権利を有していたが，Ａがこれを履行しなかったため，ＣがＤに 100 万円を支払い代わりに行わせている。

このような請求権は解除によって生じたものであるが，これを破産債権とするのは当事者の公平に反する。むしろ，これは解除という「破産財団に関し破産管財人がした行為によって生じた請求権」といえ，財団債権になると考える（148条１項４号）。

③

よって，Cは財団債権として上記のように権利行使することができる。

第4　設問3

1　300万円の弁済

104条1項は，開始時現存額主義を定めている。

Fは A の連帯保証人であり，Eに対してAと共に「全部の履行をする義務」を負っていた（104条1項）。

Fの300万円の弁済は，Aの破産手続開始決定前の平成30年3月27日であり，開始決定時にはEのAに対する債権は6750万円から6450万円になっていた。

したがって，Fは300万円を破産債権として行使できる。

2　200万円の弁済

104条2項は，債権者の債権の実現をより確実にすることを趣旨としており，実体上の債権額との乖離を認めるものである。そのため，開始決定後の弁済では債権全額が消滅しないと，全部履行義務者は求償権・原債権の権利行使ができない（104条3項，4項）。

Fの200万円の弁済はAの開始決定後の平成30年4月2日であり，Eの債権全額6450万円を消滅させるに足りないものである。したがって，Fは200万円については求償権・原債権を破産債権として行使できない。Eは開始時に現存していた6450万円の権利行使ができる。

3　よって，裁判所は，査定手続においてEには6450万円の，Fには300万円の破産債権が存在すると判断すべきである（125条）。

以上

## ■ 論文総合13位 倒産法第2問 (71.31点・8位)

第1　設問1

1　裁判所は，再生計画案が169条1項3号に該当するとして付議できないか。

2　（a）について

(1)　「一般の債権者の利益に反するとき」（174条2項4号）とは，反対する再生債権者に再投資を強制しないように，清算手続による配当が再生手続による弁済よりも回収できる額が高いことをいう。これは再生計画認可決定時に要求される。

(2)　再生手続開始後の平成30年4月25日の予想清算配当率は10％であり，想定される再生計画認可決定の日には5％であったが，認可決定時における5％を基準とする。

　再生計画案①では，元本等の95％の免除を受けることとされており，清算価値の5％を上回っていないため，「一般の債権者の利益に反する」といえる。

(3)　よって，174条2項4号にあたり，裁判所は付議できない。

3　（b）について

(1)　再生計画案では，再生債権者ＢＣが同一の取り扱いをされているため，「権利変更の内容」は「平等」であり（155条1項本文），「再生計画」に「法律」違反はないと思える。

　しかし，155条但書は，再生債権者間の実質的平等を図るべく「衡平」を害しなければ差を設けても良いとされる。また，再生債権者が再生債務者と密接な関係を有し再生手続開始決定の原因を作出し，また他の再生債権者の債権取得原因を作出した場合に，他の債権者と平等に扱うことは信義則に反する（民法1条2項）。

そのため，かかる場合には，再生債権者間に差を設けないことが「再生計画」の「法律」違反になる。

(2) 本件では，Aが支払不能になったのは，Bの指示により無謀な設備投資を続けて資金繰りが悪化したことと，Bの指示により取引を開始した甲社に対する売掛債権が甲社の破産により回収不能になったことにあり，BがAの再生手続開始決定の原因を作出したといえる。

また，CはAとの取引を平成29年1月に一旦停止しているが，Bの説得により取引を再開した結果，Aの再生手続開始決定までに10億円の売掛債権を負担するに至っており，Cがかかる多額の再生債権を有した原因はBが作出したといえる。

したがって，BCを同一に取り扱うことは信義則に反し「再生計画」に「法律」違反がある。

(3) また，上記の法律違反は重大なもので「不備を補正することができないもの」といえ，174条2項1号にあたり，裁判所は付議できない。

第2　設問2小問1

1　42条の許可

(1) 再生債務者Aは「事業の全部」を譲渡しようとしている（42条1項1号）。

(2) 「事業の再生のために必要」とは，本条が再生債務者の債権と事業譲渡により影響を受ける利害関係人の利益の調整の観点から，事業譲渡しなければ事業の継続が困難になる場合をいう。

Aの事業は同業の乙社によれば，顧客離れによる毀損のおそれがあり，事業を乙社へ譲渡しなければ事業自体を継続することが困難な状況にあるといえ，「事業の再生のために必要」といえる。

(3) したがって，「裁判所の許可」を得る必要がある（42条1項）。

2 株主総会特別決議に代わる許可

(1) 事業の全部譲渡に必要な株主総会特別決議（会社法467条1項1号，309条2項11号）は，BがAの完全親会社であり，そのBが事業譲渡に強硬に反対しているため，3分の2以上の賛成を得られず否決されると考えられる。そこで，かかる決議に代わる裁判所の許可を得る必要がある（43条）。

(2) 43条の許可

ア Aは平成29年末から債務超過になっており「再生債務者がその財産をもって債務を完済することができない」といえる（43条1項本文）。

イ 「譲渡が事業の継続に必要である」とは，再生により株式は無価値となっているが，なお事業譲渡により影響を受ける株主の利益保護のため，事業価値が著しく毀損される場合をいう。

上記の通り，Aは顧客離れが進むと考えられている。また，Aの経営が依然として無謀な設備投資等をした完全親会社のBの指示のもとにあることとなる。そうすると，事業譲渡をしなければAの事業価値が著しく毀損されるといえる。

ウ よって，Aは「申立て」により裁判所の許可を得る必要がある。

第3 設問2小問2

1 債権者集会（114条以下）で再生計画案に同意をしなかったCは，再

3

生計画案の決議でも反対するといえる（172条の3）。

全再生債権の額30億円のうち20億円を有するBが賛成する以上，「議決権の総額の2分の1以上の」同意はある（同条1項2号）。しかし，再生債権者がBCしかいないため，「債権者集会に出席」したCが反対すれば「議決権者」の「過半数」の同意は得られず，再生計画案は否決される。

2　再生計画が否決されると，裁判所はこれを認可できない（174条1項）。

3　そして，「再生計画案が否決」されたため，「裁判所は職権」で「再生手続廃止の決定」をしなければならない（191条柱書，3号）。

手続が廃止されると，Cの申立てまたは職権により牽連破産（249条，250条）されうる。

4　以上の帰趨をたどる。

以上

# 論文総合 43 位

# 再 現 答 案

| 科目 | | 満点 | 得点 | 順位 |
| --- | --- | --- | --- | --- |
| 論文 | 総合 | 800 | 545.32 | 43位 |
| | 公法系 | 200 | 149.60<br>[A/A] | 16位 |
| | 民事系 | 300 | 196.33<br>[A/A/A] | 177位 |
| | 刑事系 | 200 | 135.09<br>[A/A] | 145位 |
| | 経済法 | 100 | 64.30<br>※制度上ＡＢＣ評価はありません | 32位 |
| 短答・論文総合 | | 1,575 | 1115.61 | 26位 |

## ■ 論文総合43位 憲法　評価A（公法系149.60点・16位）

第1　立法措置①は憲法21条1項に反し，違憲とならないか。

1　文面上違憲

「公共の利害に関する事実」（フェイク・ニュース規制法（以下「法」という。）6条）は，明確性の原則（憲法21条1項），適正手続（憲法31条1項），過度広範として憲法21条1項に反しないか。

(1)　まず，明確性，適正手続について，判例は，通常一般人の理解において当該場合が適用ならしめるかどうかの基準が読み取れるかで判断している。

表現行為を規制する法律の文言は明確でなければならない。なぜなら文言が不明確である場合萎縮効果が生じるからである。また，25条は6条違反に罰則を設けている。そのため，不明確な法律により罰されないという適正手続に反しないかが問題になる。

上記文言について見るに，何が公共の利害かは通常一般人の理解において何がこれにあたるか判断ならしめる基準は読み取れないといえる。なお，「公共の利害」は裁判例において差止等の基準となっているが，ＳＮＳ利用者にとってはやはり何が公共の利害かはやはり不明確であるといえる。

したがって，明確性の原則，適正手続に反し憲法21条1項，31条に反する。

(2)　過度広範の原則は，表現行為の規制は広範であると同じく萎縮効果が生じるからである。

上記文言についてこれを見るに，「公共の利害」はあまりに範囲が広く不明確である。

1

⑶　よって，法は，明確性の原則，過度広範の原則に反し憲法21条1項，適正手続31条1項に反し違憲無効である。

2　法令違憲

⑴　6条は，SNS利用者のSNSに投稿する自由を侵害し憲法21条1項に反しないか。

⑵　上記自由は表現の自由（憲法21条1項）により保障される。

⑶　上記自由は6条により制約されている。

⑷　上記自由について虚偽表現の自由に過ぎず要保護性は低いと反論する。しかし，上記のように6条の文言は広範であり，虚偽表現だけでなくSNS上の表現すべてを制約するといえる。また，仮に虚偽表現の自由であっても，その真偽が思想の自由市場で決することである。したがって，かかる反論は妥当しない。

また，制約は6条による直接かつ内容規制である。その上，SNSという利用者にとって世界に情報を発信する貴重な場であり，まさに自己実現，自己統治という表現の自由の保障根拠が妥当するものであり，その制約は重大である。また，罰則（25条）もありやはり制約が強度である。

そのうえ，名誉毀損罪など表現そのものを規制する法律は限定が付されているが，法には限定が付されておらず，その点でも制約は強度である。

そのため，重要な権利に対する，重大な制約があるといえる。したがって，目的がやむにやまれぬもので手段が必要最小限度でなければならない。

(5)　目的について見るに，確かに，甲県の工場爆発事故においてＳＮＳ上の表現により混乱を招いたという立法事実がある。しかし，公共の利益を守る（法１条）という目的は，公共の利益にも軽重があり，そのすべてが国民の生命，身体等の重大な利益に関するものではない。したがって，目的はやむにやまれぬものではない。

必要最小限度かをみるに，そもそも虚偽表現を規制しないでも，政府広報等によりかかる表現が虚偽表現であることを告知するなどすることで，混乱を防ぐことができる。したがって，より制限的でない手段が存在し，必要最小限度といえない。

よって，法はＳＮＳ利用者の自由を侵害し，憲法21条１項に反し違憲無効である。

第２　立法措置②はＳＮＳ事業者のＳＮＳサイトの運営の自由を侵害し憲法21条１項に反しないか。

１　文面上違憲

(1)　「選挙の公正が著しく害されるおそれがあることが明白」は，明確性の原則に反しないか。

上記の基準で判断する。上記文言は，「選挙の公正」という文言があり，選挙の際の表現であることがまずわかる。そして「著しく害する」という文言から，選挙の結果に影響を及ぼす表現ということが分かる。したがって，通常一般人の理解において何がこれにあたるか判断ならしめる基準は読み取れるといえる。したがって，明確性の原則，適正手続に反しない。

(2)　また上記のように限定されているから，過度広範性の原則に反しない。

2　法令違憲

(1)　そもそも上記自由は，営業の自由に過ぎず，憲法 22 条 1 項の制約があるに過ぎないとの反論が考えられる。

しかし，かかる反論は妥当しない。なぜなら，表現の自由は情報流通自体も保護しており，ＳＮＳは情報流通の基盤になっているからである。

したがって，上記自由は憲法 21 条 1 項によって保障される。

(2)　法 9 条 1 項はかかる自由を制約している。

(3)　上記自由は重要な自由である。なぜなら，ＳＮＳの運営は利用者によって自由な言論の場を提供しているからである。

そして，法 9 条 1 項はＳＮＳ事業者に 9 条 1 項各号の表現を規制することを定めて規制している。これに従わない場合，法 9 条 2 項はＳＮＳ事業者に削除を明示，法 26 条 27 条は，罰則をもって削除の命令に従うことを強制している。また，法 9 条 2 項の命令には事前の手続保障がない（法 20 条）。

したがって，重要な権利に対して，強度の制約が課されている。そのため，目的がやむにやまれぬもので，手段が必要最小限度でなければ違憲と解する。

(4)　目的について見るに，法 9 条の目的は，選挙の公正のためである。選挙の公正は，国民主権に関するものでやむにやまれぬものである。そのうえ，実際に乙県では，ＳＮＳ上の虚偽表現により現職の知事が落選した可能性があるとの立法事実もある。

手段について見るに，まず，かかる表現が虚偽であるかは国民自身が思想の自由市場で判断すべきであり，そもそも表現自体の削除を強制せずとも，規制委員会の公式アカウントを作成しかかる表現が誤りであるなどを拡散するなど国民に判断機会を与えるという手段によっても十分目的を達成できるといえる。また，委員会は15条で組織され２人以上が同一政党に属することになってはならないとしているが，選挙に関係のある国会によって任命されているため，恣意に運用される可能性は低いもののこれを否定できない，そのような委員会にＳＮＳの削除が強制されれば，ＳＮＳ自体の信用性が低下し表現の場としての機能を失う可能性がある。そのため，かかる点でも過度である。

よって，法は上記自由を侵害し憲法21条１項に反し，違憲無効である。

第３　立法措置②はＳＮＳ利用者のＳＮＳ投稿の自由を侵害し憲法21条１項に反しないか。

１　上記自由は表現の自由として保障される。

２　上記のように９条２項で投稿の削除が強制されるため，同項は上記自由を制約する。

３　まず，上記自由は限定された虚偽表現の自由に過ぎないと反論することが考えられる。そもそも表現が虚偽であるかどうかは国民が判断すべきことである。そのため，かかる点で権利の重要性が低下するとまでは言えない。

次に，確かに内容規制であり，かつ規制される自由は選挙に関する表現であり，まさに自己統治の価値を有するものである。もっとも，規制対象が明確化されており，かつ前述のように恣意的に運用される可能性が低い，その上，規制期間は選挙期間及び当日と短期間である。したがって，規制態様は強いとは言えない。

　したがって，目的が重要で，手段が実質的関連性を有しない限り違憲と解する。

4　目的については前述の通り重要である。手段について見るに，まず，かかる表現が虚偽であるかは国民自身が思想の自由市場で判断すべきであり，そもそも表現自体の削除を強制せずとも，規制委員会の公式アカウントを作成しかかる表現が誤りであるなどを拡散するなど国民に判断機会を与えるという手段によっても十分目的を達成できるといえる。

5　よって，法9条2項は上記自由を侵害し，憲法21条1項に反し違憲無効である。

以上

## ■ 論文総合 43 位 行政法　評価 A（公法系 149.60 点・16 位）

第１　設問１

１　本件事業認定及び本件権利取得裁決はそれぞれ別個の「処分」（行政事件訴訟法（以下「行訴法」という）３条２項）にあたる。行政法関係の早期安定の見地から，原則として違法性の承継が認められない。

もっとも，先行処分と後行処分が同一目的で，結合して一つの法効果を生じる場合（①）で，かつ先行処分を争う手続保障が十分でない場合（②）には違法性の承継が認められる。

２(1)　これを本問についてみるに，まず，本件事業認定がなされる，土地収用法（以下「法」とする。）39 条１項で収用裁決が可能になる。そして，収用裁決がなされれば，土地収用が可能となる（102 条）そのため，事業認定は事業を実現するために，土地収用を行うことをも目的とするといえる。他方，収用裁決がなされれば 102 条により土地収用が可能になるので，収用裁決は土地収用を目的としている。したがって，両者は同一目的である。そのうえ，上記のように，事業認定と収用裁決があって初めて（法 39 条，47 条，102 条）土地収用が可能になる。そのため，両処分は結合して同一の法効果を有する（①）。

(2)　次に手続保障が十分かを見るに，事業認定がなされれば，法 26 条１項で告知がなされ，法 26 条の２第２項で，起業地の図面の公衆への縦覧がなされる。そのうえ，28 条の２により，関係人への周知がなされる。そのため，Ａには事業認定手続を争う機会があったとの反論が考えられる。

かかる反論は妥当しない。なぜなら，確かにＡは事業認定を知る

1

機会があったがB県では，収用裁決の行使ではなく，任意買収によって起業地の土地所有権の確保に努めており，Aに対しても任意買収に応じるように呼びかけていた。そのため，Aとしては収用裁決後に争うと判断することは無理もないためである。

したがって，手続保障が十分とはいえない（②）。

そのため，違法性の承継が認められる。

3　したがって，事業認定の違法を本件訴訟で主張できる。

第2　設問2(1)

1　「当該処分若しくは裁決の存否又はその効力……できないもの」とは，現在の法律関係に関する訴訟が行える場合であっても，無効確認訴訟による方が，紛争解決にとって直截的である場合をいう。

2　本件についてこれを見るに，本件土地の所有権移転登記抹消請求及び所有権確認請求という民事訴訟を行うことで十分であるため，上記要件にあたらないと反論する。

かかる反論は妥当しない。なぜならかかる民事訴訟を行ったところで，事業認定の法的効果は失われず，法102条により収用手続なされうるというAの法的地位には変化がなく，紛争の根本的な解決にはならない。

他方，本件事業確認の無効が確認されれば，収用裁決の前提が失われ（法29条），Aは収用裁決をされ土地所有権を失い得るという地位から脱却できる。そのため，無効確認訴訟の方が，紛争解決にとって直截的であるといえる。

したがって，「当該処分……できないもの」にあたる。

3　よって，無効等確認訴訟を提起できる。

第3　設問2(2)

1　20条3号は「土地の適正」「合理的」など，抽象的文言を用いている。また，事業認定自体が地域をよく知る県知事が「公共の福祉」（法1条）のために行うものであるから，県知事の専門的判断に委ねられるといえる。したがって，20条3号につき要件裁量が認められる。

2　そのため，Aとしては県知事の判断が裁量の逸脱濫用（行訴法30条）として違法だと主張する。裁量の逸脱濫用にあたるか否かは判断の過程及び内容に著しく不合理な点があるか否かで判断する。なぜなら，20条3号は事業認定の判断であり，事業認定は最終的に私人の土地を収用するものであるから，その裁量の幅は広範とまではいえないからである。

3(1)　まず，新たに本件道路が整備されると交通量が増えるのにかかる事態を過少に評価しているといえる。

この点，平成22年調査では交通量は約3分の1に減っており過少に評価したわけではないとの反論が考えられる。しかし，平成元年の調査の時から人口減少は1割に過ぎないのに交通量が3分の1まで減少することは考えられず，平成22年の調査には誤りがあると考えられる。それにも関わらず，平成22年の調査を重視することは交通量の影響を重視しているとはいえず考慮不尽があるといえる。

(2)　また，Bは「道路ネットワークの形成」を理由としているがその必要性は低くこれを重視することは過大考慮であると主張する。な

③

ぜなら，仮に平成22年の統計が正しいとすれば交通量は3分の1に減少しており，交通需要がひっ迫しているとはいえないからである。

(3) 住環境の悪化を考慮しないことは考慮不尽であると主張する。これに対して，そもそも住環境は考慮すべき事情ではないとの反論が考えられる。しかし，事業計画の目的は「公共の福祉」であり，住環境もこれに含まれるから，かかる反論は認められない。

(4) そして，Bは「通行者の安全性の確保」として本件道路のルートの考慮につき小学校の存在しか考慮しておらず，本件土地の自然環境という要考慮事項を考慮していないと主張する。これに対し，本件土地には学術上貴重な生物はおらず考慮する必要はないとの反論が考えられる。しかし，「公共の福祉」には自然環境も含むのであるから，かかる反論は認められない。

(5) また，井戸への影響が考慮されておらず，考慮不尽が存在すると主張できる。Bは「地域の防災性の向上」を掲げている。確かに掘削は2メートルに過ぎないが，この程度の掘削でも本件土地周辺の井戸は枯れたことがある。そして，本件土地の周辺の非常時に水源となりうる井戸が存在するのであるから，これらの井戸に対する影響を考慮しないことは「地域の防災性の向上」に反する結果となるため，考慮不尽といえる。

以上より，Bの考慮事情には考慮不尽が存在し，裁量権の逸脱濫用が認められ，20条3号の要件は充足していないといえる。

以上

## ■ 論文総合43位 民法　評価A（民事系196.33点・177位）

第１　設問１

１　本件事故が発生した時点における甲建物の所有者は誰か

(1)　建物建設の請負（民法（以下法名省略）635条）における所有者の判断基準が問題になる。

請負は仕事の完成が先履行（633条）であるため，請負人の保護が必要である。そのため，材料提供者が建物の所有権を有するといえる。もっとも，注文者の代金の支払い等から請負人保護の必要性がなくなる場合がある。そのような場合は，注文者への所有権移転という黙示の特約を認めるべきである。

(2)　本件についてこれをみるに，まず，材料提供者はＢなのでＢが甲建物の所有者である。黙示の特約の有無についてみるに，代金の支払いは，契約時に10％，着工日に30％，棟上げ時に40％，引渡し時に20％行われることになっている。そして，棟上げ時には注文者は代金の８割を支払っている。つまり，請負人の残債権は20％に過ぎず，残りの債務も引渡し債務に過ぎない。そうだとすれば，請負人保護の必要性は棟上げ時には低く，少なくとも棟上げ時にはＡに所有権を移転する黙示の特約があったといえる。なお，建物の額は３億6000万円であるからなお棟上げ時においても請負人保護の必要性があるとも思えるが，やはり８割もの代金を支払っている注文者との均衡も踏まえ，結論を左右しないと考える。

したがって，棟上げ時（平成29年８月９日）に甲建物の所有権がＡに移転したといえる。

(3)　よって，本件事故時（平成30年６月７日）における甲建物の所有者はAである。

2　Aに所有者としての責任を追及できるか

(1)　717 条 1 項ただし書に基づき損害賠償を請求する。まず，甲建物は「土地の工作物」にあたる。

(2)　「瑕疵」とは，通常有すべき安全性を欠くことをいう。甲建物は建築資材の一部に欠陥があり，震度５弱程度で一部損傷している。そして，震度５弱とは日本ではままあるのであり，甲建物が鉄筋コンクリートであることからすれば，震度５弱程度で一部損傷が生じるのは基本的な安全性を欠くといわざるを得ない。したがって，甲建物に「瑕疵」がある。

(3)　かかる「瑕疵」により損傷が生じ，落下によりCが負傷し治療費の支出という「損害」が生じた。そのため，瑕疵と損害に因果関係も認められる。

(4)　「占有者が損害の発生を防止するに必要な注意をした」といえるか。まず，「占有者」は引渡しがいまだ行われていないのでBである。そして瑕疵の原因となった建築資材の欠陥は本件事故後に明らかになったもので，Bがかかる建築資材を用いたことには落ち度はない。また，建物が完成している以上その内部構造にまで注意を払わずとも十分であるといえる。したがって，「占有者が損害の発生を防止するに必要な注意をした」といえる。

(5)　甲建物の「所有者」は上記の通りAである。

(6)　よって，上記請求は認められる。

第２　設問２

1　Hの主張

(1)　Hの主張はHが本件売買契約により賃料請求ができることを前提としている。かかる点が妥当か検討する。

まず，賃借人Eは本件賃貸借契約に基づき乙建物の引渡しを受けたのであるからEの賃借権は対抗力を有している（借地借家法31条）。対抗力ある賃借権の対象たる建物所有権が移転した場合，別段の合意なくして賃貸人の地位も移転する。なぜなら，賃貸人の債務は，賃貸借の目的物を所有していれば誰でも履行可能な債務だからである。

また，賃貸人の地位をHが有するとしてそれをEに対抗できるかが別途問題になる。この点，賃料の二重払い防止の観点から賃貸人の地位を対抗するためには，登記が必要と考える。本件では，Hは乙建物の登記を有しているから賃貸人の地位を対抗できる。

したがって，以上の通り主張する。

(2)　次に，賃料を請求するためには賃料債権が存在していることが必要である。もっとも，本件譲渡契約により賃料債権が譲渡されている。そのため，かかる本件譲渡契約はそもそも発生が不確実な将来債権譲渡であり無効である。また，仮に発生が不確実な点はおいておいても，12 年分もの長期にわたる賃料債権譲渡は不当にDの地位を害し公序良俗（90 条）に反し無効であると主張する。

2　Fの主張

Fとしては，本件譲渡契約は有効と主張する。具体的には，将来債権譲渡である点について債権不発生のリスクは契約当事者が負担す

3

ればよく無効理由にならないと反論する。また，公序良俗違反の点については，元々ＦのＤに対する債権回収目的のために行われたのであり，公序良俗に反しないと主張する。

以上の通り，本件債権譲渡は有効であり，平成 28 年８月４日に第三者対抗要件を取得しており，Ｈに対抗できると主張する。

3　いずれの主張が正しいか

Ｆの主張が正しいと考える。理由は以下の通りである。

(1)　確かにＨがＥに賃貸人の地位を対抗できるのはＨの主張通りである。そこで，本件債権譲渡契約の有効性が問題になる。

(2)　まず，将来債権譲渡である点について，Ｆの主張通り，債権不発生のリスクは契約当事者が対処すればよく，無効原因にはならない。

(3)　公序良俗違反の点については，確かに，譲渡人に経済上多大な制約になる等の場合には公序良俗違反になるといえる。

もっとも，Ｆの主張通り，本件譲渡契約はＦのＤに対する貸金 3600 万円の回収のために行われており，譲渡の総額は平成 28 年９月から平成 40 年８月，すなわち 13 年×12 か月×20 万の 3120 万円であり，これを上回るものではない。したがって，Ｄに経済上不当な負担を課しているわけではない。

(4)　したがって，本件譲渡契約は有効であり，平成 28 年８月４日，すなわち，本件売買契約以前に第三者対抗要件（467 条１項）を有しているから，Ｆの主張は妥当である。

第３　設問３

1　本件債務引受契約は錯誤（95 条）無効と主張する。もっとも，Ｈ

の賃料債権を得るというのは動機にすぎない。そのため，動機の錯誤にあたる。動機の錯誤は，取引の安全と表意者保護の調和の観点から，動機が明示ないし黙示に表示され法律行為の内容となる場合に「錯誤」になる。

2　これを本件について見るに，ＨはＤのＧに対する6000万円の債務を弁済する方法を相談していた。３名で相談中Ｇは乙建物を，その賃料収入を見込んだうえで処分し弁済しないかと提案し，同日，本件債務引受契約と本件売買契約は締結された。したがって，Ｈが賃料収入を得ることを前提としていたことは黙示に表示されていたといえる。次に法律行為の内容となっているか見るに，本件債務引受契約は第三者のための契約（537条）である。第三者のための契約において，受益者ＤとＨとの本件売買契約においてＨの目論んでいた通り賃料収入を得れないことは，本件債務引受契約の内容とはならないのが原則である。しかし，本件では上記のように，本件売買契約の支払に代えて債務引受契約をするのであり，かつ両者の契約は同日になされるなど密接に関連している。したがって，Ｈの動機は法律行為の内容になっていたといえる。

よって，「錯誤」にあたる。

3　では，「要素」の錯誤にあたるか，「要素」といえるためには，因果関係と客観的重要性が必要である。

まず，賃料を得られないなら単にＨはＤの債務を負担するだけでメリットはないから，錯誤がなかったならば意思表示をしなかったといえる（因果関係）。また，一般人にとっても賃料が得られなければ不

5

利であり，意思表示をしなかったといえる（客観的重要性）。

よって，要素の錯誤にあたる。

4　もっとも，Hは本件債務引受時に，Fが賃料債権譲渡につき第三者対抗要件を取得したことを知っており，重過失（95 条但し書き）がある。もっとも，同条但し書きの趣旨は，重過失がある場合には表意者よりも相手方を保護すべきことにある。そうだとすれば，相手方も重過失である場合には，そのような相手方は保護に値しないから但し書きは適用されない。

本件では，Gも上記のようにHと同じく債権譲渡の事実を知りつつ，Hが賃料債権を取得できることを前提としているから重過失がある。

よって，錯誤無効を主張できる。

以上

## ■ 論文総合43位 商法　評価A（民事系196.33点・177位）

第１　設問１

１　甲社の臨時株主総会を自ら招集する場合

会社法（以下法名省略）297条４項に基づき請求を行う。前提として，297条１項で会社に株主総会開催の請求を行う。

まず，乙社は平成29年５月の時点で甲社の総株主の議決権の４％を有している。そのため，「総株主の議決権の100分の３」を有している。したがって，甲社は公開会社であるから，「６箇月」前から株式を有していることが必要なところ（297条２項），同年11月には「６箇月」有していることになる（同条１項）。そして「招集の理由」を示せば請求できることになる。

請求した上で，遅滞なく招集の手続が行われない場合（同条４項１号）又は，第１項の規定による請求があった日から８週間以内の日を株主総会の日とする招集の通知が行われない場合，裁判所の許可を得た場合に自ら招集できる（297条４項）。

２　平成30年６月の甲社の定時株主総会の開催にあたり株主提案権を行使する場合

305条に基づき株主提案権を行使する場合，前述のように平成29年５月に乙社は「総株主の議決権の100分の１」の議決権を有している。甲社は取締役会設置会社であるから，「６箇月」前から株式を有していることが必要である（305条２項）。そのため，平成29年11月には「６箇月」有していることになる。

したがって，上記要件を充足すれば，平成30年６月の甲社の定時株主総会において株主提案権を行使できる。

3　両者の比較

1の方が，手続が煩雑であるから，2の方が用いやすい。

第2　設問2

1　乙社としては，247条に基づき本件新株予約権無償割当ての差止めを請求する。具体的には，本件新株無償割当ては，株主平等原則（109条1項）に反し，「法令」に「違反」があり，同条1号にあたる。また，支配権維持を目的としており「著しく不公正な方法」にあたり，同条2号にあたる。そして，乙の新株予約権は行使できないので，乙の持ち株比率が低下し「不利益を受けるおそれがある」（同条柱書）にあたると主張する。

2　247条1号該当性について

(1)　そもそも，新株予約権無償割当てに247条が適用できるのか問題になる。この点，同条の趣旨は，予約権の発行により支配権の移転や持ち株比率の低下が発生するおそれがあるためかかる株主を保護することにある。新株予約権無償割当ての場合も同様のおそれがあるからかかる趣旨が妥当する。したがって，同条は新株予約権無償割当てに類推適用できる。

(2)ア　では，違法があるか。そもそも新株予約権の割当てに株主平等原則が適用されるかが問題になる。この点，278条2項は，持ち株数に応じて予約権の割当てを行うことを要請している。かかる規定の存在を考えれば，株主平等原則の趣旨が妥当する。したがって，109条1項違反になりうるといえる。

イ　株主平等原則違反かみるに，会社は株主共同の利益を実現するための組織である。したがって，株主共同の利益を毀損するような買収者に対して防衛策を用いることが全く許されないわけではない。具体的には，防衛策をとる必要性かつ防衛策の相当性があれば認められる。防衛策の必要性は，株主の判断に委ねられるべきである。他方相当性については，厳格に判断すべきである。

必要性について見るに，本件新株予約権無償割当ての決議は67％の賛成で可決しており，乙社が20％株式を有していることからすれば，ほとんどすべての株主が賛成しているといえる。したがって，必要性が認められる。

相当性について見るに，確かに，乙は非適格者として新株予約権を行使できず，また買取もなされない。そのため，乙社にとって，著しく不利益で相当性がないとも思える。しかし，乙社がこれ以上の買い増しを諦めれば，新株予約権のすべての無償取得が行われる。そのため，相当性があるといえる。なお，無償取得は「できる」とあるため，無償取得が行われる保障がないためやはり相当性を欠くようにも思えるが，もしそのようなことをすれば，会社の信用性，社会的評価の低下等を招くため，「できる」とあっても無償取得が実現しない可能性は低い。したがって，相当性はやはり認められる。

したがって，株主平等原則に反しない。

よって，法令違反はなく，247条1号にあたらない。

3　247条2号該当性

(1)　「著しく不公正な方法」とは不当な目的を達成する手段をいう。

3

本件では，乙社の支配権取得を妨害することが主たる目的になっている。そのため，著しく不公正な方法にあたるとも思える。

もっとも，支配権維持目的が主たる目的であったとしても，買収者が会社の企業価値を低下させるおそれがある場合には，発行の必要性があり，相当性があれば特段の事情があり，「著しく不公正な方法」にあたらない。

本件についてこれをみるに，乙社には甲社の事業の理解が低い可能性があり，甲社内部では必要とされる資産を売却しようとするなど，甲社の企業価値を低下させるおそれがある。そして，前述のように必要性及び相当性が認められる。

したがって，「著しく不公正な方法」にあたらない。

(2) よって，247条2号にはあたらない。

4 したがって，247条による差止めは行えず，乙社には有効な手段がない。

第3 設問3

1 本件決議1の有効性について

(1) 本件決議1は，取締役会の決定事項である重要な財産の処分（362条4項1号）を株主総会でも決定できるようにするものである。そのため，295条1項に反しないか。

この点，同項の趣旨は，株主には会社の経営の意思も能力もないから業務執行を取締役の権限にしたことにある。株主は会社の所有者であることを踏まえると，株主が望むのであれば，経営事項も株主総会の決定に委ねても同項の趣旨に反しないといえる。したがって，取締役会の存在意義を失わせるような場合（例えば，業務執行権限を全て株主総会に委ねるなど）を除き，取締役会の決定事項を株主総会の決定事項にすることも許されるといえる。

本件では，重要な財産の処分を株主総会の決定事項にするのみで，取締役会の決定事項を全て株主総会の決定事項にするようなものでないから295条1項に反しない。

(2) よって，本件決議1は有効である。

2 423条1項の責任について

(1) Aは甲社の代表取締役であり，「役員等」（423条1項括弧書き）にあたる。

(2) 「任務を怠った」とは，法令・定款違反及び善管注意義務（330条，民法644条）違反，忠実義務（355条）違反をいう。

確かに，株主総会の決議に従うことは取締役としての義務だが，取締役は会社に損害を生じさせないようにする義務がある。本件では，株主総会の決定にそのまま従えば，甲社が一方的に損をすることになる。

そのため，代表取締役としてAは損害を避けるべきであったのに漫然と株主総会の決定に従っているため，善管注意義務違反があり，任務懈怠が認められる。

(3) また，Aは株主総会の決定に従えば，甲社に多額の損害が生じることを知っていた。したがって，「過失」が認められる。

(4) 甲が何らかの損害回避のための行動をとっていれば避けられた「損害」もあったはずであるから，損害と任務懈怠には因果関係が認められる。

よって，423条1項の責任が認められる。

以上

## ■ 論文総合 43 位 民訴　評価A（民事系 196.33 点・177 位）

第１　設問１課題(1)

１　Ｙの解釈の根拠

Ｙとしては，「本件契約に関する一切の紛争は，Ｂ地方裁判所を第一審裁判所とする。」との契約書の文言は，Ｂ地方裁判所を専属とする合意管轄（民事訴訟法（以下法名省略）11 条１項）にあたるとするのが根拠である。

２　Ｙの解釈とは別の解釈をとるべきである点について

(1)　まず，上記文言には専属とするなど，他の裁判所の管轄を排除する明文の規定がない。そのため，Ｙの主張するような専属管轄の合意とまではいえない。

(2)　次に，「本件契約に関する一切の紛争」とあるが，これでは範囲が広すぎて，「一定の法律関係」（11 条２項）とまではいえず，上記合意は無効であるといえる。なぜなら，11 条２項の趣旨は，広範な合意管轄は当事者を害するので限定をかけることにあるのにも関わらず，上記文言は限定的とは言い難いからである。

第２　設問１課題(2)

１　そもそも他の管轄規定と異なり，あくまで合意管轄に過ぎない。また，17 条は遅滞を避けるための移送を認めている。この趣旨は，17 条に規定するような場合には他の管轄裁判所に移送を認めてよって訴訟の円滑な展開，当事者の衡平を実現することにある。そうだとすれば，17 条と同様の状況が認められるのであれば移送を認めないこともまた可能であるといえる。

２　これを本件についてみると，そもそも本件訴訟はＡ市所在のＹのＡ

1

支店で購入した自動車の不具合についての紛争であるから，証拠もA市に存在している可能性が高い。また，A支店，X及びBの弁護士もA市に所在する。他方B市はA市から600キロメートル以上も離れており，証拠の提出等に時間がかかるおそれがある。そのため，A市で行った方が遅滞なく訴訟が見込める。そのうえYは全国展開する大企業であるのに対して，Xは私人であり，経済力に差がある。また上記のようにB市は遠くLの出張費などがかさむおそれがあり，これはXにとって大きな負担になる。そのため，当事者の衡平の観点からも，A市によるべきである。

3　以上のとおり，17条の趣旨から，A市での訴え提起が認められるといえる。

第3　設問2

1　裁判上の自白（179条）について

裁判上の自白とは，弁論期日及び弁論準備手続における自己に不利益な事実を認めて争わない旨の陳述をいう。

自己に不利益なとは，基準の明確性の観点から，相手方が証明責任を負うことをいう。事実とは，主要事実をいう。間接事実や補助事実は証拠と同様の働きをし，これに審判排除効を認めると自由心証主義（247条）を阻害するおそれがあるからである。

2　元の請求における事実④の陳述の位置づけ

(1)　元の請求の要件事実は，債務不履行の事実，催告，催告後相当期間の経過，解除の意思表示である。

(2)　したがって，事実④はこれらのいずれにもあたらない。そのため，

2

上記自白の定義にあたらない。

3　追加された請求での事実④の陳述の位置づけ

(1)　追加された請求の要件事実は，債務不履行の事実，損害の発生，因果関係，債務者の帰責性である。

(2)　事実④は損害の発生にあたる。したがって，上記陳述はXが立証責任を負う主要事実を認めて争わない旨の陳述であり，上記自白の定義にあたる。よって，裁判上の自白に位置づけられる。

4　撤回できるか

(1)　自白の不可撤回効の根拠は，自白の成立により審判排除効が生じ，当事者はその事実が判決の基礎となると考えるから，当事者に信頼が生じる。それを翻すのは禁反言にあたるからである。そうだとすれば，相手方の信頼が生じていなければ，自白を撤回することは禁反言にあたらず認められると考える。

(2)　本件についてこれをみると，上記のように④の事実の陳述は元の請求では自白ではなかったが，追加請求では自白にあたるものである。そして，④の事実の陳述は請求を追加する前になされたものである。したがって，Yは追加請求を前提に陳述したものではない。そして，そのことをXも認識していたといえる。そのため，Xは追加請求にかかる自白についての信頼があったわけではないといえる。

よって，不可撤回効の趣旨に反しないため例外的に撤回できるといえる。

第4　設問3

1　文書提出義務の根拠条文は220条である。220条は1号ないし3号に該当する場合又は4号にあたらない場合に文書提出義務を肯定している（220 条柱書）。したがって，まず，220 条1号ないし3号にあたるか。次に，220 条4号にあたらないかという順序で検討する。

2　220 条1号ないし3号該当性について

(1)　まず，(ア)〜(イ)から当事者が文書を所持していないことがわかるため，1号に該当しない。

(2)　次に，(ウ)から，文書の所持者Ｚが任意に提出するつもりがないことがわかる。そのため，2号に該当しない。

(3)　(ア)(イ)から対象となる文書はＴの私的な日記であり，3号にあたらないことがわかる。

よって，220 条1号ないし3号にあたらないことがわかる。

3　220 条4号にあたらないことについて

(1)　まず，(ア)から文書所持者Ｚの配偶者Ｔ作成の文書であることがわかる。そのため，イに該当する可能性があるという観点から文書の内容等を吟味すべきである。

(2)　(ア)〜(ウ)から本件文書が公務員作成の文書でないことがわかるので，ロ該当性は検討する必要がないことがわかる。

(3)　(イ)からわかるように，本件文書にはキャンピングカーの設計に関する記載があるのでハにあたりうる可能性があるため，この点で文書の内容を精査する必要がある。

(4)　Ｔ作成の私的な日記なので，ニにあたらないことは明らかである。

(5)　また，ホに該当しないことも明らかである。

以上の観点から上記のような事項を考慮すればよい。　以上

## ■ 論文総合43位 刑法　評価A（刑事系135.09点・145位）

第１　設問１

１　Aに本件キャッシュカード等を封筒に入れさせ，それをすり替え持ち去った行為に詐欺罪（刑法（以下法名省略）246条１項が成立しないか。若しくは，同行為に窃盗罪（235条）が成立しないかが問題になる。罰金刑のない詐欺罪の方が重い罪なので詐欺罪の成否を先に検討する。

２　詐欺罪の成否について

(1)　まず，「欺く」行為は，財産の交付の基礎となる重要な事実を偽ることをいう。これを本件について見ると，本当は甲が本件キャッシュカード等を取得しようとするつもりなのに，証拠品としてA自身に保管させると偽ったことは本件キャッシュカード等の所在について偽ったことになるから交付の基礎となる重要な事実を偽ったといえ，「欺く」行為にあたる。

(2)　上記欺罔行為によりAは本件キャッシュカード等がいまだ封筒に存在するとの錯誤に陥っている。

(3)　では，錯誤に基づく処分行為があるか。処分行為があると言えるには，占有移転を基礎づける事実の認識が必要である。

本件についてこれをみるに，Aの認識では本件キャッシュカード等は，証拠品としてAが保管するとの認識である。そして，Aの認識ではかかる封筒は未だAの管理権下にある玄関に存している。したがって，Aは本件キャッシュカード等の占有移転を基礎づける事実の認識はない。そのため，処分行為がない。

よって，詐欺罪が成立しない。

①

3　窃盗罪の成否について

(1)　まず，本件キャッシュカード等は「財物」にあたる。

(2)　「他人の」とは，他人の占有する財物をいう。占有の有無は占有の事実と占有の意思から判断される。

まず，Aの認識ではいまだ本件キャッシュカード等は，未だ管理権下である玄関に存する甲の手元にあると思っているので占有の意思がある。

また，甲に言われて家の中に戻ったものの，上述の通り，未だAの管理権下である玄関に存する甲の手元に本件キャッシュカード等が入った封筒が存するので占有の事実がある。

したがって，本件キャッシュカード等は「他人の財物」にあたる。

(3)　「窃取」とは，占有者の意思に反して，占有者の占有を排除し自己または第三者の占有下に移転することをいう。

本件についてこれを見るに，Aは甲の真意を知っていれば，本件キャッシュカード等を封筒に入れなかったし，Aとしては証拠品として本件キャッシュカード等を保管するつもりであったからこれをショルダーバッグに入れることはAの意思に反するといえる。また，ショルダーバッグという甲の排他的支配が及ぶ場所に本件キャッシュカード等を入れることは占有者Aの占有を排除して自己の占有下に移転したことになる。

したがって，「窃取」したとえいる。

よって，上記行為に窃盗罪が成立する。

第2　設問2

1　①について

(1)　かかる見解は，事後強盗罪を真正身分犯と捉え，かつ65条の「共犯」に共同正犯（60 条）も含むと考えるものである。事後強盗罪を真正身分犯と捉える理由は，「窃盗が」という（刑法条文）文言，及び窃盗を行い，暴行をしなかった場合には窃盗罪しか成立しないことを理由とする。また，非身分者も身分者と共同して法益侵害を惹起することが可能であるから，65 条の「共犯」には，共同正犯も含むといえる。

(2)　かかる見解を前提に乙の罪責について検討する。共同正犯が認められるには，共同実行の意思及び共同実行の事実が必要である。

ア　本件では，乙は甲が万引きをしたと勘違いをしているものの，甲が窃盗犯人であることは認識しているといえる。また，乙が「また，やったのか。」と尋ねたのに対し，甲は逮捕者Ｃの反抗を抑圧することを期待しつつ「こいつを何とかしてくれ」といったことから甲と乙には意思連絡があったといえる。そして，上記やり取り及び乙がＣに対して刃渡り 10 センチメートルの殺傷能力のある凶器を突き付けて殺すぞと甲の意図通りＣの反抗を抑圧するような行為を行っていることからすれば，甲と乙の意思連絡の内容はＣの反抗を抑圧して窃盗犯甲を逃がし「逮捕を免れる」ことにあったといえる。

　したがって，事後強盗罪の共同実行の意思が認められる。

イ　また，「脅迫」とは，人の反抗を抑圧するに足る害悪の告知をいう。これを本件についてみるに，乙の行為はＣに対して刃渡り

3

10センチメートルの殺傷能力のある凶器を突き付けて殺すぞと殺意を示すもので，人の反抗を抑圧するに足りる程度の害悪の告知といえる。

したがって，共同実行の事実がある。

(3) そして，65条1項により，乙も事後強盗の共同正犯が成立する。

2 ②について

かかる見解は，事後強盗罪を窃盗と暴行の結合犯と捉え，かつ因果は過去に遡らないから承継的共同正犯は認められないとする見解である。

これを本件についてみると，乙は，上記のように，甲と意思を通じて，上記のようにナイフを示し殺すぞといい，少なくとも人の反抗を抑圧するに至らない程度の害悪の告知をしており，「脅迫」にあたる。

よって，脅迫罪の共同正犯が成立する。

3 私見

①が妥当である。まず，事後強盗罪は真正身分犯である。なぜなら，「窃盗が」という条文文言に忠実であるし，窃盗の実行に着手し，暴行・脅迫を行わなかった場合には，事後強盗罪は成立しないことからすればあくまで事後強盗罪の実行行為は暴行脅迫にあるからである。

そして，非身分者も身分者と共同して法益侵害ができるため「共犯」には共同正犯も含む。

以上を前提とすれば，①で述べたように事後強盗罪の共同正犯が成立する。

第3 設問3

1　まず，丙はDへの傷害結果を意図して行為をしていないので構成要件的故意が阻却されるという説明が考えられる。しかし，通説的な見解である法定的符合説をとると，丙はボトルワインをおよそ人に対して投げるということにおいては，認識と実際の行為が一致する。また，故意としては，人にワインボトルを投げることと抽象化されるので，甲だけでなくDに対する故意も認められる。したがって，かかる点で説明に難点があるといえる。

2　正当防衛（36 条 1 項）が成立し，違法性が阻却されると説明しうる。もっとも，Dは侵害行為を行っておらず，正当防衛を認めることは困難である。

3　緊急避難（37 条 1 項）が成立し，違法性が阻却されると説明しうる。確かに，Dは，甲から金を出せなど強盗ないし恐喝行為を受けており，丙としてはワインボトルを投げるしか手段がなく，Dはひるむ様子がなく，侵害が押し迫っているとまでは言い難く「急迫」性を欠くのではないかという難点がある。また，緊急避難には法益の権衡性が要求されるが，本件ではDに対する財産への危難が生じたのに対し，他方で丙が起こしたのは傷害という身体へ危害を加えているため，法益の権衡性がないのではないかという点も難点である。

4　次に誤想防衛が成立し，責任故意が阻却されるという説明が考えられる。Dがひるむ様子がないことを丙も認識しているため，丙の主観においても「急迫」があるとまでは言えないのではないかという難点がある。また，法益権衡の点についても財産侵害の存在を認識したうえで，身体傷害のおそれのある行為をしていることを認識しているため，主観においても法益権衡の要件を見たいしているという認識がないのではないかという問題点がある。

以上

## ■ 論文総合 43 位 刑訴　評価A（刑事系 135.09 点・145 位）

第1　設問1－1

1　そもそも逮捕，勾留はその要件を満たす場合に認められる。もっとも，逮捕及び勾留は起訴不起訴に向けた捜査を行うためのものであるから，かかる捜査の必要性が失われた場合，その逮捕勾留もその実体を失い違法となるといえる。

2　逮捕の要件を満たすか

(1)　「罪を犯したと疑うに足りる相当の理由」（刑事訴訟法（以下法名省略）199 条1項）

甲の勤めていた会社の社長は，甲が売掛金の集金及び経理業務を担当していたが，集金額3万円を着服したとの証言があった。またかかる被害届の提出をしており証拠がある。そのうえ，Aが集金した3万円を入金したことを示す資料がない。したがって，業務上横領罪（刑法 253 条）を犯したと「疑うに足りる相当の理由」がある。

(2)　逮捕の必要性（199 条3項，刑事訴訟規則 142 条1項3号）

横領罪は懲役 10 年以下の重罪である。したがって，逮捕の必要性は否定できない。

(3)　また令状も発付されている。

よって，通常逮捕の要件を満たす。

3　勾留（207 条1項，60 条）の要件を満たすか

(1)　上記のように「罪を犯したと疑うに足りる相当の理由」がある。

(2)　甲は容疑を否認しており，かつ横領罪は重罪であるから罪証隠滅（207 条1項，60 条1項2号）及び逃亡のおそれ（同3号）がある。

(3)　また，勾留の必要性（87 条1項）を否定する事情もない。

1

よって，勾留の要件を満たす。

4　平成31年3月2日から10日まで勾留について

まず，確かに，業務上横領（以下「別件」という。）について11時間に対して，強盗致死事件（以下「本件」という。）は18時間取調べが行われており，本件の方が長く取調べを行っており，実体が喪失しているとも思える。

しかし，本件後に無職であった甲の預金残高が1万円から30万円になり，かつ犯行に使われた原付と甲名義の原付のナンバーが一致している。したがって，甲は何らかの形で本件に関与している可能性があり，本件について取調べを行う必要があった。そのうえ，任意の取調べであることを甲に伝え甲もこれに任意に応じている。

他方，別件については，3月7日に別件当時にパチンコ屋にいたというアリバイを主張しており，2(1)に述べた以外の証拠がなく，甲の主張を崩すにはパチンコ屋のアリバイを崩す必要があり，8日から10日まではかかる裏付け捜査に必要であったため，8日から10日まで別件の取調べを行えないことはやむを得ないといえる。また，その他，別件の証拠となりうるYの供述は16日に得られることになる。そのため，やはり8日以降取調べを行えなかったことはやむを得ない。そのうえ上記のように新証拠が10日より後に発見され，それをふまえたうえで取調べを行う以上，未だ勾留の必要性は失われていない。

したがって，この時点で実体を失ったとはいえない。

5　勾留延長の要件について

勾留延長は208条2項の要件を満たす必要がある。

上記のように，別件について直接証拠はない以上甲のアリバイを崩し自白を得る必要がある。そして，そのためには甲のアリバイを崩し，新証拠を得る必要がある。そして，アリバイの裏付け捜査は同月10日に終了し，Ｙの取調べは16日に行われる。したがって，10日以後も甲の身柄を拘束し取調べを行う必要がある。

したがって，「やむを得ない事由」がある。

よって，勾留の要件を満たす。

6　同月11日から20日までの勾留について

(1)　確かに，別件について９時間，本件について22時間行われており，２倍以上も差があり，別件勾留の実体が失われているとも思える。

(2)　しかし，同月11日，12日に別件について取調べをしなかったのは，Ａあての領収書の有無を精査していたためである。また，13日の取調べでは領収書が発見されたことを追求したが，これに対しても甲ははぐらかしており，やはりアリバイの裏付け捜査及びＹの供述をまって，甲にさらなる追求をする必要があった。

その後，アリバイの不存在を踏まえた取調べを，14日の確認後の15日に行っている。また，16日にＹを得て，Ｙの供述の信用性を19日に確かめたうえで，同日取調べを行っている。すなわち，新証拠等出現の度に必要な取調べを別件について行っているといえる。また，20日に別件について自白しているので，20日まで勾留をつづけたことは別件の取調べの必要性があったといえる。

他方，本件については前述のように強盗致死で重罪であり，取調べの必要性があった。そのうえ，本件強盗致死事件後，甲が自己の原付を処分したことが明らかになった。また，滞納していた家賃を支払ったなど，事件後の急な金銭の入手等も明らかになった。そのため，甲には高度本件への関与の疑いがあり，以前にも増して取調べの必要性があった。そして，本件の取調べを行ったのはアリバイの裏付けが終わるまでの間，またYの供述が行われるまでの間である。

したがって，別件について実体を喪失したとまではいえない。

7　よって，①の逮捕・勾留は適法である。

第2　設問1－2

1(1)　1とは異なる結論を導く理論構成

本件の取調べを行うために別件につき逮捕勾留するのは，実質的には令状発付のない本件について逮捕勾留するのと変わりない。そのため，捜査官の目的等から本件取調べの目的であるといえる場合には，要件を欠く違法な逮捕勾留になるといえる。

(2)　これを本件について見ると，Pは本件で甲を逮捕するには証拠が十分でないと考え，別件で甲を逮捕した。また，別件は確かに業務上横領で重罪である。しかし，被害額は3万円に過ぎないし，被害者の代表たる社長も事件化は望んでいなかった。これをPが執拗に説得し被害届を出させた。つまりPは本件取調べのため別件を逮捕できるようにしたといえる。そのうえ，取調べ時間も本件40時間，別件20時間であり，2倍の差がある。そのため，主たる目的は本件取調べ目的を有していたといえ，①の逮捕勾留は違法である。

2　かかる理論構成を採らない理由

上記のように，本件基準説は捜査官の目的を判断材料とするが，目的は外から判断できないため，実際に主張を行うことは困難だからである。

第３　設問２

1　訴因変更は「公訴事実の同一性」（312 条 1 項）がある場合に認められる。312 条 1 項の趣旨は，被告人の防御の利益に配慮することである。新旧両訴因の基本的事実の同一性が認められるには，被告人の防御の利益を害さないので「公訴事実の同一性」が認められる。基本的事実の同一性は，日時・場所・行為態様等の社会的事実の同一性，補充的に非両立性をみて判断する。

2　これを本件の新旧両訴因について見るに，どちらも平成 30 年 11 月 20 日であり，被害品は現金３万円，場所もＧ市Ｊ町１番地所在のＡ方である。また，行為態様もＡから集金をしたという点で共通する。他方，業務上横領罪の場合には，甲には集金権限が認められる。詐欺罪が成立する場合には甲には集金権限がない。そのため，新旧両訴因は非両立である。

よって，基本的事実の同一性が認められ，「公訴事実の同一性」が認められる。

3(1)　もっとも，本件では，公判前整理手続（316 条の２）が行われている。公判前整理手続の趣旨は，充実してかつ迅速な審理の実現である。そうだとすれば，かかる趣旨を没却するような訴因変更は認められるべきではない。

(2)　これを本件についてみると，公判前整理手続において旧訴因に争いはなく，もっぱら量刑が争点になっていた。それにも関わらず，新訴因では，詐欺罪であり，弁護人としてはこれを否定する証拠や情状等を集める必要があり，公判が遅延するおそれがある。

なお，確かに，被告人は詐欺罪を認める供述や社長が甲に集金権限がないとの証言をしているため，訴因を変更すべきとも思われるが，上記の公判遅延の点を鑑みると，やはり，訴因変更は公判前整理手続の趣旨を没却する。

よって，裁判所は訴因変更を認めるべきではない。

以上

## ■ 論文総合 43 位 経済法第 1 問 (64.30 点・32 位)

第１問

１　Ｂ及びＪの行為は不当な取引制限（独占禁止法（以下法名省略）２条６項）にあたり，３条後段に反しないか。

(1)　10 社は穀物貯蔵等施設の建設を請け負う「事業者」（２条１項）である。７社は，穀物貯蔵等施設工事の入札に指名されることが多く，競争関係（２条４項）があり，「他の事業者」にあたる。３社は，確かに７社に比して穀物貯蔵等施設の建設能力は低いが穀物等貯蔵施設を建設できるためやはり競争関係にあり，「他の事業者」にあたる。

(2)　「共同して」とは，意思の連絡があることをいう。具体的には，複数の事業者が相互の同種又は同内容の対価の引上げ等を行うことを認識ないし予測してこれと歩調をそろえる意思があることをいう。

ア　まず，Ｂを含む７社については，会合で平成 28 年から３年間行われる特定農業施設工事について，①受注意思の確認，②受注予定者の決定方法，③受注価格の連絡方法，④受注予定者が受注できるよう入札するという本件合意をしており，明示の意思連絡が認められる。

イ　他方，Ａを含む３社は基本合意がなされた会合の参加を拒んでおり，明示の意思連絡があるとはいえない。そこで，意思の連絡が認められるか，事前の連絡，連絡の内容，事後の行動の一致等から判断する。

確かに，上述のように，Ｊは会合に参加していない。また３社は，自社の技術力に照らし施工可能である工事については積極的に低価格で入札しようとしており，基本合意に協調的でないように思える。

しかし，３社は他方で，受注予定者が決定されている場合には，受注予定者が落札できるように要請があれば協力するつもりであった。そして，７社も上記会合で３社の受注意思の有無，協力が得られる場合には３社に入札価格を連絡することを決定しており，７社も３社を基本合意を実現する手段と捉えていたといえる。

事後の行動の一致について見るに，第３回，第５回入札でＪは，Ａから入札予定者，及び受注価格をＡから伝えられ，Ａの指示した入札価格で入札しており，事後の行動の一致が見られる。第４回入札ではＩも同様にＡから受注予定者を聞き，Ａの指示した価格で入札しており，事後の行動の一致が見られる。

以上を踏まえると少なくともＩＪ社については，７社と合わせて意思の連絡が認められるといえ，「共同して」にあたる。

(3) 「相互……拘束」とは，共通の目的のもと事実上の事業活動の制限があれば認められる。

７社については，基本合意を実現するという共通の目的のもと，本来自由に決定できるはずの入札価格について事業活動の制限がある。

他方少なくともＩＪ社については，Ａから一方的な指示に従うのみである。しかし，基本合意を実現するという共通の目的があり，入札価格という本来自由に決定できるものを事実上拘束されている。

したがって，少なくとも７社及びＩＪ社に「相互……拘束」が認められる。

(4)　「一定の取引分野」とは，市場をいう。入札談合のようなハードコアカルテルの場合，市場は，合意の対象となった範囲である。なぜなら，当事者は合意によって市場を支配できると考え行為を行っている。また，合意により市場を支配できない場合，合意は当事者にとって不利益にしかならないからである。

本件の市場は，基本合意の対象が特定農業施設工事なので，これが市場（以下「本件市場」という。）である。

(5)　「競争を実質的に制限する」とは，競争自体が減少して特定の事業者または事業者集団がその意思である程度自由にその価格・品質・数量その他各般の条件を左右することができる状態（市場支配力）を形成・維持・強化することをいう。

まず，９社は本件市場の入札に指名されうる事業者の内９社であり，市場支配力が推認される。また，Ｈ社は建設能力が低く，また協力する意思もあるため牽制力として十分ではない。そして，受注予定者が落札することがほとんどで，その落札率も高く，合意時の市場支配力がやはり推認される。なお，第５回入札においてＢが受注調整に従わなかった結果，落札しているがこれは合意後の事情であり重視する必要はない。

したがって，「競争を実質的に制限する」といえる。

(6)　「公共の利益に反して」とは，原則として法の直接の目的である自由経済秩序に反することをいう。入札談合はハードコアカルテルであり，これにあたる。また，これを正当化する事情もない。

よって，B及びJの行為は不当な取引制限にあたり，3条後段に反する。

2　Bの違反行為の終了時期について

Bは，第5回入札において合意にしたがっていない。そのため，本件合意からの離脱が認められるか。

合意からの離脱が認められるためには，明示の意思表示までは不要であるが，行動等から他の当事者が合意からの離脱をうかがい知るに十分な事情が必要である。

本件では，平成30年6月15日の会合において6社に対して，「今後は本気で勝負する」，「会合には二度と戻らない」など合意からの離脱の明示の意思表示があるといえる。なお，平成30年8月1日に基本合意からBを除くとの決議がされたが，これは上記離脱の事実を確認したにすぎないといえる。また，IJはこれらの事実を認識していないが，行為者9社の内6社が離脱の事実を知っていれば十分である。

よって，平成30年6月15日の時点で違反行為は終了したといえる。

3　Jの違反行為の終了時期について

基本合意の遂行が不可能となった場合，違反行為の終了が認められる。本件では，平成30年9月20日に公取委の立入検査が行われているため，かかる時点から基本合意の実行が事実上不可能になったといえる。

よって，平成30年9月20日に違反行為が終了したといえる。

以上

4

## ■ 論文総合43位 経済法第2問　（64.30点・32位）

第1　設問1

1　本件計画は独占禁止法（以下法名省略）15条1項1号にあたり，15条1項柱書に反しないか。

(1)　X，Y社は，「会社」である。また，本件計画は「合併」にあたる。合併なので両者に結合関係が認められる。

(2)　「一定の取引分野」とは市場をいう。市場は，企業結合により影響をうける範囲の商品，地理的範囲について主に需要の代替性，必要があれば供給の代替性をみて判断する。

まず，XY社（以下「2社」という）は医療関係機器を製造販売している。もっとも，針甲以外の製品については2社のシェアは小さく，競合他社も多数存在する。そのため企業結合による影響を受けない。他方，針甲についてはX社が30%，Y社が25%であり影響を受けるといえる。針甲には類似品針乙が存在するが，針甲の用途が長期の継続的な点滴であるのに対して，針乙は，形状が異なるだけでなく，短期の一時的な点滴に用いられるため需要の代替性がない。したがって，商品は針甲である。地理的範囲は，上記のように2社は日本でのシェアが高く日本での競争制限が問題になるから，日本である。

よって，市場は，わが国における針甲の製造販売分野（以下「本件市場」という）と画定できる。

(3)　「競争を実質的に制限する」とは，競争自体が減少して特定の事業者または事業者集団がその意思である程度自由にその価格・品質・数量その他各般の条件を左右することができる状態（市場支配力）を形成・維持・強化することをいう。

「こととなる」とは，企業結合による競争の実質的制限が必然ではないが容易に現出するおそれがあることをいう。

(4) まず，本件のＨＨＩはセーフハーバーにあたらないので実質的に検討する。

単独的行動について見るに，結合後のシェア 55％と，50％を超え市場支配力が推認される。まず，競争者として，Ａ社はシェア45％と有力である。しかし，Ａ社は世界シェアで劣っているため，国内に対して供給余力が十分ではないため，牽制力として弱い。そして，２社及びＡ社（以下「３社」という）以外にも針甲を生産しているが，国内で販売実績がなく，国内で針甲を販売するためには認証が必要であるため牽制力とならない。また，承認販売制の存在，需要者は既存の針甲製造者から新規参入者へ切り替えるには，３社と同等の性能を有するだけでなく，新機能を搭載しなければならず，そのためには多額の投資を必要とする。そのため，新規参入は困難であり，かかる牽制力はない。需要者である医療関係者は通常医療機器の購入は見積もり合わせ等低価格で購入するなど，圧力が認められるとも思える。しかし，針甲については，異なる製造販売業の製品の間で使用方法の若干の違いがあることから医師は他社の針甲に変更しない傾向がある。そのため，市場支配力形成の現出するおそれがある。

協調的行動について見るに，上記のように牽制力は十分ではない。合併により競争者が減少し，行動が予測しやすくなる。またＡ

社も供給余力がなく，針甲は各社共通点もあり，２社の利益がＡ社の利益になることも多いといえる。したがって，協調的行動による市場支配力の現出のおそれがある。

したがって，「競争を実質的に制限することとなる」といえる。

よって，15条１項１号にあたり，15条１項柱書に違反する。

第２　設問２

１　問題解消措置は構造的措置が原則である。本件での競争の実質的制限の主たる原因は，競争者がいないことである。そこで，事業譲渡による競争者の創出が考えられる。

競争者の現出には，競争者となりうる能力，意思を有する者がおり，かつ新たに競争制限のおそれがないことが必要である。

Ｍ社は，過去に針甲を製造した経験はないが，国内での販売実績がある。また，製造を行う設備や人材ノウハウ等があれば，それらを有効に活用する能力を有している。そして，Ｍ社自身としても点滴針は弱い分野であり，針甲を製造販売する意思があるといえる。

他方，合併後ＹとＭ社については，情報遮断措置をとることで，この点での競争制限のおそれはないといえる。また，Ｍ社は元々流通業者であるので，投入物閉鎖や顧客閉鎖のおそれがあるとも思えるが，流通業者は競争が激しく，また３社も流通業者を頻繁に変えるなどしており，投入物閉鎖，顧客閉鎖のおそれはない。

２　よって，Ｍ社に２社の針甲の事業の一部を譲渡するとの修正が考えられる。

以上

# 公法系 27 位

# 再現答案

| 科 | 目 | 満点 | 得点 | 順位 |
|---|---|---|---|---|
| 論文 | 公法系 | 200 | 146.40<br>[A/A] | 27位 |

## ■ 公法系 27 位 憲法　評価A（公法系 146.40 点）

第１　立法措置①について

１　法案６条は，虚偽の表現を流布することを一般的に禁止している。かかる規定が憲法（以下省略）21 条１項との関係で違憲とならないか。

２(1)　法案６条で制限されるのは，虚偽表現をする自由である。表現の自由は，表現行為によって自己が有する思想をより深めるとともに，表現行為によって，民主的な社会を形成するところに本質がある。すると，そもそも虚偽表現をすること自体は，21 条１項によって保障されないとの反論が考えられる。

(2)　しかし，21 条１項は「表現の自由」を保障するとしており，制限を設けていない。また，表現の内容に着目して保障される表現か否かに差異を設けるのは，表現の萎縮効果を招く。

(3)　よって虚偽の表現であっても，21 条１項により保障される。

３(1)　法案６条は，他の法律と異なり，一定の限定を付すことなく「公共の利害に関する事実」としており，かかる文言が漠然不明確・過度に広汎なものとして 21 条１項に反しないか。

(2)　規制の文言が漠然不明確・過度に広汎であると，いかなる表現である場合に処罰されるかの明確性を欠き，表現の萎縮効果を招く。そこで，漠然不明確で過度に広汎であるかは，通常の一般人の判断能力を基準として，具体的事案において当該規定が適用されるか判断可能な程度か否かによって判断する（徳島市公安条例事件参照）。また，具体的な文言を限定解釈して，判断可能な場合であれば，過度に広汎とはいえないと解する（広島市暴走族追放事件参照）。

(3)　法案６条は，公職選挙法の虚偽事項の公表罪と異なり，特定の目

①

的や選挙の公正を害したような場合に限定して処罰するものではない。法案6条は，「公共の利害に関する事実」という抽象的な文言を用いるだけであって，具体的事案においていかなる場合に当該規定が適用されるかの判断が可能とはいえない。また，一定の限定が付されているものでもないため，限定解釈することもできない。

よって，法案6条の文言は漠然不明確・過度に広汎なものといえる。

(4) 以上より，法案6条はその文言自体が21条1項に反し違憲である。

4(1) 仮に法案6条の文言自体が違憲でないとしても，21条1項に反しないか。

(2) 前述の通り，虚偽の表現であっても，21条1項により保障される。

法案6条は，虚偽の表現を流布することを一般的に禁止及び処罰するものであって，その制限の対象となる範囲が広い。また，法案6条は「虚偽であること知りながら」した表現行為を禁止するものであって，表現行為の内容に着目して制限を課すものである。さらに，虚偽表現の流布自体を禁止するものであって，表現の事前抑制と類似した性質を有する。そして，このような表現がなされた場合には，法案25条によって「罰金」という強力な制裁をもって，虚偽表現の禁止を担保している。

このような法案に鑑みて，かかる制限が21条1項に反しないとされるためには，①立法目的がやむにやまれぬほど重要であって，②かかる目的達成の手段が必要最小限度のものでなければならない。

(3)ア 本問における立法目的は，「虚偽の表現により社会混乱が生じることを防止する」ところにある（法案1条）。

法案を立法する過程において，甲県の化学工場の爆発の際に，虚偽のニュースがＳＮＳ上で流布されて，大きな混乱を招くという事態が発生している。かかる虚偽ニュースを原因として，スーパーマーケットに客が殺到する事態となり，これは，社会経済に大きな影響を与えるとともに，民衆の混乱を招く重大な事態に発展しかねない。

よって，立法目的はやむにやまれぬほど重要といえる（①）。

イ　かかる目的を達成するために，法案６条は虚偽表現の流布を一般的に禁止するとともに，法案25条で罰則をもって担保する手段を採用している。

法案６条は，流布される内容が虚偽であるかに着目するものであって，表現行為に対する直接的な制約といえる。また，法案25条は虚偽表現を行えば直ちに罰金を科す仕組みとなっている。虚偽表現を流布したとしても，削除の勧告を行い従わない場合には，直ちに削除命令を出し，虚偽情報であることを国民に知らせることによっても，社会混乱の発生を防止することができる。

よって，他に選びうる手段がないとはいえない（②不充足）。

5　以上より，立法措置①はその文言及び手段が21条１項に反し，違憲であるとの意見を述べる。

第２　立法措置②について

1(1)　法案９条は，「特定虚偽表現」があることを知ったら，当該表現を削除しなければならない。かかる規定がＳＮＳ事業者の表現の自由を侵害しないか（21条１項）。

⑵　この点につき，まず虚偽表現をする自由は，21条1項によって保障されないとの反論が考えられる。しかし，虚偽表現であっても，21条1項で保障されるのは，立法措置①で検討した通りである。

したがって，かかる反論は妥当しない。

次に，そもそもＳＮＳ事業者自体の表現の自由は観念できず，21条1項によって保障されないとの反論が考えられる。

しかし，現代社会においてＳＮＳは国民の大多数に利用されており，国民が自己の表現を発信していくうえで重要な役割を有している。すると，ＳＮＳ事業者自身が表現しない場合であっても，ＳＮＳというシステムを利用して，国民に表現の場を提供するという意味で，ＳＮＳ事業者が削除命令などを受けることなく，自由に表現するという自由が21条1項によって保障されている。

よって，かかる反論も妥当しない。

2⑴　このようにＳＮＳ事業者の表現の自由は21条1項によって保障されている。しかし，法案9条1項は「特定虚偽表現」がなされた場合には，ＳＮＳ事業者に対してかかる表現を削除することを要請している。これは表現の内容に着目した規制であるといえる。また，同条2項は，ＳＮＳ事業者がかかる要請に応じない場合には，「削除」「命令」を出すことができるとする。これは，特定の表現を強制的に削除させるものであり，表現行為自体を制限する性質である。さらに，これらの命令に従わない場合には，法案26条により「懲役」又は「罰金」という強力な罰則をもって担保する仕組みを採用している。このように表現に対する強度の制約が予定されている。

⑵　そこで，かかる制限が認められるためには，①立法目的がやむにやまれぬほど重要で，②かかる目的達成のために他に選びうる手段がないことが必要である。

3⑴　法案の立法目的は，「虚偽の表現について必要な削除義務等を定めること」で，「選挙の公正を確保」するところにある（法案１条）。

かかる立法がなされる経緯において，乙県知事選挙の際に，虚偽のニュースがＳＮＳ上で流布されたことで，現職の県知事候補者が落選したという事態が発生している。選挙の公正は，国民にとって重要なものであるところ，このような公正が害され，虚偽情報によって，本来支持されるべきでない候補者が当選されるような事態が発生しかねない。

よって，立法目的はやむにやまれぬほど重要といえる（①）。

⑵ア　法案９条は，かかる目的を達成するために，１号及び２号に該当する場合に削除の要請ができるとする。ここで，選挙に関する個人の名誉侵害と出版社の表現の自由が問題となった北方ジャーナル事件について検討する。

かかる判例は，候補者に関する名誉を出版社が侵害したことにより裁判所の差止請求が認められるかが問題となったものである。一方で本問はＳＮＳ事業者の表現を特定虚偽表現であることを理由に削除できるかの問題であり，個人の名誉が侵害されているわけではなく，同列に論じることはできない。しかし，表現の内容に着目し，特定の表現行為を止めさせるという点においては，共通する。そこで，北方ジャーナル事件を参照しつつ検討する。

イ　北方ジャーナル事件においては，表現内容が真実ではなく，公益を図る目的がなく，そのような表現がなされることによって被害者に重大な損害が発生し，著しく回復が困難な場合に差止めを認める。

法案9条1号及び2号は，特定虚偽表現を削除できる場合として，同判例が示した要件と同内容の場合に削除することを求めている。すると，かかる規定は表現の自由にも配慮したものとして，21条1項に反しないといえる。

ウ　もっとも，法案9条2項は，削除命令を出すことができるとしており，命令に従わない場合には，法案26条により罰則を科すことができる。ここで命令違反の場合には，行政手続法の定める事前手続は不要であるとしている（法案20条）。

北方ジャーナル事件においては，上記のような場合には，当事者に対する口頭弁論の機会などを与えることなく，差止めの処分をすることができるとしている。このような判断は，差止処分をする主体が公平な第三者的立場を有する裁判所であるからである。しかし，法案における削除命令の主体は，裁判所ではなく，フェイク・ニュース規制委員会という行政組織である。すると，裁判所と異なり，公平な第三者的立場を有しているかは疑問があり，恣意的な運用も否定できない。

よって，法案9条2項に該当するような場合には，北方ジャーナル事件と異なり，事前手続が必要である。そして，当事者に弁論の機会を与えるなどの他の手段をとることができる（②要件不充足)。

4　以上より，立法措置②は立法目的を達成するための手段が，21 条 1 項に反し違憲であるとの意見を述べる。

以上

※この頁は，答案を見開きにして読みやすくするため，頁を送っておりません。この頁は空き頁です。

## ■ 公法系 27 位 行政法　評価A（公法系 146.40 点）

設問1

1　Aが本件取消訴訟において，本件事業認定の違法を主張するためには，違法性の承継が認められなければならない。

行政処分は，原則として違法性の承継が認められない。なぜならば，行政処分には法的安定性が求められ（行訴法 14 条 1 項参照），取消訴訟でなければ，違法性を争うことができないからである（取消訴訟の排他的管轄）。

もっとも，かかる原則を貫くと国民の権利救済を図ることができない。そこで，①先行処分と後行処分が同一の目的に向けられたものであり，②先行処分において権利救済をはかるべき手段が存在しないような場合には，違法性が承継され後行処分において先行処分の違法性を争うことができると解する。

2⑴　この点につき，本件事業認定は，その主体が「国土交通大臣又は都道府県知事」（法 20 条柱書）であるのに対して，本件権利取得裁決の主体は「収用委員会」（法 47 条の２第１項）であり，処分の主体が異なる。そこで，両処分は同一の目的ではないとの反論が考えられる。

⑵　しかし，本件事業認定は，その計画が「土地の適正且つ合理的な利用に寄与する」場合に認められる（法 20 条３号）。また，本件権利収用裁決は，公共の利益を図ることができる場合に，土地を事業の用に供するのが「土地の利用上適正且つ合理的である」ときに「収用」することができる（法２条）。

このように先行処分及び後行処分は，ともに公共の利益を図るた

①

めに，土地を利用し，その利用が適正かつ合理的に認められる場合に行われるものである。よって，両処分は同一の目的に向けられたものであるといえる（①）。

3(1) 次に，本件事業認定がなされた場合，それを告示し（法 26 条）必要な補償等について周知させるための措置を講じなければならない(法 28 条の 2)。B 県としてはかかる補償措置の存在をもって，権利救済を図ることができるとの反論をする。

(2) しかし，本件事業認定（法 20 条）がなされた場合，事業認定の告示がなされ（法 26 条 1 項)，その事業認定は同項が定める「告示があつた日」から「効力」が生じる（同条 4 項)。かかる効力が生じるまでの間に事業認定の違法を争う手段はない。また，法 28 条の 2 は補償等について周知させるための措置を定めているが，それはあくまで金銭的な補償がなされるだけであり，事業認定自体の違法を争うことができるものではない。このように法は本件事業認定の違法を争うための手段を用意していないといえる。

よって，先行処分において権利救済をはかるべき手段が存在しないといえる（②）。

4 以上より，違法性が承継され，本件取消訴訟において，本件事業認定の違法を主張することができる。

設問 2

第 1 小問(1)

1 行訴法 36 条にいう「当該処分若しくは裁決の存否又はその効力の有無を前提とする現在の法律関係に関する訴えによつて目的を達す

ることができないもの」（補充性）とは，無効確認訴訟の方が紛争解決のためにより直截的な方法である場合か否かによって判断される。なぜならば，他に目的達成ができる手段が存在するというだけで無効確認訴訟が提起できないとすると，時機に後れた取消訴訟として法定した意味を没却してしまうからである。

2(1)　Ｂ県としては，本件権利取得裁決が無効であることを前提として，ＡがＢ県に民事訴訟を提起することで，目的を達成することができるとの反論が考えられる。つまり，本件権利取得裁決によって本件土地の所有権がＣ市に移転しており，かかる所有権移転登記も行われている。そこで，Ａは本件土地の所有権に基づき移転登記手続を行う民事訴訟を提起すれば足りる。

(2)　しかし，ＡとＢ県の間の民事訴訟では，所有権移転を行うことができるとしても，本件権利取得裁決の無効自体を確定させることができるわけではない。

一方，無効等確認訴訟による場合，その判決は当該事件における裁決をした行政庁その他の関係行政庁を拘束する効力を有する（行訴法38条1項，33条1項）。すると無効等確認訴訟による場合，本件権利取得裁決の無効が関係行政庁との関係でも拘束力を生じ，その後になされるおそれのある明渡裁決が行われるのを防止することができる。そうだとすれば，Ａは本件土地に居住し続けることができる。

よって，本件権利取得裁決の無効等確認訴訟を提起することが，Ａにとって直截的な手段ということができる。

3

3　以上より，本件権利取得裁決の無効確認訴訟の訴訟要件を満たす。

第2　小問(2)

1　Aの主張として考えられるのは，本件事業認定がB県知事が有する裁量権を逸脱・濫用し違法であるというものである（行訴法30条）。

2(1)　本件事業認定について法20条3号該当性判断においてB県知事に裁量が認められるか。裁量の有無は，法の文言および処分の性質から判断する。

(2)　法20条3号は，「土地の適正且つ合理的な利用に寄与するもの」という文言を用いている。同号は，「適正」「合理的」という抽象的な文言を用いており，その判断について裁量の余地を認めているといえる。

また，事業認定は「国土交通大臣又は都道府県知事」という行政の専門的な機関が行うものであり，それは「公共の利益の増進」（法1条）に役立つようなものであることが求められる。その判断は，行政の専門的・技術的な判断が不可欠である。

よって，法20条3号の判断についてB県知事に裁量が認められる。

3(1)　このようにB県知事に裁量が認められるとしても，無限定に許されるわけではない。そこで，裁量権の行使について判断の基礎となる事実に重大な事実誤認があり，判断過程において本来考慮すべき事項を考慮せず（考慮不尽），本来考慮するべきでない事実を考慮したような場合（他事考慮）には，その裁量権行使は社会通念上著しく不合理なものとして，裁量権の逸脱・濫用の違法があるといえる（行訴法30条）。

(2)ア　まずＢ県知事は，本件道路の整備には，道路ネットワークの形成の利益があると主張する。

確かに，本件土地周辺では道路の整備が遅れており，幹線道路へのアクセスが不便であるという事情がある。平成元年の調査においては，今後交通量が増加し，その数は１日当たり約１万台に到達すると予測されている。しかし，平成22年調査では交通量が約３分の１に減少することが予測されており，交通の変化を判断の基礎に入れることなく道路整備の必要を主張している。また，人口の減少が１割未満であるにもかかわらず，交通量が約３分の１に減少すると予測する平成22年調査には誤りがある可能性がある。それにもかかわらず，そのような誤りを正すことなく，判断の基礎としてしまっている。すると，Ｂ県知事が行った本件事業認定は判断の基礎となる事実について重大な事実誤認があるといえる。また，本件土地周辺は，戸建住宅中心の住宅地域であり，住環境は良好であった。しかし，道路ネットワークの形成の必要性を強調するあまり，良好な住環境が破壊されるおそれについては，考慮されていない。

よって，道路ネットワーク形成の利益を判断するに際し，重大な事実誤認及び考慮不尽の違法がある。

イ　次にＢ県知事は，本件道路の整備には，通行者の安全性の確保の利益があると主張する。

確かに，本件土地周辺の狭い道路には，通過車両が入り込むなどの危険から，通行者の安全性の確保を図る必要がある。

しかし，本件土地の周辺には，C市内でも珍しく様々な水生生物が生息しており，その池は近隣の小学校の授業でも利用されるなど，地域や子どもにとって重要な自然環境としての役割を有していた。それにもかかわらず，小学校への騒音等の影響を考慮するあまり，このような自然保護の重要性は考慮されていない。

よって，通行者の安全性の確保の判断に際し，考慮不尽の違法がある。

ウ　最後にB県知事は，本件道路の整備には，地域の防災性の向上の利益があると主張する。

確かに，本件土地周辺では道路が未整備であるため，災害時の円滑な避難や消防活動等が困難であるという事情がある。また，地下水について掘削の深さが2メートル程度であることから，工事がなされても影響がないとしている。

しかし，本件土地周辺で地下水を生活用水として利用している住民がいる。そして，以前行われた工事では深さ2メートル程度の工事であっても，井戸がかれたことがあり，住民の生活に重大な影響を及ぼす可能性がある。それにもかかわらず，このような過去の事故については考慮されていない。また，本件土地の周辺では非常時の水源として利用するための防災目的の井戸もある。防災という生命・身体の安全を確保するために必要な井戸であるにもかかわらず，これらの井戸への影響については考慮されるどころか，調査すら行われていない。

よって，地域の防災性の向上の判断に際して考慮不尽の違法がある。

4　以上より本件事業認定の判断に際し，B県知事には裁量権の逸脱・濫用の違法がある（行訴法30条）。

以上

# 公法系 32位

# 再現答案

| 科目 | | 満点 | 得点 | 順位 |
|---|---|---|---|---|
| 論文 | 公法系 | 200 | 145.08<br>[A/A] | 32位 |

## ■ 公法系32位 憲法　評価A（公法系145.08点）

第１　立法措置①について

１　まず，法案２条１号，６条，25条は憲法（以下，法令名略）21条２項の禁止する検閲にはあたらず，この観点からは違憲とはならない。

なぜなら「検閲」とは，思想内容等の表現物をその一部又は全部の発表の禁止を目的として発表の前に一般的網羅的に審査し，不適当と認められるものにつき，その発表を禁止するものをいうところ，立法措置①による規制は表現がなされたあとの事後的な制約だからである（札幌税関事件）。

２　法案２条１号，６条，25条が虚偽表現を禁止していることは，明確性の原則に反し，21条１項及び31条に反し違憲とならないか。

⑴　まず，明確性の原則が求められる趣旨は，罪刑法定主義の下，処罰における恣意を抑制するとともに，国民に処罰の範囲を明確に告知しようとする点にある。また，不明確な法令で表現の自由を規制することは表現の萎縮効果を持ち，これを可及的に防止する必要がある。そこで，一般人を基準に具体的行為が規制の対象となるかを判断可能な程度の明確性を有しない場合には，かかる法令は21条１項及び31条に反し違憲となる（徳島市公安条例事件）。

⑵　これを法案についてみる。まず，法案２条１号は虚偽表現を「虚偽の事実を真実であるものとして摘示する表現」と定義している。この点，一般人は具体的な事実が虚偽か否かは判断しがたいともいえる。もっとも，規制がされるのは法案６条より，「虚偽であることを知りながら」虚偽表現を流布することであり，虚偽であるかが判断できていない場合には，規制がされないため，この点から一般

人が，具体的行為が規制の対象となるかを判断できないとはいえない。しかし，「公共の利害に関する事実」について一般人は具体的状況下で，表現の内容が公共の利害に関する事実か否かを判断しがたい。

(3) したがって，この点で，法案2条5号，6条，25条は明確性の原則に違反し，21条1項，31条に反するから，違憲である。対策としては定義規定を充実することが考えら得る。

3 法案2条1号，6条，25条が虚偽表現を禁止することは，国民の虚偽表現の自由を違法に制約するものとして，21条1項に反し，違憲とならないか。

(1) 表現の自由は，その他者の思想意見を摂取し，自己の人格形成に役立て発信するという自己実現の価値と，それにより形成した自己の思想意見を民主主義社会に発信していくという自己統治の価値に重要な意義がある。

確かに，虚偽の表現は，民主主義社会における政治意思の形成過程を歪める危険が強く，直ちに自己統治の価値を有するということはできない。しかし，虚偽表現も，ユーモアやジョークとして考えられるものもあり，お笑い芸人のようにこれを職業とする者もいる。そして，他者を楽しませる虚偽表現は受け手の感情を刺激し，その者の生活を豊かにすることもあり，自己実現としての価値は認められる。

そのため，かかる表現の自由も21条1項により保障されている。

(2) そして，法案2条1号が虚偽表現を上記のように定義し，6条が公共の利害に関する虚偽表現を虚偽であることを知りながら流布することを禁止し，25条がそれを罰則により担保していることで，当該自由は制約されている。

(3) ここで，反論として，虚偽表現であるかは思想言論の自由市場によって判断させるべきであり，内容着目規制であるから，虚偽表現の自由の制約の合憲性判断は厳格な基準によるべきであるとの反論が考えられる。

確かに，この規制は，表現の内容を基準に規制を行っており，行政の恣意的な言論排除を防止する観点から合憲性判断は慎重になすべきである。しかし，先述のように，この自由は自己統治の価値は十分なものではない。また，思想言論の自由市場の真実発見の機能は，正しい情報を前提として初めて果たされるが，虚偽の情報はかかる機能を歪めてしまい，自由市場による真実発見をすることはできなくなる。そのため，自由市場に委ねるべきという反論は妥当でない。そこで，規制目的が重要で，手段が目的との関係で実質的関連性を有し，より制限的でない他に採り得る手段がなく，相当性がある場合には，規制は合憲と考える。

(4)ア まず，規制の目的は法案1条より虚偽表現による社会的混乱が生じることの防止と，選挙の公正の確保にある。虚偽表現の流布による国民の生活の混乱は大きい。また，憲法1条，15条1項は主権者たる国民に選挙権を保障している。そのため，選挙の公正を確保することは憲法理念に合致するものである。

イ そして，わが国において，甲県の化学工場の爆発事故の際に，

3

「周囲の環境汚染により水源となる湖が汚染されて近隣の件にも飲料水が供給できなくなる」という虚偽のニュースがＳＮＳで流され，複数の県において飲料水を求めてスーパーマーケットその他の店舗に住民が殺到して大きな混乱を招くことになった。そうすると，虚偽表現の規制と社会の混乱防止の目的の間に立法事実に基づく実質的関連性がある。

また，乙県知事選挙の際に「県は独自の税を条例で定めて県民負担を増やすことを計画している」との虚偽のニュースがＳＮＳ上で流布され現職知事である候補者が落選している。この事実からも，選挙の公正の確保という目的と虚偽表現の規制の間にも抽象的関連性を超えた立法事実に基づく実質的関連性が認められる。

ウ　この点，反対の立場からの反論として，既存の名誉毀損罪，信用毀損及び業務妨害罪があり，公職選挙法にも虚偽事項の公表罪，が存することから，規制はその必要性がなく，より制限的でない他採りうる手段がないとはいえないとの反論が考えられる。

しかし，名誉毀損，信用毀損，業務妨害罪で規制ができるのは，特定の人の社会的評価や業務に関するものであって，虚偽表現を流布することのみについて処罰するものではない。また，虚偽事実公表罪は雑誌や新聞紙が虚偽の事項を記載することが必要で，虚偽表現を一般的に規制するものではない。そうすると，これらの既存の犯罪によっては，社会の混乱防止，選挙の公正の確保は果たされず，規制の必要性があるから，他に採りうるより制限的でない手段がないといえる。

エ　加えて，法案25条が定める刑罰も罰金刑のみであって，先述の規制目的の重要性に照らし，手段が過剰なものとはいえず相当性もある。

(5)　したがって，法案2条1号，6条，25条はこの表現の自由を違法に制約するものではなく，この点からは21条1項に反せず違憲ではない。

第2　設問2

1　まず，法案9条1項2項，26条は立法措置①と同様，事後的な規制であるから，21条2項の禁止する検閲にはあたらず，この点からは違憲とならない。

2　では，法案9条1項2項，26条がＳＮＳ事業者に特定虚偽表現の削除義務を課していることは明確性の原則に反し，21条1項，31条に反するとして違憲とならないか。

(1)　先述の規範に照らし検討する。

(2)　法案9条1項1号2号より，特定虚偽表現を「虚偽表現であることが明白であること」，「選挙の公正を害されるおそれがあることが明白であること」とされている。そして，法案9条1項柱書は特定虚偽表現があることを知ったときはＳＮＳ事業者に当該削除することを義務付けている。確かに明白であることを要求してはいるものの虚偽表現であることをＳＮＳ事業者が見抜くのは困難であり，一般人が具体的な行為が規制の対象となることを条文から判断することはできないとも思える。しかし，立法措置②において，26条がＳＮＳ事業者を罰するのは，法案9条2項によりフェイク・

ニュース規制委員会が削除命令をし，これに違反したときに初めて刑罰が課されるという段階的規制を設けている。そうとすると，ＳＮＳ事業者は法案９条２項の削除命令により特定の表現が特定虚偽表現にあたることを認識することができる。とすればこれにより，一般人は具体的行為が規制の対象となることを判断することができる（広島市暴走族条例事件）。

⑶　したがって，この規制は明確性の原則に反せず，21条１項，31条に反せず，この点からは違憲とはならない。

3　次に，法案９条１項２項，26条はＳＮＳ事業者の営業の自由を違法に制約するものとして22条１項に反し違憲とならないか。

⑴　22条１項は職業選択の自由を保障しているが，その後の営業の自由が保障されないと，職業選択の自由が保障された意義が失われる。そのため，22条１項は職業遂行の自由として営業の自由をも保障している。そのため，ＳＮＳ事業者がいかなる投稿を削除するかの自由も営業の自由として，22条１項は保障している。

⑵　そして，法案９条１項は特定虚偽表現の削除をＳＮＳ事業者に求め，同条２項によるフェイク・ニュース規制委員会の削除命令に従うことが26条により担保されている。そのため，かかる営業の自由は制約されているといえる。

⑶　たしかに，規制は先述のようにフェイク・ニュース委員会の削除命令を介した段階的なものである。しかし，職業は生計維持のための継続的活動であるのみならず，分業社会における社会的機能分担としての役割を有しており，人格的価値をも有するものである。ま

た，刑罰も罰金刑のみならず，懲役刑までをも含めた重いものである。そこで，規制目的が重要で，規制手段が目的との関係で実質的な関連性がないか相当性を有していなければ，規制は違憲であると考える。

(4)ア　規制目的は法案１条を参照するに，社会の混乱防止と選挙の公正の確保にある。この目的は先述のように重要な目的である。

イ　また，規制手段はＳＮＳ上の特定虚偽表現を削除させるというものである。そして，先述の甲県，乙県における虚偽情報はＳＮＳで拡散されたものである。そうすると，ＳＮＳ事業者に特定虚偽表現の削除を求めることにより，社会の混乱防止，選挙の公正との目的とかかる手段の間には立法事実に基づく適合性がある。また，特定虚偽表現は法案９条１項１号２号で虚偽であること，選挙の公正が害されるおそれがあることが「明白」であるものに限定している。そうすると，目的と手段には実質的な関連性があるといえる。

ウ　加えて，罰則は懲役刑までを含むものの，規制目的が重要である点及び，先述のように規制が段階的なものである点から，過剰な制約とも言えず相当性も認められる。

(5)　したがって，法案９条１項２項，26条はＳＮＳ事業者の営業の自由を違法に制約するものではなく，この点からは違憲とならない。

4　次に，法案９条１項２項，26条はＳＮＳ事業者の表現の自由を違法に制約するものとして，21条１項に反し違憲とならないか。

(1)　ここで反対の立場からは，ＳＮＳ事業者はサービスの利用者が表現したものをＳＮＳ上に掲載しているにすぎずこれらの投稿はＳＮＳ事業者の表現の自由としては保障されないと反論することが考えられる。

確かに，サービスの利用者の表現そのものをＳＮＳ事業者の表現とみることはできない。また，21条1項は国民の知る自由に奉仕するものとして報道の自由を保障しているが，ＳＮＳ利用者の表現をサービス上で公開しているに過ぎないＳＮＳ事業者を報道機関と直ちに同視することもできない。しかし，ＳＮＳ利用者は，ＳＮＳサービスにより自らの表現を発する手段を大きく拡大させており，利用者の表現発信行為に奉仕するものとして，ＳＮＳ事業者の投稿表現を掲載する自由も，表現の自由として21条1項により，保障されていると考える。

⑵　そして，法案9条1項2項，26条により，削除義務が課され，削除命令と罰則によりそれが担保されていることでかかる表現の自由は制約されている。

⑶　もっとも，表現の自由としての保障は，表現者そのものの表現の自由よりは要保護性は劣る。また，先述のように，規制は段階的な規制であり，制約態様も強力とはいえない。そうすると，内容規制であることを考慮しても，目的が重要で規制手段が目的との関係で実質的関連性があれば，違憲とはならないと考える。

⑷　そして，規制目的は第2　3⑷アと同様であり，同様に重要性は認められる。

また，第2　3⑷イと同様に規制手段に実質的関連性も認められる。

(5)　したがって，かかる規制は21条1項に反せず，違憲とならない。

5　次に，法案9条1項2項，26条はＳＮＳサービスの利用者の表現の自由を違法に制約し，21条1項に反し違憲とならないか。

(1)　ＳＮＳサービスの特定虚偽表現についても，21条1項により保障され，法案9条1項2項，26条により制約がされている。

たしかに表現内容に着目した規制であるもものの，自己統治の価値の希薄性，段階的制約であることから，目的が重要であり，手段に実質的関連性が認められれば，規制は21条1項に反せず合憲である。

(2)　そして，先述のように，規制目的は重要であって，規制手段に実質的関連性が認められる。

(3)　よって，この規制は，ＳＮＳ利用者の表現の自由を違法に制約せず，この観点からは21条1項に反せず違憲とならない。

以上

※この頁は，答案を見開きにして読みやすくするため，頁を送っておりません。この頁は空き頁です。

## ■ 公法系 32 位 行政法　評価A（公法系 145.08 点）

第１　設問１

１　本件事業認定は行政事件訴訟法（以下「行訴法」とする）３条２項の処分にあたるところ，取消訴訟の排他的管轄により，処分の違法性は無効でない限り当該処分の取消訴訟でしか争うことができないから，本件取消訴訟において，本件事業認定の違法の主張をすることはできないのではないか。

２　まず，原則として先述のように，本件事業認定には処分が認められることから，取消し訴訟の排他的管轄により，本件権利取得採決という別個の処分の取消訴訟である本件取消訴訟においては，本件事業認定の違法性を主張することができないのが原則である。

もっとも，先行処分の違法性主張を後続の処分の取消訴訟ですることができないとすることは国民の権利救済の見地から妥当でない。そこで，先行処分と後行処分が同一の目的の下，同一の効果の実現を目指した一連の手続きといえるかという実体的側面と，国民の実効的な権利救済の見地から先行処分の違法性を後行処分の取消訴訟で争うことが合理的かという手続的側面に照らし，相当といえる場合には，違法性の承継を認め，先行処分の違法性を後行処分の取消訴訟で争うことができると考える。

３　これを本件について検討する。

(1)　まず，Ｂ県からは，本件事業認定と，本件権利取得採決は発生させる効果が別個であり，一連の手続とはいえないとの反論が考えられる。

しかし，法 16 条に基づき行われる本件事業認定は起業者の事業の実現を目的としており，法47条の2第2項に基づく権利取得採決も，同様に起業者の事業の実現を目的としたものである。また，これらの処分は，事業が法の定める要件に適合していることを担保しながら，最終的には権利取得等の手段を用いて，事業を実現するという同一の法的効果に向けられた処分である。そのため，一連の手続を構成しているといえ，実体的側面からは違法性の承継を認めるべきものといえる。

(2)　これに対して，B県からは，本件事業認定に当たっては，法26条1項の告示，26条の2第2項の図面の長期縦覧，15条の14の事業の説明といった措置により，本件事業認定の段階でその違法性を争うための機会が確保されていることから，国民の実効的な権利救済の見地から本件事業認定の違法性を本件権利取得採決の取消訴訟で争わせる必要はないとの反論が考えられる。

　これについて検討するに，まず，法15条の14の事業の説明は，本件事業認定がなされる前に行われるものであり，実際にいかなる内容の事業認定がされたのかを個々の利害関係人が事業認定の後に認識することができるものではない。とすれば，この説明会の存在があったとしても，後続の権利取得採決の際に事業認定の違法性を争ったとしても不合理ではない。

　次に，法26条1項が定める事業認定の告示については，個々の利害関係者に事業認定の内容を告知することは定めておらず，仮にこれをもって，事業認定の違法性の承継を否定するとなると，国民は常に自己の土地にかかわる事業認定がなされていないかを調査照会しなければならず，酷であり妥当でない。とすれば，この事業認定の告示があったとしても，国民の実効的な権利救済の見地から，権利取得採決において事業認定の違法性を争うことに合理性が認められる。

次に26条の2第2項の定める図面の縦覧についても，あくまで，起業地を表示する図面を事業認定の効力が失われる日まで，公衆の縦覧に供しなければならないとされているのみである。そのため，事業認定により影響を受け得る利害関係人になんら個別的な告知がなされるものではなく，縦覧されている場所に随時赴いて確認をしなければ事業認定の存在及び内容を確知することができない。そのため，権利取得採決がなされて初めて事業認定の存在及び内容を知ることも十分に考えられるから，権利取得採決の取消訴訟において事業認定の違法性を主張することは，合理的である。

そうすると，実効的な国民の権利救済の見地から，先行処分の違法性を後行処分の取消訴訟で争わせることが相当といえる。

4　したがって，実体的手続的両側面から相当といえるため，違法性の承継が認められ，Aは本件取消訴訟において，本件事業認定の違法性を主張することができると考える。

第2　設問2

1　小問(1)

(1)　行訴法36条後段が補充的無効確認訴訟を認めた趣旨は，処分の無効を前提とした争点訴訟や当事者訴訟よりも処分の無効確認訴訟を用いることが紛争の抜本的解決の観点から適切な場合が存す

3

る点にある。そこで，「当該処分若しくは採決の存否又はその効力の有無を前提とする現在の法律関係に関する訴えによって目的を達することができない」とは，処分の無効を前提とした争点訴訟や当事者訴訟よりも，処分の無効確認訴訟の方が，紛争の一挙抜本的解決の見地から直截かつ適切であることをいうと考える。

(2)　ここで，Ｂ県からは，ＡはＣ市に対し，本件権利取得採決の無効を前提とした，本件土地の所有権の確認の訴えを民事訴訟又は形式的当事者訴訟で提起することができるのであるから，この要件を満たさないとの反論が考えられる（行訴法４条前段）。

ア　この反論につき検討するに，まず，確認の訴えが認められるには，確認の利益が存することを要する。具体的には，対象選択の適正，方法選択の適正，即時確定の利益が求められる。

これを，本件につきみるに，まず確認対象は現在のＡの本件土地に対する所有権であって，現在の法律関係の確認であるから，これは認められる。

次に，方法選択として，Ｃ市に対して給付訴訟を提起しても，Ａが本件土地の所有権を有することは既判力を持って確定することができないことから，確認訴訟という方法を選択することは紛争解決の見地から適切であるといえる。

加えて，Ｃ市は本件土地について本件権利取得採決は有効であるとして，Ａの所有権を争っているのだから，Ａの権利に不安が生じており，これを確認の訴えで取り除く必要があるから，即事確定の利益も認められる。

したがって，上記訴えには確認の利益が認められ，訴え自体は適法である。

イ　しかし，本件権利取得採決の無効確認の訴えの方が，これらの訴えよりも紛争解決の観点から直截かつ適切であるため，Ｂ県の反論は認められない。

まず，無効確認の訴えに第三者効は準用されていないものの（行訴法 32 条１項，38 条１項），無効確認訴訟には関係行政庁への拘束力が認められる（38 条１項の準用する 33 条１項）。これにより，Ｂ県のみならず，関係行政庁であるＣ市も本件権利取得採決が無効であることを前提に業務を遂行することとなり，関係者間での手続の混乱を防止することができ，抜本的な紛争解決に資する。一方で，上記民事訴訟等では，当事者たるＣ市との間でしか，本件土地の所有権は確定せず，他の利害関係人との間のＣ市の事業の遂行や，Ｂ県の対応と不一致が生じかねず，事務が混乱し，紛争の抜本的解決にならない。

したがって，処分無効確認訴訟によることが紛争の抜本的解決の見地から，争点訴訟や当事者訴訟よりも直截かつ適切である。

(3)　よって，ＡのＢ件に対する本件権利取得採決の無効確認訴訟は「当該処分若しくは採決の存否又はその効力の有無を前提とする現在の法律関係に関する訴えによって目的を達することができないもの」にあたり，そのほかの要件を満たせば，適法に提起することができる。

3　小問(3)

5

⑴　Aは，本件事業認定は，B県がその要件裁量を逸脱濫用して行ったものであるから違法であるとの主張をすることが考えられる（行訴法 30 条参照）。

⑵　まず，本件事業認定の根拠条文たる法 20 条 3 号は事業認定の要件として「事業計画が土地の適正且つ合理的な利用に寄与するもであること」を定めており，抽象的な文言が用いられている。また，この判断は，都道府県知事の専門的技術的な判断を要するものであって，かつその土地毎に柔軟な判断をすることが求められるものである。そうすると，この要件充足の有無の判断につき，B県知事には要件裁量が認められるといえる。もっとも，この裁量の行使であっても，判断の基礎となる事実を欠く場合や，事実誤認や他事考慮など判断過程に不合理な点がある場合など裁量の行使が著しく妥当性を欠く場合には，裁量の逸脱濫用として処分は違法となる。

⑶　ここで，B県からは，本件道路の整備には①「道路ネットワークの形成」，②「通行者の安全性確保」，③「地域の防災性の向上」の三つの利益があること，それに比べて本件土地の収用によって失われる利益が大きくないこと，事業計画は適正且つ合理的であるから，裁量の逸脱濫用はなく，要件充足は認められ，処分に違法はないと反論することが考えられる。

⑷ア　この反論につき検討するに，まず，B県がこの判断の基礎とした平成 22 年調査には正確性に欠け，判断の基礎となる事実を欠いている。

すなわち，平成元年調査から，平成 22 年調査の間のC市の人口の減少は一割未満であり，人口変動に原因はないにもかかわらず，平成元年調査では平成 17 年には 1 日あたりの交通量が約 1 万台に達すると予測され，自動車の騒音や排気ガス等により周辺環境への影響が大きいとされたのに，平成 22 年調査では交通量が 1 日約 3500 台と約 3 分の 1 に減少しており，これを合理的に説明できないことから，平成 22 年調査の方法に誤りがあり，正確性に欠けていたといえる。

イ　また，仮にこの平成 22 年調査の正確性が認められたとしても，交通量が平成元年調査から約 3 分の 1 に落ち込んでいる以上，「道路ネットワーク」を形成する必要性に欠け，必要性が認められたとしても，それは大きなものではなく，通過車両の増加により良好な住環境が破壊されるおそれがある。この点に，考慮した事情の重み付けのあやまりがある。

ウ　また，B県は本件道路近くの小学校への騒音等の影響緩和を考慮しているものの，本件土地の自然環境保護には特に考慮がされていない。本件土地内にはC市内では珍しい，様々な水生生物が生息する池が存在しており，この自然環境への配慮を行う必要がある。にもかかわらず，B県がこれを考慮しなかったことには考慮不尽がある。

エ　また，本件土地にある池は地下水が湧出した湧水によるものである。また，この地下水を生活用水として利用する住民もいる。

B県はこの点について，本件土地の掘削の深さは 2 m程度なので，地下水には影響がないと反論することが考えられる。

しかし，以前，本件土地周辺の工事では，深さ２ｍ程度の掘削工事で井戸がかれたことがあり，調査をきちんとしないと，地下水への影響は判断できない。また，本件土地の周辺の災害時非常時水源として使いことが予定されている防災用の井戸への影響については調査も考慮もされていない。

そのため，この点についてＢ県には考慮不尽が認められる。

(5) したがって，Ｂ県県知事が上記要件が満たされるとした判断の前提となった事実の基礎は欠いており，また考慮不尽により，判断過程が不合理であって，裁量の行使が著しく妥当性を欠くといえる。

よって，本件事業認定は，要件裁量を逸脱濫用したもので，違法であるといえる。

以上

# 民事系 26 位

# 再現答案

| 科目 | | 満点 | 得点 | 順位 |
| --- | --- | --- | --- | --- |
| 論文 | 民事系 | 300 | 218.98<br>[A/A/A] | 26位 |

## ■ 民事系 26 位 民法　評価A（民事系 218.98 点）

第1　設問1

1　本件事故時の甲建物の所有者

(1)　AはBに対し，甲建物の建築請負契約を締結しており，本件事故時，本件契約に基づき仕事がすでに完成していたところ，甲建物の所有者が注文者Aと請負人Bのいずれであるかが問題となる。両者の所有権の帰属が問題となるのは，とりわけ，請負代金の支払との関係で，請負人の地位を保護する点にある。そうすると，請負人の地位を保護する趣旨からすると，原則として，建物の建築が材料の加工であるから，加工の規定に従い，材料提供者たる請負人に所有権が原始帰属すると解すべきである（民法 246 条1項本文）。ただし，そのような趣旨からすれば，登記実務として，保存登記は注文者名義でされるのであり，注文者に原始帰属すると考えられるのと整合せず，かつ，単に請負人に所有権を認めても，請負代金の支払の実効性を確保することには直接つながらず，留置権を対抗することも可能であることに照らすと，厳密には例外を柔軟に認め，代金をほとんど支払っている等，注文者への引渡前であっても注文者に所有権が帰属するとの特約がなされていると解される場合には，例外的に，注文者への原始帰属を肯定すべきである。

(2)　本件では，必要な材料をBが全て自ら調達していること，本件事故時，まだ甲建物は引き渡されていないことからすると，原則として，材料提供者たるBに所有権が原始帰属し，本件事故時，残代金が支払われていないから，本件事故時の甲建物の所有者はBであったと考え得る。しかし，請負代金が3億 6000 万円と高額であるものの，棟上げ時はまだ不動産ではないとは言っても，棟上げ時までに代金の80%を支払う旨の約定がなされ，現に支払われていること，よって，引渡し時に支払われるはずの残代金は7200万円に過ぎないこと，約定に従い仕事が遂行され，完成したことに照らすと，既払代金の割合が相当程度高く，本件契約においては，例外的に，甲建物が成立すれば，Aに所有権が原始帰属する旨の約定があったものと解すべきである。

(3) したがって，本件事故時の甲建物の所有者はAである。

2 CのAに対する民法717条1項本文，ただし書に基づく所有者の土地工作物責任を根拠とする損害賠償請求

(1) Cの請求が認められるには，①Cの権利侵害，②甲建物が土地工作物に該当すること，③本件事故時の甲建物の設置保存の瑕疵，④③と①の因果関係，⑤本件事故時，Aが甲建物を所有していたこと，⑥賠償されるべき損害の発生及び額が必要となる。本件では，②は土地の定着物をいい，建物は土地工作物に該当し，かつ，⑤は認められることを前提とする。③の瑕疵とは，通常想定される危険に対し通常有すべき安全性を欠いていることをいうが，震度5弱の地震は，毎年のように日本各地で発生している地震の強度であり，通常想定される危険ということができ，甲建物は，建築資材の欠陥があり，必要な強度を有していなかったのだから，通常有すべき安全性を欠いていたといえる。そして，①Cが負傷する本件事故が生じたが，④の因果関係は条件関係を前提に，当該瑕疵により当該結果が生じることが相当であるといえることを要する。本件瑕疵がなけれ

ば本件事故はなかったといえ，かつ，震度５弱の地震により，甲建物の一部が損傷し，それが甲建物に面する道路を歩行していたＣのところに落下し，Ｃが負傷するというのは当該瑕疵から通常想定される事故であるから，相当といえる。そして，⑥として，損害とは，不法行為がなければ置かれていたはずの財産状態と不法行為があったために現実に置かれた財産状態の差額を意味し，権利侵害と損害との因果関係が認められることを要するが，相当な範囲に限定するため，相当因果関係についての規定である民法416条を類推適用する。Ｃの負傷による治療費の支出は通常生じる損害であり，416条１項より，賠償されるべき損害といえる。

⑵　これに対し，抗弁として，占有者たるＢに本件事故を防止する上で不注意があったため，Ｂが責任を負うべきであり，所有者Ａは責任を負わないとの抗弁が考えられる。ここでは，Ｂが本件資材を用いたことに過失が認められるかが問題となる。過失とは，予見可能性を前提とする結果回避義務違反をいう。この点，建築請負人は，建物を建築するに際し，契約相手方たる注文者の生命身体を侵害しない物を建てる義務を負うのみならず，建物の社会的有用性からして，当該建物に現に居住する者の生命身体も保護するべき義務を負い，かつ，建物周辺の歩行者等の生命身体も保護すべき義務を負う。よって，Ｂは，通常想定される危険たる震度５弱程度で損傷してしまうような資材を建築に用いることは，予見可能性が認められれば，結果回避義務違反を構成することになる。しかし，本件資材は，本件事故があるまでは，定評があり，多くの新築建物に用いられて

③

いたものであり，本件事故まで，欠陥があることは知られていなかったのだから，Bには，震度５弱に耐えられないということにつき予見可能性がなかったといえる。よって，占有者Bこそが責任を負うべきであるとの抗弁は成り立たない。

(3) また，甲建物の瑕疵による本件事故の発生との因果関係が認められるとはいっても，震度５弱の地震が発生したことという原因競合による減責の抗弁も考え得る。しかし，瑕疵が原因で，瑕疵の内在的に有する危険を現実化させるに過ぎない原因が発生したという場合，瑕疵を有する以上，あるがまま受け入れるべき危険責任であるのだから，このような抗弁は認められない。

(4) よって，CのAに対する土地工作物の所有者責任の追及は認められる。

第２　設問２

1　下線部アを根拠づけるHの主張

Hの主張は，乙建物の所有権がDからHに移転し，所有権移転登記がされることで，賃貸人Dと賃借人Eの間で合意がなくとも，状態債務論により（借地借家法 31 条１項），新所有者たるHが，以後は賃貸人となり，HのEに対する賃料請求権が発生するから，DがFに対し，乙建物の将来賃料債権を譲渡していたとしても，Hの賃料債権は譲渡対象でないから，HがEに賃料の支払を請求できるとの主張である。

2　下線部イを根拠づけるFの主張

Fの主張は，将来債権譲渡担保も有効であり，Fは内容証明郵便による通知により第三者対抗要件も具備しているから（民法 467 条２

項），譲渡担保の存在を，Ｈにも対抗でき，賃料債権の譲渡を受けたＦがＥに賃料の支払を請求できるとの主張である。

3　正当性

(1)　まず，将来債権譲渡担保も特定性を満たせば，公序良俗に反しない限り，有効である。そして，公序良俗に反する場合とは，債務者を不当に害し，又は，他の債権者を不当に害する場合をいう。将来賃料債権の譲渡により，Ｅが通常の取引を行えなくなる等の不当に害される事情はなく，かつ，譲渡担保の設定により，他の債権者を不当に害するともいえない。

(2)　この点につき，本件で譲渡された賃料債権は12年分と長期にわたる点で，新賃貸人の地位を不当に害するとの主張が考えられる。たしかに，Ｈは，下線部アの考えに基づき，賃料収入があることを見越して本件売買契約及び本件債務引受契約を締結しているため，賃料収入がないにもかかわらず免責的債務引受けをすることになってしまうと，Ｈは不利益を被る。しかし，将来債権譲渡は有効にすることができ，新賃貸人は旧賃貸人の地位をそのまま引き継ぐものであり，その点で，所有者となった新賃貸人は旧賃貸人のいわば物上保証人的地位に立たされるに過ぎないのである。よって，下線部アの考えは，Ｈ自身が考えたものであり，Ｈの法解釈の誤りに起因することに照らしても，上記の通り，他の債権者を不当に害するということはできない。

(3)　したがって，下線部イが正当である。

第3　設問3

1　本件債務引受契約の無効原因として考えられるのは，民法95条の錯誤無効である。

2(1)　錯誤とは，表示と内心の不一致を言い，情報収集リスクは原則として自己責任であるから，動機の錯誤は原則として，錯誤無効が認められない。しかし，相手方にリスクの転嫁を正当化する理由があれば，要素性が認められた上，錯誤無効を認めることを例外的に認めることができるところ，その正当化の理由とは，動機が表示されて法律行為の内容となっていることである。

(2)　本件では，本件事案の【事実】10のＤＧ間の合意④における毎月の返済額20万円とは，合意①の売却代金かつ弁済額6000万円から合意④の契約直後に支払う3600万円を引いた2400万円を，乙建物の賃料が25万円であることに照らし計算したものと考えられ，収益計算がされている。その際，Ｈの下線部アの考えは，その前のＧによる賃料収入が得られるのではとの発言により出てきたものであり，下線部アの考えはＧＨ間で共有されている。そのことは，合意①に明示で「その収益性を勘案した価格である」と明記されていることからもわかる。そうすると，ＧＨ間で，下線部アは本件債務引受契約をする動機として表示され，法律行為の内容となっていたといえる。

(3)　加えて要素性につき，当該錯誤がなければ表意者は当該意思表示をせず，かつ，一般人もしないであろうことをいうが，債務者Ｄの友人に過ぎないＨは，下線部アが認められなければ2400万円の免責的債務引受けをすることはなかったといえ，かつ，一般人もしないといえる。

⑷　よって，動機錯誤の要件を満たす。

2　これに対し，民法95条ただし書により，Hに重過失が認められれば錯誤無効の主張は認められない。重過失とは，著しい不注意をいうが，法律家でもないHにとって，下線部アのように考えたことは著しい不注意とは言えないから，重過失の抗弁は認められない。

3　仮にHの重過失が認められるとしても，GHの共通錯誤である場合にまで契約を有効として両当事者を錯誤による契約に拘束することは妥当ではない。本件では，下線部アが前述のようにGHの共通認識であり，かつ，Gもそれを信じ，錯誤に陥っていたと考えられるから，共通錯誤に該当し，Hの錯誤無効の主張は認められる。

4　したがって，Hは錯誤無効を理由に本件債務引受契約の無効を主張することができる。

以上

※この頁は，答案を見開きにして読みやすくするため，頁を送っておりません。この頁は空き頁です。

## ■ 民事系 26 位 商法　評価A（民事系 218.98 点）

第１　設問１

１　①甲社の臨時株主総会を自ら招集する場合

甲社は公開会社（会社法２条５号参照）であり，取締役会設置会社である（327 条１項１号）。297 条１項より，100 分の３の株式を６ヶ月以上を持つ株主は議題及び招集理由を示して株主総会の招集を請求することができる。これにより，296 条２項３項より取締役が株主総会を招集するか，しない場合には，297 条４項１号あるいは２号の請求から８週間招集通知が発せられないことにより，裁判所の許可を得て，株主自ら招集することができる。

２　②平成 30 年６月の甲社の定時株主総裁の開催に当たり株主提案権を行使する場合

会社法 303 条２項１項より，100 分の１の株式を６ヶ月以上持つ株主は議題の請求をすることができる。そして，298 条１項２号，299 条１項で招集通知に示されれば，309 条５項で当該議題について決議をすることができる。

３　乙社が取れる手段

(1)　①②の比較検討

ア　持株比率要件につき，①の方が加重される点で不利ではあるが，乙社は 15%の株式を保有しており，①②いずれも充足するため，本件では差は生じない。

イ　①では招集の理由を示すことが要求されており，乙社は株主総会の権限に属する一定の事項（295 条２項）を提案することを検討しているため，これを示す必要がある。

①

ウ　一方，②は①と異なり，裁判所の介入がなく，取締役が株主提案を無視して議題として決議をしなかった場合には，株主提案権の制度に反した手続の法令違反あるいは内容の法令違反があるといっても，取り消すべき決議あるいは無効となるべき決議がそもそも存在せず，乙社の意向に沿わない可能性がある。

エ　むしろ，①であれば，前述のように，裁判所の許可により招集をすることが可能となり，また，基準日株主についての規定が甲社定款13条にあるが，乙社はこれを満たす平成30年6月の定時株主総会まで待たずして，より早い時期に決議をすることができるようになる点で有利である。

(2)　したがって，乙社は①②いずれも用いることができるが，①を用いる方が利点が大きいと考えられ，①の手段をとるべきである。

第2　設問2

1　乙社の考えられる主張

(1)　本件新株予約権無償割当ての差止請求をすることが考えられる。差止めの根拠条文として，会社法247条は，238条以下の新株予約権の発行という，無償割当てとは異なる手続についての差止請求権の規定であるが，新株予約権を交付するという点で同じであるため，247条を類推適用する。

(2)　差止めが認められるには，各号該当事由及び株主が不利益を受けるおそれがあることを要する。乙社の主張としては，①247条1号の法令定款違反として，109条1項の株主平等原則に違反すること，②同条2号として著しく不公正な割当てであることを主張し，本件割当てにより，乙社は甲社における持株比率低下の不利益を被ると主張する。

2　乙社の主張の当否

(1)　②について

ア　著しく不公正な発行であるか否かは，主要目的が，支配権維持目的か否かで判断し，支配権維持目的の場合には，著しく不公正な発行である。しかし，会社の利益を害する，グリーンメイラーのような株主から支配権を維持することは，会社の利益のため正当化される例外を認めるべきである。

イ　本件では，本件無償割当ての目的が，乙社による甲社の支配権の取得を阻止するためとされており，支配権維持目的であることは明らかであるため，原則として著しく不公正な発行に当たるといえる。

ウ　しかし，甲社の利益を乙社から守るべき例外を認める正当な理由があるかについて，乙社は，比較的短期間で株式を売買し，その売買益を得る投資手法を採っていること，敵対的な買収により対象会社の支配権を取得し，経営陣を入れ替え，対象会社の財産を切り売りする投資手法をとったことがあるなどの事実がわかっており，加えて，乙社の代表社員Bが，甲社の株主であるにもかかわらず，甲社の事業に関して理解を示さない発言をしているとの事実に照らすと，乙社は甲社に対しても，他社の買収と同じ行動をとる危険性があると懸念することができる。加えて，現に，持株比率は，平成29年5月には4%に過ぎなかったのに，平成30年3月31日というわずか1年ほどで20%にまで増加していることから，今後，乙社が支配権を得るためにさらに持株比率を増やす危険性があること，本件株主提案を現にしており，会社財産を手放して剰余金の配当の増資をしようとしているから，他社の買収と同様の手法を取ろうとしているのではないかと考えられる。

エ　そうすると，甲社の利益を守るため，乙社から支配権の維持をすべき正当な理由があるといえるから，例外的に著しく不公正な発行に当たらないと解すべきである。

(2)　①について

ア　株主平等原則に違反するかどうかは，敵対的買収者から会社を守る必要があるため，必要性及び相当性が認められる場合には，本件割当てのように，乙社のみを区別して取り扱う割当ても平等原則に違反しないと解すべきである。そして，会社の利益を守る趣旨より，必要性については株主が判断すべきである。

イ　必要性について，本来，無償割当てを決定するのは，277条，278条3項本文括弧書より取締役会でいいが，本件では，提案の理由において，乙社による甲社の企業価値を毀損し，株主共同の利益を害するものであるから，乙社の支配権取得を阻止するとの目的を示した上，最終的に株主の意思により判断されるべきとして，株主総会決議において判断されている。そして，総株主の議決権の90%を有する株主が出席し，出席株主の67%の賛成により可決されていることから，株主総会特別決議の可決に必要な要件を満たしたものといえる（309 条２項柱書参照）。敵対的買収者から会社の利益を守ることは，普通決議事項よりも重要である一方，敵対的買収者を除く株主全員の合意まで要求するのでは会社の利益を正当に守れない場合が出てしまい妥当でないため，ここにおける必要性判断は，特別決議要件を満たせばよいと考えるべきである。よって，本件において，前述のような乙社の行動等に照らし，敵対的買収者であることが疑われ，かつ，株主が特別決議要件を満たして賛成した本件においては，必要性を満たしている。

ウ　相当性について，まず（ⅰ）乙社が株式の買い増しをしないことを確約した場合には，乙社の持株比率 20%が維持されることとされているので，乙社を不当に害するものではない。次に，（ⅱ）確約をしない場合，乙社は新株予約権１つにつき１円が交付され，新株予約権を失うが，持株比率は（ⅰ）同様に維持される。よって，この場合にも，乙社は不当に害されていない。しかし，（ⅲ）確約をせず，乙社の支配権取得を阻止すべき場合には，乙社は１円が交付される一方，他の株主は株式を取得し，乙社の持株比率が 20%から６%未満にまで低下する可能性がある。この持株比率低下の対価が１円であることが相当であるかが問題となるが，敵対的買収者に対してまで，持株比率低下分の株式につき，適切な価格全てを交付することまで要求すると，会社財産が流出するため，そもそも，敵対的買収者から会社を守れていないことを意味する。よって，対価が１円であったとしても，金銭的代償を与えている以上，本件においても相当性を充足すると考えるべきである。

エ　したがって，本件割当ては敵対的買収者たる乙社から会社を守るため行うべき必要性及び相当性が認められ，株主平等原則に違反しない。

(3)　したがって，①②いずれの主張も認められず，乙社の主張は認められない。

第3　設問3

1　本件決議1の効力

(1)　会社財産の処分は代表取締役が行うことができるが，重要財産については，会社法362条4項1号より，取締役会決議を要する。本件でP倉庫は，甲社の事務用品の製造販売において，大型倉庫を2つ有しているうちの1つであり，もう1つのQ倉庫が大地震により倒壊したことで，海外から到着する貨物をP倉庫において保管しなければならなくなった本件においては，会社の事業を継続し，競合他社に多数の顧客を奪われてしまわないため，重要な財産であるといえる。

(2)　しかし，本件決議1は，重要財産の処分を株主総会普通決議（309条1項参照）で決めるというものである。295条2項は，定款記載事項については株主総会決議事項としてよいと規定するところ，定款変更決議は，466条，309条2項11号より，株主総会特別決議により行うことができる。そして，本件決議1の内容は，株主総会に決定事項を増やす趣旨に過ぎず，取締役会から，362条4項1号に反し，決定権を奪うものではない。よって，本件決議1が特別決議要件を満たしたならば，会社の利益について強い利害関係を有する株主に，重要財産の処分をするかを判断させることとする本件定款変更も可能である。

(3) したがって，本件決議1は有効である。

2 代表取締役社長Aの会社法423条1項責任

(1) しかし，役員の会社法355条の忠実義務及び350条，民法644条の善管注意義務として，「会社のために忠実に」株主総会決議を遵守すべき義務があるが，「遵守」することにとどまり，必ずしも拘束されるわけではなく，経営判断を任された取締役が，自らの知識と判断により，会社の利益を守るため，株主総会決議と異なる判断をすることができると解すべきである。

(2) 会社法423条1項の責任が認められるには，①Aが取締役であり，②任務懈怠，③甲社に生じた損害及び額，④②と③の因果関係が必要である。①は明らかであり，③④につき，P倉庫の売却により，多数の顧客を奪われるなどした結果，甲社に多大な損害が生じた。

(3) ②につき，取締役の判断には株主の利益を追求するため，冒険的判断も要求されるから，経営判断の原則が適用され，判断過程及び内容が著しく不合理でない限り，忠実義務違反はないと解すべきである。本件では，本件決議1及び本件決議2により，株主総会決議においてP倉庫を売却すべきと判断されているとはいえ，前述のように，2つしかない倉庫のうちQ倉庫が使えない以上，議場を維持するにはP倉庫が必須であることからして，本件決議2を過度に評価し，P倉庫の売却により想定される会社の不利益を何ら考慮せず，取締役としての判断を加えることなく漫然と取締役会決議を成立させ，P倉庫を売却したAには，判断過程における著しい不合理が認められるため，忠実義務違反に該当する。

(4) したがって，Aは423条1項の責任を負う。

以上

## ■ 民事系 26 位 民訴　評価A（民事系 218.98 点）

第１　設問１

　１　課題(1)

　(1)　Ｙの解釈の根拠

　Ｙの解釈の根拠は，本件定めが「本件契約に関する一切の紛争」についてＢ地方裁判所を第一審の管轄裁判所とする専属的合意管轄についての定めであるところ，本件契約の履行として引き渡した本件車両の本件仕様が備わっていたかどうかというのは，本件契約の不履行についての争いであるから，「本件契約に関する」紛争であるとの解釈である。

　(2)　Ｙの解釈と別の解釈を採るべきとの立論

　これに対し異なる解釈をすべきと主張するには，本件訴訟の訴訟物が，本件契約の解除に基づく原状回復請求権としての既払代金400 万円の返還請求権であるから，解除は本件契約から当然に生じる紛争ではなく，Ｘの解除の一方的意思表示により別個発生する請求権であるから，「本件契約に関する」紛争でないとの立論が考えられる。

　２　課題(2)

　(1)　Ｙの解釈を前提とすると，本件定めが書面でされており，民事訴訟法 11 条１項２項でＢ地裁に専属的合意管轄が認められてしまい，16 条１項でＡ地裁は「その管轄に属しない」とされ，移送されてしまいそうである。しかし，Ａ地裁で審理されるべきと立論するには，20 条１項括弧書より，17 条が適用されるため，①当事者，証人の住所，②検証物の所在地，③その他の事情により，訴訟の著しい遅滞を避け又は当事者間の衡平を図るため，さらにA地裁への移送をする必要があるということを根拠付けて，A地裁で審理されるべきと立論することが考えられる。

⑵ 本件では，Xは本件車両に本件仕様が備わっていなかったと主張し，Yは備わっていたと主張しているため，本件仕様が備わっていなかったこと，すなわち，本件車両の瑕疵の存否が争点となると考えられる。

⑶ ①として，会社員であるXはA地裁への出頭が便利である。また，本件事故はXの子供3人の行動に起因して生じたから，子供らも必要があれば，訴訟において話を聞く必要も生じうる。そして，本件契約を実際に締結し，本件車両を引き渡したA支店の従業員が証人として出頭することが想定される。

⑷ また，②として，瑕疵の存否が問題とされている本件車両はA市のX宅車庫に保管されており，検証する場所はA市内となる。

⑸ 加えて，③として，会社員のXがB地裁に出頭するとなると，B地裁は約600キロメートルも離れ，新幹線，在来線等を乗り継いで約4時間もかけて出頭しなければならなくなる点で，日常生活上著しい不都合が生じる。一方，Yは代表取締役が代表することになり，本店はB市にあるものの，代表取締役が実際に法廷に出頭することは通常想定されず，書面のやりとりがほとんどであると考えられるため，A地裁としても，Yに著しい不都合は生じない。

⑹ 以上より，①ないし③のいずれの観点からも，17条の移送が認められるべき場合であると言えるから，上記のような立論が可能で

あると考えられる。

第２　設問２

１　元の請求における④の事実の位置付け

⑴　元の訴訟の訴訟物は，設問１で前述の通りであり，請求原因は，①ＸＹ間の本件契約の締結，②ＸからＹに対する本件契約に基づく400万円の支払，③ＹからＸに対する本件契約に基づく本件車両の引渡し，⑤本件契約の不完全履行として，本件車両が本件仕様を有していなかったこと，⑥ＸからＹに対する催告及び相当期間の経過後の解除の意思表示であり，上記の番号は，本件事案の【事例】における本件訴訟の主張事実の番号に相当する。

⑵　ここでは，④の事実は，主要事実ではなく，⑤を具体的に基礎付ける間接事実である。

２　追加された請求における④の事実の位置付け

⑴　一方，追加された請求の訴訟物は，本件契約の債務不履行に基づく損害賠償請求権であり，請求原因は，①③⑤に加え，「賠償されるべき損害の発生及び額」である。具体的には，本件事故の発生及びそれにより生じた⑧本件損壊事実及び⑨Ｘが支出した腕時計の修理費用100万円である。

⑵　ここでは，④の事実は，主要事実たる「賠償されるべき損害の発生及び額」の一部として本件事故が発生したことが挙げられるため，主要事実である。

３　Ｘが訴えの変更をした後にＹが認否の撤回をした点が影響するか

⑴　裁判上の自白とは，弁論期日における自己に不利益な事実を認め

3

る旨の陳述であり，自己に不利益か否かは，自白により証明不要効が生じることへの相手方の信頼を保護する趣旨から，相手方が証明責任を負うことを意味する。そして，自白が成立する事実とは，主要事実をいう。なぜならば，主要事実は請求認容に直接必要な事実として，証明責任が課される対象であるからである。

(2)　そうすると，本件では，元の請求においては間接事実に過ぎない④の事実を認める旨の陳述をしても，これは裁判上の自白が成立せず，訴えの変更がされて初めて④が主要事実となった際，請求認容に直接必要な主要事実については，Ｙに対し，争うか否か判断をする猶予を与えるべきである。

(3)　よって，Ｘが訴えの変更をした後にＹが認否の撤回をした点は影響せず，裁判上の自白によりＹが④を認める旨の陳述を自由に撤回することはできなくなっていない。

第３　設問３

1　Ｚが本件日記の文書提出義務を負うかの判断について，本件で検討すべきは，民事訴訟法220条１号ないし３号には当たらないため，４号ニの自己利用文書に該当しないかの判断が必要である。４号で文書提出義務が一般的に認められている例外に位置付けられる自己利用文書の趣旨は，当該文書の提出によりプライバシーが害されること，それにより，将来の同種の文書の作成を躊躇させてしまう危険性があることにある。よって，同号の判断に際しては，当該文書の開示により害されうるプライバシーという観点から検討をすべきである。

2　自己利用文書の判断について，銀行の稟議書等につき，専ら社内利用目的で作成され，これを開示することで自由な意思形成が阻害される場合には，特段の事情がない限り，自己利用文書に該当すると考えられている。一方，本件日記は特定個人たるTが作成し，Tの死後，相続人たる妻Zが所持している物に過ぎない。

3　そこで，本件で考慮すべき事項として考えられるのは，所持者が作成者であるか第三者であるか，作成者が死亡しても，相続人にも作成者との利害関係があり，日記の内容に一定の利害関係があるということ，日記には通常他人に見られることを想定せず，包み隠さず様々なことを書いているという性質を有するということ，本件日記の具体的内容自体は，秘密にしておきたいことという性質は強くなく，Tが経験した職場での出来事を客観的に記載しているのみであるということ等が挙げられる。

以上

# 民事系 44 位

# 再現答案

| 科目 | | 満点 | 得点 | 順位 |
|---|---|---|---|---|
| 論文 | 民事系 | 300 | 212.26<br>[A/A/A] | 44 位 |

## ■ 民事系 44 位 民法　評価A（民事系 212.26 点）

設問 1

1　甲建物の所有者について

(1)　ＡＢ間の請負契約（民法 632 条）において，どちらに所有権が帰属するかが問題となるところ，請負人の報酬債権を担保する必要があること，及び 246 条の加工の法理により，原則として材料提供者に所有権が帰属する。もっとも，特約があればそれに従い，報酬の大部分が事前に支払われる場合には，所有権は注文者に帰属するという特約が当事者の契約にかかる意思解釈上推認されると解する。

(2)　本件では，材料をすべて調達しているのは請負人Ｂであり，Ｂに所有権が帰属するとも思える。しかし，契約上引き渡し日までに 80％という代金の大部分が支払われる条件となっており，すでにＡはＢに対し現に代金の 80％相当の２億 8800 万円を支払っている。したがって，報酬の大部分が支払われており，所有権はＡに帰属するとの特約が推認できるため，所有権は注文者Ａにある。

2　損害賠償の可否について

(1)　716 条による責任

Ａは注文者であり，請負人Ｂは本件事故によりＣに損害を与えている。もっとも，注文または指図に過失があったとはいえず，同条によっては責任を負わない。

(2)　709 条に基づく責任

また，709 条によったとしても，Ａに故意または過失があったとはいえず，同条による責任も認められない。

(3)　717 条 1 項に基づく責任

ア　そこで所有者Ａの無過失責任を定める717条1項の適用が問題となる。「土地の工作物」とは，土地に密着して存在している物をいうところ，甲建物は土地に密着して建っており，これをみたす。

イ　「瑕疵」とは，工作物が通常有すべき安全性を欠いていることをいう。

　本件では，甲建物は建築資材の欠陥により，震度5弱の地震で損傷しており甲建物は通常有すべき安全性を欠いており，「瑕疵」が認められる。

ウ　上記瑕疵により，Ｃに治療費相当の損害が生じており，損害及び因果関係も明らかである。

エ　引渡し前であるため請負人Ｂは「占有者」であるところ，Ｂが「必要な注意」，すなわち過失がなければ所有者Ａが責任を負うこととなる。

　本件請負に用いられた建築資材は，定評があり，多くの物件に使われてきたものであるところ，その欠陥の原因は製造業者において検査漏れがあり，甲建物にたまたまそのようなものが用いられていたことにあった。建築業者としては，外見上明らかな欠陥がない限りは，検査漏れがあったものかを見分けることは難しく，そこまでの確認調査義務は求められず，出荷された物をそのまま使用したとしても過失，すなわち「必要な注意」を怠ったとはいえない。

　したがって，「必要な注意」が認められる。

オ　以上，所有者であるＡが無過失責任を負い，ＣはＡに対し責任を追及できる。

設問２

１　Ｈの主張

⑴　ＨはＤと乙建物の売買契約（555条）を締結しており，所有権が移転している。

⑵　賃借人のＥは引き渡しを受けているため，その賃借権を対抗しうる（借地借家法31条１項）。その場合，賃貸人たる地位は，状態債務として当然にＨに移転することとなる。

⑶　新たな所有者が賃借人から賃料を受け取るには，二重払いの危険の防止から所有権移転登記が必要であるところ，Ｈはこれを具備しており，賃料を受け取る地位も有している。

⑷　したがって，賃料をＥから受け取ることができる。

２　Ｆの主張

⑴　将来債権譲渡も可能であり，将来債権は一括して移転するため，通知時に対抗要件を得ることとなる。

⑵　したがって，Ｈに対しても対抗することができる。

３　いずれが正当か

⑴　将来債権譲渡の可否

ア　将来債権譲渡については，まず始期及び終期を明確にするなど特定していることを要する。

本件では，賃料債権について始期平成28年９月から終期令和10年８月分までと特定されており，特定性に欠けることはない。

イ　また，将来債権譲渡であっても，その不履行のリスクは当事者間で解決すべきであり，公序良俗に反するような譲渡でない限りは，有効であると解する。

本件では，譲渡期間も12年程度であり，他の債権者の回収可能性を過度に害するとはいえず，公序良俗に反するとはいえないため，将来債権譲渡は有効である。

(2) そして，将来債権譲渡は，その譲渡契約時に将来債権譲渡も含め一括して移転されることとなる。そこで，Fが平成28年8月4日付でEに対して通知を行ったことにより，第三者対抗要件も具備している（467条1項）。

したがって，Fは賃料債権譲渡をHに対抗することができる。

(3) また，Dは，Fに対しては，債権譲渡契約（555条）に基づく債務として，Fに賃料債権を得させるという債務を負う地位を有しているところ，賃貸人たる地位が状態債務として当然にHに移転したように，上記の地位もHに当然移転するため，Hは賃料債権をFに得させる義務を負う。

(4) したがって，Fの主張が正当である。

設問3

1　「錯誤」（95条本文）

(1) Hは，本件債務引受契約の錯誤無効を主張する。

(2) 「錯誤」とは，効果意思と表示の不一致を表意者が認識していないことをいうところ，本件では債務引受けをするという効果意思と表示に不一致はないため，このような錯誤の無効主張が認められるか。

2　動機の錯誤

(1) 動機の錯誤についても表意者の保護という95条の趣旨は妥当する一方，相手方の保護も図る必要がある。そこで，これらの調和の観点から，動機が相手方に明示又は黙示に表示され，当事者の意思解釈上契約の内容となっているのであれば，動機の錯誤も「錯誤」にあたると解する。

(2) 本件では，Hから明示に賃料を乙建物から得られるから債務を引き受けるという動機は示されていない。しかし，D，G及びHの協議において，Gから，乙建物の買主は長期の安定した賃料収入を見込めるとの発言があり，Hもこれを受けて賃料が得られることを認識しているから，黙示に表示がなされていたといえる。

また，3者契約では，HがDのGに対する債務を引き受けることとなっているところ，乙建物の購入価格は賃料の収益性を勘案したものとなっており，契約の合意形成過程では，賃料収入を買主が得られることが，当事者の意思解釈上契約の内容となっていたといえる。

したがって，「錯誤」にあたる。

3 要素の錯誤

(1) 「要素」の「錯誤」とは，そのような錯誤がなければ当事者は意思表示しなかったであろうこと，及び一般人もしなかったであろうことをいう。

(2) 本件では，Hは，賃料収入を得られるからこそ，乙建物を6000万円で購入するとともに，同額の債務をDから引き受けている。そして，本件債務引受契約上は，HはGに以後10年間毎月20万円を支払うこととなっているところ，上述のとおり，Hは収益性を勘案して乙建物を購入しているから，その賃料 25 万円の収入がなければ，このような契約をHがするとはいえない。

また，一般人であっても，収益なく支払だけが発生する契約をするとはいえない。

したがって，「要素」の「錯誤」にあたる。

4　Gにも相錯誤があったといえるから，ただし書の適用はない。

5　以上，Hは，本件債務引受契約の無効を主張できる。

以上

## ■ 民事系44位 商法　評価A（民事系212.26点）

設問1

1　自ら招集する場合

(1)　乙社が臨時株主総会を自ら招集する場合，会社法（以下略）297条1項によることとなる。

(2)　まず，乙社は，甲社株式を平成29年5月時点で4％保有しており，議決権の100分の3以上を6か月以上保有している（同1項）。

(3)　そこで，乙社は甲社に臨時株主総会の開催を請求し，その後遅滞なく招集が行われない場合又は請求から8週間以内の総会開催にかかる通知がされない場合（同4項1号2号）には，自ら株主総会を招集することとなる。

(4)　その場合は，乙社は298条1項各号の事項を定め，株主に招集通知および参考書類を発送する（299条1項，301条1項，302条1項）。

2　株主提案権を行使する場合

(1)　乙社は甲社定時株主総会にて議題の株主提案を行うとともに（303条1項），議案の要領の株主への通知請求権を行使する。

(2)　甲社は取締役会設置会社であるため（327条1項2号），持株要件が必要であるところ（303条2項），上述の通り乙社はこれを満たしている。

(3)　同様に，305条ただし書の要件もみたす。

(4)　したがって，乙社は甲社に対し上記の請求を行うことができる。

3　比較検討

(1)　自ら臨時総会を行う場合，招集手続などが煩雑であるというデメリットはあるが，機動的に招集を行うことができる。

1

(2) 他方，定時株主総会において株主提案権を行使する場合は，手続の容易さや，持株要件が臨時総会招集よりも緩やかであるというメリットはあるが，甲社は基準日を3月31日としており，6月総会まで待つ必要があるため機動性に欠ける。また，これを待つ間に新株発行などによって持分の希釈化が起こることもあり，安定性にも欠ける。

(3) したがって，臨時総会の招集を行うべきである。

設問2

1 乙社の主張

乙社は，本件差別的行使条件付きの新株予約権無償割当てについて，①その発行が109条1項の法令違反として，または②著しく不公正として，新株予約権の発行差止め（247条1号2号）を請求する。

2 247条1項の適用可否

(1) まず，新株予約権無償割当てに247条を適用しうるか。

(2) 同条は「発行」のみを定めており，無償割当てに直接適用はされない。もっとも，同条の趣旨は，株主の地位に変動が生じることを防止する点にある。そこで，無償割当てであっても株主の地位に変動が生じうる場合には同条の類推適用が可能と解する。

(3) 本件では，本件新株予約権無償割当てには乙社に対する差別的行使条件が付されており，乙社のみが新株予約権を行使することができない。そこで，乙社には持分希釈化リスクが顕在化した場合に株主の地位に変動が生じうる。

(4) したがって，247条を類推適用することができる。

3　109条1項適用可否

(1)　また，新株予約権に株主平等原則が適用されうるのか問題となる（109条1項）。

(2)　同項も「株式」と規定しており，必ずしも新株予約権に株主平等原則が適用されるとはいえない。しかし，278条2項は新株予約権の平等も想定した規定となっていることから，新株予約権にも109条1項が適用されると解する。

(3)　したがって，新株予約権無償割当てに対する株主平等原則違反を主張しうる。

4　109条1項違反該当性

(1)　そこで，差別的行使条件付新株予約権無償割当てが109条1項に反し「法令」違反（247条1号）といえるか。

(2)　109条1項の趣旨は，投資に対する収益予見可能性を高めて，投資を呼び込み企業価値を向上させる点にある。そして，企業価値の向上は最終的には企業の持主である株主自身によって判断されるべきである。そこで，企業価値が損なわれるおそれがあると株主が判断したときであって，かつ，特定株主に著しい損失を生じさせない程度であれば，差別的行使条件付新株予約権無償割当ても109条1項には反しないと解する。

本件では，乙社がP倉庫を売却する株主提案をしたことに端を発して，乙社の株式取得について取締役会で議論がなされているところ，乙社が過去に対象会社の資産を切り売りして，一時的な利益を得るという投資手法を得ていたという意見が出ており，また，事務用品の製造販売という甲社の目的に無理解である乙社代表社員の発言などから，P倉庫など，会社資産の切り売りが懸念された。そこで甲社は株主総会において乙社の甲社株買い増しが企業価値を毀損することから本件割当てを上程し，同総会では，議決権の 90％を有する株主が出席するとともに，乙社が反対だとすれば，それ以外の大多数の株主が賛成したものといえ，株主自身が，乙社の株買い増しが甲社の企業価値を毀損させると判断したものといえる。

また，行使条件(8)により，乙社は新株予約権を行使できないところ，乙社の新株予約権行使の対価は1円であること，また，乙社と甲社でこれ以上の買い増しをしない確約がされた場合には，すべての新株予約権が甲社に無償取得される条項が付されており，乙社に対して財産的損害が著しいものとはいえない。

したがって，株主が企業価値毀損を判断し，かつ，特定株主に著しい損失が生じるものではないといえる。

(3) 以上，本件割当ては 109 条1項に反さず，「法令」違反とはいえない。

5 247 条2号該当性

(1) 「著しく不公正」とは，不当な発行目的で新株予約権が発行されることをいう。そして，取締役会が経営支配権維持目的で行う発行は，機関権限分配秩序に反し，不当な発行目的といえる。

(2) もっとも，本件では，甲社の所有者である株主が総会において無償割当てを決議しているのであるから，機関権限分配秩序に反することはなく，不当な発行目的があったとはいえない。

(3) したがって，247条2号違反も認められない。

6 以上，乙社の主張は認められず，差止めは認められない。

設問3

1 本件決議1の効力

(1) Ｐ倉庫の価格は15億円であり，甲社の総資産額250億円や年間売上高300億円の５％程度と相当の価格であり甲社の財務状況に影響を与えうるため，「重要な財産の処分」（362条４項１号）にあたる。そこで，取締役会決議事項となっているものを株主総会で決議することが可能か問題となる。

(2) 同行の趣旨は会社の重要事項を取締役会に決定させる点にあるが，上述の通り，会社の最終的な意思決定者は所有者たる株主にあるため，取締役会決議事項とされているものについても，株主が決議することが可能と解する。

(3) したがって，決議１は有効である。

2 Ａの責任（423条１項）

(1) 代表取締役たるＡは「役員等」にあたる（423条１項）。

(2) 「任務を怠った」とは，善管注意義務違反（330条，民法644条，355条）をいう。もっとも本件では，Ｐ倉庫の売却は経営判断が及ぶ事項といえる。

すなわち，企業経営にはリスクが生じるものであるから，過度な結果責任の追及は経営の萎縮を招く。そこで，当該行為がなされた当時の一般的な経営者を基準として，判断過程及び判断結果に著しい不合理があった場合には善管注意義務違反が肯定される。

本件では，P倉庫の売却について取締役会に上程され，各取締役の議論が十分に交わされており，判断過程に著しい不合理があったとはいえない。

他方，AはP倉庫の速やかな売却を決断している。たしかに，売却については株主総会で決議がなされており，取締役は株主の意向に沿った執行を行う必要がある。また，社外取締役からも，適法な株主総会決議を常に遵守すべきとの意見も出ている。しかし，取締役の義務は，株主の利益最大化である。そして，P倉庫は値下がりの兆候がない一方で，Q倉庫倒壊により，P倉庫を売却すると甲社には50億円以上の損害が生じることが見込まれている。そうだとすれば，株主利益最大化のために，P倉庫の売却を遅らせることが，通常経営者の判断であり，これに反して速やかな売却をしたAは，判断結果に著しい不合理があったといえる。

以上，任務を怠ったといえる。

(3) 50億円の損害，相当因果関係も明らかであり，上記の通り善管注意義務違反がある以上，Aに過失（428条1項反対解釈）も認められる。

(4) したがって，Aは50億円の支払義務を負う。

以上

## ■ 民事系 44 位 民訴　評価A（民事系 212.26 点）

設問1

1　課題(1)

(1)　Yの解釈の根拠

Yの解釈は，本件契約に，B地方裁判所を専属的合意管轄とする定めがあるというものである（民事訴訟法（以下略）11 条1項）。すなわち，本件定めは，本件契約という「一定の法律関係」に基づく訴えであり，かつ，契約書に記載があるため「書面」でなされている（11 条2項）。

(2)　立論

ア　もっとも，本件定めは，A地方裁判所を管轄とするのに加えてB地方裁判所にも付加的に管轄を認める付加的合意管轄にすぎない。

イ　すなわち，本件契約において，原状回復請求がなされた場合には，義務履行地たるA市が通常は管轄を有し，XとしてもA市裁判所に出訴すると考えられるため（5条1号，民法 484 条），Xが，B市に専属的合意管轄を認める趣旨で「合意」をしたとはいえない。

ウ　したがって，本件定めは付加的合意管轄の定めにすぎない。

2　課題(2)

(1)　仮にYの解釈によるとしても，17 条による移送を認めるべきである。

(2)　本件では，当事者たるXはA市，Yは本店がB市に所在しているところ，Yは全国に支店を有し，A市にも販売店を有している。また，証拠となりうる本件車両はＸ方に保管されているとともに，Ａ支店従業員は子供が想定外の使用をしたことを理由に債務不履行を認めていないため，同人を証人とする必要がある。これらの所在地もすべてＡ市にある。Ａ市とＢ市は600km離れており，新幹線・在来線等を乗り継いで約４時間掛かる距離にあり，Ｘやその代理人Ｌにとっては毎回の期日出席に多額の費用を生じることとなる。他方でＹはＡ支店があるため，Ａ地方裁判所での対応の負担は大きくない。また，証拠の所在地も上記の通りＡ市であるから，Ｂ地方裁判所での証拠調べは訴訟を著しく遅滞させることとなる。さらに，Ｙは全国展開する法人であるため，個人であるＸとの公平の観点からは，Ａ地方裁判所によることが適切である。

⑶　したがって，17 条によりＡ市裁判所への移送が認められるべきである。

設問２

１　自白（179 条）の意義

⑴　Ｙは事実④を撤回できるか，それぞれの訴訟物との関係で「自白」にあたるか問題となる。

⑵　「自白」とは，口頭弁論期日又は弁論準備期日における相手方の主張と一致する自己に不利益な事実の陳述をいう。そして，不利益とは，基準の明確性から相手方に主張責任があることをいい，事実とは主要事実をいう。なぜなら，当事者の最終的な立証命題かつ主たる攻撃防御対象である法律効果の発生等に直接必要な主要事実について「自白」を認めれば，弁論主義の趣旨たる不意打ちの防止

を図ることができるからである。

2　当初訴訟物との関係における自白の成否

⑴　当初訴訟物は，履行遅滞による解除に基づく原状回復請求権である（民法545条1項，541条）である。

⑵　この要件事実は，ア　売買契約の締結，イ　相手方の履行がないこと，ウ　同時履行の抗弁権（民法533条）消滅のための自己の債務の履行提供，エ　催告，相当期間経過及び解除の意思表示である。

⑶　これを本件に即していえば，アは事実①，ウは事実②，エは事実⑥にあたる。他方，イについては，履行期が経過したのに債務の履行がないことが主要事実であって，⑤がこれにあたるといえる一方，④は単なる事情ないし⑤の間接事実にすぎない。

⑷　したがって，当初訴訟物との関係では「自白」にあたらない。

3　追加訴訟物との関係における自白の成否

⑴　訴えの変更（143条1項）により追加された訴訟物は，債務不履行に基づく損害賠償請求権（民法415条）である。

⑵　その要件事実は，ア　売買契約の締結，イ　債務不履行，ウ　損害およびその額，エ因果関係である。

⑶　これを本件に即していえば，アは事実①，ウは事実⑧及び⑨となる。そして，415条の債務不履行の事実については，具体的態様の主張を要するため，本件車両のベッドの下敷きになり時計が損壊したという事実が主要事実となる。したがって，④はこれにあたり，追加訴訟物との関係では「自白」にあたることとなる。

4　訴え変更後の自白の撤回の可否

(1) 自白が成立した場合，不要証効（179条）が生じるとともに，裁判所に対する拘束力も生じる（弁論主義第二原則）。そして，これにより相手方は立証の負担を免れるという地位が生じるため，その期待の保護から，当事者拘束力が信義則上生じることとなる。

(2) もっとも，弁論主義の機能は当事者に対する不意打ちの防止であるところ，当初は自白でなかった事実について，訴えの変更がなされたあとに自白となるのであれば，むしろその陳述をした者にとって不意打ちとなり，その保護を図る必要性が高い。したがって，訴え変更後に自白となりうる事実の陳述撤回は，信義則に反さず可能と解する。

(3) 本件では，訴え変更後にYの事実④への陳述が自白となっており，Yにとって不意打ちであるから，Yはこれを撤回することができる。

設問3

1　220条4号ニ該当性

本件日記が自己利用文書（220条4号ニ）にあたれば，文書提出義務はない。自己利用文書とは，専ら自己のみの利用を想定している文書であって，かつ公開により重大な利益侵害が生じうるものをいう。

2　どのような観点からどのような事項を考慮すべきか。

(1) 自己利用の観点

判例は，自己のみの利用という点について，銀行などの貸出稟議書など，業務として作成されたものであって，社内でのみ使用を予定する文書がこれにあたるものとしている。

本件日記は，たしかに甲シリーズの車両の不具合に関する情報が含まれているが，Ｔが個人的に作成したものであり，Ｙの業務として作成されたものとはいえず，Ｔが「自己」であり，Ｙの所有性は考慮すべきではない。

(2)　重大な利益侵害の観点

判例は重大な利益侵害について，個人のプライバシーなどに重大な損害が生じる場合がこれにあたるとしている。

本件では，Ｔ所有の日記であるから，その公表によるＴのプライバシー侵害については考慮すべきであるが，Ｙへの財産的損害などについては考慮すべきではない。

以上

# 刑事系 44 位

# 再現答案

| 科目 | | 満点 | 得点 | 順位 |
| --- | --- | --- | --- | --- |
| 論文 | 刑事系 | 200 | 145.21<br>[A/A] | 44位 |

## ■ 刑事系 44 位 刑法　評価A（刑事系 145.21 点）

設問1

1　ダミー封筒とのすり替え行為について，詐欺罪（刑法（以下略）246条1項）または窃盗罪（235条）の成否

(1)　上記行為について詐欺罪と窃盗罪のいずれが成立するかは，Vに交付意思があったかによる。すなわち，詐欺罪は瑕疵ある意思に基づいて占有移転を行う交付罪である一方，窃盗罪は，意思に反して占有移転する奪取罪であるからである。

(2)　まず，本件キャッシュカード等は，それ自体所有権の対象となり，かつ預金を迅速かつ確実に得ることができる財産的価値を有しており，「財物」（246条1項）ないし「他人の財物」（235条）にあたる。

(3)　「欺いて」（246条1項）とは，交付の判断の基礎となる重要な事項，すなわち財産的損害に関する事項を偽ることをいうところ，これは交付行為に向けたものであることを要する。そこで，交付者に，財物を自己の占有外に移転する意思があったかにより判断する。

　本件では，甲は，ダミー封筒を準備したうえ，本件キャッシュカード等を封筒にVに入れさせた上ですり替えているところ，すり替えはVが印鑑を取りに行っている間に行っており，Vはキャッシュカード等を自己の占有下で保管する意思を有しているから，財物を占有外に移転する意思はない。

　したがって，交付行為に向けられた欺罔行為があったとはいえず，詐欺罪は成立しない。

1

(4) 他方，甲は本件キャッシュカード等をVの不在時にダミー封筒とすり替えており，このような軽量物は自己のバッグ内に入れた時点でVの黙示的意思に反してその占有を移転させているといえ，「窃取」したといえる。

(5) 故意及び不法領得の意思に欠けることもなく，甲には窃盗罪が成立する。

設問2

1 事後強盗罪の共同正犯（60条，238条）が成立するとの立場

(1) 乙は甲と事後強盗の共謀をしており，共謀に基づいて下記の脅迫を行っている。なお，乙は甲が万引きをしたものと勘違いしているが，実際の甲の行為とは構成要件内で符合しており，因果性に欠けるとも錯誤があるともいえない。

(2) 238条の趣旨は，窃盗の機会に強盗を行うことが強盗と同視できる点にある。そこで，同条の「脅迫」とは，客観的に反抗抑圧に至る程度の害悪の告知が，窃盗の機会，すなわち，その現場か継続的延長でなされることを要する。

本件では，甲及び乙は2対1の状態で，乙が刃体10センチメートルという殺傷力あるナイフをCに示して「殺すぞ」と申し述べており，これは強度の態様による侵害である。また，Cは片手がふさがっている状態であり，2人に対して抵抗することは難しい。

したがって，窃盗現場で客観的に反抗抑圧に至る程度の害悪の告知がされたといえる。

(3) 乙には，「逮捕を免れ」る目的が認められる。

⑷　身分とは，犯人の一定の犯罪に関する人的関係たる特殊の地位又は状態をいう。また，真正身分と不真正身分の区別は明確であることから，65条1項は真正身分犯の成立と科刑を，65条2項は不真正身分犯の成立と科刑を定めていると解する。なお，条文が共同正犯を排除していないこと，共同正犯であっても法益侵害可能であることから，65条の「共犯」には共同正犯も含まれる。

本件では，「窃盗」であることは，事後強盗罪において法益侵害を基礎づける真正身分であり，窃盗行為を行っていない乙についても，65条1項により，事後強盗罪が成立する。

⑸　したがって，乙には事後強盗罪の共同正犯が成立する。

2　脅迫罪の共同正犯が成立するとの立場

⑴　事後強盗罪は財産犯であり，窃盗行為と脅迫行為の結合した犯罪である。

本件では乙は実行行為の途中から犯行に関与したといえ，承継的共同正犯の成否が問題となる。

⑵　共同正犯の処罰根拠は，相互的意思連絡の下で結果に対して因果性を与える点にある。そこで，すでに終了した行為については因果性を与えることができず原則として承継的共同正犯は否定されるが，例外的に先行行為の結果を積極的に利用し結果に対して因果性を与えうる場合には，肯定すべきである。

本件では，すでに甲は窃盗未遂罪の結果を生じさせており，乙はもはやこれに対し因果性を与えることはできないから，承継的共同正犯は成立しない。

　したがって，事後強盗罪の共同正犯は成立しない。

(3)　他方，上述の通り乙はCに対し害悪の告知を行っており，脅迫罪の限度で共同正犯が成立する。

3　私見

(1)　事後強盗罪は結合犯であると解する。なぜなら，事後強盗罪は第一次的には保護法益を財産としていることから，窃盗は身分でなく行為であるといえるからである。また，窃盗の既遂未遂によって事後強盗罪の既遂未遂が決まることからも，窃盗が実行行為の一部であることがうかがえる。

(2)　したがって，乙には脅迫罪の共同正犯が成立することとなる。

設問3

1　正当防衛による説明

(1)　丙はDの生理的機能を損なう「傷害」結果を生じさせたことについて（204条），正当防衛（36条1項）が成立しないか。

(2)　「急迫不正」とは，違法な法益侵害が現在しているか間近に押し迫っていることをいう。

　本件では，甲がDに向かってナイフを突きつける強盗行為をしており，違法な法益侵害が現在しているといえる。

(3)　「防衛するため」とは，急迫不正の侵害を認識しつつこれを避けようとする単純な心理状態の下で防衛行為を行うことをいう。

　本件では，丙はDを助けようとしているのであり，これをみたす。

(4)　「やむを得ず」とは，手段として必要最小限であることをいう。

　本件では，ボトルワインを投げる行為は採り得る唯一の手段であり，これをみたす。

(5) 説明の難点

もっとも，障害結果はDに生じている。正当防衛は不正対正の関係にある者同士において認められる違法性阻却事由であり，正当防衛の成立は困難である。したがって，正当防衛は成立しない。

2 緊急避難による説明

(1) 上述と同様に「現在の危難」は認められる。また「避けるため」も同様に認められる。

(2) 説明の難点

ア 「やむを得ず」とは，手段として必要最小限であることに加え，法益が均衡していることも含む。

本件では，甲が行おうとしているのは強盗行為であり，保護法益は第一次的には財産権である。他方，丙の行為はDの身体を侵害するものであるから，法益が均衡していないとも思える。

イ もっとも，甲はDに対し「本当に刺すぞ」と怒鳴り，レジカウンターに身を乗り出して殺傷力あるナイフを胸元に突き出している。そうだとすれば，Dには生命身体の危険が生じているのであり，侵害法益は生命身体でもあるといえる。

したがって，法益の均衡が認められ緊急避難が成立する。

ウ また，仮に甲にDを刺す意図がなかったとしても，丙としてはDに生命身体の危険が生じることを認識しており，誤想避難が成立する。その場合には，丙には違法性阻却事由の錯誤があり，反対動機形成の機会がないため，責任故意が阻却され傷害罪は成立しない。

(3) 以上，いずれにしても丙に傷害結果に対する責任が生じないと説明できる。

以上

## ■ 刑事系44位 刑訴　評価A（刑事系145.21点）

設問1　小問1

1　別件逮捕勾留

(1)　本件では，比較的軽微な業務上横領事件（以下，別件）で甲を身体拘束し，強盗致死事件（以下，本件）の取調べを行っており，これはいわゆる別件逮捕勾留にあたる。もっとも，令状裁判官は捜査機関の意図を見抜くことは難しいため，別件の逮捕勾留が適法であれば，本件身体拘束は適法であり，本件の取調べについては余罪取調べの限界として検討する。

(2)　甲は，Aから集金した3万円を着服したことについてX社社長の供述があるほか，Aの甲に3万円を交付した旨の供述や，同額がX社に入金された事実がないことの報告書を得ており，「相当な理由」（刑事訴訟法（以下略）199条1項）が認められる。また，業務上横領罪は重大犯罪であること，甲は一人暮らしかつ無職であることから逃亡のおそれが高く，逮捕の必要性も認められる（199条2項ただし書，規則143条の3）。

　したがって，別件の逮捕は適法である。

(3)　また，勾留請求の時間制限は満たしていること（203条，205条），上記同様に「相当の理由」（207条1項，60条1項ただし書）が認められること，逃亡のおそれがあること（同項3号），逃亡のおそれがあり勾留の必要性も満たしていること（87条1項）から，勾留も適法である。

(4)　別件についての捜査は，Yの取調べやI店のカメラの精査などによるさらなる裏付けが必要であり，「やむを得ない事由」（208条2

項）があるため，勾留延長も適法である。

(5) 以上，別件についての身体拘束は適法である。

2 余罪取調べの限界

(1) 被疑者には取調べ受忍義務（198 条 1 項ただし書反対解釈）が及ぶが，事件単位の原則から受忍義務が及ぶのは別件のみである。もっとも，任意取調べとして行われる限度としては許される。そこで，捜査目的達成のために当該捜査手段を行う必要性と，被疑者に生じる肉体的精神的負担の侵害の程度を吟味し，具体的状況の下で相当と認められる限度において認められると解する（197 条 1 項本文）。

(2) 本件では，強盗致死事件は重大な事件であり，Ｖは警察官に対し犯人は黒色の原動機付自転車に乗っていたと述べているところ，供述と同じナンバーの原付は甲のほか２台しかないこと，犯行日の２月１日には口座残高が１万円であったにもかかわらず翌日に残高が 30 万円となっていることなどから，Ｖの 50 万円を奪った嫌疑が強く，捜査の必要性は高い。

他方，甲は長期の身体拘束を受けているが，別件事件のＹの取調べやＩ店のカメラ確認などにも時間を要しており，強盗致死事件のためだけの身体拘束期間ではない。また，一日の取調べ時間も両事件あわせて５時間を超えておらず，甲に配慮されているから，肉体的精神的負担もそれほど大きいとはいえない。

(3) したがって，捜査の高度の必要性に比して甲の肉体的精神的負担は重大ではないため，本件状況の下では余罪取調べも相当であると

2

いえ，適法である。

設問１　小問２

１　本件基準説

⑴　別件逮捕勾留が，専ら本件の取調べ目的である場合には令状主義の潜脱となるため，違法となる。

⑵　本件では，本件取調べ時間は別件取調べ時間の倍の 40 時間となっている。また，取調べ回数も別件７回に対して本件は 12 回と多く，別件の身体拘束は実質的に本件取調べ目的であったといえる。

⑶　したがって，身体拘束は違法である。

２　採用しない理由

⑴　上述したとおり，令状裁判官が捜査機関の意図を見抜くことは困難であり，結果的に令状発付が違法となることは安定性を欠く。

⑵　また，取調べ時間や回数から捜査機関の目的を推認することには困難が伴う。すなわち，本件では，Ｙの取調べやカメラの確認のために８日から 12 日，16 日から 18 日までは別件の取調べができなかった。また，強盗致死事件は横領事件よりもより重大なのであって，取調べの回数や時間が多くなることもやむを得ない。

⑶　したがって，本件基準説は採用できない。

設問２

１　訴因変更の可否

⑴　公訴事実１から２への訴因変更が「公訴事実の同一性」の範囲内といえるか（312 条１項）。

⑵　同条の公訴事実とは，訴因変更の限界を画する機能概念であり，その趣旨は，被告人の防御と一回的解決の必要性との調和にある。そこで，「公訴事実の同一性」とは，犯罪を構成する基本的事実が同一であることをいい，事実的共通性を基準に，非両立性も考慮して判断すべきと解する。

⑶　本件では，業務上横領事件から詐欺事件に訴因変更が請求されている。両事実は，同日，Ａ方という同じ場所で３万円をＡから受領したものであり，基本的事実は共通している。また，詐欺罪と業務上横領罪は，集金権限があるかないかによって成否が表裏となっており，同日同場所で両立することは社会通念上考えられないため，非両立性も認められる。

⑷　したがって，「公訴事実の同一性」が認められ，訴因変更は可能である。

2　公判前整理手続の趣旨を踏まえた制限の可否

⑴　もっとも，本件訴因変更は公判前整理手続後に行われている。同手続の趣旨は，充実した公判審理を継続的，計画的かつ迅速に行うために争点及び証拠を整理することにある（316条の３第１項）。

そこで，争点や証拠の異同，訴因変更の期待可能性などを考慮し，公判前整理手続の趣旨を害するような訴因変更は許されないと解する。

⑵　本件では，争点は量刑のみであって，公訴事実それ自体について争いはなく，上述の通り業務上横領罪と詐欺罪は権限があるかないかの表裏の関係であるところ，甲もＸ社社長も権限がないことを認

めているため公訴事実が改めて問題となることはない。したがって争点が異なることはない。

また，証拠についても権限の有無については，X社社長の証言がすでに証拠調べされていること，また，Aの欺罔行為に関する証言も得られていることから，新たな証拠調べは必要でなく，この点からも証拠が異なることはない。

さらに，甲に集金権限がなかったことについては，X社社長が公判期日においてはじめて思い出したのであって，甲側も，これまで何らの主張をしてこなかったのであるから，訴因変更を行う期待可能性もなかったといえる。

(3) 以上から，本件訴因変更は，公判前整理手続の趣旨を害するようなものとはいえず，制限を受けないため，変更可能である。

以上

# 刑事系 89 位

# 再 現 答 案

| 科 | 目 | 満 点 | 得 点 | 順 位 |
|---|---|---|---|---|
| 論文 | 刑 事 系 | 200 | 139.48<br>[A/A] | 89 位 |

## ■ 刑事系 89 位 刑法　評価A（刑事系 139.48 点）

設問1

1　甲が，Aから本件キャッシュカード等を受け取り封筒に入れた行為（以下，「本件受取行為」），又は，本件キャッシュカード等が入った封筒を自らが持参したショルダーバッグ内に隠し入れた行為（以下，「本件隠入行為」）につき，詐欺罪（刑法（以下，略）246 条）又は窃盗罪（235 条）が成立しないか。

2　まず，詐欺罪と窃盗罪のいずれが成立するか，両者の区別が問題となる。

　窃盗罪における「窃取」は，相手方の意思に反して，その占有する財物を，自己又は第三者の占有下に移す行為である。一方，詐欺罪は，相手方に対して，「欺」く行為をすることにより，相手方の瑕疵ある意思に基づき，占有を移転するものである。そうだとすれば，両者の区別は，終局的な占有移転が，相手方の瑕疵ある意思に基づくものか否かによるべきと解する。その際には，終局的な占有移転時期を検討すべきである。

3　では，本件で，本件キャッシュカード等の占有がAから甲に移転した時期はいつか。

(1)　占有は，占有（支配）の事実又は占有（支配）の意思から判断するところ，占有の有無は，財物自体の特性や，時間的場所的接着性，それ以前の占有状態等も総合考慮して判断する。

(2)　本件で対象となる財物は，本件キャッシュカード等という小さいものであり，また，甲は，それを自己の封筒内に入れている。そうだとすれば，本件受取行為の時点で，本件キャッシュカード等の占有がAから甲に移転したとも思える。

しかし，Aが甲に本件キャッシュカード等を渡したのは，証拠品として保管しておいてもらう必要があると言われたからであり，また，後日お預かりする可能性があると言われていたのであるから，Aとしては，本件受取行為の時点で，支配の意思は失われていない上，その時点で，Aもその場にいたのであり，支配の事実も認められる。そうだとすれば，本件受取行為の時点では，なおAに占有がある。

そして，本件隠入行為は，上記のように，小さい本件キャッシュカード等を，甲が持参したショルダーバッグの中に入れる態様で行われている。また，Aは，本件隠入行為の際，甲がいる玄関先の近くの居間にいるから，支配の意思はなお認められ得るものの，甲がいる場所は玄関先であることから，同じ住居内でも，容易にその場を立ち去ることができるような場所であり，Aによる支配の事実は認められない。そして，占有は，第一次的には，占有の事実を重視して判断すべきであることをも考慮すれば，本件隠入行為の段階で，本件キャッシュカード等の占有がAから甲に移転したといえる。

4　そして，終局的な占有移転時期である，本件隠入行為の時点では，Aの瑕疵ある意思に基づいて占有が移転したものとはいえないため，本件隠入行為についての窃盗罪の成否を検討する。

(1)　本件キャッシュカード等は，Aの所有物であり，それ自体所有権の客体といえるのみならず，口座からお金を引き落とすことができる等，その性質上，財産的価値を有する有体物である。そうだとす

2

れば，本件キャッシュカード等は，「他人」たるAの「財物」といえる。

⑵　「窃取」の定義は上記の通りであるところ，本件では，Aの意思に反して，その占有する財物を，甲が自己の占有下に移しているから，「窃取」に当たる。

⑶　故意（38 条 1 項本文）とは，客観的構成要件該当事実の認識・認容をいうところ，本件では，明らかに満たす。

⑷　窃盗罪では，窃盗罪と，不可罰的な使用窃盗や罪質の異なる毀棄・隠匿罪を区別するため，不法領得の意思，すなわち，①権利者排除意思及び②利用処分意思が必要である。

本件では，①権利者排除意思は問題なく認められる上，②甲は，本件キャッシュカード等を入手してその口座内の預金を無断で引き出して現金を得ようと考えていたのであるから，その経済的用法にしたがい利用，処分する意思があったといえる。したがって，不法領得の意思も認められる。

⑸　よって，甲の本件隠入行為につき，窃盗罪が成立する。

設問 2

1　乙が，甲がショルダーバッグ内の商品をCに取り返されないようにしてやるため，Cに向かってナイフを示しながら，「離せ。ぶっ殺すぞ。」と言った行為（以下，「本件行為」）につき，甲と事後強盗罪の共同正犯（238 条，60 条），ないし，甲と脅迫罪（222 条 1 項，60 条）の限度で共同正犯が成立しないか。

事後強盗罪の共同正犯か，脅迫罪の限度での共同正犯かは，事後強盗罪の性質を結合犯と考える立場によるか，身分犯と考える立場によるかによって異なるので，以下詳述する。なお，前提として，甲に窃盗未遂罪が成立するところ，238条の「窃盗」には，窃盗未遂も含まれる。

2　結合犯と考えた場合

この立場は，事後強盗罪は，窃盗（未遂）罪と，暴行罪・脅迫罪の結合犯と解する立場である。すなわち，本罪の実行行為は，窃取行為及び暴行・脅迫行為となる。

この立場は更に，先行者の窃盗行為後に，後行者が暴行・脅迫行為に加功した場合において，後行者にも，窃盗罪を含めて罪責を問えるかという承継的共同正犯の肯否についての考え方によって，後行者（乙）に事後強盗罪の共同正犯が成立すると考えるか，後行者（乙）は脅迫罪の限度で共同正犯が成立すると考えるか分かれる。

1　まず，承継的共同正犯を肯定する立場からは，以下のような説明が可能である。

(1)　共同正犯の処罰根拠は，自己及び第三者の行為を介して，結果に対して因果性を有することによって，法益侵害又はその危険を惹起した点にある。そして，後行者が，先行者の行為及び結果を自己の犯罪遂行に手段として利用することによって，後行者も加功前の結果について因果性を有することはあり得るのであり，上記処罰根拠が妥当する。したがって，後行者が，先行者の行為及び結果を自己の犯罪遂行の手段として利用した場合には，承継的共同正犯は肯定できると解する。

本件では，後行者乙は，甲が店内の商品をショルダーバッグ内に盗み入れてCからとがめられているのだとうと思い，その逃走を助けるために，本件行為をなしている。そうだとすれば，乙は，先行者たる甲が行った窃盗行為及びそれによる占有移転結果を，自己の犯罪遂行の手段として利用したといえる。したがって，乙は，加功前の窃盗（未遂）行為による結果に対しても因果性を有し，承継的共同正犯を肯定し得る。

(2) 次に，実行共同正犯と，共謀共同正犯のいずれが成立するか問題となるところ，両者の区別は，実行行為を分担したか否かである。

そして，本件では，乙による本件行為の前にも，甲もCに対し，逮捕を免れるため「引っ込んでろ。その手を離せ。」などといっているところ，当該甲の行為自体では，Cは甲のショルダーバッグをつかんだまま，甲が店外に出られないように引き止めていたのであるから，相手方たるCの反抗を抑圧するに足りる程度の害悪の告知（「脅迫」（238条）をしたとは評価できない。しかし，その後の乙の本件行為と一連のものとして，相手方たるCの反抗を抑圧するに足りる程度の害悪の告知をしたと評価できる。したがって，甲と乙は，脅迫行為という実行行為を分担したといえ，実行共同正犯が成立し得る。

(3) そして，実行共同正犯の成立要件は，①共同実行の意思，②共同実行の事実である。

本件では，甲と乙は，現場で実行行為を分担する意思，及び，意思連絡が明らかに認められる上（①），上記のように一連の行為として，実行行為を分担している（②）。

⑷ また，本件で，乙は，甲が万引きをしたと勘違いしており，他方，甲は，乙がそのような勘違いをしていることに気付きつつ，「こいつをなんとかしてくれ。」と言っている。そうだとすれば，共同正犯内の錯誤があるといえる。

しかし，故意責任の本質は，規範の問題を具体的に与えられているにもかかわらず，あえて犯罪事実を実行する直接的反規範的人格態度に対する道義的非難にあるところ，規範の問題は構成要件の形で与えられている。そうだとすれば，構成要件内で符合する限り，故意は阻却されないと解する。

本件では，甲と乙のいずれも，事後強盗罪における脅迫行為をすることを認識・認容しているため，本件における共同正犯内の錯誤は，構成要件内で符合しているといえ，故意は阻却されない。

⑸ したがって，上記立場からは，乙の本件行為に，事後強盗罪の共同正犯が成立する。

2 他方，承継的共同正犯を否定する立場からは，以下のような説明が可能である。

⑴ 上記承継的共同正犯を肯定する見解は，後行者が，加功前の先行者行為に基づく結果に対して因果性を有することを根拠にしているが，共同正犯における因果性は，結果のみならず，行為を含めた犯罪全体について因果性を有していることが必要である。そして，後行者は，加功前の先行者の行為については，遡って因果性を有することはあり得ないため，承継的共同正犯は成立し得ないと解する。

(2) もっとも，加功後の後行者の行為について，別途犯罪が成立するか否かは別問題である。

そして，本件行為は，ナイフで「殺すぞ」などと申し向けており，相手方たるCを畏怖させるに足りる害悪の告知といえるため，「生命，身体……に対して害を加える旨を告知して人を脅迫した」(222条1項）といえる。

したがって，脅迫罪が成立し，上述のように，脅迫行為については，実行行為を分担したと解することができるから，上記立場からは，脅迫罪の限度で共同正犯となる。

3 身分犯と考えた場合（自説）

(1) しかし，上記いずれの立場も採用することはできない。なぜなら，事後強盗罪は，財産犯であり，また，窃盗犯人のみが犯しうる犯罪類型であるから，真正身分犯であり，結合犯と解するべきではないからである。すなわち，事後強盗罪の実行行為は，暴行・脅迫行為のみである。

(2) そして，乙は，窃盗犯人ではないから，非身分者であるところ，非身分者であっても，身分者に加功することにより，法益侵害又はその危険を惹起することは可能であり，真正身分犯であることにかんがみ，65条1項の適用により，罪責を負わせることができると解する。

(3) そして，実行共同正犯であること，「脅迫」(238条）該当性，及び共犯内の錯誤の処理は，上記と同様である。

(4) したがって，乙の本件行為につき，事後強盗罪の共同正犯が成立する。

設問3

1　まず，前提として，丙が，Dを助けようとして，ワインボトルを甲に向かって投げ付けた行為（以下，「本件丙の行為」）は，傷害罪（204条）の構成要件に該当するか否か検討する。

ア　本件丙の行為は，人に対する不法な有形力の行使として，暴行罪（208条）が成立し得るところ，傷害罪は，暴行罪の結果的加重犯としての性質を有するから，傷害罪の実行行為性を満たす。

イ　また，Dは，加療約3週間を要する頭部裂傷を負っており，生理的機能に障害を加えられたといえるから「人の身体を傷害した」といえる。

ウ　丙は，甲に投げ付けようとしたところ，Dに当たったのであり，方法の錯誤があるが，上記故意責任の本質からは，構成要件内で符合する限り故意は阻却されず，本件でも故意が認められる。

エ　したがって，傷害罪の構成要件に該当する。

2　では，丙がDの傷害結果について刑事責任を負わないとする理論上の説明につき，以下列挙する。

(1)　まず，甲がDに対して，売上金を奪おうと考えて，ナイフをちらつかせながら，「金を出せ」と申し向けたり，「本当に刺すぞ。」と怒鳴ってナイフの刃先をDの胸元に突き出した行為（以下，「本件甲の行為」）につき，強盗未遂罪（236条1項，243条）が成立すると解し，Dを助けようとして丙がワインボトルを甲に向かって投げ付けた行為（以下，「本件丙の行為」）は，「他人の権利を防衛するため」の行為として，正当防衛（36 条 1 項）が成立するため，丙はDの傷害結果につき刑事責任を負わないと説明することが考えられる。

しかし，強盗罪は，暴行又は脅迫を手段として財物を強取する犯罪であり，暴行又は脅迫行為と，財物強取又はその危険の惹起との間に，因果関係が必要であるところ，本件で，Dは，甲の要求に応じる素振りさえ見せなかったのであるから，因果関係を欠くといえる。そうだとすれば，本件甲の行為は，「急迫不正の侵害」には当たらず，丙の行為にも正当防衛が成立しないことになり得るとの難点がある。

(2)　次に，本件甲の行為に何ら犯罪が成立しなかったと解し，本件丙の行為は，「急迫不正の侵害」がないにもかかわらず，それがあると誤信して，それに対する防衛行為を行ったものとして，誤想防衛となり，責任故意を阻却すると解することが考えられる。すなわち，誤想防衛は，違法性阻却事由の錯誤であるところ，当該錯誤を事実の錯誤であると解し，上記故意責任の本質から，責任故意を阻却し，したがって，丙はDの傷害結果につき刑事責任を負わないと説明することが考えられる。

しかし，そもそも本件甲の行為には，脅迫罪（222 条 1 項）は成立し得るという理論上の難点がある。また，本件甲の行為に何ら犯罪が成立しないとして，違法性阻却事由の錯誤により，本件丙の行為に傷害罪が成立しないとしても，丙に「過失」があれば，本件丙の行為に過失傷害罪（209 条 1 項）が成立すれば，丙はDの傷害結果につき刑事責任を負うことになる。そして，「過失」とは，結果予見可能性及び結果回避可能性に基づく結果回避義務違反としての，客観的注意義務違反をいうところ，本件では，Dが甲の要求に応じる素振りさえ見せていなかったこと，及び丙はそのやりとりを目撃していたこと等を考慮すれば，過失傷害罪が成立し得る。このような難点がある。

以上

## ■ 刑事系 89 位 刑訴　評価A（刑事系 139.48 点）

設問１－小問(1)

１　下線部①の逮捕，勾留（以下，「本件逮捕・勾留」）は，別件逮捕・勾留，すなわち，専ら逮捕・勾留の要件を具備していない本件（強盗致死の被疑事実）についての取調べ目的で，要件を具備している別件（業務上横領の被疑事実）で逮捕・勾留するものとして，違法ではないか。

(1)　別件逮捕・勾留か否かは，上記定義から，捜査機関が，専ら本件についての取調べ目的を有していたか否かによるべきであるが，このような主観的目的の判断は困難であるから，客観的事実から当該主観的目的を推認するほかない。具体的には，①本件の取調状況，捜査機関の意図，②本件と別件の関連性，③本件の重大性などを総合考慮して判断すべきと解する。

もっとも，逮捕・勾留時点についての事情のみでは，上記のような事情は判断できないため，逮捕・勾留後の取調べを考慮するほかない。したがって，違法な余罪取調べとなる場合が，別件逮捕・勾留として違法となると解する。

そして，身体拘束下にある被疑者の取調受忍義務は，下記小問(2)で述べるように，否定すべきであることにかんがみ，令状主義を潜脱するような余罪取調べのみが，違法な余罪取調べとなると解する。具体的には，上記①～③等を考慮する。

(2)　たしかに，本件事例では，本件たる強盗致死の被疑事実（以下，単に「本件」）と，別件たる業務上横領の被疑事実（以下，単に「別件」）の間には，何ら関連性はない（②）。また，Ｐは，本件で甲を逮捕するには証拠が不十分であるため，何か別の犯罪の嫌疑がないかと考え

①

ており，また，Rも，Pから甲に本件の嫌疑がある旨を聞き，同事件での逮捕も視野に入れて，本件と別件の両事件の捜査を並行して行うこととしている。しかも，別件について，被害届を出すことを渋っていたX社社長に対し，繰り返し説得を続けている。これらの事情からして，捜査機関の意図としては，本件取調べ目的を推認できる（①）。加えて，Pは，平成 31 年3月4日から6日（以下，年月は略）にかけて，甲が本件について「やっていない」などと，終始否認しているにもかかわらず，本件（余罪）の取調べをしている。また，Rも，8日から 10 日にかけて，連日，本件について甲を取り調べているが，甲は，なお終始否認し続けていた。このような事情を考慮すれば，令状主義を潜脱するような余罪取調べともいえ，したがって，別件逮捕・勾留となるとも思える。

しかし，本件たる強盗致死の被疑事実については犯罪の重大性が認められる（③）。また，本件逮捕・勾留から，20 日までの取調べ状況を検討するに（①），本件についての取調べは，いずれも，2時間から5時間という比較的短時間の取調べにとどまっている上，Pは，甲に対し，任意の取調べとして行う旨を説明している。さらに，20 日まで毎日取調べは行われているものの，本件と別件が同日中に行われてはおらず，取調べ時間が長時間にならないような配慮がなされている。そして，別件（本罪）についても，19 日に，甲が自白するまで，一貫して，否認ないし「A方に行ったかは分からない」や「金額はよく覚えていない」などと供述しており，また，起訴するに足りるほどの証拠を収集できていたとはいえない状況にある。そうだとすれば，

2

断続的に本件（余罪）について取り調べているとはいえ，別件（本罪）についての取調べの必要性も認められる状況にあった。

なお，たしかに，15日終了後の段階で，既に起訴するに足りる相当高度の嫌疑があるといえ，それ以降の取調べについては，令状主義の潜脱とも評価し得るが，上記のように，19日までは別件（本罪）について自白を得られていなかったことを重視して，なお令状主義の没却はないと考える。

以上の事情を総合考慮すれば，20日までの取調べは，令状主義を潜脱するような余罪（本件）取調べとはいえないから，本件逮捕・勾留も，別件逮捕・勾留には当たらず，適法である。

2　よって，本件逮捕・勾留及びそれに引き続く20日までの身体拘束は，適法である。

設問1－小問(2)

1　上記論理構成（本件基準説）とは異なり，別件基準説による構成が想定できる。以下，詳述する。

(1)　別件逮捕・勾留として違法か否かは，別件についての逮捕・勾留の要件を具備しているか否かによるべきであり，別件について要件を具備している限り，当該逮捕・勾留は適法であると解する。なぜなら，本件基準説のように，捜査機関の専ら本件についての取調べ目的であるか否かは，判断基準が明確でなく，また，その後の身体拘束の適法性については，違法な余罪取調べに当たるか否かによって判断すれば足りるからである。

本件事例では，別件について，X社社長の，甲が顧客Aから集金した3万円を着服したことについての供述調書や，Aの「自宅に集金に来た甲に3万円を渡した」が記載されている供述調書の存在からすれば，本件逮捕の時点において，逮捕の理由（刑事訴訟法（以下，略）199 条1項本文），すなわち，相当程度の嫌疑が認められる。また，甲は，単身生活者であること等を考慮すれば，甲について，逃亡のおそれがないとはいえない上，罪証隠滅のおそれがないともいえず，逮捕の必要性（199 条2項但書，刑事訴訟法規則 143 条の3）も認められる。実際にも，上記調書などを疎明資料として，裁判官による令状も発付されていることからも，逮捕の要件を具備していたといえる。

同様に，本件勾留の時点において，勾留の理由（60 条1項，207 条1項本文）や，勾留の必要性（87 条1項，207 条1項本文）も認められる。

したがって，本件逮捕・勾留は，別件についての逮捕・勾留の要件を具備しているといえるから，適法である。

(2) 次に，違法な余罪取調べに当たるか否かについて検討する。

まず，198 条1項但書を反対解釈して，身体拘束下の被疑者についての取調受忍義務を肯定すべきである。そして，逮捕・勾留の効力の及ぶ範囲についての事件単位原則をここでも適用すべきである。したがって，余罪取調べは，原則として，違法であると解する。もっとも，例外的に，①余罪事件が軽微である場合，②本罪（別件）と余罪（本件）の間に密接な関連性がある場合には，余罪取調べは，適法であると解する。

しかし，本件事例において，余罪（本件）たる強盗致死の被疑事実は，事件の重大性があるうえ（①非該当），上述のように，本罪（別件）たる業務上横領の被疑事実と何ら関連性を有しない。

したがって，本件事例における20日までの身体拘束は，違法な余罪取調べがなされており，違法である。

2　もっとも，自説では，上記のような別件基準説は採り得ない。以下，理由を述べる。

(1)　まず，別件基準説は，形式的に別件についての逮捕・勾留要件を具備しているか否かで，逮捕・勾留の適法・違法を判断しているが，このような形式的基準は，捜査機関の主観的意図を無視するものであり，妥当ではない。また，上記小問(1)で述べたような客観的事実から，主観的意図を推認する判断基準によれば，別件基準説が批判するような，基準の不明確性はない。

(2)　次に，身体拘束下の被疑者の取調受忍義務は否定すべきである。なぜなら，取調受忍義務を肯定すると，実質的に被疑者の黙秘権を侵害することになるからである。また，上記別件基準説は，198条1項但書の反対解釈を根拠とするが，同条項但書は，出頭・退去についての規定であり，取調受忍義務について規定したものではないから，根拠となり得ない。

(3)　また，上記別件基準説は，余罪取調べについても事件単位原則を適用しているものの，事件単位原則とは，逮捕・勾留の効力が及ぶか否かの問題に関するものであって，取調べについて，どの範囲までなし得るかの問題にまで適用することはできないと解すべきである。

設問2

1　下線部②の訴因変更請求（312条1項）（以下，「本件訴因変更請求」）について，裁判所がこれを許可すべきか否かは，本件訴因変更請求が，「公訴事実の同一性」を害しないか否か，すなわち，訴因変更の可否の問題である。

(1)　訴因変更は，狭義の同一性又は単一性が認められる場合に限り可能であると解されるところ，本件では，後述のように，旧訴因と新訴因の間に非両立関係が認められることから，狭義の同一性を検討する。

そして，312条1項が，「公訴事実の同一性」を要求した趣旨は，全く無制約に訴因変更が可能であるとすると，被告人の防御にとって著しい不利益が生じることから，被告人に防御の利益確保の観点から，訴因変更の限界を規定した点にある。そうだとすれば，「公訴事実の同一性」とは，一回の訴訟手続で解決すべき事件の範囲を画する機能概念といえる。したがって，「公訴事実の同一性」（狭義の同一性）が認められるか否かは，①新旧両訴因の客体・日時・場所・方法・罪質などの基本的事実関係が，社会通念上同一であるか否かによって判断すべきであると解する。また，②新旧両訴因が非両立の関係にあるか否かも補完的に適用して判断すべきと解する。

(2)　本件で，旧訴因は，本件業務上横領の事実であり，新訴因は，詐欺の事実であるところ，両訴因は，直ちに同時に複数回実行不可能な関係にあるものとはいえず，異なる構成要件に該当する事実である。

しかし，時間は特定されていないものの，両訴因の平成30年11月20日という日にち及びA方という場所は同一である。また，客体も，Aの所有していた3万円という財物である。さらに，いずれも財産犯であり，罪質も同一である。これらの事情を総合考慮すれば，新旧両訴因は，①基本的事実関係が社会通念上同一であるといえ，かつ，②同時に複数回実行不可能といえ，非両立の関係にあるといえる。

したがって，「公訴事実の同一性」の範囲内にあり，訴因変更が可能と言い得る。

2　もっとも，本件公訴事実1（旧訴因）については，公判前整理手続に付されており，無限定に訴因変更をなし得るのか，その時的限界が問題となる。

(1)　当事者主義的訴訟構造を採用している現行法の下では（256条6項，298条1項，312条1項），審判対象たる訴因の設定・維持・変更は，検察官の専権に属する。また，現行法上，訴因変更の限界についての規定は，「公訴事実の同一性」のほかは存在しない。そうだとすれば，「公訴事実の同一性」の範囲内にある以上，原則として，無限定に訴因変更をなし得ると解する。

もっとも，公判前整理手続に付されている場合には，別途の考慮を要する。すなわち，公判前整理手続の趣旨は，争点を整理し，証拠を収集整理することにより，充実した公判の審理を継続的，計画的かつ迅速に行う点にある（316条の2第1項参照）。そうだとすれば，公判前整理手続に付された場合には，このような公判前整理手続の趣旨を没却するような訴因変更はなし得ないと解する。具体的には，①公判前整理手続において整理された争点や，②訴因変更請求がなされるに至った経緯，③公判前整理手続前後の当事者の主張，④新訴因について新たに証拠調べをする必要性の有無・程度等を総合考慮して判断する。

(2) 本件では，①公判前整理手続において，旧訴因について，当事者間で公訴事実について争いはなく，量刑のみが争点とされていた。そうだとすれば，公判期日において，新訴因に訴因変更することは，公判前整理手続の上記趣旨を没却するとも思える。

しかし，②本件訴因変更請求がなされる至った経緯は，X社社長が「甲には集金権限がなかった」などと新たな証言をし，また，Aも「甲に集金権限がないことは知らなかった。……甲がXの集金担当者だと思い，……」などと証言した上，被告人たる甲本人も，「集金権限はな」い旨供述するに至ったため，業務上横領ではなく，詐欺の公訴事実によるべきと判断したからである。そして，③公判前整理手続前には，甲の集金権限に関する主張はなかった。加えて，④検察官及び弁護人から追加の証拠調べ請求はなかったことや，新訴因についても，甲は自認していること，証人の証言とも合致していること等を考慮すれば，新訴因について新たに証拠調べをする必要性は低く，上記公判前整理手続の趣旨を没却するほど，公判審理が長引くものともいえない。

したがって，本件訴因変更請求について，公判前整理手続の趣旨を没却するような訴因変更には当たらず，訴因変更は可能である。

3 よって，裁判所は，本件訴因変更請求を許可すべきである。

以上

# 選択科目

# 再現答案

| 科目 | | 満点 | 得点<br>※制度上ABC評価はありません | 順位 |
|---|---|---|---|---|
| 論文 | 倒産法 | 100 | 72.82 | 6位 |
| | 租税法 | 100 | 56.67 | 57位 |
| | 経済法 | 100 | 69.73 | 12位 |
| | 知的財産法 | 100 | 66.28 | 23位 |
| | 労働法 | 100 | 70.23 | 20位 |
| | 環境法 | 100 | 54.14 | 41位 |
| | 国際関係法（公法系） | 100 | 84.00 | 1位 |
| | 国際関係法（私法系） | 100 | 74.58 | 1位 |

## ■ 倒産法6位　第1問　(72.82点)

第1　設問1

1　B社としては，当該租税債権を代位弁済したことを理由に，①弁済による代位（民法499条1項）により租税債権を財団債権者（破産法（以下略）148条1項3号）として行使すること（民法501条），②取得した求償権を破産債権として届出をし，配当を得ることを主張する。

2　①弁済代位による財団債権の行使

(1)　本件租税債権は，「破産手続開始前の原因に基づいて生じた租税」「請求権」であって，「破産手続開始当時」である平成30年3月29日より後に「納期限」である同年同月31日が到来することから，「まだ納期限の到来していないもの」にあたる。したがって，本件租税債権は財団債権にあたる（148条1項3号）。

当該債権を代位弁済して財団債権として行使することができるのか。破産管財人Xは，租税債権が財団債権として扱われている趣旨からして，Bは財団債権者として行使することができない旨主張する。

(2)　租税債権を財団債権として取り扱っている148条1項3号の趣旨は，当該債権は公益性が高く，破産したことを理由に弁済率が著しく低下，消滅することは妥当でないことから，納付期限が近時なものに限って財団債権として保護した点にある。第三者が租税債権を代位弁済した場合には，これにより公益性はすでに図られており，第三者による代位行使につき，財団債権として取り扱う特段の理由は存せず，独自の利益を欠く。

したがって，第三者は租税債権を代位弁済したとしても，租税債権を財団債権として行使することはできないと解する。

(3) Bは，本件租税債権を代位弁済しているが，財団債権としてこれを代位行使することはできない。

3 ②破産債権としての求償権の行使

Bは，「破産手続開始前の原因」である当該租税債権の代位弁済に基づき，「財産上の請求権」である求償権300万円を取得した。したがって，求償権300万円は破産債権（97条，2条5項）にあたる。

破産手続上，求償権300万円を届け出て，配当を受けることができる。

破産手続によらずに権利行使することはできない（100条1項）。

第2 設問2

1 小問(1)

(1) 本件建築工事請負契約は，「破産手続開始」「時」である3月29日において，AがCに対して建築工事の請負債務を，CがAに対して残代金支払債務を，「共にまだ履行を完了」していないことから，双方未履行の双務契約にあたる。請負契約の注文者破産においては，民法642条にて特別に規定が設けられているところ，請負人破産の場合に破産法53条が適用されるのか問題となる。

(2) 請負契約も双務契約である以上，53条の適用を排除する特段の理由は存しない。また，双方未履行双務契約（53条）の趣旨は，当事者の衡平を図る点にあるところ，請負契約の請負人破産においても，趣旨が妥当するというべきである。もっとも，請負債務が当該破産者しか行うことができない債務である場合には，破産管財人の管理処分権にかかわらず，権利行使を許すべきである。

したがって，請負債務が他の者によっても履行可能な代替的作為義務である場合には，53条が適用されると解する（二分説）。

(3) 本件請負債務は，住宅の請負債務であり，後述の通り，他の請負会社であるD社が残工事を行い，完成させていることから，代替的作為義務にあたる。したがって，53条が適用される。

破産管財人Xは，破産財団の利益に適合するよう職務を遂行する必要があるため，A社において本件建築工事を完成することが可能であり，破産財団の利益となるものと判断する場合には，裁判所の許可を得て（78条2項9号），履行を選択し，Cに対して残代金支払債務800万円を請求する。

2 小問(2)

(1) Cは，Aに対し，本件請負契約を解除したことによって，①残工事を注文し，請負代金1000万円を支払わなければならなくなったことから損害賠償を請求すること（54条1項），②建築廃材の撤去費用として100万円を支払ったことから，不当利得返還請求権に基づき，100万円を財団債権（148条1項4号）として権利行使することが考えられる。

(2) 本件請負契約については，全部解除するよりも出来高を残した方が注文者Cにとっても利益であり，社会経済上も有意義であることから，出来高部分を除いた残債務についてのみ一部解除が認められる。本件建築工事の出来高は6割程度に達していたことから，残り

4割部分につき解除が認められるものの，Cは請負代金2000万円のうち6割にあたる1200万円を支払っていたため，AはCに対し，原状回復義務として何ら代金支払債務の返還義務を負わない。

しかし，Aが破産し，請負契約を解除したことによって，Cは残工事を完成させるために，他の請負会社に残工事を注文し，代金1000万円を支払わなければならなくなった。もっとも，800万円については解除せず，Aが履行していたとしても支払うべきものであり，材料費や工事費として本来必要な金額であった。他方，200万円については，新たにD社に頼んだことにより，引き継ぎや期間の延長，初期費用等として余分にかかった費用であるから，履行利益として損害賠償の範囲に含まれる。

したがって，Cは200万円の損害賠償について，破産債権者として権利行使することができる（54条1項）。

(3) 本件請負工事を解除したことにより，CはAに対し原状回復請求権として建築廃材を撤去するよう請求できる。同請求権は，「破産財団に関し破産管財人」Xが解除したことによって生じた請求権であり，財団債権にあたる（148条1項4号）。

そして，Cは，建築廃材の撤去費用として100万円をDに支払っており，上記請求権は100万円の不当利得返還請求権に転化しており，同請求権を財団債権として行使することができる。

第3 設問3

1 Fは，「破産手続開始前の原因」である保証契約に基づき，E銀行に500万円を弁済し，Aに対し「財産上の請求権」である500万円の求償権を取得していることから，破産債権として500万円の求償権を権利行使できるようにも思える。

もっとも，全部履行義務者が数人ある場合の債権者は，破産手続上も全部履行を受けられる地位を尊重する趣旨から，104条1項の規定により破産手続開始時において有する債権の全額について手続参加することができる。そして，全部履行義務者の債権者が手続に参加した場合には，破産者に対して求償権を取得する者は全額を消滅させない限り（104条4項参照），同債権者に優先して手続に参加することはできない（104条3項但書，4項）。

2　AのEに対する6750万円の貸金債権をFは連帯保証しており，「数人が全部の履行をする義務」を負っている。Eが300万円を弁済したのは，破産手続開始の3月29日よりも前の3月27日である。したがって，「破産手続開始」「時」においてFが有する破産債権額は6750万円から300万円を差し引いた6450万円である。他方，200万円の弁済は破産手続開始後の4月2日であるから，200万円の弁済にかかわらず，Eは6450万円全額について手続参加できる。E銀行が破産債権を届け出ている以上，Fは200万円についてはEに優先して手続参加することはできない。裁判所は300万円の限度でFの破産債権を認めるべきである。

以上

※この頁は，答案を見開きにして読みやすくするため，頁を送っておりません。この頁は空き頁です。

## ■ 倒産法6位　第2問　（72.82点）

第1　設問1

1　Cは，(a)再生計画案①が予想清算配当率よりも低いことから，「再生債権者の一般の利益に反するとき」にあたり，174条2項4号に該当すると認められること（169条1項3号），(b)再生計画案①が再生債権の元本等を一律に95パーセント免除し，B社の再生債権をC社の再生債権と同列に扱っていることが平等原則の例外を定めた155条1項但書に反し，「法律の規定」「違反」として174条2項1号に該当すると認められる（169条1項3号）旨主張する。

2　清算価値保障原則について

(1)　174条2項4号・169条1項3号の趣旨は，破産手続が清算手続を伴い，倒産手続の最終手段として取り扱う一方で，これに伴う再生債権者の利益を保護する必要があることから，清算した場合よりも配当率が低下しないことを条件に再生計画の決議付与を認めた点にある。したがって，「再生債権者の一般の利益に反するとき」とは，清算価値保障原則を意味し，破産手続による弁済率よりも再生手続による配当率が低いことをいう。そして，同条は再生計画案提出時点で破産債権に移行した方が債権者にとって有益かどうかを基準に判断するものであるから，再生計画認可決定日を基準に判断するべきである。たしかに牽連破産した場合には，再生手続開始決定日が破産手続の開始日となり，それ以後の財産状況の悪化は回復する可能性があるが，必ずしも牽連破産に移行するとは限られないこと，又必ずしも財産状況を回復できるとは言い難いことから，再生計画案の提出以前の時期を基準に判断するべきでない。

①

(2) 本件では，再生計画案①において再生債権の元本等を 95 パーセント免除している。再生計画案提出直前の財産状況によれば予想清算配当率は5パーセントであったことから，破産手続による弁済率よりも配当率が低いとはいえず，「再生債権者の一般の利益に反する」とはいえない。

3 平等原則違反について

(1) 再生債権者は原則として平等に取り扱わなければならない（155 条1項本文）。もっとも，「衡平を害しない場合」は例外的に平等に取り扱わなくてよい（155 条1項但書）。衡平を害するか否かは，合理的理由に基づく区別であるか否かを基準に判断する。そして，平等原則の本質は，同じものを等しく取り扱い，異なるものを異なって取り扱うべきことを定めた相対的平等にあるから，異なっているにもかかわらず合理的理由なく同列に扱う場合には，平等原則に反し，155 条1項違反が認められる。

(2) A社が支払不能に陥ったのは，①B社の指示により，無謀な設備投資を続け資金繰りが悪化したことにあること，又②同様にB社の指示により甲社と取引を開始し，甲社が破産手続を開始したことにより売掛債権が回収不能になったことを原因とする。そして，A社はB社の完全子会社であり，歴代の社長は代々B社が指名してきたことからすれば，B社の指示に反することは著しく困難であった。そのためA社が再生手続に至ったのは，B社に直接の原因があり，B社には当事者同様の責任が認められるため，他の債権者と同様に取り扱うべきでない。それにもかかわらず，再生計画案①で，BとCとで異なる扱いをせず，再生債権の元本等を一律に 95 パーセント免除することは合理的理由を欠き平等原則違反となる。したがって，155 条 1 項違反が認められる。

4　裁判所は，再生計画案が「法律」の「規定」に「違反」していることを理由に，決議に付すことができない(169 条 1 項 3 号，174 条 2 項 1 号)。

第 2　設問 2

1　小問(1)

(1)ア　A 社は，再生計画によらずに事業譲渡をするためには，まず，裁判所の許可を得る必要がある（42 条 1 項前段)。裁判所は，事業再生のために必要である場合に限り，許可をすることができる（同条項後段)。

イ　42 条の趣旨は，事業譲渡が，譲渡をするかどうか，どの範囲で譲渡するか，譲渡の対価をどうするか等，総債権者に与える影響が大きく，保護する必要がある一方で再生債務者の経済生活の再生を図る必要があり，両者の調整を図る点にある。したがって，「事業再生のために必要である場合」とは，当該事業譲渡が民事再生を行う上で必要不可欠であることをいう。

ウ　したがって，上記場合には，裁判所から事業譲渡の許可を得ることができる。

(2)ア　次に，事業譲渡をするためには，株主総会特別決議による賛成が必要なところ（会社法 309 条 2 項 11 号，467 条 1 項)，本件では，完全親会社である B 社が強硬に反対しており，賛成決議を得ることができない。そこで，事業譲渡の代諾許可を得る必要がある（43 条

1項本文)。事業譲渡の承認に変わる許可を得るためには，事情の譲渡が事業継続のために必要である場合に限られる（43条1項但書)。

イ　43条の趣旨は，債務超過会社の株主の株主権は実質的には価値を喪失していると考えられること，債務超過会社で株主総会を開いても株主が関心を失っており総会の成立が困難であることから，裁判所の許可で事業の譲渡ができることとした点にある。したがって，「事業等の譲渡が事業の継続のために必要である場合」とは，株主の不利益よりも当該事業譲渡を行う方が利益が高く，事業継続のために必要不可欠，非代替性が認められるような場合をいう。

ウ　A社は債務超過に至っており，「財産をもって債務を完済することができない」。したがって，上記場合には，裁判所により事業譲渡の代諾許可を得ることができる。

2　小問(2)

(1)　少数債権者保護の趣旨から再生計画案を可決するには債権者の過半数の同意が必要であり（172条の3第1項1号)，債権者はC社とB社しかなく，C社が債権者集会で同意しなければ，再生計画案は否決となる。

(2)　再生計画案が否決されたときは，再生計画の変更等がなされない限り，再生手続廃止の決定がなされることとなる（191条3号)。

(3)　そして，再生手続廃止が確定した場合には，裁判所の職権で破産手続開始決定をし，破産手続に移行することができる（250条1項)。また，確定前であっても，債権者は破産手続開始の申立てをすることができる（249条1項)。

以上

## ■ 租税法 57 位　第1問　（56.67 点）

第１　設問１

１　益金額

益金となる金額は，3000 万円である。

２　理由

⑴　法人税法（以下，法法とする）22 条２項により，「有償」「による資産の譲渡」「の収益の額」が益金の額となる。その趣旨は，資産の値上がりによりその所有者に帰属する増加益につき，その資産が他に移転する機会にこれを清算して課税する点にある。

本件では，Ａ社は本件不動産を乙に 3000 万円で売却しているから，有償による資産の譲渡をしているといえ，その収益の額である 3000 万円が益金の額となるようにも思える。

⑵　しかし，資産の低額譲渡は，無償譲渡に際し時価相当額が益金となる（法法 22 条２項，４項参照）こととの税負担の公平を図るため，収益の額に加え，これと時価との差額も益金の額となる。

本件では，Ａ社が本件不動産を乙に売却した時点で，その時価は 4000 万円である。売却代金 3000 万円は，時価の 75 パーセントに相当し，比較的高い割合となっている。したがって，本件不動産の売却は，そもそも資産の低額譲渡にあたらない。

⑶　よって，益金となる金額は，3000 万円である。

第２　設問２

１　損金額

損金となる金額は，０円である。

２　理由

1

⑴ 本件不動産は，乙がＡ社を退社したという事実に基づき，退社と同時にＡ社から乙に譲渡されている。また，この譲渡は，退社後の乙の生活の足しになるよう甲が取り計らったものであり，一時に行われている。

したがって，本件不動産の譲渡は，退職給与にあたり，その時価4000万円が「費用」として損金の額となる（法法22条３項２号，４項参照）のが原則である。

⑵ しかし，「別段の定め」（法法22条３項柱書）である法法36条により，過大な使用人給与は，例外的に損金の額とならない。その趣旨は，使用人給与を過大にすることで税負担を減少させるという納税者の恣意を抑制し，課税の公平を図る点にある。

本件では，乙はＡ社代表取締役甲の長男であり，「役員の親族」（法人税法施行令（以下，法施令とする）72条１号）にあたり，「特殊の関係にある使用人」（法法36条）にあたる。また，乙は，３年という比較的短期間Ａ社の業務に従事したに過ぎず，Ａ社の仕事になじめないという自身の都合により退職している。また，乙は退職と同時に，本件不動産の譲渡とは別に，Ａ社の退職金規程に基づき退職金を受領している。

したがって，「退職給与として相当であると認められる金額」（法施令72条の２）は受領した退職金の金額であり，本件不動産の時価4000万円は全額「不相当に高額な部分の金額」（法法36条）にあたる。

⑶ よって，損金となる金額は，０円である。

第３　設問３

1　暴風雪により発生した本件建物の被害につき，雑損控除（所得税法（以下，所法とする）72 条１項）されないか。以下，同条項に従って検討する。

2(1)　本件建物は乙が所有しているから，「居住者」「の有する」ものである。

(2)　「資産」に所法 62 条１項の資産は含まれない。

本件建物は，乙が生活の足しにする目的で所有しているから，所法 62 条１項の資産にあたらず（所得税法施行令（以下，所施令とする）178 条１項各号参照），「資産」にあたる。

(3)　「災害」には雪害が含まれる（所法２条１項 27 号，所施令９条）。

本件の暴風雪は，雪害であるから，「災害」にあたる。

(4)　本件において，「損失の金額」「の合計額」は本件建物の時価等を基準に 40 万円と計算される（所施令 206 条３項参照）。本件では，災害関連支出の金額がないから，所法 72 条１項１号が適用されるところ，上記 40 万円は，乙の平成 30 年分の総所得金額等の合計額 330 万円の 10 分の１である 33 万円を７万円上回っている。

3　よって，暴風雪により発生した本件建物の被害について，所得税法上，乙の平成 30 年分の総所得金額等の合計額 330 万円から，７万円が雑損控除される。

第４　設問４

1　差異

所得税法上は，「損失」は原則として所得税額から控除されず（所法37条参照），例外的に所法51条等によって控除されるに過ぎない。しかし，法人税法上は，「損失」は原則として法人税額から損金として控除される（法法22条3項3号）。

2　理由

法人税法が適用される法人の活動においては，その性質上「損失」が生じることも多々あるため，これを原則的に税額から控除しても，必ずしも納税者間の公平を損なうとはいえない。しかし，所得税法が適用される個人の活動においては，「損失」が生じることは必ずしも多くないため，これを原則的に税額から控除すると，偶然の事情により税額が変動することとなり，納税者間の公平を損なう。

以上

## ■ 租税法 57 位　第2問　(56.67 点)

第１　設問１

１(1)　本件でXは，経済的価値を有する甲土地をＢ社に売却し移転しているから，「資産」の「譲渡」をしている。

したがって，対価の 1000 万円が譲渡所得の総収入金額となるのが原則である（所法 33 条３項柱書，36 条１項）。

(2)ア　しかし，「別段の定め」（所法 36 条１項）として，所法 59 条が規定されており，本件の譲渡に同条が適用されないか。

イ　本件では，「居住者」Xの「有する」「譲渡所得の基因となる資産の移転」がある（所法 59 条１項柱書）。

そこでの対価は 1000 万円であったところ，平成 30 年における甲土地の時価は 2500 万円であったから，その対価は当該時価の２分の１を下回り，「法人」であるＢ社に対する低額譲渡（所法 59 条１項２号）にあたる（所得税法施行令（以下，所施令とする）169 条参照）。

ウ　したがって，例外的に時価譲渡とみなされ（所法 59 条１項柱書），2500 万円が総収入金額となる。

２(1)　譲渡所得においては取得費が総収入金額から控除される（所法 33 条３項柱書）ところ，本件の取得費は，「資産の取得に要した金額」（所法 38 条１項）である 1000 万円となるのが原則である。

(2)ア　しかし，「別段の定め」として，所法 60 条が規定されており，本件の譲渡に同条が適用されないか。

イ　本件で，「居住者」（所法 59 条１項柱書）Ａが「有する」「譲渡所得の基因となる資産」である甲土地を，「居住者」（所法 60 条

1項柱書）Xは，Aから平成10年に「取得」し，これをB社に「譲渡」している。

そこでの対価は1000万円であったところ，当時の甲土地の時価は2200万円であったから，その対価は当該時価の2分の1を下回り，低額譲渡にあたる（所法59条1項2号）。そして，この低額譲渡は，Aから「個人」（所法59条2項）であるXに対するものであるから，所法60条1項2号の譲渡に該当する。

ウ　したがって，Xが引き続き甲土地を所有していたとみなされ（所法60条1項柱書），例外的に取得費はAが支払った1400万円となる。

なお，これによりXは甲土地を昭和56年から平成30年まで所有していたとみなされるから，本件の所得は長期譲渡所得となる（所法33条3項2号）。

3　よって，本件の売却により，平成30年分のXの所得税の計算上，譲渡所得の総収入金額が2500万円，取得費が1400万円，特別控除額が50万円となり，譲渡所得の金額は1050万円となる結果，525万円が総所得金額に算入される（所法33条3項，4項，22条2項2号）。

第2　設問2

1　法人が無償により資産を譲り受けたとき，当該資産の時価が益金に算入される（法人税法（以下，法法とする）22条2項，4項参照）。

しかし，本件では，B社は甲土地の購入にあたり1000万円を支払っているから，「無償」と評価することはできない。

そうすると，「有償による資産の譲受け」が法法22条2項に規定されていない以上，益金がないようにも思える。

2(1) ここで，納税者が資産を低額で譲り受けることで，恣意的に法人税額を減らし，資産の無償譲受けとの課税上の公平を損なうことを防ぐ必要がある。

したがって，資産を低額で譲り受けたとき，当該譲受けは「その他の取引」（法法22条2項）に該当し，その対価と時価との差額が益金に算入される（法法22条4項参照）。

(2) 本件では，B社は，時価2500万円の甲土地を，1000万円という半額以下の対価により購入している。

したがって，本件取引は，低額譲受けとして「その他の取引」にあたる。

3 よって，時価と対価の差額1500万円が，平成30年度のB社の法人税の計算上，益金に算入される。

第3 設問3

1(1) 租税法においては，納税者の予測可能性を確保する見地から，他の法律からの借用概念については，当該法律と同様に解釈する手法が採られるのが原則である。

(2) 本件でXが前提としている考え方は，上記解釈手法に依拠しており，正当なものと評価されるのが原則である。

2(1) しかし，借用元の法律の趣旨・目的等に照らし，そこでの概念をそのまま租税法に持ち込むことが課税上著しく妥当を欠く場合には，例外的に異なる解釈をすべきである。

(2) 本件では，借用元の法律である「医薬品，医療機器等の品質，有効性及び安全性の確保等に関する法律」（以下，医薬品法とする）の趣旨・目的は，保健衛生の向上を図る点にある（医薬品法１条）。この趣旨・目的を達成するために，医薬品法上の「医薬品」は，可能な限り広く解釈されている（医薬品法２条２号参照）。

しかし，所得税法において「医薬品」に関する費用が所得控除される趣旨は，疾病を治療し，より多くの納税が可能な健康な納税者になるための消費は，担税力を増加させないと考えるべきという点にある。

したがって，所得税法上の「医薬品」は，疾病の治療を目的とするものと限定的に解釈すべきであり，医薬品法上の「医薬品」概念をそのまま所得税法に持ち込むことは，課税上著しく妥当を欠くといえる。

3　よって，Xが前提としている考え方は，租税法の解釈手法の立場から，例外的に，不当なものと評価される。

以上

## ■ 経済法 12位　第1問　（69.73点）

第１　Ｂ及びＪらによる，農協発注の競争入札についての協調的行為は，「不当な取引制限」（独占禁止法（以下，略）２条６項）にあたり３条後段に違反しないか。

１　行為要件

⑴　①「事業者が」「他の事業者と」②「共同して」③「相互に拘束」を満たすことを要する。

⑵ア　①は，事業者間が実質的競争関係にあることをいう。

イ　７社は，農協が競争入札により発注する穀物貯蔵等施設（以下，「施設」）の建設を請け負う事業者にあたる。たしかに，Ｊは７社に比べ建設能力は相対的に低かった。しかし，Ｊも施設を建設する能力を有し，競争入札に参加する資格がある。よって，７社とＪらは実質的競争関係にある事業者にあたり，①を満たす。

⑶ア　「共同して」とは，本件の様な入札談合の場合，他の事業者が入札談合の実現のため，入札者や入札価格について協調的行為をとることを行為者が相互に認識しつつこれと歩調をそろえる意思があることをいい，基本合意の成立を立証する。

イ　Ｂを含む７社は，受注予定者と受注予定価格を相互に連絡し合い，受注予定者が受注できるように協力することにつき本件合意をしている。そのため，明示に基本合意が成立したといえ「共同して」を満たす。

ウ　一方，Ｊは本件合意への参加を見送っており，「共同して」を満たさないのでないか。

たしかに，Ｊは積極的に落札を目指して低価格で入札を行おうと考えている。もっとも，Jは施設以外の分野の入札について競合他社から協力を得たいと考えていたため，施設の入札について競合他社の間で受注予定者が決定されている場合，要請があれば受注予定者の入札に協力するつもりであり，Jには歩調をそろえる意思があるといえる。また，Aは受注につきJの協力が得られる場合には入札価格を連絡する方針であることを本件合意で6社に伝えている。そしてJは第1回入札からAの連絡を受け，第3回入札でもAからの連絡通りGの落札に協力していることから，Jには7社と歩調をそろえる意思があることを，7社も認識できたといえる。よって，Jも「共同して」を満たす（②）。

⑷ア　「相互に拘束」とは，共通の目的に向け，本来自由な事業活動が事実上拘束されることをいう。拘束内容は同種であれば足りる。

イ　本件合意の目的は，施設の工事の入札について，均等な受注機会の確保と受注予定価格の低落防止にあり，入札談合の達成という共通の目的があるといえる。7社及びJは本件合意によって，本来自由な入札価格の決定について事実上拘束されているため，「相互に拘束」を満たす（③）。

2　効果要件

⑴　「一定の取引分野」

ア　競争制限効果を検討するため，行為により競争に影響をうける範囲，すなわち市場を検討する。市場は，商品・地理的観点から，主に需要者の代替性を，必要に応じて供給者の代替性も考慮して判断する。本件の様な入札談合の場合，競争制限を目的とするため，行為の対象が通常市場と推定される。

イ　本件合意の対象である，農協が発注する施設の建設工事の指名競争入札分野を本件の市場と画定する。

⑵ア　「競争の実質的制限」とは，市場における入札者や入札価格について，行為者がある程度自由に左右することができる市場支配力をもたらすことをいう。

イ　まず，10社以外に施設の建設を請け負う事業者は存在しないため，10社の合算のシェアは100パーセントであり，市場支配力が推定される50パーセントを超える。たしかに，このうち3社は低価格での入札を行おうと考えていた。しかし，3社は7社に比べ建設能力が低く，また施設工事以外の入札分野で競合事業者から協力を得るため受注予定者の落札に協力するつもりであるから，3社は入札談合に対する有効な牽制力とはなり得ない。

また，実際の落札者と落札予定価格をみると，第1回入札から第5回入札までのうち3回までは，会合で決定した受注予定者が予定価格に近い価格で落札し，他の事業者は受注予定者が受注できるよう予定価格よりわずかに高い金額で入札している。第4回入札は，会合が開かれていないものの，受注希望者が入札し，他の事業者もAから指示された通りの金額で入札していることから，実質的に見て本件合意に基づく入札談合が行われたと評価できる。したがって，本件の入札談合の成功率は80パーセントと高い。

よって，7社及びJは，市場における入札者や入札価格について，行為者がある程度自由に左右することができる市場支配力をもたらしたといえ，「競争の実質的制限」を満たす。

3　よって，Ｂ及びＪの協調的行為は３条後段に反し違法となる。

第２　違反する行為がなくなった時期

1(1)　入札談合による競争の実質的制限が消滅した時点で，違反行為も終了するのが原則である。

(2)　Ｅが公正取引委員会に事実の報告等を行ったことにより各社に対する立入検査が実施された時点から，行為者は本件合意に基づく行為をできなくなったといえるから，競争の実質的制限が消滅する。よって，Ｂ及びＪの違反行為がなくなった時点は，検査が実施された平成30年９月20日とも思える。

2　もっとも，Ｂの担当者は平成30年６月15日の会合で「会合には戻らない」と発言しているが，本件合意の離脱が認められ，この時点でＢ社の違反行為も終了したといえないか。離脱の要件が問題となる。

(1)　離脱による違反行為の終了が認められるのは，離脱によって，基本合意を認識しつつこれと歩調をそろえる意思がなくなり，「共同して」を満たさなくなるからである。そのため，離脱が認められるには，他の事業者が離脱の意思を外部から客観的に認識できる程度の明示的な行為が必要と解する。

(2)　Ｂの担当者は，会合で，「今後は本気で勝負する。値下げ競争になっても必ず仕事を取る」「今後，一切，受注予定者を話し合って決めるつもりはない。」「二度とこの会合には戻らない」と発言しており，発言を聞いた他の６社はＢが今後本件合意に従う意思がないことを認識できた。また，会合後の第５回入札においても，Ｂは受注予定者Ｊの入札に協力せず入札したところ，落札に成功しており，Ｂの離脱の意思を６社は認識できた。したがって，Ｂは他の事業者が離脱の意思を外部から客観的に認識できる程度の明示的な行為をしたといえ，会合の時点で離脱が認められる。

(3)　よってＢの違反行為がなくなった時期は，平成30年６月15日である。

以上

※この頁は，答案を見開きにして読みやすくするため，頁を送っておりません。この頁は空き頁です。

## ■ 経済法12位　第2問　（69.73点）

第1　設問1

本件計画は独占禁止法（以下，略）15条1項1号に違反するか。

1　本件計画は，吸収合併であり，企業結合関係の形成が認められる。

2　効果要件

(1)ア　「一定の取引分野」とは，競争制限効果を検討するため，競争が行われる範囲すなわち市場をいう。市場とは，商品，地理的範囲を主に需要者の代替性を，必要に応じて供給者の代替性も考慮して判断する。

イ　本件計画の当事会社2社は，国内外で針甲を製造・販売している。

商品について，針甲は，一時的かつ短時間の点滴に用いられる一方針乙は持続的に点滴を行う目的で使用され，形状も異なる。そのため，針甲と乙では用途や形状が異なるといえ，需要者の代替性を満たさない。地理的範囲について，国内で針甲を販売するには海外とは異なる販売承認を要する。また，A社の国内シェアは 45 パーセントである一方，国外シェアは 20 パーセントである。これらから，国内・外では異なる市場が形成されていると評価できる。したがって，市場はα日本国内における針甲の供給分野とβ海外における針甲の供給分野と画定する。

(2)　「競争を実質的に制限」とは，市場における価格，数量その他諸般の条件をその意思である程度自由に左右することができる市場支配力をもたらすことをいう。「こととなる」とは，市場支配力が容易に現出しうる蓋然性で足りる。①当時会社の単独行為と②競争者との協調行為の観点から判断する。

(3) 市場$\alpha$について

ア ①単独行為について

本件計画は，水平合併であり，競争者の単位は3社から2社に減る。

また，2社の合算シェアは55パーセントであり，市場支配力が推認される50パーセントを上回る。もっとも，競争者のA社のシェアは45パーセントと高く，有力な牽制者にあたるとも思える。もっとも，A社が2社の価格引き上げに対して対抗するには国外で販売する針甲を国内向けに振り分け供給量を増やす必要があるが，A社の供給余力は十分ではなく，供給量をA社自身が増やすのは難しい。また，A社が第三者に生産を委託することで国内向け供給量を増やすことはできるがかかる第三者は現時点では見当たらない。そのため，A社は2社の価格引き上げに対する有効な牽制力とはならない。また，一般に国内の医療機関は国内で販売実績のない医療製品を購入することはまれであるところ，2社及びA社以外の事業者はこれまで国内での針甲の販売実績がないから新規参入をしても2社の値上げに対抗できない。さらに，実績のない事業者が新規参入するには既存製品にはない機能を付加する必要があると考えられている。しかし，そのような新製品の開発には一定の期間や投資が必要となるため，2年以内に新規参入者による競争圧力が働くのは難しい。たしかに，一定規模以上の病院では医療製品の購入に際して見積もり合わせによる競争的な購入方法を採るのが一般的であり，需要者の競争圧力が働くとも思える。しかし，実際の製品選択は使用者である看護師等の意見を聞きながら医師が行う場合が多く，医師は製品の品質及び使い慣れを重視して製品を選択する傾向がある。そして，針甲についても異なる製造販売者の製品間で使用方法に若干の違いがあることから医師は頻繁には他の製造販売業者の製品に変更しない傾向がある。そのため，２社が価格引き上げをしても需要者が他の供給者に乗り換える可能性は低いといえ，需要者の競争圧力は弱く，２社の価格引き上げに対抗できない。よって，２社は単独で市場支配力をもたらすこととなるといえる。

イ　②協調的行為

まず，事業者数が減るため競争者は高い確度で２社の価格引き上げを予測するできるようになる。また，Ａ社は競争余力が不十分であり，２社の価格引き上げに対して対抗できないため，２社と共に価格引き上げを行うインセンティブがある。したがって，協調的行為によって市場支配力をもたらすおそれがあるといえる。

(4)　市場$\beta$について

まず，本件計画は水平結合であり，２社の合算シェアは65パーセントと，市場支配力が推認される50パーセントを超える。また，競争者のＡ社のシェアは20パーセントでありシェア格差が大きい。これらから，２社の価格引き上げに対してＡ社は有力な牽制力とならず，２社は単独または協調的行為によって市場支配力をもたらすこととなるといえる。

第２　設問２

１　企業結合の問題解消措置は，構造的措置が通常である。修正によって，競争の実質的制限を生じなくなるか検討する。

2　問題解消措置として，①本件計画を２社の吸収合併から，Ｘ社のＭ社に対する針甲の製造販売事業の事業譲渡に変更する，②２社の吸収合併は存続させ，Ｘ社がＭ社にノウハウ等を提供するものが考えられる。まず，Ｍ社は２社及びＡ社との間に資本・人的関係を有しないため，本修正をしても他の企業結合規制には反しない。

3　競争の実質的制限について

⑴　１頁 19 行目以下の基準で，市場 $\alpha$ について判断する。

⑵　本修正をしても，競争者の単位は３社のままで減少しない。Ｘ社とＭ社の合算シェアは 30 パーセントであり，競争者のＹ社は 25 パーセント，Ａ社は 45 パーセントだから各社のシェアは市場支配力が推認される 50 パーセントを下回る。シェア格差も重大でない。また，Ｍ社は過去にＸ社製の針甲を販売し，一定のシェアを獲得した実績もあるため針甲の販売を行う十分な経験及び能力を有していることから，本件修正によってＸ社の針甲に必要な設備や人材，ノウハウの蓄積を得ることで，競合事業者との競争の中で有力な事業者として競争を行えるといえるため，価格引き上げに対抗できるうえ，協調的行為をとるインセンティブもない。加えて，Ｍ社は点滴針の品ぞろえに弱点があったが本件修正によって弱点を克服できるため，Ｍ社が針甲の事業を営もうとするインセンティブも高いといえ，有力な牽制力となる見込みも高い。

⑶　よって，本件修正によって市場支配力は生じなくなり，15 条１項１号違反の問題を解消できるといえる。

以上

## ■ 知的財産法 23 位　第1問　（66.28 点）

第１　設問１

１　ＸはＹに対し，本件特許権に基づき，Ｙ製品の製造販売が，本件発明の実施に該当するとして（特許法２条３項２号），製造販売の差止め（100 条１項）及びＹ製品の廃棄（100 条２項）を求める。これに対するＹの反論は，本件特許権につき，職務発明が成立せず，Ｘには特許を受ける権利がなく，発明者は甲であるから，特許は無効である（29 条１項柱書，123 条１項６号）として，特許無効の抗弁（104 条の３第１項）を主張することが考えられる。

２(1)　Ｙの反論の妥当性につき，本件発明に職務発明（35 条１項）が成立するか。成立するとすれば，35 条２項反対解釈，３項より，本件発明の特許を受ける権利をＸが職務発明規則により，原始取得することになり，Ｙの反論が認められないことになる。

(2)　職務発明が成立するには 35 条１項より，使用者の業務範囲に属し，かつ，従業者の現在又は過去の職務に属する発明であることを要する。

(3)　本件では，甲がＸの研究開発部門に所属しており，Ｘの従業者であることは明らかである。また，Ｘは食品加工会社であり，食品中の成分含有量の測定方法を発明することは，食品を加工し販売する上で必要される業務であるから，Ｘの業務範囲に属する。

(4)　甲は，上司に反対された研究を甲独自の判断で進める中で本件発明を完成させたのであるから，本件発明の完成はＸから期待されていなかった。そうすると，甲の職務からは本件発明を完遂することは除外されており，上記定義に当たらないようにも思える。

①

(5) しかし，職務発明の趣旨が，主に，巨大な資本を投下する使用者に創作のインセンティブを付与することにあることからすると，甲は，一旦は上司から指示されて本件発明を開始したものであり，その後，研究を反対されたとしても，Xの勤務時間中にXの施設においてXの資材を用いて完成させた本件発明も，巨大な資本を投下したのは甲ではなくXであり，職務発明の成立を認めることが上記趣旨に妥当する。よって，このような場合，上記定義に該当すると解するべきである。

3 したがって，職務発明が成立し，Xが原始的に特許を受ける権利を取得するため，Yの特許無効の抗弁は認められない。

第2 設問2(1)

1 XのYに対する補償金支払請求（特許法65条1項）に対し，Yの考えられる反論は，65条4項が準用する104条の3による特許無効の抗弁である。

2 無効事由としては，本件発明が工程aと工程bを含むことを特徴とするところ，工程aのみを含む測定方法は，本件出願前から広く使用されていたことから，29条1項2号の公然実施に該当し，新規性を欠く（123条1項2号）ということを反論すべきである。

第3 設問2(2)

1 XのYに対する補償金支払請求（特許法65条1項）に対し，Yの考えられる反論は，補正後に再度の警告がなく，かつ，Yは本件発明であることを知らずに業として実施したのだから，65条1項の前段，後段いずれの要件も満たさないため，請求が認められないとの反論で

②

ある。

2(1)　その妥当性については，補正前に警告をした場合，補正後の再度の警告が必要かどうかである。必要であるとすると，Ｙの反論が認められることになる。

(2)　補正とは，特許法17条の2第5項1号ないし4号により，減縮方向でなされるものであるから，補正後にも，警告を受けた侵害行為は含まれていることになり，予測可能性を害しないから，基本的には，補正後の再度の警告は不要であると考えられる。

(3)　しかし，本件では，補正前の本件当初発明は，工程ａのみを含んでおり，これは，一般に広く使用されている方法であるから，当然に新規性を欠き，Ｙの実施行為も非侵害行為となるべきものであった。現に，そのような理由により，補正がなければ特許権を付与できないと考えられたものと推測される。しかし，工程ｂを追加することにより測定時間を顕著に短縮させたことをもって新規性が認められたことから，補正がなされ，Ｙの実施行為は侵害行為に該当することになった。このように，補正の前後で非侵害行為から侵害行為に変更が生じる場合には，警告を受けた者の予測可能性を害することになるから，例外的に，再度の警告を要求すべきである。

3　したがって，本件では，再度の警告が要求されるのにしていないから，Ｙの反論は妥当である。

第４　設問３

1　ＸはＹに対し，Ｍの製造販売が，特許法101条4号の間接侵害に該当するとして，製造販売の差止請求をすることが考えられる。

2　101条4号の「のみ」要件につき，5号が新設された以上，4号を広く解するべきではないため，他の実用的機能を有さないことと解すべきである。本件では，Mは本件発明の実施にのみ用いられる測定機器であるから，他の実用的機能を有さないものであり，要件を充足する。

3(1)　しかし，YはMを全てZに国内で販売しているところ，Zはそれらを全て外国に輸出している。Zの輸出行為は，本件特許の「実施」に該当せず（2条3項1号ないし3号参照），また，外国に日本特許権は及ばないことから，直接行為は非侵害行為であるところ，間接侵害が成立するのかが問題となる。この点については，創作インセンティブ付与のための独占権付与と行動の自由の保障という特許法の趣旨に照らし，直接侵害行為ごとに判断すべきである。

(2)　すると，外国での行為に日本特許権は及ばないとすることにより，外国での行動の自由を保障することが重要であり，全てが外国に輸入されているときにまで間接侵害を肯定するのでは，行動の自由が阻害されてしまうから，直接侵害が成立しない以上，間接侵害も成立しないと解すべきである。

4　したがって，Xの差止請求は認められない。

以上

## ■ 知的財産法 23位　第2問　(66.28点)

第１　設問１

１　Ａの外観の表現αの著作物性につき，著作権法10条１項４号の美術の著作物に該当するかが問題となる。美術の著作物については，純粋美術のみならず，２条２項より，美術工芸品も含むとされている。Ａは宗教法人Ｙ１寺の依頼に応じ，仏師Ｘ１が青銅製の仏像彫刻作品として作成したものであり，仏教美術の仕来りに従いつつも，Ｘ１独自の世界観・宗教観を反映した外観の表現αとされているから，参拝という実用目的において，選択の幅が認められる。よって，一品製作品たる美術工芸品に該当するため，著作物性が認められる。

２(1)　これに対し，商品として大量生産され，家庭内の仏壇に設置されるＢの外観の表現βの著作物性を考えるに際しては，これが，一品製作品ではなく，応用美術に該当することから，さらに検討を要する。応用美術は，そもそも飾ることを主目的とするフィギュアは別途考えうるとしても，例えば，椅子のように，日常的に使用される商品について，少し商品がドラマに映っただけで複製権侵害（21条）等に該当し，日常生活の自由を阻害することになってしまう。そこで，デザインについては意匠法で保護されることから，美術の著作物としての保護を受けるには，美的鑑賞の対象となることを要求すべきである。

(2)　すると，本件では，仏壇に設置される仏像はそもそも鑑賞目的ではなく，拝むためのものであるが，βはαをそのまま縮小したものであり，両者はその大きさ以外は同一であるとされているから，βにも，Ｘ１独自の世界観・宗教観が反映されており，仏の表情等において，選択の幅が認められ，かつ，それが表現されているから，美的鑑賞の対象となると言える。

3　したがって，α，βいずれも美術の著作物として著作物性を有すると考えられる。

第2　設問2(1)

1　αは美術の著作物であり，X1が作成した著作者であり，著作権を有するところ，Y1はX1の許諾を得ることなくPを作成したことでαの複製に該当する（著作権法21条）。よって，Y1からY2への譲渡は26条の2第2項1号で非侵害とならない。しかし，Y2は購入時，事情を知らなかったから，113条の2により，侵害行為とならない。

2　しかし，警告後，Y2は上記許諾がない事情を知ったから，その後は，Y2のPの頒布目的での所持及び頒布たる公衆譲渡（2条1項19号）行為がみなし侵害たる複製権侵害であるとして（113条1項2号），差止請求をすることができる。

第3　設問2(2)

1(1)　X1はY1に対し，Pの製造販売を許諾しており，これは著作権法63条1項の利用許諾に該当する。同条2項により，「その許諾に係る利用方法及び条件の範囲内において」利用できるとされているところ，これは著作権の本質部分より，法が特に保護する立場を決定したものであり，範囲外の利用は著作権侵害を構成する。一方，これに当たらないものは，単に債務不履行を構成するに過ぎず，著作権侵害とはならない。

(2)　本件では，許諾された利用方法はAの正面写真をその中心に大きく配置した絵はがきＰをＹ２が製造販売することであり，これが著作権の範囲を規律する。一方，Ｙ２が違反している，Ｘ１にＰの売上げの５%を支払う旨の契約は，債務不履行を構成するに過ぎない。よって，Ｐの製造は，αの複製権侵害に該当せず，Ｙ１による販売は26条の２第２項１号により，譲渡権侵害とならない。よって，Ｙ２に113条１項２号のみなし侵害たる複製権侵害は成立しない。

(3)　この点，Ｙ２は上記不払の事実を知っていたが，債務不履行は相対効が原則であり，Ｙ２の行為が信義に反するとまでも言えないため，上記結論に違いは生じない。

２　したがって，Ｘ１の差止請求は認められない。

第４　設問３

１　Ｘ２のＹ１に対する名誉回復等の措置請求（著作権法115条）として，保管されている元の頭部に戻すこと及び謝罪文等の掲載等ができるかについて，まず，Ｘ２はＸ１の配偶者であり，116条１項２項より請求権者に該当する。

２　著作権法60条本文より，公衆提示提供を要するところ，仏像は境内の屋外に設置されており，原作品の展示（25条）に該当する。そこで，20条１項の意に反する改変として同一性保持権侵害に該当するかについて，ＡはＸ１独自の世界観・宗教観に基づき，顔つきが怒りを含んだ厳しい表情に作られているのだから，これを，より柔和な表情にすると，異なる世界観を示すことになるため，ＡをＣに取り替えることは，Ｘ１の意に反する。そして，20条２項各号の例外に該当するかについては，４号の利用目的，態様に照らしやむを得ない改変と言えるかが問題となるが，1号ないし3号に準じ，著作者の意思に反してでも改変を要する強い必要性を要求すべきであるから，本件では，壊れる等の危険性もないのに，単に顔つきが気に入らないというだけで変更することは，やむを得ないと言えない。

3　次に60条ただし書より，著作者の意を害しないと認められる場合には，例外的に非侵害となる。しかし，当該規定は，時の経過等による非侵害を導く例外規定に過ぎないところ，本件の改変は，上記のように，全く異なる世界観を導くものであり，X1の意を害しないとは言えない。

4　また，113条7項より，X1の名誉を害する方法により利用したものとして，みなし侵害も検討しうるが，名誉とは，社会的評価をいうところ，仏像の表情が異なるのみでは，異なる世界観に立つことを示すに過ぎず，X1の社会的評価が下がるわけではないから，みなし侵害は認められない。

5　よって，20条1項の同一性保持権侵害を理由に115条に基づくX2の請求は認められる。

以上

## ■ 労働法 20 位　第 1 問　（70.23 点）

設問 1

1　X は，Y に対して，労働契約上の権利を有する地位の確認請求をする。

2　まず，X としては，予告手当のない Y 社就業規則 33 条は，労基法 20 条 1 項に反して違法なものであるから，本件解雇は無効であると主張する。

(1)　解雇にあたっては，使用者は，30 日前の解雇の予告か，予告手当を支払わなければならない（労基法 20 条 1 項本文）。但書の「やむを得ない事由」とは，懲戒解雇のことをさすと考えられる。

(2)　Y 社就業規則 33 条は，本文において 30 日前の解雇予告及び予告手当を定めているところ，但書で，除外事由を定めている。しかし，同就業規則は，40 条において懲戒解雇を別途定めていることから，同規則 33 条による解雇は懲戒解雇以外の解雇であると考えられる。そうであれば，同規則 33 条但書の規定は労基法 20 条 1 項に反するため，労働者との契約内容とはならない（労契法 13 条）。

　したがって，Y 社就業規則に従って，解雇予告及び予告手当なしにした本件解雇は違法である。

(3)　しかし，かかる場合であっても，使用者が即時解雇に固執しないかぎり，解雇の通知の日から 30 日後に解雇の効力が生じる。

　ゆえに，Y 社が即時解雇に固執しない限り，X に解雇通知書が送られてきた日から 30 日後に解雇の効力が生ずることになる。そのため，上記 X の主張は認められない。

3　また，X が即時解雇に固執する場合，その解雇は懲戒解雇であると

1

考えられるが，解雇当時に普通解雇として解雇している以上，認められない。これについては，後述する。

4　次に，Xは，本件解雇は解雇権の濫用として，無効である（労契法16条）と主張する。

(1)　Y社就業規則では，解雇事由が定められており，いずれの解雇事由も合理的である以上，就業規則が周知されており，労働者がかかる解雇事由に当たった場合は，Y社に解雇権が認められる（労契法7条）。

(2)　Xは，解雇事由にあたらないため，Y社の解雇は「合理的な理由を欠」くため，無効であると主張する。

ア　Pが解雇理由として述べた事由のうち，「勤務成績不良」は，就業規則の解雇事由のうち2号をいうと考えられる。しかし，Xはこれに該当しない。

成績評価は，成績評価者に広い裁量が認められる。しかし，不当な動機・目的がある場合など，当該裁量を逸脱・濫用した成績評価は許されない。

Xは，期間を定めた契約社員であったものの，2回目の更新で期間の定めのない常勤スタッフになれるほどの勤務成績であり，頑張れば将来は店長などに昇進することも可能と言われていたほどの勤務成績であった。それにもかかわらず，店長がPに変わったことを契機として「要改善」という低評価の成績になっている。Xの以前の勤務態度に鑑みれば，急に勤務態度を悪化させるとは考えにくい。他方で，XとPは折り合いが悪かった。そうすると，P店長によるXに対する成績評価は，Xに対する嫌がらせの動機がはたらいていると考えることができる。ゆえに，Xに対する成績評価は，裁量を逸脱・濫用したものであり，Xは「勤務成績が不良」ということはできない。

　したがって，Xは解雇事由のうち，Y社就業規則32条2号にあたらない。

イ　Pが解雇理由として述べた事由のうち，「上司への反抗」は，就業規則の解雇事由のうち4号及び7号をいうと考えられる。しかし，Xはこれに該当しない。

　上司への反抗と呼びうるためには，前提として，上司の命令が適法な命令である必要がある。

　労働契約における，労働者の労働義務の遂行の性質上，上司は，部下に対して広範な命令権限がある。しかし，社会通念上，労働の遂行に関係があるとみれる範囲内においてのみ命令権限があるにすぎない。

　Xが反抗したPのXに対する命令は，店舗のスタッフ・ミーティングの際，Xを前に呼び出し，「勤務改善の誓い」という文書へサインを要求したというものである。個別に注意をするのではなく，あえて，店舗スタッフ全員の前でこのような命令をしていることから，Pは，折り合いが悪いXを，店舗スタッフ全員の前で殊更非難することを目的としてかかる要求をしたことがうかがわれる。さらに，Xに対する勤務成績の低評価は，Pによる恣意的なものであるから，このような文書にサインを求める必要性もないと考えられる。そうすると，Pによるこのような命令は，社会通念上，労働の遂行に関係があるとはいえないものであり，適法な命令とはいえない。

したがって，Xには，適法な上司の命令に対する反抗はないのであるから，Y社就業規則32条4号及び7号にはあたらない。

ウ　以上から，本件解雇は「合理的な理由を欠」くものであり，無効である。

(2)　また，本件解雇は，Pが解雇理由とする上司への反抗が行われた即日になされており，また，Pが解雇の了承を得たのも，親戚にあたる社長Qのみであり，「社会通念上相当であると認められない」ものである。そのため，本件解雇は無効である。

設問2

1　Xが，解雇無効を主張してY社相手に訴訟を提起した場合，Y社としては，Xの応募書類の問題に関して，Xは「重要な経歴を詐称して……採用されたとき」（Y社就業規則40条1号）にあたるため，Xに対する解雇は懲戒解雇として有効であると主張する。

2　Y社は就業規則において，懲戒解雇という懲戒の種別について，その事由を定めており，周知されていれば「労働者を解雇することができるとき」（労契法15条）にあたる。

(1)　懲戒は，企業秩序の維持のために定められていることから，同就業規則40条1号にいう「重要な経歴を詐称」とは，人事に影響しうる経歴の詐称をいうと考える。

(2)　Y社は，飲食店と娯楽施設の経営というサービス業を行っており，サービス業においては，ホテル専門学校を卒業しているということは，重視される経歴である。特に，店長や本部のマネージャーへの昇進にあたっては，重視されるものといえる。他方，Ｘは，採用時は期間の定めのある契約社員として，採用されているところ，昇進にあたっては常勤スタッフであることが必要であると考えられる。そのため，契約社員にとっては，ホテル専門学校の卒業は重要でないとも考えられうる。しかし，契約社員であっても，Ｘのように数回の更新で常勤スタッフとなることがありうる以上，契約社員の採用にとっても，ホテル専門学校の卒業という経歴は，昇進を前提とする常勤スタッフとして改めて契約し直すにあたって，人事上，重視される経歴であったということができる。そうすると，Ｘが，ホテル専門学校を卒業していないにもかかわらず，卒業したものとして経歴を偽ったことは，人事に影響しうる経歴の詐称であり，「重要な経歴を詐称して……採用された」ということができる。

したがって，Ｘの応募書類の問題については，Ｙ社就業規則 40 条 1 号の懲戒解雇の事由に該当する。

3　しかしながら，Ｙ社はかかる懲戒解雇をもって，本件解雇の有効性を主張することはできない。なぜなら，解雇は，労働者にとって重大な不利益であることから，種々の制約がなされているところ（労基法 20 条，労契法 26 条参照），解雇当時と別の事由による解雇は，そのような労働者への保護に対する規定の趣旨を没却しうるからである。ゆえに，本件解雇の有効性に対する，このようなＹ社の主張は認められない。

4　他方，Y社が改めて，Xを懲戒解雇することは妨げられない。もっとも，かかる場合にも，「社会通念上相当であると認められ」ず，解雇権濫用として（労契法16条），解雇が無効となる可能性はある。

以上

## ■ 労働法20位　第2問　（70.23点）

第１　設問１

１　Ｘ組合は，Ｙ社によるビラ撤去は労組法７条３号の不当労働行為にあたるとして，労働委員会に対して，ビラの返還及び今後のビラ撤去の差止め，ポストノーティスを命じる救済命令の申立てを行う。

(1)　Ｘ組合は労組法２条「労働組合」にあたり，Ｙ社は労組法７条柱書「使用者」にあたる。

(2)　労組法７条３号「介入」とは，労働組合の組織力・団結力・自主性を損なうおそれのある行為一切をいう。

ア　Ｙ社としては，本件ビラ撤去は，Ｘ組合と締結した本件労働協約に基づき，当該規定に従った行為であるから，「介入」にはあたらないと主張すると考えられる。

イ　ビラが掲示されている場所はＹ社の施設の一部として，Ｙ社に管理権がある。そのため，Ｙ社は管理権の濫用にあたらない限り，自由に施設を管理できる。したがって，Ｘ組合と本件労働協約のような協約を締結し，それに従って，ビラを撤去することは，施設管理権の濫用といえる特段の事情がない限り，「介入」にはあたらないと考える。特段の事情の有無は，ビラの内容や目的・経緯，それまでの労使間の関係，使用者の主観的意図などを考慮して判断する。

ウ　本件ビラは，Ａの賞与査定についての団体交渉にＹ社が応じなかったことを契機として張られるに至っている。Ｙ社は，個人の査定等の問題は集団的労使交渉になじまないから，本件労働協約において苦情処理委員会による解決を図るものであるとして団体交渉に応じない。しかしながら，査定等は，Y社に決定権限があり，労働者の労働条件に関する事項として，義務的団交事項にあたる。そのため，Aの賞与査定については，義務的団交事項として，Y社は団交に応じる必要があった。そして，X組合による本件ビラは，「不当な賞与査定である」「Y社の対応はセクハラを隠蔽しようとするものでコンプライアンス上重大な問題がある」「Y社は正当な理由なく団体交渉を拒否している」と，Y社に対するX組合の意見を表現したものであり，団体交渉を促進するためになされたものということができる。確かに，その表現はY社にとって不適切なものではあるものの，苦情処理委員会でのY社側の主張を紹介した上でXの主張を明らかにする内容であり，その目的は団交促進であるといえる。また，本件労働協約 51 条の趣旨は，プライバシーの保護を目的としているため，Aの同意があればこのような内容のビラを掲示しても，趣旨に反するとはいえない。

他方，Y社とX組合は，本件労働協約を締結するなど，労使関係はそれまで悪くはなかった。Aの査定問題についての苦情処理委員会での議論及び団交申込みを契機として，その後に本件労働協約をY社側から一方的に解約するなど，労使関係の悪化に至っている。そうすると，本件ビラ撤去の時点においては，組合の嫌悪の意図があったことが推測される。

以上に鑑みると，本件ビラは，X組合が団交促進という目的のために掲示したのに対し，Y社による組合嫌悪の意図の下行った本件ビラ撤去は，X組合の団結力を損なうおそれのあるものであり，「介入」にあたる。

(3) 以上から，Y社によるビラ撤去は不当労働行為にあたり，X組合の申立ては認められる。労働委員会は，ビラの返還，ビラ撤去の中止，ポストノーティスを命じる救済命令を出すことができる。

2 また，X組合は，裁判所において，Y社に対し，ビラ撤去が不当労働行為にあたるとして，不法行為に基づく損害賠償請求（民法709条）をすることができる。

第2 設問2

1 チェック・オフとは，使用者と組合間の，組合員に対する組合費の取立委任契約であり，かかる契約に基づいて，使用者は組合に，組合員の組合費相当額を支払うものである。これは，組合が組合員一人一人から，組合費を徴収するより，より簡易かつ確実に組合費を得られる方法であり，組合の便宜のためのものである。チェック・オフを内容とする労働協約を結ぶことになる。

Y社とX組合は，チェック・オフを内容とする労働協約を締結していた。Y社による本件労働協約の解約（労組法）は，このチェック・オフの根拠を失わせるものである。

2 そこで，労働協約の解約は，X組合の受けていた便宜を失わせるため，労組法7条3号の不当労働行為にあたるとして，労働委員会に対し，チェック・オフの継続を命ずる救済命令の申立てを行う。

(1) 確かに，労働協約の解約は自由である（労組法参照）。しかしながら，解約が解約権の濫用である場合は，「介入」にあたりうる。

③

チェック・オフは，組合に便宜を与える者であり，これをしなくなるというのは，組合が享受していた便宜を失わせることを意味する。Y社は，本件労働協約にチェック・オフを内容とする規定があることを認識して解約を行っており，X組合が受けていた便宜を失わせることを認識している。そして，Y社は，信頼関係の破壊を理由として本件解約を行っており，前述したことも含めると，X組合に対する便宜を失わせることによる弱体化意図がうかがわれるといえる。そうすると，組合の弱体化意図の下，組合の便宜を図っていた労働協約を一方的に解約する本件解約は，X組合の団結力・組織力・自主性を損なわせうるものとして，「介入」にあたる。

以上から，本件解約は不当労働行為にあたるため，労働委員会は，救済命令を発することができる。

(2) そして，救済命令の内容として，チェック・オフを命じることができる。なぜなら，本件労働協約の解約は不当労働行為にあたるため，解約自体が無効になる。そのため，チェック・オフをする根拠として本件労働協約が存続することになるのである。ゆえに，労働委員会の救済命令の目的たる，正常な秩序回復の範囲を超えることはない。

3 また，裁判所において，かかる不当労働行為を理由に，Y社に対して，民法709条に基づく損害賠償請求もなしうる。

以上

## ■ 環境法 41 位　第1問　（54.14 点）

第１　設問１について

１　指定水域について

⑴　人の健康の保護に関する環境基準（環境基本法（以下，環基法という）16 条１項）の指定水域は，全公共用水域（水質汚濁防止法（以下，水濁法という）２条１項）について設定される（資料１第１の１参照）。

⑵　これに対して，生活環境の保全に関する環境基準は，各公共用水域について，水域類型ごとに設定される（資料１第１の２⑴，環基法 16 条１項，２項参照）。

⑶　このような違いが生じる理由は，人の健康については，全国一律に判断できるのに対して，生活環境については地域ごとに特色等があり，一律に判断できないためであると考えられる。

２　達成期間について

⑴　人の健康の保護に関する環境基準の達成期間は，「直ちに達成され，維持される」こととされている（資料１第３の１参照）。

⑵　これに対して，生活環境の保全に関する環境基準は，「施策の推進とあいまちつつ，可及的速やかにその維持達成を図るものとする」（資料１第３の２参照）。

⑶　このような違いが生じる理由は，人の健康については，地域差はなく，かつ重要度が高いことに対して，生活環境については，地域差が生じること，健康に比べれば重要度が低いことが挙げられる。

第２　設問２について

Ａ県は，Ｃ湾において従来の措置に加え，上乗せ基準を設定する（水濁法３条３項）という措置をとることが考えられる。

1　まず，Ａ県を流れるＢ川上流部には，農村地帯が広がっており，同川中流域には大小多数の旅館やホテル（水濁法２条２項，資料２別表第１の63の３），同川下流域には人口密集地，河口部には電気めっき工場（水濁法２条２項，資料２別表第１の 66）がある。このようにＣ湾にそそぐＢ川流域は特定施設や，人口密集地等が多くあり，ＣＯＤ等の発生源も特定事業場や生活排水，農地等であり，このような状況が 20 年以上続いているため，「自然的，社会的条件から判断して」「保全することが十分でない」と認める時にあたる。

2　そうすると，「水質環境基準が達成されるために必要かつ十分な程度の許容限度」の範囲内で，上乗せ基準を設定できる（資料２の４条参照)。

3　以上より，Ａ県は上記措置をとることができる。

第３　設問３について

1　Ａ県Ｇ市は，条例により独自の排水基準を設定することができるか。

2　まず，物質Ｐは，水質汚濁に係る環境基準が設定されていないため，かかる物質について環境基準の設定をすることは，「第２条第２項第２号に規定する項目によつて示される水の汚染状態に関する事項」（水濁法 29 条１号）に当たる。

3　以上より，条例により独自の排水基準を設定することができる。

以上

## ■ 環境法 41 位　第2問　(54.14 点)

第１　設問１について

前提として，廃プラスチック片は，再資源化のために特殊な加工が必要であり，資源として使用可能なものは，全体量のほんの一部であることから，不要物であり，「廃棄物」(廃棄物処理法（以下，廃掃法２条１項）といえる。

そして，Ａは家電機器収集，再資源化業者であるため，解体の際に生じる廃プラスチック片は「事業活動に伴って生じた」といえる。

したがって，廃プラスチック片は，産業廃棄物（廃掃法２条４項１号）にあたる。

１　委託する場合について

(1)　産業廃棄物たる，廃プラスチック片を加工することは，廃棄物の「処分」と同視し得る。

(2)　そうすると，再資源化業者Ｃに委託する場合には，委託基準（廃掃法 12 条５項，14 条 12 項）を遵守しなければならない。

また，「事業者」たるＡは，「受託者」たるＣに「産業廃棄物管理票」を交付しなければならない（廃掃法 12 条の３第１項)。

２　自ら加工処理する場合

自ら，加工処理する場合は産業廃棄物処理基準（廃掃法 12 条１項）にしたがって，処分をすれば足りる。

３　以上から，ＡがＣに廃プラスチック片の加工を委託することについては，廃掃法上，委託基準を遵守することと，産業廃棄物管理票を交付することにつき考慮する必要がある。

第２　設問２について

①

1　(1)について

前提として，家電機器は不要物であり，事業活動に伴って生じたとはいえないため，「一般廃棄物」（廃掃法２条２項）にあたる。

(1)　まず，Ｂ県知事としては，廃掃法 19 条の４に基づく措置命令をＡに対して発出することが考えられる。

家電機器の保管が適正でなかったことは「一般廃棄物処理基準に適合しない一般廃棄物」の「収集」を行ったといえる。

そして，「生活環境の保全上支障が生じている」といえる。

したがって，Ｂ県知事は，上記に基づいてＡに対し，「支障の除去等の措置」を講ずべきことを命ずることができる。

(2)　また，Ｂ県知事は，19 条の７に基づいて，「自ら当該措置の除去等の措置を講じ」，費用をＡに対し請求するという措置をとることが考えられる。

先述のように，「19 条の４第１項に規定する場合」にあたる。

したがって，19 条の７各号に当たる場合は，上記措置をとることができる。

2　(2)について

(1)　Ｂ県知事について

ア　Ｂ県知事は，水濁法 13 条１項に基づく改善命令を発出することが考えられる。

農業用用水路は，「公共用水域」（水濁法２条１項）であり，Ａの工場敷地は「特定事業場」である。そうすると，Ａの工場から，排出される水は，「排出水」にあたる。

　そして，Aの工場から排出される排出水は，鉛，水銀等の有害物質を含むものであるから「排水基準に適合しない排出水を排出する恐れがあると認めるとき」にあたる。

　よって，B県知事は上記措置をとることができる。

イ　また，B県知事は設問2(1)で述べた措置もとることができる。

(2)　Dらについて

ア　まず，DらはAに対し，家電機器を撤去する旨の義務付け訴訟を提起することができる。

イ　また，農作物に損害が発生した場合，損害賠償請求（709条）をすることが考えられる。Aには，有害物質を流失させるべきでないにもかかわらず，流失させているため「過失」が認められ，農作物相当額の「損害」もあり，因果関係もある。

　よって，請求は認められる。

以上

※この頁は，答案を見開きにして読みやすくするため，頁を送っておりません。この頁は空き頁です。

## ■ 国際関係法（公法系）1位　第1問　（84.00点）

第１　設問１について

１　Ａ国が自国のＥＥＺ及びこれに隣接する公開の一部においてタラ漁を禁止する禁漁区を一方的に設定した行為につき国際法上適法かまず検討する。

(1)　公海においては公海自由の原則（海洋法に関する国際連合条約87条１項）（以下，海洋法条約，と書く）が認められているところ，漁業を行うことについても，海洋法条約87条１項（e）において認められている。もっとも，無制限な自由が認められている訳でなく，海洋法条約116条に従うことが求められているところ，本件では116条（b）（c）の該当性が問題となる。仮にＢ国の漁業権行使がこれに該当する義務に違反する行為といえれば，Ａ国による公海に対する一方的な禁漁区設定も適法となる場合があり得る。

(2)　本件においては，まず海洋法条約63条２項の該当性が問題となる。Ａ国が禁漁区を設定した地域は，Ａ国のＥＥＺとそれに隣接する公海の一部である。そして禁漁の対象はタラであるため，「同一の資源」が「排他的経済水域及び当該排他的経済水域に接続する水域内の双方に存在する場合」といえる。沿岸国は自国の排他的経済水域に対しては漁獲に関して主権的権利を持っているところ（海洋法条約56条１項（a）及び61条１項）隣接する地域が自国のＥＥＺに関連する資源を持っている場合，資源保護のための措置を取り得るのである。

もっとも，63条２項は「当該資源の保存のために必要な措置について合意するよう努める」とあるのであり，事前交渉義務は定めていても，合意締結義務までは定めていない。一国が見解として保存に必要な措置を実施することを要請しても，もう一方の当事者が措置は必要ないということを交渉していれば，63 条２項の違反にはならない。本件では，Ａ国がＢ国に対してタラの漁業規制を提案したところ，それに対してＢ国はいまだタラの漁業規制は必要ないとして自らの見解を明らかにしている。つまり「当該資源を漁獲する国」であるＢ国は合意に至るよう努めているといえ，63 条２項に違反しない。

⑶　その他，海洋法条約 117 条，118 条も交渉を定める義務は定めていても，合意を締結する義務までは定めていない。よって，Ｂ国の対応に海洋法条約違反行為はない。

⑷　よって，Ａ国の行為を仮に相手方の国際法義務違反行為に対する，相手国に対する対抗措置と構成しても，そもそもＢ国は国際法違反行為をしておらず，Ａ国の禁漁区設定はＥＥＺに隣接する公海に対する禁漁区設定であり，公海自由の原則に反するもので国際法上不適法である。

2　次に，Ａ国がタラ資源保存実施法に基づきＢ国漁船Ｙを拿捕し，その船長と乗組員を逮捕した行為は適法か。

⑴　本件禁漁区設定は，公海については国際法上違法であり，それに基づき禁漁区で漁獲をした漁船に対して拿捕し罰金を科すことは不適法である。なぜなら，上述したように沿岸国はＥＥＺについては漁業の主権的権利を有しているので，漁業の為に法令設定をすることも許される立法管轄権を有するが，ＥＥＺ外については権利を

有さないからである。

(2) よって，本件拿捕行為はB国漁船Yが公海上の禁漁区でタラ漁をしていたところに行われた行為であり，国際法上不適法な法令に基づく執行であるので，違法である。

3 A国の行為は国際法上許容されえない。

第2 設問2について

1 環境保護団体Xの行為を海賊として取り締まるべきとのB国の主張に対して，A国としては，①Xが海賊に当たらないこと，②仮にXが海賊であるとしてもA国が取り締まる義務はないこと，を主張する。

2(1) 海賊行為は人類共同の敵であると称され，どの国にも普遍的管轄権が認められるが（海洋法条約100条），海賊行為とは「私有の船舶」が「私的目的の為に」「行うすべての不法な暴力行為，抑留又は略奪行為」で「公海における他の船舶」を対象とするものである。

本件においては，確かにXの行為は私有の船舶により，公海における他の船舶であるB国の漁船Yに対して，航行を妨害，漁網を切断するなどの暴力行為を行っている。もっとも，その目的は海洋生物資源の保存活動に取り組むXの性質からして，タラ漁の保護のための行いであることは明白である。「私的目的の為に」とは海賊が従前から規制の対象となった理由が海賊による財産損害にあることを考えれば，公的な利益についてはいかに私人が行おうと含まれないと考えられるので，Xはタラ漁の保護という公的な利益を保護することを目的としているので「私的目的の為に」とはいえない。

(2) また，仮に本件Xに「私的目的」を認めたとしてもA国に取り締まる義務はない。

公海上の船について取り締まる権能を持っており，かつ義務を負うものは，船舶の旗国である（海洋法条約94条1項）。本件においては，XはC国を旗国とする船を使用しているのであり，旗国はあくまでCである。これに対して，旗国と船との間には「真正な関係」（海洋法条約91条1項）を求めるので，本件ではXはあくまでA国の環境保護団体なので，C国を旗国とする船舶はあくまで便宜的なもの，との反論も考えられる。もっとも，本当に真正な関係があるかは外部からは判断困難であり，サイガ号事件によれば真正な関係でないことを旗国以外の政府が否定することは出来ないとしている。よって，Xの海賊行為を取り締まるべきは，旗国であるC国であって，A国は普遍的管轄権は有していても義務までは持たない。

3　A国は以上のような反論を述べるべきである。

第3　設問3について

1　A国の先決的抗弁が認められるか。留保の効力が問題となる。

2(1)　留保とは，「国が条約の特定の規定の自国への適用上その法的効果を排除し又は変更することを意図して，条約への署名，条約の批准，受諾若しくは承認又は条約への加入の際に単独に行う声明」（条約法条約2条d）をいう。そして，留保が許されるのは「留保が条約の趣旨及び目的と両立」するときであるところ（条約法条約19条c，ジェノサイド条約留保事件），ICJ規定の管轄に関する選択条項受諾宣言の内容として，「タラに関するA国が制定した国内法及びこうした国内法の執行から生じた，またはそれらに関する紛争」という事項的留保を加えることはＩＣＪ規定の趣旨及び目的に反するものとは言えない。ＩＣＪ規定は一般に留保をつけることが許されているし，ある特定の事項に関してＩＣＪの管轄権を否定することは，ＩＣＪ規定の趣旨や目的を否定するものではないからである。よって，Ａ国が選択条項受諾宣言に付した留保は国際法上有効である。

⑵　もっとも，本件では，もともとＡ国は留保なしの選択条項受諾宣言を付していたところ，Ａ国の海上警察機関が漁船Ｙを拿捕した後に，新たな留保を付している。この場合，当該留保に基づく先決的抗弁は認められるか。

確かに，留保自体は有効である以上，提訴時点で留保に効力があればＩＣＪの管轄権不存在を理由とする先決的抗弁は認められるように思える。しかし，そのような手法が許されるならば，いつでも事件が起こった後に訴えを提起される前までに選択条項受諾宣言に留保を付すとことでＩＣＪの管轄権を否定するような国家実行が許されることになり，被害国の私法上の救済確保の観点から妥当ではない。そこで，紛争発生後に選択条項受諾宣言を撤回，あるいは留保をつけたとしても，その紛争に関して撤回，あるいは留保は効力を有さないと解する（ノッテボームルール）。そして，紛争とは，事実上または法律上の見解の不一致を指す（マヴロマティスパレスタイン事件判決，南西アフリカ事件判決）。

本件においては，ＡＢ間の紛争は，少なくともＡ国の海上警察機関が漁船Ｙを拿捕した段階においては始まっている。そして，その後にＡ国が新たに留保をつけているため，この留保は，この紛争に関する事件については効力を持たない。本件でＢ国は船長と乗組員の即時釈放とＡ国の行為の国際法違反の認定と損害賠償を求めているところ，その紛争についての国際法違反を問うものであり，この訴えに関してＡ国の留保は効力を生じない。

3　よって，Ａ国の先決的抗弁は認められない。

以上

## ■ 国際関係法（公法系）1位　第2問　（84.00点）

第１　設問１について

1　Ｂ国はＡ国に対して，甲に対するＡ国の措置が国際法上の違反行為であることを理由にその違反行為の停止と損害賠償を求めるが，認められるか。

2(1)　甲は私人であるため，Ｂ国の権利が直接的に侵害されたとは言えない。もっとも，外交的保護権の行使により，甲に対する侵害を甲に代わりＡ国に対して請求することが考えられる。

(2)　外交的保護権とは，私人が他国の領域内において国際法上の違反行為を受けた場合に私人の属する国家がその私人に代わり侵害をした他国に対して国際法上の責任を追及することである。その要件は①国内救済完了原則②国籍継続の原則である。

ア　国内救済完了原則とは，侵害を受けた国家内で救済手続きの手段を尽くしたことを言い，国家主権への尊重を理由とする。本件においては，Ａ国の法制度では，判決の確定後，これに対する救済手段は残されていないところ，甲に対する罰金と国外退去処分の判決は確定しているので，救済手段は残されていない。よって，①は認められる。

イ　国籍継続の原則とは，侵害時から国家が外交的保護権を行使するまで，侵害を受けた私人が国籍を継続することを言う。侵害を受けた後に便宜的に国籍を変更することで，何らの縁もない国家が外交的保護権を濫用することを防止するためにある。

本件において，侵害を受けた甲はＢ国籍を保有しており，それは今も変わらない。また，国際法上，私人の国籍保有は国との間の真正な関係が求められるところ（ノッテボーム事件判決）本件では，甲はＢ国籍を保有し続けており，かつＡ国の首都に長く居住していたとはいえ，それはＡ国人として居住していたわけではない。甲とＢ国の間にはそれを否定する事情がない以上真正な関係が認められる。よって，②は満たす。

(3) 甲への侵害を理由とするＢ国の外交的保護権の行使は認められる。

3　もっとも，国家が国際法上国家責任を負うのは，①国際法上の義務違反行為②行為が国家に帰属すること，が必要であるところ，本件では満たすか。

(1) これにつき，そもそも，Ａ国がＹ民族の人にのみ経済活動に制限を課す立法を行った行為につき，国際法上の違反行為であると解する余地はある。なぜなら，自由権規約上，国籍を理由とする差別は禁止されており（自由権規約２条１項，26条），国籍に基づく差別的立法は国際法上の違反と解する余地があるからである。もっとも，Ａ国にＸ民族主義を掲げる政権が出来て，その政権がＢ国籍のＹ民族の経済活動に制限を課すような立法をしたからと言って，それが差別（つまり合理的理由のない区別）にあたるかは明らかではない。国籍のみを理由とする合理的理由のない差別である可能性はあるが，それとは違ういわゆる外資規制的な規制である可能性も否定できない。外資規制は現実の国家実行として広範に行われているし，自国民の経済活動を棄損する恐れのある外国企業の活動を制限することにまで国際法上の違反は認められない。本件では，Ｂ国籍を持つＹ民族のみを目標としており，Ｂ国という外国籍に着目している外資規制的側面は否定できない。よって，Ａ国の立法を理由に国際法上の違反とは認められない。そしてその立法に基づき，甲を逮捕した行為も，立法の誠実な執行でしかなく，この行為の国際法上の違反も認められない。

(2)　もっとも，甲がＢ国籍であることを理由に上訴も認められず，判決が確定したことについて，国際法上の違反行為であるといえないか。

自由権規約は，14条1項において「すべての者」に裁判を受ける権利を認めており，これは裁判機能が紛争を解決する最も重要な手段であることに起因し，外国人であろうと広く認められるべき権利である。経済的規制と異なり，外国人であることを理由に規制されることは許されない。このことは，国際法上の実行として，いわゆる裁判の差別的実行は裁判不能（裁判拒否）として否定されてきたことからも妥当な見解である。よって，国籍を理由に裁判手続きに差別的規制が行われた場合，このことは国際法上の違反行為となる。

本件において，甲はＢ国籍であることを理由に上訴を認められていないのであり，上訴という重要な裁判を受ける権利が侵害されている。このような行為はいわゆる裁判不能であり，国際法上の違反行為といえる。よって，①を充足する。

(3)　裁判機能は国家権能の一つであるので，上訴を認めない決定をしたのが裁判所であった場合であっても，国家にその責任は帰属するといえる。

(4)　よって，Ａ国は国際法上の国家責任を負う。

4　Ｂ国としては，まず国際法上の違反行為の是正と停止を求めることが考えられる（国家責任条文参照）。本件においては，甲に対する国外退去処分の停止と上訴を許すこと，である。また，それと併せて損害賠償請求も行う。国際法上の責任を追及するうえでは原状回復が原則であるものの原状回復によって損害が回復しえない場合，損害賠償請求が認められる（ホルジョウ工場事件判決）。本件においては，甲の損害として甲が経営していたＡ国内の企業の破綻というのがあるが，破綻状態を原状回復することは不可能であり，損害賠償請求によることが認められる。

なお，甲が経営していた企業に対する外交的保護権の行使も考えられるが，企業の国籍は設立国であり（バルセロナトラクション事件判決）本件では，Ａ国内の企業，とある以上，その国籍国はＡ国であると思われるので，Ｂによる外交的保護権の行使は認められない。

第２　設問２について

１　Ｙ民族戦線の活動につき，Ｂ国はいかなる国際法上の責任を負うか。

２(1)　上述したように国家責任の要件は，①国際法上の義務違反行為②行為が国家に帰属すること，である。本件において，Ｙ民族戦線はＢ国政府から戦闘の訓練，武器の供与，財政的支援を受けているところ，Ｙ民族戦線の行った行為がＢ国に帰属するかが問題となる。

(2)　私人の行為が国家に帰属するのは，国家機関に完全従属し国の機関と同視し得る場合と，国家からの指揮命令関係にある場合である（ニカラグア事件判決）。本件では，Ｙ民族戦線はＹ民族の旧政権を中心とした勢力であり国家ではないため私人であるが，Ｂ国に完全従属はしていない。あくまで，反政府活動を行っているＢ国とは異なる団体である。

また，指揮命令関係にあるかについてであるが，この点私人の行為が国家の実効的支配に置かれていれば国の指揮命令下にあるといえる（ニカラグア事件判決参照）。この点につき，団体が国家の全般的支配を受けていれば足りるとの見解もあるが（タジッチ事件基準），この見解はＩＣＣで採用されたものの，その後ＩＣＪにおいて再び明示的に実効的支配基準が採用されているため（ジェノサイド条約事件），実効的支配基準が妥当である。本件では，Ｙ民族戦線はＢ国の支援を受けているものの，Ｂ国の軍隊がその行動を支える若しくは指示を飛ばしているわけではなく，Ｙ民族戦線の行動の決定をＢ国が負っているという事情は見受けられない。よって，Ｙ民族戦線の行為にＢ国の実効的支配は認められない。

(3) よって，Ｙ民族戦線が行った行為にＢ国は国際法上の責任を負わない。

3(1) もっとも，Ｙ民族戦線の活動につき，Ｂ国が支援をしていること自体が国際法上の違反行為とはいえないか。

(2) 国家は，領土主権の相互尊重の観点から不干渉義務を負っている。不干渉義務違反となるのは，①国内管轄事項に対する②他国の命令的関与である（ニカラグア事件判決参照）。国内管轄事項が何であるかは，国際上の環境に拠るところで本質的に相対的なものであるが（チュニジアモロッコ国籍法事件判決）本件におけるようなＡ国内でその治安維持の為に如何なる方策をとるかはＡ国の国内管轄事項である。また，財政的支援であれば経済的政策の一環の可能性もあり必ずしも命令的関与とまでは認められないが，それに戦闘訓練や武器の供与まで合わされば，他国の内政分野に対してB国の意思を強制しようとする意思が認められ，命令的関与と言える。

(3) よって，B国は不干渉義務違反である。

第3 設問3について

1 C国によるA国領域内の軍事基地に対する空爆行為を国際法上正当化する根拠として，まず集団的自衛権の主張が考えられる。

(1) 集団的自衛権は国際連合憲章 51 条において認められた権利であり，他国が武力攻撃を受けた場合，武力攻撃を行った国に対して反撃行為を自衛権として行うものである。集団的自衛権の要件としては，①武力攻撃の発生②安全保障理事会への報告③必要性④均衡性⑤被害国の侵害の宣言⑥被害国の他国に対する支援の要請，である（ニカラグア事件判決参照)。

(2) 武力攻撃とは，武力行使の最も重大な形態を言うところ，A国軍によるB国領域内への武力攻撃は，B国の一般住民に多数の死傷者を出したのであり，最も重大な形態による武力行使と言える。また，そのような武力攻撃を止めるためには，B国に対する武力攻撃の根拠地となっているA国領域内のA国軍事基地を攻撃することで攻撃を防止するほかなく，また空爆という形態は対象が軍事基地であり民間人を含めた多数の人の命が奪われる可能性が低いことから均衡的と言える。また，A国の攻撃を受けたB国はC国に対して軍事介入を要請しており，軍事介入を要請する行為自体の前提として，A国による攻撃があり，要請行為自体に攻撃された旨の宣言と支援の要請，という２つの内容が含まれているといえる。よって，Ｃ国が空爆後，集団的自衛権の行使としてＡ国軍事基地を空爆した旨を安全保障理事会に報告すれば，集団的自衛権の要件はすべて充足することとなる。

(3) よって，Ｃ国は集団的自衛権によりＡ国への空爆の正当化を図る。

2 また，異なる正当化方法として，人道的介入を挙げることが出来る。国際社会において人権とはすでに国内管轄事項ではなく，広く国際社会一般の利益と言える。そこで，人権が侵害されている国に対して人権の侵害の停止とその回復のため軍事力をもって介入することは国際法上正当化される。実際の実行として，ユーゴ空爆においてＮＡＴＯ軍は人道的介入を理由に空爆をしているのであり，反対した国も存在したものの，おおむね多くの国でユーゴ空爆は認められたといえる。本件では，Ａ国の新政権はＸ民族主義を掲げＹ民族を弾圧していたのであり，Ｙ民族戦線への攻撃もまた，そのような弾圧活動の一部である。よって，Ｙ民族の人権弾圧からの救済のため，人道的介入は行うことができる。これにより，Ｃ国の行動は正当化される。

以上

7

※この頁は，答案を見開きにして読みやすくするため，頁を送っておりません。この頁は空き頁です。

## ■ 国際関係法（私法系）1位　第1問　（74.58点）

第１　設問１

１　本件は甲国籍を有するＡＢ夫婦と日本国籍を有するＤとの間の養子縁組の成立を問題とする国境をまたがる渉外的法律関係であるため，法の適用に関する通則法（以下法令名略）が適用になる。

２(1)　本件の単位法律関係は，養子縁組の成立であり31条１項による。

(2)　同条は連結点を「縁組の当時における養親となるべき者の本国法による」としている。たしかに，子の福祉を考えると，子の常居所地法を連結点とすべきとも考えられるが，養親の国籍を養子に付与することが多く，また養子縁組がなされた場合には，養親の本国において生活することが多いことにかんがみ，養親を基準とする連結点を図っている。

(3)　本件で，養親の本国法は甲国法である。甲国法①によれば，養子縁組をするには，家事裁判所の決定によらなければならないとしており，決定型の養子縁組制度をとっているところ，日本の裁判所で代替できるかが問題となる。この点に関しては特別養子縁組が日本において決定型の養子縁組形態のため，これにより代替できると考える。

３(1)　また，31条１項は後段においてセーフガード条項を定め，累積的に適用される。これは養子保護によるものである。

(2)　養子Ｄは日本国籍を有するため，Ｄの本国法たる日本法において，「第三者の承諾若しくは同意又は公的機関の許可若しくはその他の処分があることが養子縁組の成立の要件」となっているときには，それが累積的に適用される。

(3) 民法798条によれば，未成年者を養子にするには，家庭裁判所の許可が必要である。

ここでDが未成年か問題となるところ，4条1項により，行為能力は本国法による。Dは日本国籍を有するので，本国法は日本法であり，日本法上20歳未満たる5歳のDは未成年であるから，家庭裁判所の許可が必要である。

また，民法817条の6による父母の同意も必要である。

4 更に，養子縁組の際CとDの親族関係が終了するかが問題になるが，この問題に関しては，31条2項によるべきである。

同条は1項前段の規定により適用すべき法によるとしており，本件では甲国法②により，CD間の親族関係は終了する。

以上より，甲国法とセーフガード条項に関しては日本法が適用されるべきである。

第2 設問2

1 単位法律関係，連結点に関しては設問1同様である。

2 養親たるAの本国法は日本法なので，AD間の養子縁組の成立は日本法が適用される。

次に，養親たるBの本国法は甲国法なので，BD間の養子縁組の成立は甲国法が適用される。

3 ここで，甲国国際私法③④が管轄的構成を定めているが，このような場合にもいわゆる隠れた反致として反致（41条）が成立するかが問題となる。

(1) そもそも反致とは国際的判決調和を達するためにある。そのため管轄的構成をとっていても，反致を認めるべきとする見解もある。

もっとも，管轄的構成の場合は一方的な抵触規定であることからすると隠れた反致を認めるべきではない。

(2) そのため，ＢＤ間の養子縁組には，甲国法が適用される。

4 さらに，本件では養子縁組に際してＣＤ間の親子関係を維持したいと考えている。そこで，ＡＤ間の養子縁組は，日本法の普通養子縁組によるべきである。

このように一方が契約型の養子縁組制度を利用しなければならず，他方の法律では決定型の養子縁組制度を利用しなければならないときには，実質的成立要件部分と方式に分けて考える分解理論によって対処すべきである。

本件における実質的成立要件部分に関しては，甲国民法①があるため，日本の裁判所によって代替できるかが問題となるが，この点は許可審判手続きによって代替できると解する。

また方式部分に関しては34条が定めており，民法799条，739条1項により，届出をすれば有効に成立する。

第3　設問3　小問1

1 単位法律関係は前記設問1同様で，趣旨も前記同様である。

本件において，養親たるＡＢはいずれも日本国籍を有するので，その本国法は日本法となる。

2 ここで，前述同様31条1項後段によりセーフガード条項が累積的に適用されるところ，本件で子の本国法は乙国法である。乙国国際私法⑤⑥によれば，「養親となるべき者の本国法による」との指定があるところ，セーフガード条項にも反致（41 条）が成立するかが問題となる。

この点に関して，41 条は国際的判決調和を趣旨としているところ，同条ただし書きにおいて，セーフガード条項が挙げられていないことからすると，特に反致を否定する理由はない。

そのため，反致が成立し，養親の本国法たる日本法がセーフガード条項として，適用され，また１項前段の養子縁組の成立要件としても日本法が適用される。

第４　設問３　小問２

1　31 条１項前段に関しては，小問１同様である。

2 (1)　ここで，31 条１項後段において，乙国法が累積的に適用されるところ，乙国民法⑨によれば，養親の子の同意を得る必要があるとされる。このような，子の同意の要件は，「第三者の承諾」にあたるのかが問題になる。

(2)　そもそも，セーフガード条項の趣旨は，前述のとおり養子の保護のためである。そうであるとすれば，養親の子の同意の要件は，養子の保護のためであるとはいえない。

そのため，養親の子は「第三者」にあたらず，実子ＥがＡＢＤ間の養子縁組に反対していたとしても有効に成立する。

以上

## ■ 国際関係法（私法系）1位　第2問　（74.58点）

第1　設問1

1　本件は甲国に常居所を有する甲国人と日本に常居所を有する日本人間の国境をまたがる渉外的法律関係であるため，設問1では法の適用に関する通則法（以下設問1において法令名略）が適用になる。

本件で，Xは，①名誉毀損による慰謝料請求，②プライバシー侵害による慰謝料請求，③著作権侵害による損害賠償請求の3点を主張しているため，以下では3つに分けて検討する。

2　①について

(1)　本件では21条による準拠法の変更はなく，単位法律関係は「他人の名誉又は信用を毀損する不法行為によって生ずる債権の成立及び効力」（19条）である。

(2)　同条は，被害者救済のため，連結点を「被害者の常居所地法」としている。

(3)　本件でXには窃盗癖があるとの記述が名誉を毀損するところ，被害者Xの常居所地は甲国であるから，甲国法が適用になる。

(4)　なお，X自身が他の地域に住んでいたとの事情はないから，20条の適用はない。

また，本件は甲国法が適用になるところ，内国法秩序維持を定めた22条1項2項が累積的に適用される。

3　②について

(1)　プライバシー侵害に関し直接定めた規定は存在しない。たしかに，名誉毀損と同様に19条によるとの考え方がある。もっとも，プライバシー侵害という人格権の概念は一義的に明確ではなく態

1

様も多種多様であるため，17条によるべきである。

(2)ア　そのため，単位法律関係は「不法行為によって生ずる債権の成立及び効力」であり，連結点は被害者救済と予測可能性の担保の観点から「加害行為の結果が発生した地の法」によるとされる。

イ　ここで，インターネットを通した拡散型のプライバシー権の侵害態様の場合，「加害行為の結果が発生した地」がいずれとなるか問題となるところ，閲覧可能地すべてにおいて直接法益侵害がされているとみるべきであり，加害行為の結果が発生した地とは閲覧可能地を指すと解すべきである。

(3)　本件では，本件小説が削除されるまでの間は，甲国及び日本において閲覧可能となっていたため，甲国での侵害は甲国法によるべきである。

なお，インターネットでの小説が拡散可能である性質のものであることを考慮すると，17条ただし書きの適用はない。

また，本件で20条の適用はなく，甲国法によるときには，①同様22条が累積的に適用される。

4　③について

(1)　著作権侵害に関して，著作権の効力と考え，文学的及び美術的著作物の保護に関するベルヌ条約パリ改正条約（以下条約と略す）に基づいて，保護国法たる日本法を準拠法とする考え方もある。

(2)　もっとも，本件は著作権侵害に基づく損害賠償請求をしており，私法権利の救済の場面と捉えるべきである。そこで，本件請求は単位法律関係を「不法行為によって生ずる債権の成立及び効力」（17

条）と捉えるべきで，連結点は上記②同様に，「加害行為の結果が発生した地の法」による。

(3) 本件では，甲国における著作権と日本における著作権が侵害されていると主張しており，結果発生地法は甲国法と日本法となる。

なお，20条の適用はなく，甲国法による場合には22条が累積的に適用される。

第2　設問2　小問1

1　Xの執行判決請求が認められるためには，本件外国判決が承認される必要があるところ，外国判決の「手続は法廷地法による」の原則により，民事訴訟法（以下法令名略）が適用になる。

2(1) 118条，民事執行法24条5項が承認執行の要件を定めているところ，本件外国判決は甲国法P条を適用し，慰謝料に加え，その3倍程度の金額の懲罰的損害賠償請求を認容したものである。このような懲罰的損害賠償請求が，「判決の内容……が公の秩序又は善良の風俗」（118条3号）に反しないかが問題になる。

(2) 同条の趣旨は，内国の秩序を維持する点にある。そして，日本は，民法において，填補的損害賠償請求しか認めておらず，懲罰的損害賠償請求は許されていない。なぜなら，加害者に対する制裁や，一般予防を目的とする制度ではないからである。そのため，填補的賠償に反する，懲罰的損害賠償請求を認めることは，公序良俗に反する。

(3) もっとも，損害賠償請求全てを承認しないのではなく，慰謝料請求を超える部分につき，承認できないと考える。

第3　設問2　小問2

1　本件も設問1同様118条が適用される。

本件でYは応訴しておらず，国際書留郵便によって直接郵送されている。そのため，このような直接郵送による送達が「送達を受けた」（118条2号）といえるか問題となる。

2　同条の趣旨は，被告に対し，十分に防御の機会を与える点にある。

そこで，①適式性，②了知可能性，③適時性を備えていれば，「送達を受けた」といえると解すべきである。

①　送達条約10条a号は「外国にいる者に対して直接に裁判上の文書を郵送する」ことを認める。ここで，国はこのような送達方法を主権侵害でないとするにすぎず，直接郵便による方法を積極的に承認したわけではないとする。しかし，そうであるならば，条約を拒否すべきだったのであり，拒否を日本国がしていない以上，適式であるといえる。

②　相手方の了知可能性のために，原則として翻訳文を添付すべきである。本件では，訴状及び期日呼出状には日本語への翻訳文が添付されており，②を満たす。

③　本件では，訴訟に対応できる時間的余裕をもって訴状が郵送されているため，③も満たす。

以上より，本件では「送達を受けた」といえ，他の118条の要件も満たすため，Xの執行判決請求は認められる。

以上

辰巳法律研究所（たつみほうりつけんきゅうじょ）

https://www.tatsumi.co.jp/

司法試験，ロースクール入試，司法試験予備試験，司法書士試験，社会保険労務士試験，行政書士試験，公認心理師試験の受験指導機関。1973 年に誕生して以来，数え切れない司法試験合格者を法曹界に送り出している。モットーは，「あなたの熱意，辰巳の誠意」。司法試験対策におけるシェアは業界トップであり，過去 14 年（2006 年〜2019 年）の辰巳全国模試には実に累計 40577 名の参加を得ている。「スタンダード短答オープン」「スタンダード論文答練」などの講座群，「肢別本」「短答パーフェクト」「New えんしゅう本」「趣旨・規範ハンドブック」などの書籍群は，司法試験受験生，予備試験受験生から，合格のための必須アイテムとして圧倒的支持を受けている。

令和元年司法試験　新論文合格答案再現集

令和２年３月５日　　初　版　第１刷発行

発行者　後藤　守男
発行所　辰巳法律研究所
〒169-0075
東京都新宿区高田馬場4-3- 6
Tel.　03-3360-3371（代表）

印刷・製本　壮光舎印刷(株)


ISBN978-4-86466-463-9

**Point**

①論文選択科目だけに特化した論文答練。最大全 16 問を解くことができる。
②全国模試・スタ論など辰已精選過去問から出題
③毎年的中実績が多数、選択科目を得点源にするためには欠かせない答練となっている

**フル8回演習コースなら、スタ論選択科目と全国模試を合わせて、本試験11年分の演習量**

問で 3 時間の選択科目では、1 問で 2 時間の必須科目以上に時間配分のミスをしやすく、途中答案となるリスクが高い！
演習をたくさんこなし実戦力を磨き上げよう

スタ論＋全国公開模試で選択科目
**本試験3年分の演習**

お得な講座受講者割引

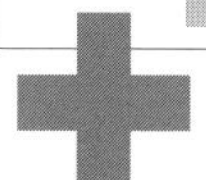

**選択科目集中答練選べる 4 つのコース**
**フルで本試験 8 年分　ハーフで本試験 4 年分**
①フルコース全 8 回全 16 問添削有り
②ハーフコース偶数（or 奇数）回（8 問添削有り）
　＋奇数（or 偶数）回資料付（8 問添削無し）
③ハーフコース偶数回（8 問添削有り）
④ハーフコース奇数回（8 問添削有り）

**抜群の的中力**
選択科目はこれだけ
という合格者も
専用パンフレットに的中一覧を
掲載しております

# 申込特典

フルコース・ハーフコース（資料付）申込の方に
**本試験選択科目直近 3 年分 6 通の再現答案集**
全 8 科目すべて得点付のものを進呈 ※第 1 回教材と一緒に配布

## 不安材料を残すことなく司法試験に臨むことができた！

選択科目集中答練を直前期にまとめて受講しました。（平成 30 年度の司法試験の問題は傾向が異なりましたが、）経済法は適用条文の選択が非常に重要で、ここを間違えると高得点は期待できません。ですので、**直前期は初見の問題を多く解き、特に条文選択や市場画定の感覚を鈍らせないことが必要**だと思い受講しました。そのおかげで、**経済法にはあまり不安材料を残すことなく司法試験に臨むことができました。**

T．Sさん
京都大学法科大学院
既修コース

H．Wさん
東京大学法科大学院
既修コース

## 選択科目で書き負けないようになった！点数が安定した！

私は、2 回目の受験で労働法が 30 点しか取れず、選択科目が弱点だと思ったので、辰已の「選択科目集中答練」を受講しました。毎週 8 回に渡って、選択科目を解くことができるので、**この講座により書き負けない選択科目の答案を完成できた**と思います。8 回も選択科目を毎週受講していると、後半ダレてくるのですが、年内に選択科目を完成させるつもりで一生懸命受講しました。答練前夜には、一元化しておいた趣旨規範本を丸暗記して、当日は本試験だと思って受講しました。その結果、辰已のスタンダード論文答練や全国公開模試でも労働法を解く機会があったのですが、**6 割くらいの点数は常に取れるようになりました。**

2019 年
辰已受験者実数　1,568 名

## 辰已の模試を本番のように。本試験を辰已の模試のように。」
## 試験で自分の潜在能力を全て出し切るために。

験した者でないと分からないあの本試験独特の緊張感。試験監督が霞んで見える本試験会場。賢そうに見える他の受験
初めて知る 4 日間全 19 時間 55 分の過酷さ。気持ちを如何に切り替え、目の前の科目に集中することの難しさ…。頭
像できることは経験で得られることに及びません。
試験で実力を出し切るために、最も本試験に近い辰已の模試でシミュレーションを。

## 辰已の全国模試です。

●総合成績バランスチャート

短答得点を縦に、論文得点を横に直角に伸ばしていった赤い交点があなたの成績です。周りの薄いブルーの銀河系星雲のような点の集合が、今回の受験者全体を表します。縦に走る青い線が短答合格推定点。そして、斜めに走っている赤い線が、今回の総合合格推定点です。左の例では、個人の赤四角が合格推定ラインを超えていることを表現しています。

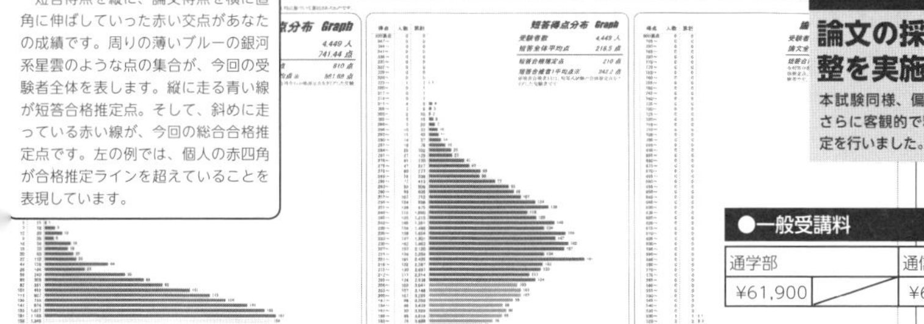

辰已が最初！

**論文の採点格差調整を実施！**

本試験同様、偏差値を算出して、さらに客観的で精度が高い実力判定を行いました。

●一般受講料

| 通学部 | | 通信部 | |
|---|---|---|---|
| ¥61,900 | | ¥64,500 | ¥61,275 |

辰已会員割・パック割引
R割・初割・G割等
お得な各種割引は専用パンフレットをご参照ください

●全国模試後に実施する直前答練

# 直前フォロー答練 福田クラス

2020年対策 | 中級者・上級者向け | 論文答練 | 通学&通信

## 東京本校
## 第1回
## 3/31(火)
**通信Web 4/5(日) 配信開始**

| | |
|---|---|
| 回数 | 全4回<br>・答練3回/全7問<br>・講義16時間 |
| 科目 | 公法系・民事系・刑事系 |
| 講師 | 辰巳専任講師・弁護士<br>福田 俊彦先生 |
| 教材 | ●辰巳精選過去問<br>・解説冊子&答案例<br>・答練受験者答案 |
| 受講料 | 辰巳価格(税込)<br>一括(通学部) ¥47,000<br>一括(通信Web) ¥50,500<br>一括(通信DVD) ¥52,700<br>一括(通信Web+DVD) ¥55,200 |

OPTION

**福田クラスインプット強化講義 24h**

※スタ論福田クラス第1クールインプット強化講義と同一です。

通信部DVD WEBスクール

***直ぐにスタート 一気に聴ける!***

福田先生がLaw Practice民法・商法を素材に基本論点の書き方を押さえます。

## 福田俊彦先生が全国模試後もフォロー 本試験直前まで気迫の講義で「すべらない答案」

**辰巳専任講師・弁護士 福田 俊彦先生**

東京大学法学部卒。慶應義塾大学法科大学院(既修コース)修了。第3回新司法試験に受験1回で上位合格。旧司法試験の多くの失敗を踏まえ、司法試験に「すべらない」方法論を確立。「幅広い知識・深い理解」と「論文の方法論」の双方を兼ね備えた実力派講師。司法試験に合格するためには、「何をどのように書くか」を考えるのが大切というのが信条。ベストセラー「絶対にすべらない答案の書き方」シリーズで受験生の支持を受け、辰巳が誇る人気の講師に。

**全国模試後も毎週1回の直前答練で 答案感覚を鈍らせない!的中も狙います!**

**焦って空回りしがちだからこそ、福田先生のすべらない答案指導で すべらない直前期を過ごそう!**

**2019年合格者の声**

**K.Nさん 首都大学東京法科大学院既修コース**

直前福田クラス答練は必ず受けるべきだと思っています。まず直前期に指導者がいる指導が受けられるのは心の安定につながります。また、真剣に予想を当てに行く問題や、難しいけどここだけは理解しておけば必ず差がつく問題をピックアップしていただけているため、直前に危ないところが見つかりやすいです。ここでいい点を取れば自信にもつながります。仮に悪くても、そこを重点的にやるべきという方針が定まるので、いいことしかありませんでした。特にこの時期、複数回受験者は精神の戦いになるので、福田先生のお話で心を落ち着けられたのは本当に良かったと思っています。

★2019年司法試験合格体験記(辰巳)より抜粋

**●コンディショニング& 福田先生が最後に予想する直前答練**

(公法系1回・民事系1回・刑事系1回) ★添削あり

全国模試A日程終了後から3週間にわたって本試験1年分にあたる答案を書いていただきます。問題は福田講師が辰巳精選過去問から的中と総仕上げの両面を意識してセレクトします。本番直前まで毎週答案を書くことで答案を感覚を最後まで磨きます。

**●解説講義及び答案講評&総まとめ**

福田講師が、すべらない答案理論で実際に書けたかを確認します。最後に、答練の問題について、受験生が実際に試験時間内で書いた答案を素材に、答案講評を行います。真似すべきところ、ダメなところの直し方等を実践的に講義し、本番直前の最後に「すべらない答案」の形を脳に焼き付けていただきます。

**スケジュール・受講料等の詳細は 右記より資料をご請求ください。https://r-tatsumi.com/pamphlet/**

●司法試験＆予備試験・100 問演習講義

# 論文ステップアップ松永塾 民法改正完全対応

2020 年対策 | 中級者・上級者向け | 論文講義 | 通信（Web/DVD）

**通信Web配信中**

**随時申込受付**

■申込受付　3/31 まで
■ Web 配信終了　5/17

**講師** 辰巳専任講師・弁護士
松永健一先生
東京大学法学部出身。法科大学院既修者コース在学中に予備試験合格、2015 年司法試験合格（上位 10％以内）。挫折と成功の双方を体験しているからこそその、説得力ある指導ノウハウが好評を博している。

**回数** 全 15 回／ 60 時間／ 100 問

**教材** ①辰巳オリジナル論文精選問題
②本試験過去問（予備試験・司法試験）
③講師監修答案
④本試験再現答案
⑤「民法演習サブノート 210 問」（弘文堂刊・別売）

**受講料** 辰巳価格（税込）
7 科目一括（通学部） ￥132,800
7 科目一括（Web） ￥142,900
7 科目一括（DVD） ￥149,600
7 科目一括（Web+DVD）￥156,400

**●令和時代に贈る、答案作成0to1（れいわん）講座。知識面と書き方、2WAY問題検討で論文構成力を立体的に構築する、新しいインプット講座が誕生です。**

## 講座コンセプト

### 問われるのは、争点整理型思考と、この思考に基づいた本質的な答案表現

予備試験と司法試験の論文試験においては、出題形式、試験時間等、異なる点もありますが、問われる基本的コンテンツはほとんど同じと言えるでしょう。それは、考査委員が概ね併任であること、予備試験合格者において司法試験合格率が高いことからも証明される事実です。

これらの論文式試験において基礎として問われるのは、問題解決のための法的思考（争点整理型思考）と、これらの思考に基づいた本質的な答案表現です。

### 合計 100 問で身につける、合格答案の書き方

そこで今回、予備試験・司法試験双方の合格経験を有する松永講師が、これら 2 つのコンテンツを同時に鍛え上げることができる約 100 問の演習問題をセレクトした、合格に直結する論文講座を企画しました。

予備試験受験生の皆様は、予備試験はもちろん司法試験まで一気に合格するために。司法試験受験生の皆様はもう一度基礎から思考法と表現法を学びなおすために。3 か月 100 問の演習に取り組んでください。

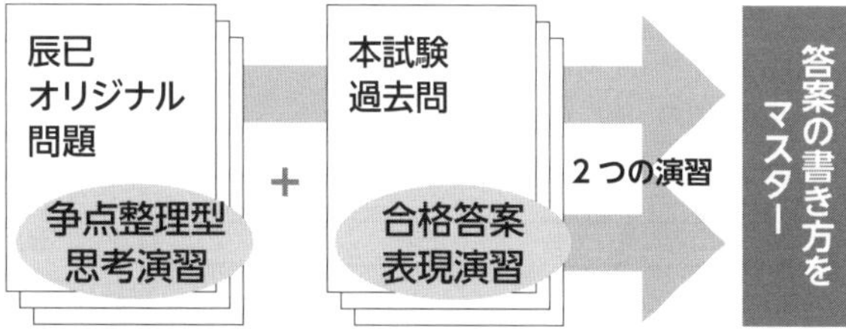


**松永先生からのメッセージ**

**近年の予備試験・司法試験を突破するうえで欠かせないのは事務処理能力の高さです。法理論を理解することも重要ですが、その理解した内容をいかにコンパクトに論じられるかが合否を分けるポイントといえます。**
**本講座では、具体的事案を通して当該事案ではどの論証がどのぐらいの分量で必要なのかという「相場観」を磨くことを目指します。使える形での知識を習得するための方法論をお伝えしたいと思います。**

スケジュール・受講料等の詳細は
右記より資料をご請求ください。https://r-tatsumi.com/pamphlet/

●人気・福田先生による改正民法のスタンダード講義登場！

# わかりやすい 改正民法（総則・債権）体系講義

2020年対策 ｜ 中級者・上級者向け ｜ 論文講義 ｜ 通信（Web/DVD）

**通信Web配信中**
**随時**申込受付
**通信DVD 随時**申込受付
申込受付締切　2020/4/30
通信 Web 配信終了　2020/5/17

民法総則 2時間 ⇒ 債権総論 4時間 ⇒ 契約法 4時間

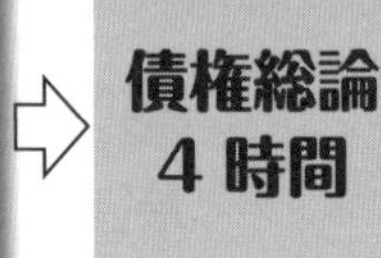


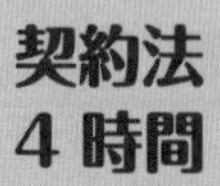

※必要な分野だけの購入も可能です！

講師　辰已専任講師・弁護士
福田俊彦先生
東京大学法学部卒。慶應義塾大学法科大学院（既修コース）修了。司法試験に合格するためには、「何をどのように書くか」を考えるのが大切というのが信条。ベストセラー「絶対にすべらない答案の書き方」シリーズで受験生の支持を受け、辰已が誇る人気の講師に。

対象　中級者（入門・基礎を終えた方）～上級者（短答合格レベル）

法務省民事局「民法（債権関係）の改正に関する説明資料－主な改正事項－」を教材とした、全10時間の債権法改正入門講義です。
講義レジュメ、法務省民事局の資料及び条文を中心に据えつつ、必要に応じて『民法(全)』に言及する講義進行で、改正事項の基本を無理なく身につけることができます。

**【講義内容】**
◆民法総則（約2時間）
1　改正の経緯・概観、意思能力、意思表示、代理
2　無効及び取消し、時効
◆債権総論（約4時間）
1　法定利率、原始的不能、債務不履行の責任等
2　債権者代位権、詐害行為取消権、多数当事者の債権関係
3　債権の譲渡、債務の引受け
4　債権の消滅（弁済、相殺、更改）
◆契約法（約4時間）
1　基本原則、契約の成立、契約の解釈（補論）
2　危険負担、解除、定型約款
3　契約不適合責任、消費貸借
4　使用貸借、賃貸借、請負、委任、寄託

**使用教材**

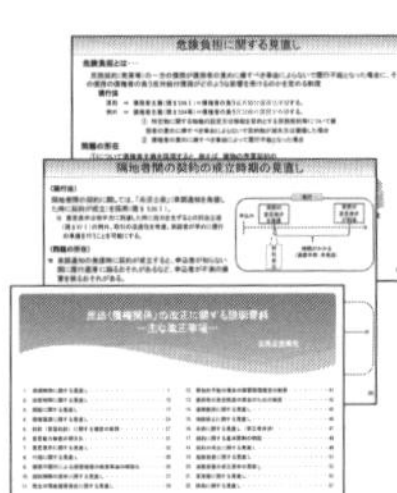

法務省民事局「民法（債権関係）の改正に関する説明資料－主な改正事項－」※改正事項別にまとめた冊子を配布いたします。

**参考図書**
※購入は必須でありません

潮見佳男『民法（全）』
（有斐閣、第2版、2019）
（定価:本体4,600円+税）

## 受講料（税込）

| 分野 | | 講座コード | 通信部 WEB 辰已価格 | 通信部 WEB 代理店価格 | 通信部 DVD 辰已価格 | 通信部 DVD 代理店価格 | 通信部 WEB+DVD 辰已価格 | 通信部 WEB+DVD 代理店価格 |
|---|---|---|---|---|---|---|---|---|
| 一括 | | Z9138＊ | ¥26,200 | | ¥27,500 | ¥26,125 | ¥28,700 | |
| 分野別 | 総則 | Z9139＊ | ¥6,000 | | ¥6,300 | ¥5,985 | ¥6,600 | |
| | 債権総論 | Z9140＊ | ¥10,800 | | ¥11,300 | ¥10,735 | ¥11,800 | |
| | 債権各論（契約法） | Z9141＊ | ¥10,800 | | ¥11,300 | ¥10,735 | ¥11,800 | |

■お申込みの際は、受講形態等の選択と注意事項を必読の上で、上記受講料表にあてはめ、申込書へ記入をお願いします。
(1)受講形態をお選びいただきます。講座コードの「＊」部分に下記の会場コード（アルファベット）をあてはめてください。

| 通信 DVDはR | 通信 WEBはE | 通信 WEB+DVDはW |
|---|---|---|

(2)注意事項
※注1 通信部WEB受講は、生協等の代理店でのお申込みはできません。辰已WEBスクール（辰已HP上）でお申込みいただくか、辰已窓口にお問い合わせください。
※注2 通信部の媒体は、DVDはDVD-R対応機種でのみご利用いただけます。WEB視聴環境等ご自身のプレーヤーをご確認のうえお申し込みください。

**スケジュール・受講料等の詳細は
右記より資料をご請求ください。https://r-tatsumi.com/pamphlet/**

●もう一つの福田Lecture　教材：LawPractice/同書掲載の判例・問題等を素材

# 福田民商強化講義 24時間

**2020年対策 ｜ 中級者・上級者向け ｜ 論文講義 ｜ 通信（Web/DVD）**

**通信Web配信中**
**随時申込受付**

**通信DVD 随時申込受付**

申込受付締切　2020/4/30
通信 Web 配信終了　2020/5/17

講師　辰已専任講師・弁護士
福田俊彦先生
東京大学法学部卒。慶應義塾大学法科大学院（既修コース）修了。司法試験に合格するためには、「何をどのように書くか」を考えるのが大切というのが信条。ベストセラー「絶対にすべらない答案の書き方」シリーズで受験生の支持を受け、辰已が誇る人気の講師に。

対象　中級者（入門・基礎を終えた方）〜上級者（短答合格レベル）

科目　民法　16時間
商法　8時間

**民法・商法がどうも苦手だ！**
**民商の答案がうまく書けない・論文答案の点数がどうしても伸びない。**
**民商を短時間で一気に実力アップしたい。**

そこで福田講師が、「民法と商法に特化した」実戦講義を4時間×6回行います。教材は、福田先生いち押しのテキスト Law Practice（商事法務）です。

同書の掲載判例がたびたび本試験で出題されているだけでなく、判例素材の事例問題も受験対策として使い方次第で非常に有力な武器になります。

これは使わない手はない。しかし、同書収録の事例問題は数多く、全ての問題をこなすのは容易ではありません。また試験対策という観点からみると必ずしも重要とはいえない判例も含まれています。

本講義では、福田先生自ら問題を重要度別にA・B・C評価し学習の指針をしめしつつ、福田先生ならではのメリハリのついた進行で、素材判例のいったいどこが重要で、試験ではどのような観点から出題されることが予想されるのかについて端的に解説します。これで、同書があなたの2020年合格の武器へと昇化されます。

※本講義では、民法は教材自体が改正対応になっていますので、改正法に対応した講義となりますが、特に改正部分に焦点を当てた講義をするわけではありません。改正されていない部分も含めた全体をバランスよく講義します。民法改正についてキチンと勉強されたい方は、同じく福田先生の「わかりやすい・改正民法（総則・債権）体系講義」を受講されるか、改正を含め民商全体をしっかりやりたいというのであれば、改正法講義と、本講義の併用をお勧めします。

教材

教材は別売りです。各自でご準備ください。

民法Ⅰ　定価¥3,300＋税
民法Ⅱ　定価¥3,300＋税
商法　定価¥3,200＋税

当講座は、司法試験のスタンダード論文答練福田クラスのうち強化コースには組み込まれています。すなわち、同福田強化クラスのインプット強化講義部分を一般に開放するものです。

## 受講料（税込）

| 科目 | 講座ｺｰﾄﾞ | 通学部 LIVE･ﾋﾞﾃﾞｵﾌﾞｰｽ | | 通信部 WEB | | 通信部 DVD | | 通信部WEB+DVD | |
|---|---|---|---|---|---|---|---|---|---|
| | | 辰已価格 | 代理店価格 | 辰已価格 | 代理店価格 | 辰已価格 | 代理店価格 | 辰已価格 | 代理店価格 |
| 民商一括申込 | A9194＊ | ¥57,500 | ¥54,625 | ¥61,800 | | ¥64,700 | ¥61,465 | ¥67,500 | |
| 民法申込 | A9195＊ | ¥40,300 | ¥38,285 | ¥43,300 | | ¥45,400 | ¥43,130 | ¥47,400 | |
| 商法申込 | A9196＊ | ¥20,200 | ¥19,190 | ¥21,700 | | ¥22,700 | ¥21,565 | ¥23,700 | |

■お申込みの際は、受講形態等の選択と注意事項を必読の上で、上記受講料表にあてはめ、申込書へ記入をお願いします。
(1)受講形態をお選びいただきます。講座コードの「＊」部分に下記の会場コード（アルファベット）をあてはめてください。

| 通学 東京本校はH | 通信 ＤＶＤはR | 通信 ＷＥＢはE | 通信 WEB+DVDはW |
|---|---|---|---|

(2)注意事項
※注1 通信部WEB受講は、生協等の代理店でのお申込みはできません。辰已ＷＥＢスクール（辰已ＨＰ上）でお申込みいただくか、辰已窓口にお問い合わせください。
※注2 通信部の媒体は、DVDはDVD-R対応機種でのみご利用いただけます。WEB視聴環境等ご自身のプレーヤーをご確認のうえお申し込みください。

**スケジュール・受講料等の詳細は**
**右記より資料をご請求ください。https://r-tatsumi.com/pamphlet/**

# 辰已法律研究所の司法試験・予備試験対策書籍

●短答対策●

*OUTPUT*　・肢別本シリーズ（全８冊）

*OUTPUT*　・短答過去問パーフェクト単年度版シリーズ

*OUTPUT*　・短答過去問パーフェクトシリーズ（通年度版・全８冊）

●論文対策●

*INPUT*　・趣旨・規範ハンドブックシリーズ（全３冊）

*INPUT*　・１冊だけで選択科目シリーズ
（労働法・倒産法・知的財産法・国際私法・経済法・租税法）

*OUTPUT*　・New えんしゅう本シリーズ（必須科目７冊）

*OUTPUT*　・読み解く合格思考シリーズ（憲法・民法・刑法・商法・行政法）

*再現答案&分析*　・上位者 全科目・全答案シリーズ

*再現答案&分析*　・論文過去問答案パーフェクトぶんせき本シリーズ

その他，続々刊行中！！

受験生のみなさんこんにちは。辰已法律研究所出版グループです。

出版ブログでは，辰已法律研究所が刊行する書籍・雑誌について，新刊情報や誤植のお知らせなど，受験生のみなさんに役立ついろいろな情報を随時発信しています。

辰已法律研究所は受験生のみなさんを全力で応援します。

**辰已新刊情報** 辰已の刊行書籍を一早くお知らせ！ちょい読みコーナーもあります。

**お役立ち情報** 書籍の使い方が分からない…そんな方はこちらをチェック！先輩方のアンケートから役立つ情報を掲載しています。

**フェア・セール情報** フェア・セールの情報はこちらをチェック！刊行書籍をお得にご購入できます。

**ベストセラー紹介（辰已・他社）** いまどんな本が売れているのか？売れ筋動向が確認できます。

**誤植のお知らせ** 辰已法律研究所刊行書籍について誤植が発見された場合には，こちらで随時公開をしていきます。

↓アドレスはこちら（辰已法律研究所TOPページ http://www.tatsumi.co.jp/ からも入れます）

**http://blog.livedoor.jp/accstatsumi/**